Rechnen für Bürokaufleute

mit Kostenrechnung und Betriebsstatistik

Georg Breitscheidel
Werner Garbow

winklers®

Vorwort

Lehrbücher sind nach wie vor das wichtigste Arbeitsmittel im Unterricht. Der Inhalt des Buches entspricht den Rahmenrichtlinien und Lehrplänen der Bundesländer für den Beruf des Bürokaufmanns und der Bürokauffrau. Das Buch zeigt die Bedeutung des betrieblichen Rechnungswesens für die betriebswirtschaftlichen Entscheidungen des Unternehmens. Neben der systematischen Einführung in die kaufmännischen Rechengebiete nehmen das Kosten- und Leistungsrechnen als Voll- und Teilkostenrechnung sowie die Betriebsstatistik einen Raum ein, wie es zum Erkennen betrieblicher Strukturen und zum Verständnis betrieblicher Maßnahmen in Fertigungsbetrieben der Industrie und des Handwerks, in Handelbetrieben des Groß- und Einzelhandels und in Dienstleistungsbetrieben nötig ist. So werden die **Prozesse der Erfassung, Verteilung, Analyse und Zurechnung der Kosten in ihrer betriebswirtschaftlichen Bedeutung begreifbar gemacht.** Dazu gehört auch ein unternehmerisches Kostendenken, das Kostenmanagement, wie es z. B. im Abschnitt Kalkulation und Beschäftigungsgrad, in der Deckungsbeitragsrechnung sowie im Kapitel Plankostenrechnung und Controlling zum Ausdruck kommt.

Das Lehrbuch ist nicht nur notwendige Hilfe für den Unterricht, sondern auch eine wichtige Brücke zwischen Schule und Ausbildungsbetrieb. Es unterstützt die betriebliche Unterweisung, vermittelt dem Schüler Einblicke in wirtschaftliche Zusammenhänge, die er bei der spezialisierten Tätigkeit im Betrieb nicht ohne weiteres erkennen kann. Deshalb wurden die Anwendungsaufgaben der Betriebspraxis entnommen oder praxisgerecht so gestaltet, dass die Lösungen **handlungsorientiertes** Arbeiten verlangen. Voraussetzung dafür ist eine entsprechende Fach- und Methodenkompetenz, die der Lernende erwirbt.

Dieses Rechenbuch ist nicht nur **Lehrbuch** und umfangreiche **Aufgabensammlung,** sondern auch **Lernbuch.** Die einzelnen Rechengebiete werden durch Beispielaufgaben/-fälle eingeleitet. Die Musterlösungen zu den Einführungsbeispielen sind in leicht fassliche Lösungsschritte aufgeteilt. Jeder Lösungsschritt wird – soweit erforderlich – genau erklärt. Damit ist jedem Schüler die Möglichkeit gegeben, versäumten Stoff oder nicht Verstandenes selbst zu erarbeiten, noch einmal zu durchdenken, zu wiederholen und zu üben. Dadurch können Schüler bis zur nächsten Stunde einen Gleichstand mit dem Klassenniveau erreichen, sodass Störungen im weiteren Unterrichtsverlauf vermieden werden.

Zu den Aufgaben von Bürokaufleuten gehört neben dem Erstellen auch die Kontrolle von Abrechnungen. Einige Kapitel enthalten Rechenaufstellungen, die überprüft werden müssen. In einer Reihe von Aufgaben sind typische Fehler enthalten, die festzustellen und zu korrigieren sind.

Das Rechenbuch ist auf die Unterschiede in der Vorbildung der Schüler und die unterschiedlichen Schulzeiten abgestimmt. Die Übungsaufgaben zu jedem Kapitel nehmen an Schwierigkeit zu. Damit kann die Auswahl der Aufgaben der zur Verfügung stehenden Unterrichtszeit dem Leistungsniveau und dem Leistungswillen der Klasse angepasst werden.

Die **programmierten Übungen** dienen der Lernzielkontrolle im Hinblick auf Leistungstests und Prüfungen. Sie sind im Lehrbuch nicht anzukreuzen. Leihweise überlassene Bücher dürfen **nicht** beschrieben werden.

Die Verfasser

17., überarbeitete Auflage, 2004

Westermann Schroedel Diesterweg
Schöningh Winklers GmbH
Postfach 11 15 52, 64230 Darmstadt
Telefon: 06151 8768-0 Fax: 06151 8768-61
http://www.winklers.de
Druck: westermann druck GmbH, Braunschweig
ISBN 3-8045-**5151**-3

Inhaltsverzeichnis

1 Rechenmethoden

Dreisatz und Kettensatz sind Rechenmethoden, die bei der Lösung von Aufgaben des Rechnungswesens häufig angewandt werden.

1.1 Dreisatz

Schließen Sie von der

Mehrheit auf die Einheit

a) 8 m^2 ≙ 56,00 €. 1 m^2?

b) 12 m^3 ≙ 360,00 €. 1 m^3?

c) $3\frac{1}{2}$ kg ≙ 70,00 €. 1 kg?

d) 420 St. in 6 Std. In 1 Std.?

e) Für 10 Automaten reicht der Rohstoffvorrat 84 Betriebsstunden. Wie lange reicht der Vorrat für eine Maschine?

Einheit auf die Mehrheit

a) 1 kg ≙ 4,10 €. 8 kg?

b) 1 Std. ≙ 7,60 €. 5 Std.?

c) $\frac{1}{2}$ m ≙ 15,00 €. 30 m?

d) 1 St. ≙ 0,60 €. 250 Stück?

e) 1 Mitarbeiter benötigt 15 Tage für einen Auftrag. Wie viel Tage benötigen 3 Mitarbeiter für den Auftrag?

1.1.1 Einfacher Dreisatz

Beim Dreisatz ist der Wert für eine bestimmte Menge **(alte Mehrheit)** gegeben. Das Problem besteht darin, den Wert für eine neue Menge **(neue Mehrheit)** zu finden. **Wir schließen ① vom Wert der alten Mehrheit auf ② den Wert für 1 Mengeneinheit und von diesem auf ③ den Wert der neuen Mehrheit.**

1.1.1.1 Gerader einfacher Dreisatz (gerades Verhältnis)

Beispiel Ein Betrieb stellt bei 38-stündiger wöchentlicher Arbeitszeit 11 400 Stück Bauteile für die Automobilindustrie her. Wegen fehlender Aufträge wird die wöchentliche Arbeitszeit auf 36 Stunden gesenkt. Wie hoch wird die Wochenproduktion bei 36 Arbeitsstunden sein?

Lösung **Ansatz:**

In 38 Std. werden 11 400 Stück hergestellt. (Angabesatz)

In 36 Std. werden x Stück hergestellt. (Fragesatz)

Bruchsatz:

① In 38 Std. 11 400 Stück: 11 400

② In 1 Std. wie viel Stück?

Mehr oder weniger Stück als in 38 Std.? Weniger, nämlich: .... $\frac{11\,400}{38}$

③ In 36 Std. x Stück.

Mehr oder weniger Stück als in einer Stunde? Mehr, nämlich: ... $\frac{11\,400 \cdot 36}{38}$

Ausrechnung:

$$x = \frac{11\,400 \cdot 36}{38} = \underline{\underline{10\,800 \text{ Stück in der 36-stündigen Arbeitswoche}}}$$

Lösungsweg

1. **Aufstellen des Ansatzes** – Form beachten.
   Gleichartige Bezeichnungen stehen untereinander, die gesuchte Größe steht am Ende des Fragesatzes.
2. **Entwickeln des Bruchsatzes**
   a) Der Wert der alten Mehrheit ist Ausgangspunkt der Rechnung und als erste Zahl auf den Bruchstrich des Bruchsatzes zu setzen.
   b) Wir schließen von der alten Mehrheit auf die Einheit.
   Sorgfältig prüfen, ob dabei eine Vermehrung (multiplizieren) oder eine Verminderung (dividieren) des Wertes für 1 Einheit eintritt. Beim geraden Dreisatz tritt eine Verminderung ein (dividieren).
   c) Wir schließen von der Einheit auf die neue Mehrheit.
3. **Ausrechnen**
4. **Ergebnis schätzen** (Kontrolle)
5. **Verkürzte Darstellung:**

38 Std. ≙ 11 400 Stück   Der Bruchsatz wird im Kopf entwickelt.
36 Std. ≙ x   Stück

$$= \frac{11\,400 \cdot 36}{38} = \underline{\underline{10\,800 \text{ Stück}}} \text{ Wochenproduktion bei 36 Arbeitsstunden}$$

Lösungsschema

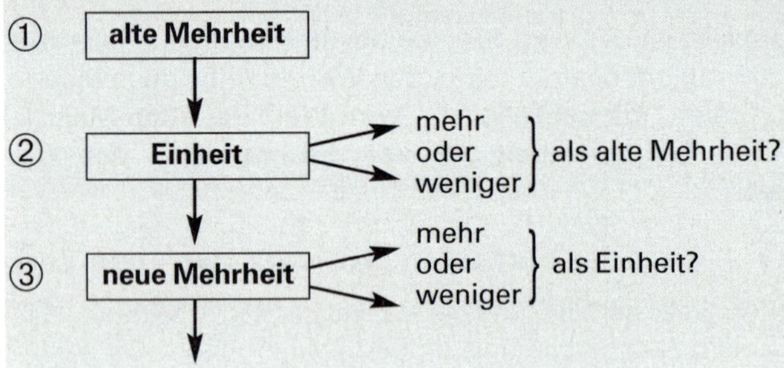

1 Die Benutzung eines Bauzaunes für die Plakatwerbung kostet für 60 Tage 546,00 €. Die Benutzungsdauer wird auf 76 Tage verlängert. Wie viel Euro muss das Unternehmen insgesamt zahlen?

2 Für eine Sendung verschiedener Artikel im Gesamtwert von 16.000,00 € wurden 3.200,00 € Zoll gezahlt. Wie hoch ist der Zollanteil für einen der Artikel mit einem Wertanteil von 7.000,00 €?

3 Unsere 13 Kundendienstwagen verbrauchen zusammen im Durchschnitt monatlich 6 175 l Kraftstoff. Wegen Vergrößerung des Bezirks werden zwei weitere Wagen angeschafft. Wie hoch wird jetzt der monatliche Kraftstoffverbrauch durchschnittlich sein?

1.1.1.2 Ungerader einfacher Dreisatz (ungerades Verhältnis)

Beispiel Ein Rohstoffvorrat reicht für 35 Maschinen 24 Arbeitstage. Infolge eines Brandes fallen 7 Maschinen aus. Für wie viel Arbeitstage reicht nun der Vorrat?

Lösung **Ansatz:**

Für 35 Maschinen reicht der Vorrat 24 Tage. (Angabesatz)
Für 28 Maschinen reicht der Vorrat x Tage. (Fragesatz)

Bruchsatz:

① Für 35 Maschinen reicht der Vorrat 24 Tage: 24

② Für 1 Maschine reicht der Vorrat wie viel Tage mehr oder weniger als für 35 Maschinen? .... Mehr, nämlich: $24 \cdot 35$

③ Für 28 Maschinen reicht der Vorrat x Tage mehr oder weniger als für 1 Maschine? .... Weniger, nämlich: $\frac{24 \cdot 35}{28}$

Ausrechnung:

$$x = \frac{\overset{6}{\cancel{24}} \cdot \overset{5}{\cancel{35}}}{\underset{7}{\cancel{28}}} = \underline{\underline{30 \text{ Arbeitstage}}}$$

reichen 28 Maschinen mit dem Rohstoffvorrat.

Verkürzte Darstellung:

35 Maschinen ≙ 24 Arbeitstage
28 Maschinen ≙ x Arbeitstage

$$x = \frac{24 \cdot 35}{28} = \underline{\underline{30 \text{ Arbeitstage}}}$$

Lösungsweg wie beim geraden Dreisatz.
Beim Schließen von der alten Mehrheit auf die Einheit tritt eine Vermehrung ein (multiplizieren).

4 Der Bestand an Dichtungsringen reicht bei voller Beschäftigung (5 Tage in der Woche) 6 Wochen. Wegen Absatzschwierigkeiten wird Kurzarbeit eingeführt (3 Tage in der Woche). Für wie viel Wochen reicht der Bestand bei Kurzarbeit?

5 Für die Abschlussarbeiten zum Ende des Geschäftsjahres benötigen 9 Angestellte 14 Arbeitstage. Wegen eines Eilauftrages können nur 7 Angestellte eingesetzt werden. Wie viel Tage sind erforderlich, um die Arbeiten mit weniger Personal zu erledigen?

6 Eine Batterie liefert bei Stromausfall für 21 Lampen Strom für 75 Betriebsstunden der Notbeleuchtung. Es werden weitere 4 Lampen an das Batterienetz angeschlossen. Für welche Zeit reicht bei dieser Belastung die Batterieladung?

1.1.1.3 Übungen mit geradem und ungeradem einfachen Dreisatz

7 Für das Eindecken eines Flachdaches von 408 m^2 werden 10 200 Patentplatten benötigt. Infolge einer Konstruktionsänderung wird das Dach nur 381 m^2 groß. Wie viel Platten werden für das Decken des Daches bestellt werden müssen?

8 Für einen Auftrag werden bei einem Einsatz von 24 Packerinnen 9 Arbeitstage eingeplant. Wegen Krankheit können jedoch nur 18 Mitarbeiterinnen eingesetzt werden. Wie viel Tage müssen nun für den Auftrag geplant werden?

9 Ein betriebseigener Saugheber von 400 cm^2 Grundfläche hat eine Schichtleistung von 1 500 t Getreide. Der Betrieb entschließt sich ein weiteres Saugrohr zu installieren, aber mit einer Grundfläche von 625 cm^2. Wie groß wird die Förderleistung beider Saugheber sein?

10 Für einen Ballen Kleiderstoff von 32,4 m Länge zahlt ein Unternehmen 436,80 €. Wie hoch sind die Materialkosten für ein Kleidercoupon von 2,15 m?

11 Für eine Spritzlackierkammer benötigt ein Betrieb 34,5 m eines Fußboden-Spezialbelages von 70 cm Breite. Der Belag ist in einer Breite von nur 50 cm vorrätig. Wie viel Meter müssen geliefert werden?

12 Im vergangenen Monat erhielt unser Vertreter bei 36.250,00 € Umsatz neben dem Fixum 1.812,50 € Provision. Der Umsatz dieses Monats beträgt 32.070,00 €. Wie hoch ist die Provision?

13 Aus 50 kg Rohkaffee erhält man 43,3 kg Röstkaffee. Wie hoch ist der Röstverlust bei einer Tagesproduktion von 22 650 kg Röstkaffee?

14 Bei einer Lieferzeit von 21 Tagen ist ein Meldebestand von 861 Stück erforderlich. Die Lieferzeit erhöht sich um 9 Tage. Wie hoch muss der Meldebestand jetzt sein?

15 Die betrieblichen Stromkosten betragen 2.881,58 € für 38 421 kWh. Wie hoch ist der Stromkostenanteil des Materiallagers? Alter Zählerstand 6 937, neuer Zählerstand 9 023.

16 In der Qualitätskontrolle vermessen monatlich 3 Angestellte 4 320 Stichproben. Wie viel Angestellte müssen bei 17 280 Stichproben je Monat eingesetzt werden?

17 Eine rollbare Eisentreppe zu einer Laderampe sollte 24 Stufen mit einer Steighöhe von 18 cm haben. Die Berufsgenossenschaft schreibt aus unfalltechnischen Gründen eine Steighöhe von nur 16 cm vor. Wie viel Stufen muss die Treppe laut Vorschrift haben?

1.1.2 Zusammengesetzter Dreisatz

Er ist aus zwei oder mehr einfachen geraden oder ungeraden Dreisätzen zusammengesetzt. Die Entwicklung erfolgt wie beim einfachen Dreisatz.

Beispiel Für den Bau einer Lagerhalle am Stadtrand müssen 15 000 m^3 Erde bewegt werden. Dazu benötigen 5 Maschinen 48 Arbeitsstunden. Wie viel Arbeitsstunden brauchen 6 Maschinen, wenn wegen der Änderung der Baupläne 23 000 m^3 Erde anfallen?

Lösung **Ansatz:**

5 Maschinen bewegen 15 000 m^3 in 48 Stunden.
6 Maschinen bewegen 23 000 m^3 in x Stunden.

Auflösen in einfache Dreisätze

5 Maschinen	15 000 m^3	48 Stunden
6 Maschinen	23 000 m^3	x Stunden

Bruchsatz Der zusammengesetzte Dreisatz wird in **einfache Dreisätze** aufgelöst. Jeder einfache Dreisatz wird für sich entwickelt und im gemeinsamen Bruchsatz ausgerechnet.

Erster einfacher Dreisatz:

① 5 Maschinen benötigen 48 Stunden: .... $\boxed{48}$

② 1 Maschine benötigt wie viel Stunden?
Mehr oder weniger Std. als 5 Maschinen? Mehr, nämlich: $\boxed{48} \cdot 5$

③ 6 Maschinen benötigen wie viel Stunden?
Mehr oder weniger Std. als 1 Maschine? Weniger, nämlich: $\dfrac{\boxed{48} \cdot 5}{6}$

Zweiter einfacher Dreisatz:

① 15 000 m^3 werden in 48 Stunden bewegt: .... $\dfrac{\boxed{48} \cdot 5}{6}$

② Für 1 m^3 benötigt man wie viel Stunden?
Mehr oder weniger Std. als für 15 000 m^3? Weniger, nämlich: $\dfrac{\boxed{48} \cdot 5}{6 \cdot 15\,000}$

③ Für 23 000 m^3 benötigt man x Stunden.
Mehr oder weniger Std. als für 1 m^3? Mehr, nämlich: $\dfrac{\boxed{48} \cdot 5 \cdot 23\,000}{6 \cdot 15\,000}$

Ausrechnung:

$$x = \frac{\overset{8}{\cancel{48}} \cdot \cancel{5} \cdot 23\,0\cancel{00}}{\cancel{6} \cdot \underset{3}{\cancel{15}}\cancel{000}} = \frac{184}{3} = 61\tfrac{1}{3} \text{ Arbeitsstunden} = \underline{\underline{61 \text{ Stunden, } 20 \text{ Min.}}}$$

1 Zur Herstellung eines Gewebes, 350 m lang, 80 cm breit, braucht man 264 kg Garn.

a) Wie viel kg Garn müssen für ein Gewebe von 250 m Länge und 105 cm Breite eingesetzt werden?

b) Wie lang wird das Gewebe, wenn es 120 cm breit sein soll und 400 kg Garn zur Verfügung stehen?

2 Der Erdaushub einer Baustelle wird von 6 Lkw zu je 3 t bei 20 Fahrten täglich abgefahren. Wievielmal müssten täglich 4 Fünftonner fahren?

3 Für die Wandverkleidung einer Ausstellungshalle (15 m hoch und 24 m lang) liefern wir 2 460 imprägnierte Kupferplatten. Wie viel Platten müssen für eine Wand von 11 m Höhe und 22 m Länge geliefert werden?

4 Einen Auftrag über 56 Werkstücke erledigen 14 Facharbeiter in 12 Arbeitstagen bei achtstündiger täglicher Arbeitszeit. Ein Eilauftrag über 78 Stücke soll in 9 Tagen ausgeführt werden.

a) Wie viel Überstunden müsste jeder der 14 Arbeitskräfte täglich machen?

b) Wie viel Arbeitskräfte müssten bei den vorgesehenen 9 Arbeitstagen für den Auftrag über 78 Stücke zusätzlich eingesetzt werden, um Überstunden zu vermeiden?

5 An 16 Automaten werden in der 5-Tage-Woche bei täglicher Arbeitszeit von 9 Stunden 3 780 Kegelräder gefertigt. Die tägliche Arbeitszeit wird auf 8 Stunden herabgesetzt. Zwei Maschinen fallen aus. Wie hoch ist die Tagesproduktion bei achtstündiger Arbeitszeit?

6 12 Lkw eines Betonwerkes fahren 96 000 Fertigteile in 8 Tagen ab, wenn sie täglich sechsmal fahren. Wie viel Teile können in 6 Tagen befördert werden, wenn 14 Lkw täglich fünfmal fahren?

Was sagen die folgenden Bruchsätze bis zu ihrem gezeigten Entwicklungsstand aus?

a) $\frac{96\,000 \cdot 14}{12 \cdot 8}$ b) $\frac{96\,000 \cdot 14 \cdot 6}{12 \cdot 8 \cdot 6}$

c) Ermitteln Sie das Endergebnis.

Programmierte Übungen

Die Lösungen bitte nur dann ankreuzen, wenn das Buch Ihr Eigentum ist. Im Leihverfahren überlassene Bücher dürfen nicht beschrieben werden.

1 Einem Kunden wurden versehentlich gegen Nachnahme 600 Paar Strümpfe zu 1,05 € je Paar I. Wahl geliefert. Er bat um Lieferung II. Wahl zu 0,75 € je Paar. Wie viel Paar Strümpfe II. Wahl müssen wir ihm liefern, wenn die Vorauszahlung voll eingesetzt werden soll?

☐☐☐ Paar

2 Beim Bau einer Pipeline sind 5 Maschinen eingesetzt, die täglich in 7½ Arbeitsstunden 1 220 m Graben ausheben. Eine Maschine ist wegen Achsenbruchs ausgefallen. Wie viel Überstunden (Std./Min.) müssen die 4 Maschinen leisten, um die Tagesleistung von 1 220 m einzuhalten?

- a 1 Std., 30 Min.
- b 9 Std., 22,5 Min.
- c 6 Std.
- d 1 Std., 52,5 Min.
- e anderes Ergebnis, welches?

3 Die Füllung eines Heizöltanks reicht bei einem durchschnittlichen Tagesverbrauch von 300 l für 120 Heiztage. Für wie viel Heiztage reicht die Tankfüllung, wenn nach Einbau eines neuen Brenners und einer Klappe zur Regulierung des Luftzuges der Tagesverbrauch auf 252 l sinkt?

☐☐☐ Tage

4 Das Förderband einer Kiesgrube hat 3 Geschwindigkeiten. Stufe I: 1,5 m/Sek., II: 2 m/Sek., III: 3 m/Sek. bei gleicher Belastung. In einer Stunde können auf Stufe II 28 m³ gefördert werden. Wie viel m³ können je Stunde bei Stufe III gefördert werden?

☐☐ m³

5 Eine Chemikalienhandlung will eine Abteilung mit säurefesten Fliesen zu 18 x 22 cm auslegen lassen. Erforderlich wären 20 000 Fliesen. Ein anderer Hersteller bietet Fliesen an, die sich für diese Beanspruchung besser eignen, aber nur in einer Größe von 10 x 12 cm geliefert werden. Wie viel Fliesen müssten beim zweiten Hersteller bestellt werden?

- a $\frac{20\,000 \cdot 10 \cdot 12}{18 \cdot 22}$
- b $\frac{20\,000 \cdot 12 \cdot 18}{10 \cdot 22}$
- c $\frac{20\,000 \cdot 18 \cdot 22}{10 \cdot 12}$
- d $\frac{20\,000 \cdot 10 \cdot 22}{18 \cdot 12}$

anderes Ergebnis, welches?

6 Ein Tee-Importeur packt täglich mit 12 Automaten in zwei Schichten zu je 8 Stunden 3 456 000 Aufgussbeutel. Die Schichtarbeitszeit wird um eine halbe Stunde gesenkt. Die zukünftige Absatzerwartung liegt bei 5 000 000 Beuteln. Wie viel Automaten müssen zusätzlich aufgrund der Arbeitszeitverkürzung und der Absatzerwartung angeschafft werden?

- a 7 Automaten
- b 17 Automaten
- c 19 Automaten
- d 5 Automaten
- e anderes Ergebnis, welches?

1.2 Kettensatz

Beispiel 1 Eine Bremer Baumwollhandelsgesellschaft führt 20 000 kg Baumwolle aus den USA ein. Der Rechnungspreis beträgt 28.000,00 USD. Wie viel Euro kostet für die Handelsgesellschaft ½ kg dieser Sendung, wenn der Kurs* 1,15 USD = 1,00 € beträgt?

Lösung Dreisatz

1. Möglichkeit

a) 20 000 kg ≙ 28.000 USD
0,5 kg ≙ x USD

$$x = \frac{28.000 \cdot 0{,}5}{20\,000} = \underline{\underline{0{,}70 \text{ USD}}}$$

b) 1,15 USD ≙ 1,00 €
0,70 USD ≙ x €

$$x = \frac{0{,}7}{1{,}15} = \underline{\underline{0{,}61\text{ €}}}$$

2. Möglichkeit

a) 1,15 USD ≙ 1,00 €
28.000 USD ≙ x €

$$x = \frac{28.000}{1{,}15} = \underline{\underline{24.347{,}83\text{ €}}}$$

b) 20 000 kg ≙ 24.347,83 €
0,5 kg ≙ x €

$$x = \frac{24.347{,}83 \cdot 0{,}5}{20\,000} = \underline{\underline{0{,}61\text{ €}}}$$

Diese Rechnung kann beim geraden Dreisatz durch den Kettensatz vereinfacht werden:

Lösung Kettensatz

				Sprich:
x €	≙	0,5	kg	Wie viel Euro kosten 0,5 kg,
20 000 kg	≙	28.000	USD	wenn 20 000 kg 28.000 USD kosten,
1,15 USD	≙	1,00	€	wenn 1,15 USD 1,00 € entsprechen?

Daraus ergibt sich folgender Bruch:

$$x = \frac{0{,}5 \cdot 28.000 \cdot 1}{20\,000 \cdot 1{,}15} = 0{,}61$$

0,5 kg Baumwolle kosten $\underline{\underline{0{,}61\text{ €}}}$

(Die 1 braucht weder im Zähler noch im Nenner geschrieben zu werden; sie hat keinen Einfluss auf das Ergebnis.)

Kettenregel

① Die Kette wird in der Form von Gleichungen geschrieben. Sie **beginnt** mit der **gesuchten Größe** (hier: x € ≙ 0,5 kg).

② Das **folgende Kettenglied** beginnt mit der Bezeichnung, mit der das vorhergehende Kettenglied schließt (hier: kg – dann: USD).

③ Die Kette schließt mit der gesuchten Bezeichnung (hier: €).

x € ≙ 0,5	kg	20 000 ≙ 28.000,00	USD	1,15 ≙ 1,00 €

* Die Wechselkurse für den Kauf und Verkauf fremder Währungen unterliegen ständigen Schwankungen, oft in erheblichem Ausmaß. Entnehmen Sie aktuelle Wechselkurse bitte den Kurstabellen der Geldinstitute oder aus der Tagespresse.

④ Die Kette **(= „senkrechter Bruchstrich")** wird gedreht. Die **rechte Seite** der Gleichungen steht (nach dem Herausstellen von x) **auf dem Bruchstrich,** die **linke Seite unter dem Bruchstrich.**

Nenner	Zähler
x €	0,5 kg
20 000 kg	28.000 USD
1,15 USD	1,00 €

$$x = \frac{\text{rechte Seite}}{\text{linke Seite}}$$

Beispiel 2 Die Bezugskosten für 42,6 t Stahlbleche betragen 908,30 €. Wie viel Euro entfallen auf eine Partie von 5,6 t?

Lösung

x € ≙ 5,6 t
42,6 t ≙ 908,30 €

$$x = \frac{5{,}6 \cdot 908{,}30}{42{,}6} = \underline{\underline{119{,}40\ €}}$$

1 Wie viel Euro beträgt der Einkaufspreis für schwedisches Erz je Tonne?

	a)	b)	c)	d)
Menge Gesamtpreis	3 825 t 229.500,00 €	12 650 t 664.125,00 €	860 t 51.146,00 €	6 275 t 409.130,00 €

2 Ein Pkw verbraucht im Winter im Stadtverkehr für eine Fahrstrecke von 733 km 98,5 l Benzin. Wie hoch ist der Verbrauch auf 100 km?

3 Die Löhne und Gehälter eines Unternehmens betragen 58.250,00 € bei einem Umsatz von 282.500,00 €. Wie viel Euro Personalkosten entfallen auf 100,00 € Umsatz?

4 Wie viel Euro kosten 5 t Kautschuk, wenn 1 am. lb in New York mit 52 c angeboten wird?
(100 am. lbs ≙ 1 cwt; 1 am. cwt ≙ 45,357 kg; 1 USD ≙ 100 c;
1,01 USD ≙ 1,00 €)

5 Einem Importeur wird ein Posten Kaffee „Santos" zu 141,50 c je lb frei Hafen New York angeboten.

a) Wie viel Euro kosten 3 500 kg frei Hafen New York?

b) Wie viel Euro kostet die Partie frei Rösterei Bremen, wenn je 100 € Einkaufspreis (auch angef. 100 €) 4,50 € Bezugskosten entstehen?
(1am. lb ≙ 0,4536 kg; 0,98 USD ≙ 1,00 €)

6 Ein deutscher Anbieter will Filetiermaschinen zum Preis von 21.400,00 € fob Hamburg exportieren. Zu welchen Preisen müssen die Maschinen in Landeswährung in Kapstadt und Montreal angeboten werden? (Kurse: 1 € ≙ 6,8295 ZAR [Rand]; 1 € ≙ 1,7625 CAD [kan.-$])

Kapstadt

□□□□□□,□□ ZAR

Montreal

□□□□□,□□ CAD

7 Eine Weinimporteur kauft in Australien 12 000 Fl. Rotwein zum Preis von 4,42 AUD (austral. $) je Flasche. Wie viel Euro kostet die Sendung? (1 € ≙ 1,81 AUD)

□□□□□,□□ €

8 Für die Reisenden eines Unternehmens will die Geschäftsleitung Dienstwagen anschaffen. Es stehen Fahrzeuge mit Superbenzin oder Dieselmotoren zur Auswahl. Bei den Testfahrten stellt sich heraus, dass der Dieselkraftstoffverbrauch bedeutend geringer ist als der Benzinverbrauch. Wie hoch ist die Kostenersparnis eines Diesel auf der Strecke Hannover – Stuttgart und zurück (1100 km für Hin- und Rückfahrt), wenn die Wagen 9 l Superbenzin bzw. 6 l Diesel auf 100 km verbrauchen und 69 l Benzin im Preis etwa 85 l Diesel entsprechen? 1 l Superbenzin kostet 1,079 €.

a	94,94 €
b	75,02 €
c	49,01 €
d	46,91 €
e	anderes Ergebnis, welches?

9 Vergleichen Sie folgende Preisnotierungen für Baumwolle:

a) Bremen: 1,802 € je kg (1,08 USD ≙ 1 €)
b) New York: 75,60 c je am. lb
c) New Orleans: 68,25 c je am. lb
(100 am. lbs ≙ 45,357 kg)

Wie hoch ist der Preis in Euro für 1 kg an den einzelnen Auktionsorten?
Worauf beruhen die Preisunterschiede?

New York

□,□□□ €

New Orleans

□,□□□ €

2 Verteilungsrechnen

Beim Verteilungsrechnen werden Gesamtsummen anteilmäßig auf Einzelpositionen verteilt, um Gewinne oder Kosten aufzuschlüsseln. Verteilungsschlüssel sind Einzelmengen und Anteile (ganze Zahlen, Brüche, Prozentsätze).

2.1 Ganze Zahlen als Verteilungsschlüssel

Beispiel 1 Das Stadtbauamt stellt drei Unternehmen die Anliegerkosten von 260.000,00 € für den Straßenbau im Gewerbegebiet in Rechnung, die nach der Länge der Straßenfront im Verhältnis 6 : 5 : 2 zu verteilen sind.
Wie hoch ist der Baukostenanteil der Unternehmen?

Lösung

Unternehmen	Anteile	Baukosten in €	
A	6 ①	**120.000,00**	← ④
B	5	**100.000,00**	← ④
C	2	**40.000,00**	← ④
	13 ②	260.000,00 ①	
	1 ③	**20.000,00**	→ ④

Lösungsweg

① Lösungstabelle aufstellen und gegebene Werte eintragen (Einzelanteile und gesamte Baukosten)

② Summe der Anteile errechnen (13 T)

③ Baukosten für 1 Anteil ermitteln (260.000 : 13)

④ Kostenanteile der Unternehmen errechnen (Anteil A: 6 · 20.000 = 120.000)

1 Verteilen Sie folgende Beträge:

Zahl der Beteiligten	Beträge in €	Verteilungsschlüssel
a) 3	28.800,00	2 : 4 : 3
b) 4	86.400,00	1 : 3 : 5 : 7
c) 2	892.720,00	13 : 7
d) 5	573,51	2 : 5 : 3 : 4 : 7

Beispiel 2 An einem Handelsunternehmen sind beteiligt: A mit 80.000,00 €, B mit 200.000,00 €, C mit 120.000,00 €. Der Jahresgewinn von 120.000,00 € ist entsprechend der Kapitaleinlagen der Gesellschafter zu verteilen.

Lösung

1. Möglichkeit (mit ursprünglichen Zahlen)

Anfangskapital/Beteiligung		Gewinn		neues Kapital	
A	80.000,00		**24.000,00** ←		**104.000,00**
B ①	200.000,00	④	**60.000,00** ←	⑤	**260.000,00**
C	120.000,00		**36.000,00** ←		**156.000,00**
②	**400.000,00**	①	120.000,00		**520.000,00**
	1,00	③	**0,30**		

Lösungsweg

① Lösungstabelle aufstellen und gegebene Werte eintragen (Kapitalanteile und Gesamtgewinn)

② Feststellen der Gesamtanteile = Gesamtkapital
Dem Gesamtkapital (400.000,00 €) entspricht der Gesamtgewinn (120.000,00 €).

③ Feststellen des Gewinnanteils für 1,00 € Kapital
(120.000 : 400.000 = 0,30)

④ Schließen vom Gewinn für 1,00 € Kapital auf den Gewinn für die Kapitalanteile von A, B und C (Gewinn A: 80.000 · 0,30 = 24.000,00 usw.)

⑤ Errechnen des neuen Kapitals (Anfangskapital + Gewinn)

2. Möglichkeit (mit Kürzungen)

Bei Kürzungsmöglichkeiten kann die Summe (hier: Gesamtgewinn) mithilfe von Verhältniszahlen (Teilen) verteilt werden. **1 Teil ist die kleinstmögliche ganze Zahl** (hier: Kapital der Gesellschafter geteilt durch 40 000).

Anfangskapital		Teile	Gewinn	neues Kapital
A	80.000,00	**2**	**24.000,00** ←	**104.000,00**
B	200.000,00	**5**	**60.000,00** ←	**260.000,00**
C	120.000,00	**3**	**36.000,00** ←	**156.000,00**
	400.000,00	**10**	120.000,00	**520.000,00**
		1	**12.000,00**	

2 Errechnen Sie bei folgenden Beteiligungen die Gewinn- bzw. Verlustanteile und das neue Kapital.

Gesell-schafter	a)	b)	c)	d)
A	400.000,00	65.000,00	70.000,00	50.000,00
B	600.000,00	135.000,00	105.000,00	80.000,00
C	—	40.000,00	45.000,00	60.000,00
D	—	90.000,00	50.000,00	120.000,00
Gewinn/	80.000,00	148.500,00	—	—
Verlust	—	—	22.140,00	32.085,00

2.2 Bruchzahlen als Verteilungsschlüssel

Beispiel Vier Unternehmer pachten gemeinsam ein Freilager. Die Pachtkosten sollen verteilt werden: Unternehmer A trägt $\frac{1}{6}$, B $\frac{2}{5}$, C $\frac{1}{4}$ und D den Rest = 117,70 €. Wie hoch sind die Pachtanteile der Unternehmer A, B und C?

Lösung ①

Beteiligte	Anteile ②	Pachtanteil
A	$\frac{1}{6} = \frac{10}{60} \mathrel{\hat=}$ 10 Teile	107,00 €
B	$\frac{2}{5} = \frac{24}{60} \mathrel{\hat=}$ 24 Teile	256,80 €
C	$\frac{1}{4} = \frac{15}{60} \mathrel{\hat=}$ 15 Teile	160,50 €
D	Rest $= \frac{11}{60} \mathrel{\hat=}$ 11 Teile	117,70 €
Gesamtpacht	$= \frac{60}{60} \mathrel{\hat=}$ 60 Teile	642,00 €
	1 Teil	10,70 €

③

11 Teile ≙ 117,70 €

1 Teil ≙ 10,70 €

Lösungsweg

① Lösungsaufstellung machen und gegebene Werte einsetzen (Bruchteile/Summe des Restwertes für D)

② Hauptnenner ermitteln und Teile errechnen (1 Teil: 117,70 € : 11 = 10,70 €)

③ Pachtkosten auf A, B und C verteilen; Gesamtpacht errechnen

1 Errechnen Sie die Anteile der Beteiligten.

Zahl der Beteiligten	Verteilungs-menge	Verteilungsschlüssel
a) 3	1.890,00 €	$\frac{1}{3} : \frac{1}{2} : \frac{1}{6}$
b) 4	? €	$\frac{3}{10} : \frac{1}{6} : \frac{1}{4}$: Rest = 7.650,00 €
c) 3	9 600 m	$\frac{2}{5} : \frac{1}{4}$: Rest
d) 4	11 160 kg	$\frac{3}{8} : \frac{2}{9} : \frac{1}{4}$: Rest
e) 4	? €	$\frac{1}{3} : \frac{1}{4} : \frac{7}{24}$: Rest = 1.141,50 €

2 4 Kaufleute sind an einem Unternehmen beteiligt:

A mit $\frac{2}{5}$, B mit $\frac{1}{9}$, C mit $\frac{4}{15}$ und D mit dem Rest.

Das GuV-Konto des Unternehmens weist als Summe der Erträge 17.520.500,00 € und als Summe der Aufwendungen 16.843.250,00 € aus.

Der Gewinn ist im Verhältnis zur Beteiligung zu verteilen.

3 Am Jahresende wird eine Sonderzahlung von 34.500,00 € an die leitenden Mitarbeiter unserer Vertriebsgesellschaft geleistet, die nach der Zeit der Zugehörigkeit zum Unternehmen verteilt wird:

A gehört seit $5\frac{3}{4}$ Jahren, B seit $4\frac{1}{2}$ Jahren und C seit 7 Jahren zum Leitungsteam.

Wie viel Euro erhält jeder?

2.3 Verteilungsrechnen mit Vor- und Nachleistungen

Beispiel 1 A und B sind an der Ausbeutung einer Kiesgrube beteiligt. Von den 62.000,00 € Gewinn soll B 6.000,00 € mehr als A erhalten. Wie hoch sind ihre Gewinnanteile?

Lösung

	Beteiligte	Anteile	Gewinn	
①	A	1 Teil	28.000,00 €	←
	B	1 Teil + 6.000,00 €	34.000,00 €	←
		2 Teile + 6.000,00 €	62.000,00 €	Gesamtgewinn ③
	②	2 Teile	56.000,00 €	(– 6.000,00)
		1 Teil	28.000,00 €	→

Lösungsweg

① Lösungsschema aufstellen und gegebene Werte einsetzen (gleiche Teile für A und B plus Zusatzleistung für B, Gesamtgewinn)

② Teile addieren und Wert für 1 Teil errechnen

③ Verteilung auf die Beteiligten

Beispiel 2 Drei Gesellschafter betreiben gemeinsam ein Transportunternehmen, an dem A 5 Anteile, B 4 Anteile und C 3 Anteile halten.
Der Gesamtgewinn beträgt 50.000,00 €. Bei der Gewinnverteilung ist zu berücksichtigen, dass C für die Übernahme einer Sonderaufgabe 7.000,00 € zusätzlich erhält und A wegen Herabsetzung seines Kapitalanteils 5.000,00 € weniger erhält.
Wie hoch sind die Gewinnanteile?

Lösung

Beteiligte	Anteile	Gewinn	
A:	5 Teile – 5.000,00 €	15.000,00 €	← ③
① B:	4 Teile	16.000,00 €	← ③
C:	3 Teile + 7.000,00 €	19.000,00 €	← ③
	12 Teile + 2.000,00 €	50.000,00 €	
②	12 Teile	48.000,00 €	
	1 Teil	4.000,00 €	→ ③

Lösungsweg

① Lösungsaufstellung machen und gegebene Werte einsetzen (Teile, Zusatzbedingungen, Gesamtgewinn)

② Teile und Zusatzleistungen addieren; Wert für 1 Teil feststellen

③ Verteilung auf die Anteilseigner

1 Zwei Mitarbeiter einer Holzbau-Industrie GmbH erhalten eine Prämie von 7.500,00 € für innerbetriebliche Verbesserungsvorschläge. Von der Prämie soll A 500,00 € mehr als B erhalten.
Wie viel Euro erhält jeder?

2 An einer Vertriebsgesellschaft sind die Unternehmer A mit 1.600.000,00 €, B mit 800.000,00 € und C mit 1.200.000,00 € beteiligt. Der Jahresgewinn von 550.000,00 € ist nach Anteilen an dem Unternehmen zu verteilen, wobei zu berücksichtigen ist, dass C als Pacht für das Betriebsgelände zusätzlich 45.000,00 € erhält und B 35.000,00 € Vorauszahlung anzurechnen sind.

3 40.350,00 € sollen an die Gesellschafter A, B und C so verteilt werden, dass B 2.000,00 € mehr als A und C 2.000,00 € mehr als B erhält.

4 Vom Gewinn einer Lottogemeinschaft von 7.750,00 € erhält A doppelt so viel wie B plus 300,00 €, C doppelt so viel wie A minus 150,00 €.
Wie viel Euro erhält jeder der Beteiligten?

5 Drei Geschwister erhalten eine Erbschaft von 230.000,00 €. A muss sich für das Studium 50.000,00 € anrechnen lassen, B soll für eine Ausbildung zusätzlich 10.000,00 € erhalten.
Errechnen Sie die Anteile der Geschwister an der Erbschaft.

Beispiel 3 An einem Unternehmen sind A mit 120.000,00 € und B mit 400.000,00 € beteiligt. Der Gewinn von 85.200,00 € ist nach den Vorschriften des Gesellschaftsvertrages zu verteilen:

A erhält vorab 30.000,00 €, die Kapitalanteile werden mit 6 % verzinst, der Restgewinn wird im Verhältnis 3 : 1 verteilt.

Wie hoch sind die Gewinnanteile der Gesellschafter? Der Gewinn wird den Kapitalkonten gutgeschrieben.

Lösung

Anfangskapital	Geschäftsführungsanteil	6 % Zinsen	Restgewinn	Gesamtgewinn	neues Kapital
A 120.000,00 B 400.000,00	30.000,00 –	7.200,00 24.000,00	3 T = 18.000,00 1 T = 6.000,00	55.200,00 30.000,00	175.200,00 430.000,00
520.000,00	30.000,00	31.200,00	4 T = 24.000,00 1 T = 6.000,00	85.200,00	605.200,00

Lösungsweg

① Tabelle aufstellen und gegebene Werte eintragen (Anfangskapital, Geschäftsführungsvergütung, Gesamtgewinn, Verteilungsverhältnis für Restgewinn: 3 : 1)

② Verzinsung des Eigenkapitals errechnen

③ Ermitteln des Restgewinns:

	Gesamtgewinn	85.200,00 €
–	Geschäftsführung	30.000,00 €
–	Zinsen	31.200,00 €
	Restgewinn	24.000,00 €

④ Errechnen der Anteile der Gesellschafter am Restgewinn

⑤ Ermitteln des Gesamtgewinns je Gesellschafter = Geschäftsführungsanteil + Zinsen + Restgewinn

⑥ Errechnen des neuen Kapitals: Anfangskapital + Gesamtgewinn

6 An einer OHG sind die Gesellschafter A mit 300.000,00 €, B mit 450.000,00 € und C mit 480.000,00 € beteiligt.
Vom Jahresgewinn von 133.200,00 € erhält jeder der Gesellschafter 4 % Zinsen auf seine Einlagen, der Rest wird nach Köpfen verteilt.
Errechnen Sie den Gewinn der Gesellschafter und das neue Kapital.

7 Die Gesellschafter Manner (Eigenkapital 260.000,00 €) und Köster (Eigenkapital 140.000,00 €) betreiben ein Werk für die Herstellung von Fahrradzubehör.
Der Jahresgewinn beträgt 174.540,00 €. Das Eigenkapital wird mit 7,5 % verzinst, der Restgewinn ist im Verhältnis 5 : 7 zu verteilen. Der Gesamtgewinn wird den Eigenkapitalkonten gutgeschrieben.

8 Die Medicus GmbH hat zu Beginn des Geschäftsjahres ein Anfangskapital von 1.800.000,00 €, an dem die Gesellschafter A mit $\frac{2}{5}$, B mit $\frac{1}{3}$ und C mit dem Rest beteiligt sind.
Der Gesamtgewinn beträgt 216.000,00 €; das Anfangskapital wird mit 8 % verzinst; der Restgewinn wird im Verhältnis 1 : 5 : 2 verteilt.
Wie hoch ist der Gesamtgewinn und das neue Kapital der Gesellschafter?

9 An einer Druckerei KG mit einem Eigenkapital von 1.200.000,00 € sind der Komplementär A mit 625.000,00 € und der Kommanditist B (fester Kapitalanteil) mit dem Rest beteiligt. Der Gesamtgewinn beträgt 451.000,00 €.
Im Gesellschaftsvertrag ist folgende Gewinnverteilung vorgesehen: A erhält für die Geschäftsführung vorab 100.000,00 € ausgezahlt; das Eigenkapital der Gesellschafter wird mit 12 % verzinst; der Restgewinn ist im Verhältnis 4 : 5 zu verteilen.
Der nicht ausgezahlte Gewinn des Vollhafters wird seinem Kapitalkonto gutgeschrieben. Der Gewinn des Teilhafters wird ausgezahlt.
Errechnen Sie den Gewinn der Gesellschafter und das neue Kapital der Beteiligten und der KG.

2.4 Übungen

1 Ein Gewinn von 96.000,00 € wurde nach den Kapitalanteilen der drei Gesellschafter verteilt. Prüfen Sie die Abrechnung.

Gesellschafter	Altes Kapital	Teile	Gewinn	Neues Kapital
A	1.200.000,00	4	48.000,00	1.248.000,00
B	900.000,00	3	36.000,00	936.000,00
C	300.000,00	1	12.000,00	312.000,00
	2.400.000,00	8	96.000,00	2.496.000,00
		1	12.000,00	

2 Die Kosten des Fuhrparks von 83.850,00 € sind auf die Warengruppen I, II und III im Verhältnis 2 : 5 : 6 zu verteilen. Wie hoch sind die Kostenanteile der Gruppen?

3 Prüfen Sie die Abrechnung (Verteilung nach Kapitalanteilen).

Anteilseigner	Anfangskapital	Verlust	Endkapital
A	136.240,00	38.147,20	174.387,20
B	184.315,00	51.608,20	235.923,20
C	86.742,00	24.287,76	111.029,76
D	67.213,00	18.819,64	86.032,64
	474.510,00	132.862,80	607.372,80
	1,00	0,28	

4 Für eine Ladung Bornholmer Granitsteine im Gewicht von 960 t zahlen Baustoffhändler A 3.111,00 € und B 1.785,00 € Fracht. Wie viel Tonnen haben A und B jeweils bezogen?

5 Eine Gruppe arbeitet im Akkord und erhält für den Auftrag 2.988,00 €. Müller hat 56, Kroll 60, Weller 65 Stunden gearbeitet. Die Stunden werden wegen des unterschiedlichen Schwierigkeitsgrades der Arbeiten bewertet: Müller hat Wertungsziffer 1,0, Kroll 1,1 und Weller 1,2. Wie viel € erhält jeder?

6 Von 66 000 Werbeprospekten erhielten: Hersteller $\frac{1}{8}$, Großabnehmer $\frac{1}{6}$, Einzelhändler $\frac{3}{5}$, Behörden und andere Abnehmer den Rest. Wie viel Prospekte erhielt jede Abnehmergruppe?

7 Die Werk-Fernfahrer erhalten zu ihrem Lohn eine Prämie je t/km. Von den gefahrenen t/km entfallen 260 000 t/km auf Wagen Nr. 6, 280 000 t/km auf Nr. 7, 220 000 t/km auf Nr. 9, 300 000 t/km auf Nr. 12. Das gesamte Tonnengeld beträgt 4.505,00 €. Wie hoch sind die Anteile je Fahrer?

8 Drei Unternehmen hatten ein Marktforschungsinstitut beauftragt den Käufergeschmack für Brillengestelle festzustellen. An Kosten entfielen auf Hersteller A 8.400,00 €, auf B 11.900,00 €, auf C 14.700,00 €. Das Institut fordert wegen unvorhergesehener Kosten 2.173,50 € nach.

Wie viel Euro muss jedes der drei Unternehmen nachzahlen?

9 Unser Kunde Bauer hat Insolvenz angemeldet. Die verteilbare Insolvenzmasse beträgt 5.880,50 €. Forderungen der Lieferer: Rang 12.450,00 €, Born 13.130,00 €, Soller 14.040,00 €, unsere Forderung 22.280,00 €.

Wie viel Euro erhält jeder Lieferer aus der Insolvenzmasse?

10 Ein Bezirksvertreter erhält 85.200,00 € als Bezirksprovision überwiesen. Dem Bezirksvertreter steht $\frac{1}{4}$ zu; der Rest ist auf die Untervertreter im Verhältnis ihrer Umsatzerfolge zu verteilen. Verkäufe: Untervertreter Farrel 84, Kramer 75, Dantz 102, Kollin 94 Stück. Wie viel Provision erhalten der Bezirks- und die Untervertreter?

11 Vier Straßenbauunternehmer betreiben einen Steinbruch. Von den geförderten Steinen erhielten Unternehmen A $\frac{1}{6}$, B $\frac{1}{4}$, C $\frac{2}{5}$ und D 3 113 m^3.

a) Wie hoch war die Gesamtausbeute?

b) Wie viel m^3 erhielten die Unternehmen A, B und C?

12 Von 15.150,00 € Gewinn sollen die Gesellschafter A, B und C so viel erhalten, dass der nachfolgende 1.000,00 € mehr als sein Vormann erhält. Wie hoch sind die Gewinnanteile?

13 A, B und C sind an einem Unternehmen mit einem Gesamtkapital von 900.000,00 € beteiligt. Vom Jahresgewinn erhielten: A 51.000,00 €, B 22.500,00 €, C 28.500,00 €. Die vertraglichen Bestimmungen über die Gewinnverteilung: A bekommt vorweg 30.000,00 € für Geschäftsführung ausgezahlt; 6 % Kapitalverzinsung; der Rest ist im Verhältnis 2 : 1 : 1 zu verteilen. Wie hoch waren die Kapitalanteile der Gesellschafter?

Vervollständigen Sie die Tabelle in Ihrem Arbeitsheft.

Gesellschafter	Anfangskapital	Vergütung für Geschäftsführung	6 % Zinsen	Restgewinn	Gesamtgewinn	neues Kapital
A	?	30.000,00	?	2 T ≙?	51.000,00	?
B	?	–	?	1 T ≙?	22.500,00	?
C	?	–	?	1 T ≙?	28.500,00	?
	900.000,00	?	?	?	?	?

14 An einem Unternehmen sind beteiligt: Unternehmer A mit 76.000,00 €, B mit 112.000,00 € und C mit 180.000,00 €. Der Gewinn von 132.452,60 € ist laut Gesellschaftsvertrag zu verteilen: A erhält vorab 74.000,00 € für das Führen der Geschäfte ausgezahlt. A, B und C erhalten dann ihre Kapitalanteile zu 6 % verzinst, der Restgewinn ist im Verhältnis 4 : 3 : 3 zu verteilen. Wie hoch ist das neue Kapital?

Prüfen Sie die Abrechnung.

Teilhaber	Beteiligung	Vergütung für Geschäftsführung	6 % Zinsen	Restgewinn	Gesamtgewinn	neues Kapital
A	76.000,00	74.000,00	4.560,00	4 T ≙ 14.549,04	93.109,04	169.109,04
B	112.000,00	–	6.720,00	3 T ≙ 10.911,78	17.631,78	129.631,78
C	180.000,00	–	10.800,00	3 T ≙ 10.911,78	21.711,78	201.711,78
	368.000,00	74.000,00	22.080,00	10 T ≙ 36.372,60 1 T ≙ 3.637,20	132.452,60	500.452,60

15 Von 74.400,00 € Gewinn erhält B doppelt so viel wie A und 4.000,00 €, C doppelt so viel wie B minus 2.000,00 €. Wie viel Euro erhalten die Beteiligten?

16 Das Konto Stromkosten weist Aufwendungen von 26.500,60 € aus. Sie sind nach dem Verbrauch der Kostenstellen zu verteilen.

Kostenstellen	alter Zählerstand	neuer Zählerstand
Material	18 341 kWh	23 862 kWh
Fertigung	394 567 kWh	528 435 kWh
Verwaltung	266 412 kWh	267 510 kWh
Vertrieb	30 062 kWh	41 007 kWh

Wie hoch sind die Stromkosten je Kostenstelle?

Programmierte Übungen

Die Lösungen bitte nur dann ankreuzen, wenn das Buch Ihr Eigentum ist. Im Leihverfahren überlassene Bücher dürfen nicht beschrieben werden.

1 Die Kosten eines Privatweges in Höhe von 14.390,20 € sollen auf die drei Anlieger entsprechend der Grundstücksgrößen verteilt werden.
Grundstücksgrößen: Dorsch 890 m^2, Holm 1 170 m^2, Riemer 1 350 m^2
Wie hoch ist der Kostenanteil von Riemer?

- a 56,97 €
- b 569,70 €
- c 5.697,00 €
- d 56.970,00 €
- e anderes Ergebnis, welches?

2 Die Jahresprämie der Abteilung B soll auf die beiden Verkäuferinnen entsprechend ihrer Jahresumsätze verteilt werden: Frau Gerlach 124.500,00 €, Frau Post 132.200,00 €.
Wie hoch ist der Anteil von Frau Gerlach an der Jahresprämie von 3.850,50 €?

☐☐☐☐,☐☐ €

3 Die monatlichen Kosten einer Maschine betragen 12.924,10 € (Abschreibungen, Zinsen, Versicherung, Steuern, Wartung, Strom u. a.). Der Anteil der fixen Kosten wurde mit $\frac{5}{7}$ berechnet.
Wie hoch ist der Anteil der variablen Kosten in Euro?

☐☐☐☐,☐☐ €

4 Drei Gesellschafter sind an einer Getreidemühle beteiligt: Lorenz 250.000,00 €, Geisling 600.000,00 €, Bühler 390.000,00 €. Der Jahresverlust von 62.000,00 € wird laut Gesellschaftervertrag entsprechend den Kapitalanteilen am Anfang des Geschäftsjahres verteilt.
Wie hoch ist das neue Kapital von Bühler?

- a 177.500,00 €
- b 498.000,00 €
- c 369.333,34 €
- d 370.500,00 €
- e anderes Ergebnis, welches?

5 Eine gemietete Baumaschine, deren Monatsmiete 2.520,00 € beträgt, wird weitervermietet. Der Preis soll dem zeitlichen Nutzungsanteil entsprechen: monatliche Arbeitstage 21, Weitervermietung für 13 Arbeitstage.
Wie hoch ist der Preis für die Weitervermietung?

☐☐☐☐,☐☐ €

3 Durchschnittsrechnen

3.1 Einfacher Durchschnitt

Aus mehreren Werten wird der Durchschnitt errechnet:

$$x = \frac{\text{Summe der Werte}}{\text{Anzahl der Werte}}$$

Beispiel Eine Rösterei mischt drei Sorten Kaffee zum Bezugspreis von 5,45 €, 5,72 €, 5,81 € je kg. Wie hoch ist der Durchschnittspreis für 1 kg Kaffee?

Lösung

Sorte I	1 kg	zu 5,45 €
Sorte II	1 kg	zu 5,72 €
Sorte III	1 kg	zu 5,81 €
Es kosten	3 kg	16,98 €
Es kostet	1 kg	5,66 €

$x = 16{,}98 : 3 = 5{,}66$

1 Stellen Sie die Durchschnittswerte folgender Hilfsstoffe fest.

	a)	b)	c)	d)
1 kg zu	0,93 €	6,20 €	19,44 CHF	38,71 USD
1 kg zu	1,02 €	6,23 €	28,06 CHF	21,09 USD
1 kg zu	1,11 €	9,11 €	31,25 CHF	20,36 USD

2 Ein Unternehmen verkauft einen Artikel in Holzfässern. Wie hoch ist die zu berechnende Durchschnittstara, wenn die Stichprobenfässer folgende Gewichte hatten?

25-kg-Fass:	6,953 kg	7,009 kg	6,827 kg	6,903 kg	7,210 kg
	7,053 kg	7,000 kg	6,994 kg	6,899 kg	7,152 kg
50-kg-Fass:	11,762 kg	11,757 kg	11,741 kg	11,729 kg	
	11,782 kg	11,799 kg	11,721 kg	11,709 kg	

3 Eine CNC-gesteuerte Drehmaschine wurde am Montag 5,5, Dienstag 8, Mittwoch 6, Donnerstag 7 und Freitag 6,5 Stunden eingesetzt.

a) Wie hoch war der durchschnittliche arbeitstägliche Einsatz der Maschine in dieser Woche? (Stunden und Minuten)

b) Wie viel Euro kostet eine Maschinenstunde, wenn an Kosten (Arbeits- und Ruhekosten) 5.512,56 € in dieser Woche angefallen sind?

4 In den letzten Jahren hatte ein Unternehmen folgende Forderungsausfälle (in Euro):

	Inland	Ausland	davon EU
1. Jahr	14.822,00	17.988,00	7.288,00
2. Jahr	22.136,00	17.151,00	8.100,00
3. Jahr	15.268,00	19.022,00	6.502,00
4. Jahr	16.315,00	31.315,00	9.200,00
5. Jahr	29.662,00	17.733,00	5.103,00

a) Wie hoch waren die durchschnittlichen Forderungsausfälle der letzten fünf Jahre im Inlands-, Auslands- und EU-Geschäft?
b) Wie hoch ist der durchschnittliche Jahresforderungsausfall für das Inlands- und Auslandsgeschäft insgesamt?

5 Als Lizenzgebühr für ein Gebrauchsmuster (in Lizenz an Lieferer vergeben) wurden 0,45 € je verkauftes Stück vereinbart. In den letzten fünf Jahren wurden verkauft: 1. Jahr 13 672, 2. Jahr 14 239, 3. Jahr 14 965, 4. Jahr 15 033, 5. Jahr 15 896 Stück.

a) Wie hoch war der durchschnittliche Jahresabsatz?
b) Wie hoch waren die Lizenzeinnahmen je Jahr?
c) Wie hoch waren die durchschnittlichen Lizenzeinnahmen im Jahr?

6 Im 2. Halbjahr hatten unsere Vertreter folgende Umsätze (in Euro):

Monate	Forte	Kallin	Martin	Seidel
Juli	48.000,00	39.000,00	32.000,00	58.000,00
August	45.000,00	38.000,00	46.000,00	60.000,00
September	53.000,00	45.000,00	55.000,00	70.000,00
Oktober	54.000,00	48.000,00	59.000,00	72.000,00
November	58.000,00	50.000,00	62.000,00	75.000,00
Dezember	57.000,00	50.000,00	63.000,00	71.000,00

a) Wie hoch ist der durchschnittliche Monatsumsatz je Vertreter?
b) Wie hoch ist der Halbjahresumsatz des Unternehmens?
c) Wie hoch ist der durchschnittliche Monatsumsatz des Unternehmens?

3.2 Gewogener Durchschnitt

Der gewogene Durchschnitt wird aus mehreren Werten mit unterschiedlicher Mengenbeteiligung (Gewichtung) errechnet.

$$x = \frac{\text{gewogene Summe der Werte}}{\text{gewogene Anzahl der Werte}} \quad \text{z. B. } \frac{\text{Gesamtpreis}}{\text{Gesamtmenge}}$$

Beispiel Eine Rösterei mischt für uns drei Sorten Kaffee, Sorte I 12 kg zu 5,45 € je kg, Sorte II 7 kg zu 5,72 € je kg, Sorte III 21 kg zu 5,81 € je kg. Wie hoch ist der Durchschnittspreis für 1 kg dieser Mischung?

Lösung

Sorte I	12 kg	zu 5,45 €	je kg =	65,40 €
Sorte II	7 kg	zu 5,72 €	je kg =	40,04 €
Sorte III	21 kg	zu 5,81 €	je kg =	122,01 €
	40 kg	Röstkaffee kosten		227,45 €
	1 kg	Röstkaffee kostet		5,69 €

$x = 227{,}45 : 40 = 5{,}69$

1 Stellen Sie die durchschnittlichen Preise für folgende Mischungen fest.

	a)	b)	c)
25 kg zu	1,02 € je kg	0,31 € je kg	19,40 USD je kg
140 kg zu	4,28 € je kg	2,76 € je kg	3,68 USD je kg
320 kg zu	9,17 € je kg	11,35 € je kg	5,01 USD je kg

2 Wie hoch sind die Durchschnittspreise je Liter der Mischung?

	a)	b)	c)
4 l zu	28,19 € je l	61,37 € je l	1,92 CHF je l
105 l zu	4,05 € je l	9,40 € je l	0,50 CHF je l
68 l zu	0,31 € je l	0,38 € je l	0,09 CHF je l
33 l zu	9,22 € je l	4,18 € je l	1,06 CHF je l

3 Wie hoch ist der Durchschnittspreis für 100 kg folgender Mischung?

Ware A	980	kg	zu	367,00 €	je 100 kg
Ware B	2,3	t	zu	215,00 €	je 100 kg
Ware C	0,4	t	zu	94,50 €	je t
Ware D	710	kg	zu	866,50 €	je t

4 Wie hoch ist der durchschnittliche Einkaufspreis? 500 Stück zu 0,80 € je Stück, 200 zu 0,81 € je Stück, 900 zu 0,78 € je Stück.

5 Bei einem Süßwarenhersteller wurden die Kosten für 0,5 kg einer aus 3 Sorten zusammengesetzten Probemischung „Süß und Sauer" ermittelt, die als neues Produkt im Lebensmitteleinzelhandel angeboten werden soll.

Zusammensetzung der Mischung:

Sorte I:	5 kg	zu	15,50 €	je kg
Sorte II:	4 kg	zu	14,00 €	je kg
Sorte III:	6 kg	zu	10,30 €	je kg
	15 kg	=	39,80 €	
	1 kg	=	2,65 €	
	0,5 kg	=	1,33 €	

Prüfen Sie die Aufstellung.

6 Ein Lederwarenhersteller bezieht Häute:

20 Kalbfelle bis	4,5 kg zu 4,75 € je kg	Gesamtgewicht 86,2 kg
55 Kalbfelle bis	7,5 kg zu 3,75 € je kg	Gesamtgewicht 304,7 kg
8 Kalbfelle über	7,5 kg zu 3,40 € je kg	Gesamtgewicht 64,9 kg

Wie hoch ist der durchschnittliche Einkaufspreis für 1 kg Kalbfell?

7 Ein Unternehmer kauft Land zu verschiedenen Preisen, um seinen Standort an den Stadtrand zu verlegen:

8600 m^2 zu	39,00 € je m^2	9700 m^2 zu	143,00 € je m^2
15000 m^2 zu	52,00 € je m^2	30200 m^2 zu	121,00 € je m^2

a) Wie hoch ist der Gesamtwert der Grundstücke?
b) Wie viel Euro kostet 1 m^2 Land im Durchschnitt?
c) Wie viel Euro kostet 1 m^2 Bauland im Durchschnitt, wenn an Erschließungskosten 7.100.000,00 € anfallen?

8 Als Kalkulationsunterlage benötigt ein Versandhändler den durchschnittlichen Auftragswert. Im vergangenen Rechnungszeitraum wurden ausgeführt:

128	Aufträge	zu	40,00 €	je Auftrag
156	Aufträge	zu	50,00 €	je Auftrag
312	Aufträge	zu	55,00 €	je Auftrag
402	Aufträge	zu	60,00 €	je Auftrag
288	Aufträge	zu	70,00 €	je Auftrag
196	Aufträge	zu	80,00 €	je Auftrag
141	Aufträge	zu	90,00 €	je Auftrag
115	Aufträge	zu	100,00 €	je Auftrag

Auf wie viel Euro lautet der Durchschnittsauftrag?

9 Ein Bekleidungswerk verkauft das Modell „Mercedes" wie folgt:

104 Stück mit	11,00 €	Gewinn	je Stück an Einzelhändler
62 Stück mit	6,50 €	Gewinn	je Stück an andere Großhändler
13 Stück ohne		Gewinn	je Stück vor dem Ausverkauf
7 Stück mit	12,50 €	Verlust	je Stück während des Ausverkaufs

Wie hoch war der durchschnittliche Gewinn je Kleid?

10 Die Fahrer eines Möbelherstellers erhalten für unfallfreies Fahren Prämien:

3 Fahrer erhalten je 750,00 €, 2 Fahrer je 500,00 €, 1 Fahrer 450,00 € und 4 Fahrer je 400,00 €.

Zur Vorbereitung einer innerbetrieblichen Tarifvereinbarung werden die Durchschnittsprämien ermittelt:

3 Fahrer je 750,00 € Prämie	=	2.250,00 €
2 Fahrer je 500,00 € Prämie	=	1.000,00 €
1 Fahrer 450,00 € Prämie	=	450,00 €
4 Fahrer je 400,00 € Prämie	=	1.600,00 €
Summe der Prämien	=	5.300,00 €
Durchschnittsprämie	=	1.325,00 €

Prüfen Sie die Abrechnung.

11 Ein Unternehmen stellt nach jedem Zugang den durchschnittlichen Bezugspreis je Stück fest. Wie hoch sind die durchschnittlichen Bezugspreise der in die Fertigung abgegebenen Mengen (je Stück und insgesamt)? Wie hoch ist der Schlussbestand?

01. 01.	Anfangsbestand	2560 Stück zu 3,18 € je Stück
15. 01.	Verkauf	1420 Stück
24. 01.	Einkauf	3500 Stück zu 3,10 € je Stück
29. 01.	Verkauf	500 Stück
07. 02.	Einkauf	1200 Stück zu 3,29 € je Stück
22. 02.	Verkauf	900 Stück
07. 03.	Einkauf	1300 Stück zu 3,38 € je Stück
20. 03.	Verkauf	2400 Stück

Programmierte Übungen

Die Lösungen bitte nur dann ankreuzen, wenn das Buch Ihr Eigentum ist. Im Leihverfahren überlassene Bücher dürfen nicht beschrieben werden.

1 Ein Reisender erhält lt. Vertrag im Urlaubsmonat August das Fixum von 2.800,00 € und als Provision die monatliche Durchschnittsprovision des letzten Jahres. (Der Urlaubsmonat bleibt unberücksichtigt.) Provisionen des letzten Jahres (in €):

Sept.	2.200,00	Jan.	1.960,00	Mai	2.140,00
Okt.	2.440,00	Febr.	2.320,00	Juni	2.380,00
Nov.	2.680,00	März	2.020,00	Juli	2.260,00
Dez.	2.080,00	April	2.260,00		

Wie hoch ist die Provision im Urlaubsmonat? ☐☐☐☐,☐☐ €

2 Bei Betriebsunfällen sind im letzten Geschäftsjahr folgende Sachschäden aufgetreten:

Nr. 6	7.000,00 €	Nr. 52	1.800,00 €
Nr. 13	24.500,00 €	Nr. 73	35.100,00 €
Nr. 30	400,00 €	Nr. 79	6.300,00 €
Nr. 51	10.900,00 €		

Wie hoch ist der Durchschnittswert der eingetretenen Unfallschäden?

- a 14.333,33 €
- b 12.285,71 €
- c 10.750,00 €
- d 21.285,71 €
- e anderes Ergebnis, welches?

3 Für die Herstellung eines Delikatesssalates werden bezogen:

200 kg Wurst .... zu 8,10 € je kg
60 kg Gewürzgurken .... zu 1,95 € je kg
25 kg Äpfel .... zu 0,52 € je kg
10 kg Sellerie .... zu 1,27 € je kg
72 kg Majonäse .... zu 4,20 € je kg
6 kg Gewürzmischung .... zu 29,92 € je kg

Wie hoch ist der Preis für 1 kg Salat? ☐,☐☐ €

4 Aus Beständen stehen einer Weinkellerei 18 000 l zu 344,00 € je hl zur Verfügung. Um einen Konsum-Rotwein anzubieten, werden diesem Wein hinzugefügt: zur Farbaufbesserung 4 000 l spanischer Rotwein zu 2,32 € je l, zur Geschmacksaufbesserung $\frac{1}{12}$ **der Gesamtmischung** Traubensaft zu 44,00 € je hl.

Wie viel Euro kostet 1 l Rotwein? ☐,☐☐ €

4 Prozentrechnen/Promillerechnen

Prozentrechnen

Ein Unternehmen bietet zwei Artikel an. Artikel I hat einen Wert von 3.000,00 €, der Gewinn beträgt 300,00 €; Artikel II hat einen Wert von 5.000,00 €, der Gewinn beträgt 350,00 €. Im Beispiel liegt der Stückgewinn des Artikel II um 50,00 € höher als bei Artikel I.

Geht man beim Gewinnvergleich aber auf 100,00 € Produktwert zurück, so ergibt sich ein anderes Bild:

Artikel I auf 3.000,00 € entfallen 300,00 € Gewinn
auf 100,00 € entfallen x € Gewinn

$$\frac{x}{100} = \frac{300}{3.000} \quad x = \frac{300 \cdot 100}{3.000} = 10$$

auf 100,00 € entfallen 10,00 € Gewinn

$$\frac{10{,}00\ €}{100{,}00\ €} = \frac{10}{100} = 10\ \% = 10\ \text{v. H.}$$

(10 vom Hundert/10 pro centum)

Artikel II auf 5.000,00 € entfallen 350,00 € Gewinn
auf 100,00 € entfallen x € Gewinn

$$\frac{x}{100} = \frac{350}{5.000} \quad x = \frac{350 \cdot 100}{5.000} = 7$$

auf 100,00 € entfallen 7,00 € Gewinn

$$\frac{7{,}00\ €}{100{,}00\ €} = \frac{7}{100} = 7\ \% = 7\ \text{v. H.}$$

(7 vom Hundert / 7 pro centum)

In der Prozentrechnung werden durch die Vergleichszahl 100 ungleiche Größen (absolute Zahlen) vergleichbar gemacht. Sie werden durch den Prozentsatz (Verhältnis- bzw. Relativzahl) zueinander ins Verhältnis gesetzt.

Prozentrechnung: pro centum / % / vom Hundert

7 %	von	5.000,00 €	=	350,00 €
Prozentsatz		**Grundwert**		**Prozentwert**
7 % bedeutet $\frac{7}{100}$		Der Grundwert ≙ 100 %		Ergebnis aus Prozentsatz u. Grundwert $\frac{7 \cdot 5.000}{100} = 350{,}00$

1 % = $^1/_{100}$ = der 100. Teil = 0,01 vom Grundwert

Promillerechnen

In einigen Fällen wird auch die Vergleichszahl 1000 gewählt, z. B. bei Werten, die kleiner als 1 % sind. Dann wird vom 1000 gerechnet.

Promillerechnung: pro mille / ‰ / vom Tausend

7 ‰	von	5.000,00 €	=	35,00 €
Promillesatz		**Grundwert**		**Promillewert**
7 bedeutet $\frac{7}{1000}$ oder 7 ‰		Der Grundwert ≙ 1000 ‰		Ergebnis aus Promillesatz und Grundwert

1 ‰ = $\frac{1}{1000}$ = der 1000. Teil = 0,001 vom Grundwert

Verbindung Prozent-/Promillerechnen

Der Grundwert ist

$$100\,\% = 1000\,‰ = \frac{100}{100} = \frac{1000}{1000} = 1{,}0$$

$$1\,\% = 10\,‰ = \frac{1}{100} = \frac{10}{1000} = 0{,}01$$

$$0{,}5\,\% = 5\,‰ = \frac{1}{200} = \frac{5}{1000} = 0{,}005$$

$$0{,}25\,\% = 2{,}5\,‰ = \frac{1}{400} = \frac{25}{1000} = 0{,}0025$$

$$0{,}1\,\% = 1\,‰ = \frac{1}{1000} = 0{,}001$$

Ergänzen Sie die Tabelle:

	%	‰	Bruch	Dezimalbruch
Beispiel	50	500	½	0,5
1.	40	?	?	?
2.	?	250	?	?
3.	?	?	⅕	?
4.	?	?	?	0,3
5.	?	10	?	?
6.	?	?	?	0,07
7.	?	?	3/1000	?
8.	0,1	?	?	?
9.	2,5	?	?	?
10.	?	?	?	0,001
11.	15	?	?	?
12.	?	?	13/100	?

	%	‰	Bruch	Dezimalbruch
13.	73	?	?	?
14.	?	73	?	?
15.	?	?	$\frac{1}{100}$	?
16.	?	?	?	0,041
17.	?	?	$\frac{1}{20}$	?
18.	?	0,5	?	?
19.	?	?	?	0,8
20.	?	7	?	?
21.	?	?	?	1,0

4.1 Errechnen des Prozent-/Promillewertes

4.1.1 Prozent-/Promillewert vom reinen Grundwert (v. H./v. T.)

Einfache Prozent-/Promillesätze

Beispiel 1 **Prozentwert**

Ein Zulieferer gewährt auf einen Preis von 3.720,00 € einen Mengenrabatt von 15 %. Wie hoch ist der Rechnungsabzug?

Lösung **a) mit Kettensatz**

x € ≙ 15 %
100 % ≙ 3.720,00 €

$$x = \frac{15 \cdot 3.720}{100} = \underline{\underline{558{,}00\ €}}$$

b) mit Dreisatz

100 % ≙ 3.720,00 €
15 % ≙ x €

$$= \frac{3.720 \cdot 15}{100} = x$$

c) mit Formel

$$\textbf{Prozentwert} = \frac{\textbf{Grundwert} \cdot \textbf{Prozentsatz}}{\textbf{100}}$$

oder: 1 % vom Grundwert · Prozentsatz

$$\text{Prozentwert} = \frac{3.720 \cdot 15}{100} = \underline{\underline{558{,}00\ €}}$$

d) Lösung mit dem Taschenrechner

Für das Errechnen des Prozent-/Promillewertes vom reinen Grundwert (100 %/1 000 ‰) kann die Prozenttaste [%] des Taschenrechners benutzt werden.

Programm

#	Rechenzahlen	Funktionen	Anmerkungen
1.		C/CM	Löschen
2.	3.720	x	
3.	15	%	automatische Division durch 100

Beispiel 2 Promillewert

Für den Bezug von Fertigteilen wird eine Transportversicherung abgeschlossen. Die Versicherungsprämie beträgt 8 ‰ vom Warenwert = 60.000,00 €. Wie viel Euro betragen die Versicherungskosten?

Lösung:

a) mit Kettensatz

x € ≙ 8,00 ‰
1 000 ‰ ≙ 60.000,00 €

$$x = \frac{8 \cdot 60.000}{1\,000} = \underline{\underline{480{,}00\ €}}$$

b) mit Dreisatz

1 000 ‰ ≙ 60.000,00 €
8 ‰ ≙ x €

$$= \frac{60.000 \cdot 8}{1\,000} = x$$

c) mit Formel

$$\textbf{Promillewert} = \frac{\textbf{Grundwert} \cdot \textbf{Promillesatz}}{1\,000}$$

oder: **1 ‰ vom Grundwert · Promillesatz**

$$\text{Promillewert} = \frac{60.000 \cdot 8}{1\,000} = \underline{\underline{480{,}00\ €}}$$

d) Taschenrechner-Programm

#	Rechenzahlen	Funktionen	Anmerkungen
1.		C/CM	Löschen
2.	60 000	x	
3.	,8	%	Promilleeingabe

1 Berechnen Sie im Kopf 100 %; 10 %; 1 %; 1 ‰ von:

a) 3.500,00 € c) 325.625,75 € e) 2,45 € g) 17,30 €
b) 19.200,03 € d) 293.278,25 € f) 1.820,77 € h) 294,45 €

2 Berechnen Sie im Kopf (Werte in Euro):

a) 3 % von 260,00 d) 1½ % von 3.600,00 g) ¾ % von 840,00
b) 5 ‰ von 15.300,00 e) ⅓ % von 48,00 h) 50 % von 5.250,00
c) 1¼ % von 680,00 f) 3 ‰ von 19,00 i) ¼ % von 1.420,00

3 Berechnen Sie:

a) 8 % von 6.735,80 € f) ½ % von 27.326,91 €
b) 1½ % von 8.932,83 € g) 3,25 % von 89,125 kg
c) 0,3 % von 1.780,725 kg h) 16 % von 19.672,35 €
d) 0,7 % von 15.173,625 kg i) 8,5 % von 2.105,70 €
e) 27 % von 529,75 € j) 17,5 % von 932,920 kg

4 Wie hoch sind die Versicherungsprämien?

a) 2 ‰ von 27.500,00 € f) 0,5 ‰ von 7.832,00 €
b) 1,25 ‰ von 284.695,00 € g) 0,9 ‰ von 1.450,00 €
c) 0,75 ‰ von 750.000,00 € h) ¾ ‰ von 980,00 €
d) 1 ‰ von 625.325,00 € i) 3,5 ‰ von 500,00 €
e) 1,5 ‰ von 2.150,00 € j) ⅘ ‰ von 6.890,00 €

5

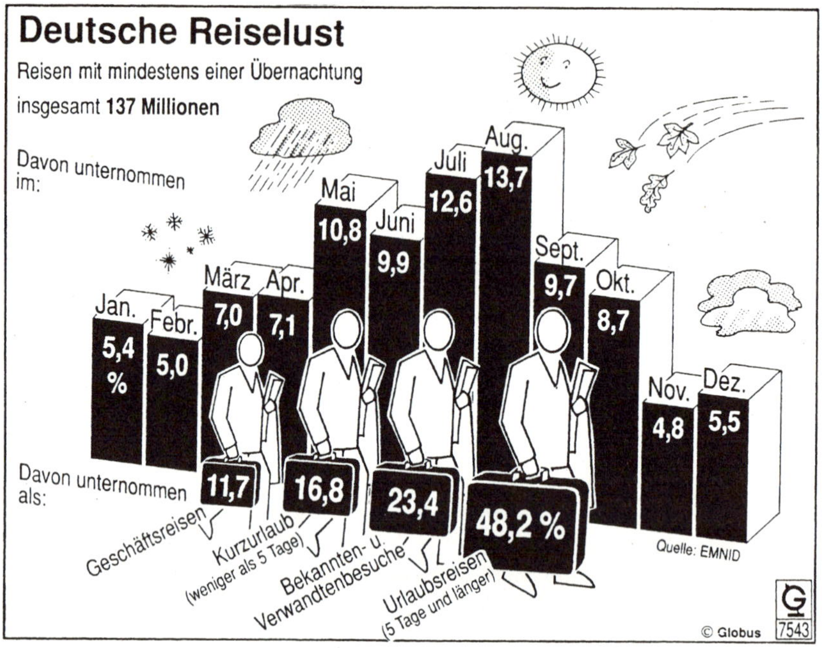

a) Wie viel Reisen entfallen auf die einzelnen Monate?
b) Wie viel Reisen entfallen auf Geschäftsreisen, Kurzurlaub, Bekannten- und Verwandtenbesuche und Urlaubsreisen?

Beispiel 3 Ein Kunde bestellt 2 Waren. **Ware I:** 35 kg zu 7,80 € je kg.
Ware II: 15 kg zu 11,20 € je kg.

Auf die Listenpreise werden für Ware I 30 % Rabatt und für Ware II 10 % Rabatt gewährt. Es ist die Rechnung einschließlich 16 % USt aufzustellen.

Lösung

Rechnung

Ware I:		35 kg zu 7,80 €	273,00 €	
	–	30 % Rabatt	81,90 €	191,10 €
Ware II:		15 kg zu 11,20 €	168,00 €	
	–	10 % Rabatt	16,80 €	151,20 €
		Warenwert		342,30 €
	+	16 % USt		54,77 €
		Rechnungssumme		397,07 €

Taschenrechner-Programm (siehe Anhang)

#	Rechenzahlen	Funktionen	Anmerkungen
1.		C/CM	Löschen
2.	35	x	
3.	7,8	=	
4.		x	
5.	30	%	
6.		–	Zielpreis Ware I
7.		M+	
8.	15	x	
9.	11,2	=	
10.		x	
11.	10	%	
12.		–	Zielpreis Ware II
13.		M+	
14.		RM	Lieferwert
15.		x	
16.	16	%	USt
17.		+	Rechnungssumme

6 Über welche Beträge lauten die Rechnungen?

	Listeneinkaufspreis für Warengruppe	Rabatt	USt
a)	I: 520 kg zu 2,73 € je kg	15 %	7 %
	II: 165 kg zu 1,83 € je kg	25 %	
b)	I: 4 520 St. zu 0,96 € je St.	5 %	16 %
	II: 8 150 St. zu 3,35 € je St.	8,5 %	
c)	I: 240 m zu 72,25 je m	6 %	16 %
	II: 120 m zu 34,12 je m	8,5 %	
	III: 88 m zu 18,75 je m	8,2 %	

Bequeme Teile von 100 %

Beispiel In einem Insolvenzverfahren beträgt die Insolvenzquote $16\frac{2}{3}$ %. Die Forderung gegen den Schuldner betrug 4.320,00 €. Wie viel Euro überweist der Insolvenzverwalter? Wie hoch ist der Forderungsausfall?

Lösung $16\frac{2}{3}$ % ist der 6. Teil von 100, also auch $\frac{1}{6}$ von 4.320,00 €:

$16\frac{2}{3}$ % von 4.320,00 € = 4.320 : 6 = 720,00 €

	Forderung	= 4.320,00 €	≙	100 %
–	$16\frac{2}{3}$ % Insolvenzquote	= 720,00 €	≙	$16\frac{2}{3}$ %
	Forderungsausfall	= 3.600,00 €	≙	$83\frac{1}{3}$ %

nach der Formel

$$x = \frac{4.320 \cdot \cancel{16\frac{2}{3}}\ 1}{\cancel{100}\ 6}$$

7 Ermitteln Sie die Teiler der folgenden bequemen Prozentsätze:

50 %	=	$\frac{1}{2}$	=	der 2.	Teil von 100
25 %	=	$\frac{1}{4}$	=	der ?	Teil von 100
$12\frac{1}{2}$ %	=	?	=	der ?	Teil von 100
$6\frac{1}{4}$ %	=	?	=	der ?	Teil von 100
$33\frac{1}{3}$ %	=	$\frac{1}{3}$	=	der 3.	Teil von 100
$16\frac{2}{3}$ %	=	?	=	der ?	Teil von 100
$8\frac{1}{3}$ %	=	?	=	der ?	Teil von 100
$4\frac{1}{6}$ %	=	?	=	der ?	Teil von 100

20 %	=	$\frac{1}{5}$	=	der 5.	Teil von 100
10 %	=	?	=	der ?	Teil von 100
5 %	=	?	=	der ?	Teil von 100
$2\frac{1}{2}$ %	=	?	=	der ?	Teil von 100
$6\frac{2}{3}$ %	=	?	=	der ?	Teil von 100
$3\frac{1}{3}$ %	=	?	=	der ?	Teil von 100
$14\frac{2}{7}$ %	=	?	=	der ?	Teil von 100
$11\frac{1}{9}$ %	=	?	=	der ?	Teil von 100
$9\frac{1}{11}$ %	=	?	=	der ?	Teil von 100

8 Errechnen Sie die Auszahlungsbeträge und die Höhe des Forderungsausfalls bei folgenden Insolvenzverfahren. (Die Insolvenzquote ist der Prozentsatz der noch eingehenden Forderungen.)

	Insolvenzquote	Forderung		Insolvenzquote	Forderung
a)	$12\frac{1}{2}$ %	7.680,00 €	d)	$16\frac{2}{3}$ %	25.836,00 €
b)	$8\frac{1}{3}$ %	5.080,00 €	e)	$33\frac{1}{3}$ %	715.329,00 €
c)	$14\frac{2}{7}$ %	57.708,00 €	f)	$12\frac{1}{2}$ %	57.672,00 €

9 Wie hoch sind die Bareinkaufspreise nach Abzug von Rabatt und Skonto? (Lösungshinweis: Skonto wird von dem um den Rabatt verminderten Listenpreis = Zielpreis abgezogen.)

	Listenpreis	Rabatt	Skonto		Listenpreis	Rabatt	Skonto
a)	4.800,00 €	$12\frac{1}{2}$ %	$2\frac{1}{2}$ %	d)	7.251,93 €	$8\frac{1}{3}$ %	3 %
b)	19.527,00 €	$8\frac{1}{3}$ %	3 %	e)	25.630,00 €	$12\frac{1}{2}$ %	$3\frac{3}{4}$ %
c)	62.525,30 €	25 %	1,5 %	f)	552,60 €	$16\frac{2}{3}$ %	$2\frac{1}{4}$ %

10

Soll **Gewinn- und Verlustkonto** Haben

	€	%		€	%
Fertigungsmaterial	?	30,6	Umsatzerlöse	?	78,5
Hilfsmaterial	?	2,5	Erträge aus Beteiligungen	?	7,3
Personalaufwand	?	28,6	Grundstückserlöse	?	2,5
Abschreibungen	?	4,3	Erträge aus Wertpapierverkäufen	?	6
Steuern	?	12,5	Erträge aus Anlagenverkauf	?	2,3
Fahrzeugkosten	?	1,3	a. o. Erträge	?	3,4
Raumkosten	?	4,2			
Reparaturen	?	0,75			
Kosten der Warenabgabe	?	0,5			
Werbung	?	3,3			
sonstiger betriebl. Aufwand	?	2,75			
Gewinn	?	?			
	1.500.000,00	100,0		1.500.000,00	100,0

a) Ermitteln Sie die Beträge der Aufwendungen und Erträge.
b) Wie hoch ist der Gesamtgewinn in Euro und Prozent?

11 Am Schluss des Geschäftsjahres sind folgende Abschreibungen vorzunehmen:

	Buchwert	Abschreibungssatz
Bebaute Grundstücke	480.000,00 €	$2\frac{1}{2}$ %
Fuhrpark	36.720,00 €	$16\frac{2}{3}$ %
Geschäftsausstattung	73.720,00 €	$10\frac{1}{2}$ %
Forderungen	2.640,00 €	$91\frac{2}{3}$ %

a) Wie hoch sind die Restbuchwerte nach der direkten Abschreibung?

b) Wie hoch ist die Gesamtabschreibungssumme?

12 Ein Lieferant erhöht die Preise für Herrenanzüge von 157,80 € um $17\frac{1}{2}$ % und für Knabenanzüge von 89,25 € um $14\frac{2}{7}$ %. Die Preise der Herrenmäntel von 125,80 € werden um 12,375 %, die für Knabenjeans von 43,20 € um $16\frac{2}{3}$ % gesenkt. Wie hoch sind die neuen Listenpreise für alle Artikel?

13 Für eine Werbeaktion wurden 421.680,00 € gezahlt. Davon entfallen $33\frac{1}{3}$ % auf das Fernsehen, 25 % auf Illustrierte und Tageszeitungen, $16\frac{2}{3}$ % auf Plakate, $8\frac{1}{3}$ % Werbung im Internet, $12\frac{1}{2}$ % auf E-Mailing und $4\frac{1}{6}$ % auf Flugzeugwerbung. Wie viel Euro entfallen auf die einzelnen Werbeträger?

14 An einer OHG sind vier Gesellschafter beteiligt: A mit 36,4 %, B mit 14,5 %, C mit 25,1 % und D mit 193.200,00 €. Der Gewinn von 256.400,00 € soll nach dem HGB (4 % auf Einlagen, Rest nach Köpfen) verteilt und den Kapitalkonten gutgeschrieben werden.

Wie hoch ist der Anteil der Gesellschafter an der OHG in Euro vor und nach der Gewinnverteilung? Wie hoch ist das Eigenkapital der OHG?

4.1.2 Prozent-/Promillewert vom vermehrten Grundwert (auf Hundert/auf Tausend)

Beispiel 1 **Prozentrechnen**

Ein Angestellter wird Filialleiter. Er erhält 2.896,80 € Grundgehalt. Die Gehaltserhöhung beträgt 6,5 %.

Wie hoch war das ursprüngliche Gehalt? Wie viel Euro beträgt die Gehaltserhöhung?

Lösung Das neue Gehalt von 2.896,80 € ist der um 6,5 % vermehrte Grundwert = 106,5 % des reinen Grundwertes:

Grundwert +	Vermehrung =	vermehrter Grundwert
100 %	6,5 %	106,5 %

Gesucht werden **100 % bzw. 6,5 %**

a) mit dem Kettensatz

x € ≙ 100 %
106,5 % ≙ 2.896,80 €

$$x = \frac{100 \cdot 2.896,8}{106,5} = \underline{\underline{2.720,00\ €}}$$

b) mit dem Dreisatz

106,5 % ≙ 2.896,80 €
100 % ≙ x €

$$= \frac{2.896,8 \cdot 100}{106,5} = x$$

	Altes Gehalt	2.720,00 € ≙	100 %
+	6,5 % Gehaltserhöhung	176,80 € ≙	6,5 %
	Neues Gehalt	2.896,80 € ≙	106,5 %

Beispiel 2 **Promillerechnen**

Für eine Ersatzteilsendung werden einschließlich 2,5 ‰ Transportversicherung 32.080,00 € berechnet.

Stellen Sie für die Ausstellung des Buchungsbelegs die Versicherungsprämie in Euro und den Warenwert fest.

Lösung

Grundwert	+	Vermehrung	=	vermehrter Grundwert
1 000 ‰		**2,5 ‰**		**1 002,5 ‰**

Gesucht werden **1 000 ‰ bzw. 2,5 ‰**

a) mit dem Kettensatz

x € ≙ 2,5 ‰
1 002,5 ‰ ≙ 32.080,00 €

$$x = \frac{2,5 \cdot 32.080}{1\,002,5} = \underline{\underline{80,00\ €}}$$

b) mit dem Dreisatz

1 002,5 ‰ ≙ 32.080,00 €
2,5 ‰ ≙ x €

$$= \frac{32.080 \cdot 2,5}{1\,002,5} = x$$

	Warenwert	32.000,00 € ≙	1 000 ‰
+	Versicherungsprämie	80,00 € ≙	2,5 ‰
	Warenbezugswert	32.080,00 € ≙	1 002,5 ‰

1 Durch Kostensteigerungen wurden für einige Produkte die Listenpreise erhöht. Errechnen Sie den alten Preis und die Preiserhöhung in Euro.

	Erhöhung	neuer Preis		Erhöhung	neuer Preis
a)	7 %	430,14 €	c)	4,25 %	6.058,01 €
b)	2 %	36,72 €	d)	8,7 %	54.350,00 €

2 Ermitteln Sie für die Buchungsbelege die Umsatzsteuer und den Nettorechnungspreis.

	Bruttorechnungspreis	USt
a)	169,50 €	16 %
b)	3.530,90 €	7 %
c)	36,81 €	7 %
d)	664,61 €	16 %

3 Stichproben ergaben eine Zunahme der Fehlerhäufigkeit gegenüber der Vorwoche:

Wochentag	Zunahme	Neue Fehlerzahl
Montag	8 ‰	4 032 Stück
Dienstag	5 ‰	3 618 Stück
Mittwoch	4 ‰	3 514 Stück
Donnerstag	4 ‰	3 012 Stück
Freitag	6 ‰	4 024 Stück

Wie viel Stück beträgt die Zunahme der fehlerhaften Stücke je Wochentag?

4 Für die Einlösung eines Schecks in ausländischer Währung berechnet die Bank 1,25 ‰ Provision; sie belastet unser Konto mit insgesamt 9.772,20 €.

Wie viel Euro betragen die Provision und der Scheckbetrag?

Beispiel 3 **Bequeme Prozentsätze**
Die Summe der Forderungen aus Exporten eines Unternehmens ist seit dem letzten Abschluss um 25 % auf 250.000,00 € gestiegen. Wie hoch waren die Forderungen vorher?

Lösung

	Alte Forderungssumme	200.000,00 €	≙ 100 %
+	25 % Steigerung	50.000,00 €	≙ 25 %
	Neue Forderungssumme	250.000,00 €	≙ 125 %

↑ ≙ ⅕ des vermehrten Wertes

Erklärung

	Reiner Grundwert	= 100,00 €
+	25 % Vermehrung	= 25,00 €
	Vermehrter Grundwert	= 125,00 €

25,00 € ist der 4. Teil des reinen Grundwertes (100 : 4 = 25) und der 5. Teil des vermehrten Grundwertes (125 : 5 = 25).

Ist der Prozentsatz der Steigerung ein bequemer Teiler von 100, so ist er auch ein bequemer Teiler des vermehrten Wertes.

5

Prozentsatz		Teil vom reinen Grundwert		Teil vom vermehrten Grundwert
50 %	=	2. Teil von 100 %	und	3. Teil von 150 %
$33\frac{1}{3}$ %	=	3. Teil von 100 %	und	4. Teil von $133\frac{1}{3}$ %
25 %	=	4. Teil von 100 %	und	5. Teil von 125 %

Vervollständigen Sie die Aufstellung für die folgenden bequemen Prozentsätze:

20 %	$16\frac{2}{3}$ %	$14\frac{2}{7}$ %	$12\frac{1}{2}$ %	$11\frac{1}{9}$ %	10 %	$9\frac{1}{11}$ %
$8\frac{1}{3}$ %	$6\frac{2}{3}$ %	$6\frac{1}{4}$ %	5 %	$4\frac{1}{6}$ %	$3\frac{1}{3}$ %	$2\frac{1}{2}$ %

6 Die Abrechnung einer Industrievertretung GmbH (Einkaufskommissionär) enthält neben dem Preis die Provision. Ermitteln Sie den Preis und die Höhe der Provision.

	Provision	Endabrechnung		Provision	Endabrechnung
a)	$8\frac{1}{3}$ %	780,00 €	g)	$9\frac{1}{11}$ %	14,40 €
b)	10 %	2.768,15 €	h)	25 %	8,84 €
c)	$12\frac{1}{2}$ %	360,90 €	i)	$3\frac{1}{3}$ %	4.777,10 €
d)	5 %	23,53 €	j)	$12\frac{1}{2}$ %	18.646,20 €
e)	$2\frac{1}{2}$ %	86,52 €	k)	$14\frac{2}{7}$ %	6.152,80 €
f)	$16\frac{2}{3}$ %	8.820,00 €	l)	20 %	1.051,80 €

7 Im Vergleich zum Vorjahr sind die Unterhaltungskosten für die Produktionsstätte um 5,57 % auf 82.198,00 €, die für den Fuhrpark um $9\frac{1}{11}$ % auf 143.520,00 € und für die Lagerhalle um 4,8 % auf 33.536,00 € gestiegen.

Wie hoch waren die Kosten im Vorjahr und wie viel Euro betrugen die Steigerungen?

8 Eine AG erhöhte im vergangenen Jahr ihr Grundkapital um $14\frac{2}{7}$ %. Im laufenden Geschäftsjahr wurde von der Hauptversammlung eine erneute Erhöhung um $12\frac{1}{2}$ % auf 6.030.000,00 € beschlossen.

a) Wie hoch waren die beiden Erhöhungen?
b) Wie hoch war das Grundkapital vor der ersten Erhöhung?

Lösungshinweis

	Grundkapital verg. Jahr	≙ 100 %	②		
+	Erhöhung 1. Jahr	≙ $14\frac{2}{7}$ %			
	Grundkapital nach 1. Erhöhung	≙ $114\frac{2}{7}$ %	←	≙ 100 %	①
+	Erhöhung 2. Jahr			≙ $12\frac{1}{2}$ %	
	Grundkapital nach 2. Erhöhung			≙ $112\frac{1}{2}$ %	

9 Die Personalkosten eines Unternehmens stiegen in den letzten drei Jahren um folgende Prozentsätze gegenüber dem jeweiligen Vorjahr: im 1. Jahr um 5 %, im 2. Jahr um 7,5 %, im 3. Jahr um 4 % auf insgesamt 498.907,50 €.

a) Wie viel Euro betrugen die Personalkostensteigerungen in jedem Jahr?
b) Wie hoch waren die Personalkosten vor der ersten Erhöhung?

10 Die Umsätze eines Werbeartikelherstellers stiegen im Oktober im Vergleich zum September um 8 %, im November im Vergleich zum Oktober um $16\frac{2}{3}$ % und im Dezember um weitere 3,5 % auf 312.984,00 €.

a) Wie viel Euro betragen die monatlichen Umsatzsteigerungen?
b) Wie hoch war der Umsatz in jedem der vier Monate?
c) Wie hoch ist der Umsatz des letzten Vierteljahres?

4.1.3 Prozent-/Promillewert vom verminderten Grundwert (im Hundert/im Tausend)

Beispiel 1 **Prozentrechnen**

Der Umsatz einer Druckerei ging im Juli im Vergleich zum Juni um 12,2 % auf 131.700,00 € zurück. Wie viel Euro beträgt der Umsatzrückgang? Wie hoch war der Juniumsatz?

Lösung

Gegeben ist der verminderte Grundwert ≙ 87,8 %.
Gesucht werden 100 % bzw. 12,2 %.

Grundwert	–	**Verminderung**	=	**verminderter Grundwert**
100 %		**12,2 %**		**87,8 %**

a) mit dem Kettensatz

x €	≙	100 %
87,8 %	≙	131.700,00 €

b) mit dem Dreisatz

87,8 %	≙	131.700,00 €
100 %	≙	x €

$$x = \frac{100 \cdot 131.700}{87{,}8} = \underline{\underline{150.000{,}00\ €}} = \frac{131.700 \cdot 100}{87{,}8} = x$$

Umsatz Monat Juni	150.000,00 €	≙	100 %
– 12,2 % Rückgang	18.300,00 €	≙	12,2 %
Umsatz Juli	131.700,00 €	≙	87,8 %

1 Durch eine genauere Produktionsüberwachung und bessere Arbeitsvorbereitung sinkt die Ausschussproduktion:

a) um 6 % auf 6 186,082 kg
b) um 10 % auf 3 510 Stück
c) um 8,3 % auf 3 209,5 t
d) um 3,75 % auf 1 437 kg
e) um $12\frac{1}{5}$ % auf 825,300 kg
f) um 2,4 % auf 294,2 t
g) um $18\frac{3}{5}$ % auf 2 100,000 kg
h) um 7,5 % auf 925 Stück

Wie hoch waren die Verlustmengen vor der Neuorganisation?

Beispiel 2 **Promillerechnen**

Die Zahl der meldepflichtigen Betriebsunfälle sank im abgelaufenen Kalenderjahr durch Unfallverhütungsmaßnahmen um 9 ‰ auf 6 937 Unfälle.

Errechnen Sie die Unfallverringerung und die Zahl der Unfälle im Vorjahr.

Lösung

Grundwert	–	**Verminderung**	=	**verminderter Grundwert**
1 000 ‰		**9 ‰**		**99,1 ‰**

a) mit dem Kettensatz

x Unfälle ≙ 9 ‰
991 ‰ ≙ 6 937 Unfälle

$x = \frac{9 \cdot 6\,937}{991} =$ 63 Unfälle

Alter Unfallstand	7 000 ≙	1 000 ‰
– Verringerung	63 ≙	9 ‰
Neuer Unfallstand	6 937 ≙	991 ‰

b) mit dem Dreisatz

991 ‰ ≙ 6 937 Unfälle
9 ‰ ≙ x Unfälle

$= \frac{9 \cdot 6\,937}{991} = x$

2 Ein Normgewebe hat im Gewicht eine Minusabweichung von 13 ‰ und wiegt 187,53 g/m².
Wie hoch ist das DIN-Gewicht?

3 Nach Abzug der Provisionen von 2,25 ‰ schreibt die Bank eine Auslandsforderung mit 18.393,90 € unserem Konto gut.
Wie hoch sind die Provision und die Forderung?

Beispiel 3 **Bequeme Prozentsätze**
Die Telefonkosten eines Unternehmens sind im laufenden Rechnungsabschnitt um 25 % auf 18.000,00 € gesunken. Wie viel Euro beträgt die Kostensenkung? Wie hoch waren die Telefonkosten vorher?

Lösung

Telefonkosten vorher	24.000,00 € ≙	100 %
– 25 % Kostensenkung	6.000,00 € ≙	25 %
Telefonkosten jetzt	18.000,00 € ≙	75 %

≙ ⅓ des verminderten Wertes

Erklärung

Reiner Grundwert	=	100,00 €
– 25 % Verminderung	=	25,00 €
Verminderter Grundwert	=	75,00 €

25,00 € sind der 4. Teil des Grundwertes 100 (100 : 4 = 25) und der 3. Teil des verminderten Grundwertes 75 (75 : 3 = 25).

Ist der Prozentsatz, um den der Grundwert vermindert wird, ein bequemer Teiler von 100, so ist er auch ein bequemer Teiler des verminderten Wertes.

4

Prozentsatz		Teil vom reinen Grundwert		Teil vom verminderten Grundwert
33⅓ %	=	3. Teil von 100 %	und	2. Teil von 66⅔ %
25 %	=	4. Teil von 100 %	und	3. Teil von 75 %
20 %	=	5. Teil von 100 %	und	4. Teil von 80 %

Vervollständigen Sie die Aufstellung für die folgenden bequemen Prozentsätze:

16⅔ %	14²⁄₇ %	12½ %	11⅑ %	10 %	9¹⁄₁₁ %	8⅓ %
6⅔ %	6¼ %	5 %	4⅙ %	3⅓ %	2½ %	

5 Unser Verkaufskommissionär überweist nach Abzug seiner Provision die Verkaufserlöse. Wie hoch ist die Provision des Kommissionärs und wie hoch war der Verkaufserlös?

	Provision	Überweisung		Provision	Überweisung
a)	$8\frac{1}{3}$ %	2.200,00 €	g)	$2\frac{1}{2}$ %	84,88 €
b)	10 %	3.168,36 €	h)	$6\frac{1}{4}$ %	774,15 €
c)	$4\frac{1}{6}$ %	7.429,23 €	i)	$8\frac{1}{3}$ %	15.488,99 €
d)	$16\frac{2}{3}$ %	280,26 €	j)	$9\frac{1}{11}$ %	45.190,00 €
e)	20 %	4.958,00 €	k)	$12\frac{1}{2}$ %	58.415,80 €
f)	$12\frac{1}{2}$ %	880.000,00 €	l)	$14\frac{2}{7}$ %	1.628,28 €

6 Durch Rationalisierungsmaßnahmen sind die Kosten der Fertigungsstelle I um 18,5 % auf 15.970,30 €, die der Fertigungsstelle II um $8\frac{1}{3}$ % auf 14.135,00 € und die der Fertigungsstelle III um $12\frac{1}{2}$ % auf 20.624,56 € gesunken.

a) Wie hoch sind die Kosteneinsparungen je Fertigungsstelle?
b) Wie hoch waren die Kosten vor den Rationalisierungsmaßnahmen?

7 Die durchschnittliche Abschreibung auf den Fuhrpark einer Genossenschaft betrug im vergangenen Jahr 20 %. In diesem Jahr wurden durchschnittlich $12\frac{1}{2}$ % abgeschrieben, sodass die Wagen jetzt noch mit 77.000,00 € zu Buch stehen.

a) Wie hoch war die jährliche Abschreibung?
b) Wie hoch war der Buchwert des Fuhrparks vor der 1. Abschreibung?

Lösungshinweis

	Buchwert am Anfang des 1. Jahres	≙ 100 %	↑ ②		
–	Abschreibung	≙ 20 %			
	Buchwert am Anfang des 2. Jahres	≙ 80 %		≙ 100 %	↑ ①
–	Abschreibung			≙ $12\frac{1}{2}$ %	
	Buchwert am Anfang des 3. Jahres			≙ $87\frac{1}{2}$ %	

8 In den Sommermonaten gingen die Umsätze eines Handwerksbetriebes zurück. Im Juni wurden 10 % weniger umgesetzt als im Mai, im Juli $16\frac{2}{3}$ % weniger als im Juni und im August verringerte sich der Umsatz um weitere 5,5 % auf 28.343,25 €.

a) Wie viel Euro betrug der monatliche Rückgang?
b) Wie hoch waren die Umsätze in den einzelnen Vormonaten?

9 Die Lagerkosten einer Holzhandels-GmbH sind im April im Vergleich zum März um 8 % gesunken, im Mai stiegen die Lagerkosten im Vergleich zum Vormonat um 2,5 %, im Juni sanken sie um 5,5 % auf 49.903,56 €.

a) Errechnen Sie die Lagerkosten für die Monate März, April und Mai.
b) Wie hoch sind die Kosten der Kostenstelle Lager des 2. Jahresquartals?

4.2 Errechnen des Prozent-/Promillesatzes

Beispiel 1 **Prozentrechnen**

Die Bezugskosten für eine Warenlieferung im Werte von 36.500,00 € betragen 1.460,00 €. Wie viel Prozent sind das?

Lösung **a) mit dem Kettensatz**

x % ≙ 1.460,00 €
36.500,00 € ≙ 100 %

$$x = \frac{1.460 \cdot 100}{36.500} = \underline{\underline{4\,\%}}$$

b) mit dem Dreisatz

36.500,00 € ≙ 100 %
1.460,00 € ≙ x %

$$= \frac{100 \cdot 1.460}{36.500} = x$$

c) mit Formel

$$\textbf{Prozentsatz} = \frac{\textbf{Prozentwert} \cdot 100}{\textbf{Grundwert}}$$

1 Wie viel Prozent vom Bruttogewicht beträgt die Tara?

	Bruttogewicht	Tara		Bruttogewicht	Tara
a)	7 650 kg	229,5 kg	g)	278 kg	42,250 kg
b)	880 kg	110 kg	h)	57,5 t	5 002,5 kg
c)	500 g	15 g	i)	36 450 kg	2 150,550 kg
d)	6,5 t	0,455 t	j)	48 kg	47,040 kg
e)	750 kg	637,5 kg	k)	7,890 kg	1 972,5 g
f)	78 dt	97,5 kg	l)	9 620 kg	48,1 kg

Beispiel 2 **Promillerechnen**

Für eine Warenlieferung im Wert von 71.400,00 € beträgt die Transportversicherung 178,50 €.

Wie viel Promille des Warenwertes sind das?

Lösung **a) mit dem Kettensatz**

x ‰ ≙ 178,50 €
71.400,00 € ≙ 1 000 ‰

$$x = \frac{178{,}5 \cdot 1\,000}{71.400} = 2{,}5\,‰$$

b) mit dem Dreisatz

71.400,00 € ≙ 1 000 ‰
178,50 € ≙ x ‰

$$= \frac{1\,000 \cdot 178{,}5}{71.400} = x$$

c) mit Formel

$$\textbf{Prozentsatz} = \frac{\textbf{Prozentwert} \cdot 1\,000}{\textbf{Grundwert}}$$

2 Wie viel Promille des Warenwertes betragen die Versicherungsprämien (in Euro)?

	Warenwert	Versicherungsprämie		Warenwert	Versicherungsprämie
a)	33.500,00	127,30	d)	6.425,00	51,40
b)	146.700,00	953,55	e)	341.000,00	920,70
c)	78.200,00	379,72	f)	97.460,00	877,14

Beispiel 3 **Prozentsatz vom vermehrten Grundwert**

Ein Erzeugnis wird einschließlich eines Mindermengenzuschlages von 33,75 € für 258,75 € angeboten. Wie viel Prozent beträgt der Zuschlag?

Lösung Der Angebotspreis ist der vermehrte Wert. Zunächst muss der reine Grundwert ≙ 100 % errechnet werden:

	Listenverkaufspreis	= 225,00 €	≙ 100 % ↑
+	Mindermengenzuschlag	= 33,75 €	
	Zielverkaufspreis/Angebotspreis	= 258,75 €	

a) mit dem Kettensatz

x % ≙ 33,75 €
225,00 € ≙ 100 %

$$x = \frac{33{,}75 \cdot 100}{225} = \underline{\underline{15\ \%}}$$

b) mit dem Dreisatz

225,00 € ≙ 100 %
33,75 € ≙ x %

$$= \frac{100 \cdot 33{,}75}{225} = x$$

Der Prozent-/Promillesatz muss immer vom reinen Grundwert = 100 % bzw. 1 000 ‰ berechnet werden.

Beispiel 4 **Prozentsatz vom verminderten Grundwert**

Nach Abzug von 160,00 € Skonto ergibt sich für Schmierfette ein Bareinkaufspreis von 6.240,00 €. Wie viel Prozent beträgt der Skontoabzug?

Lösung

	Zieleinkaufspreis	= 6.400,00 €	≙ 100 % ↑
–	Skonto	= 160,00 €	
	Bareinkaufspreis	= 6.240,00 €	

a) mit dem Kettensatz

x % ≙ 160,00 €
6.400,00 € ≙ 100 %

$$x = \frac{160 \cdot 100}{6.400} = \underline{\underline{2{,}5\ \%}}$$

b) mit dem Dreisatz

6.400,00 € ≙ 100%
160,00 € ≙ x %

$$= \frac{100 \cdot 160}{6.400} = x$$

3 Wie viel Prozent von den Selbstkosten beträgt der Gewinn bzw. der Verlust bei Verkauf von Handelswaren zu folgenden Preisen?

	Verkaufserlös				Verkaufserlös		
a)	6.080,00 €	Verl.	1.520,00 €	d)	68.949,76 €	Verl.	6.570,24 €
b)	252,00 €	Gew.	12,00 €	e)	13.310,55 €	Verl.	1.210,05 €
c)	66,19 €	Gew.	1,13 €	f)	7.841,40 €	Gew.	1.120,20 €

Lösungshinweis: Selbstkosten + Gewinn bzw. – Verlust = Verkaufserlös

4 Ein Unternehmer kauft über seine Hausbank Wertpapiere im Wert von 725.000,00 €. Neben dem Kaufpreis werden ihm berechnet: 3.625,00 € Provision und 1.268,75 € Maklergebühr.

a) Wie viel Prozent beträgt die Provision und wie viel Promille beträgt die Maklergebühr?

b) Mit welchem Betrag wird das Konto des Unternehmers belastet?

5 An einer Landtagswahl nahmen von 2 500 000 wahlberechtigten Bürgern 2 110 000 teil. Wie viel Prozent betrug die Wahlbeteiligung?

6 Der Umsatz der Biotec AG wies in den letzten 5 Jahren folgende Entwicklung auf (in Mio. €):

1. Jahr 38,2 2. Jahr 49,8 3. Jahr 71,2 4. Jahr 92,7 5. Jahr 122,3

Errechnen Sie den Prozentsatz

a) der jährlichen Umsatzsteigerung gegenüber dem Vorjahr,
b) der einzelnen Jahre gegenüber dem ersten Jahr.

7 Der Buchwert des Lagerfuhrparks beträgt nach einer Abschreibung von 12.314,00 € noch 37.943,50 €. Wie hoch ist der Prozentsatz der Abschreibung?

8 a) Errechnen Sie die Prozentsätze der 6 größten Steuerarten an den gesamten Steuereinnahmen. (1 Dezimalstelle)

b) Wie viel Prozent betragen die größten Steuerarten insgesamt an den Steuereinnahmen?

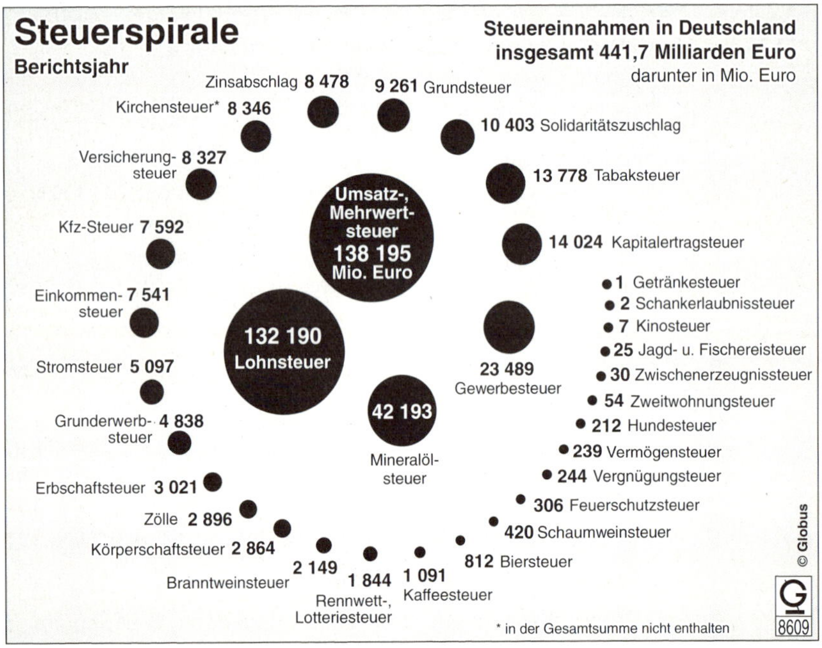

9 Dem Konto eines Direktexporteurs werden nach Abzug von 270,00 € Provision 224.730,00 € gutgeschrieben.

Wie viel Promille beträgt die Provision der Außenhandelsbank?

10 Eine Aktiengesellschaft veröffentlicht folgende aufbereitete Bilanz (in Tausend €):

Bilanz zum 31. Dezember ..

Aktiva	€	%	Passiva	€	%
I. Anlagevermögen			**I. Eigenkapital** .	957,7	?
Sachanlagen	1.219,7	?	**II. Fremdkapital**		
Beteiligungen	79,2	?	langfristiges	486,5	?
II. Umlaufvermögen			kurzfristiges	456,0	?
Waren	397,6	?			
Darlehen	16,2	?			
Forderungen	157,2	?			
Liquide Mittel	30,3	?			
	1.900,2	100		1.900,2	100

a) Errechnen Sie den Prozentanteil der einzelnen Bilanzpositionen an der Bilanzsumme.
b) Wie viel Prozent entfallen auf Anlage- und Umlaufvermögen?
c) Wie viel Prozent entfallen auf Eigen- und Fremdkapital?
d) Mit wie viel Prozent Eigenkapital ist das Anlagevermögen finanziert?

11 Durch die sorgfältigere Überwachung der Außenstände erhöhte sich der durchschnittliche Bestand an flüssigen Mitteln im letzten Quartal um 2.439,00 € auf 34.959,00 €. Wie viel Prozent sind das?

12 Stichproben bei einer Kondensmilchlieferung ergaben einen Fehler in der Abfüllautomatik. Der tatsächliche Inhalt von 10 überprüften Dosen wich vom Normalinhalt ab (Normalinhalt = 170 g):

Dose 1 168,4 g	Dose 4 169,6 g	Dose 7 175,6 g	Dose 10 164,6 g
Dose 2 161,4 g	Dose 5 166,9 g	Dose 8 164,4 g	
Dose 3 165,2 g	Dose 6 173,3 g	Dose 9 166,5 g	

Um wie viel Prozent weicht der tatsächliche Doseninhalt vom Normalinhalt nach oben oder unten ab? (2 Dezimalstellen)

13 Die Bilanzsumme einer Gesellschaft erhöhte sich im letzten Jahr um 84.512,50 € auf 788.787,50 €. Im vergangenen Jahr betrug die Erhöhung 64.025,00 €. Um wie viel Prozent erhöhten sich die Bilanzsummen in den beiden Jahren gegenüber dem jeweiligen Vorjahr?

14 Für eine Lieferung werden dem Kunden einschließlich 34,20 € Transportversicherung 7.634,20 € berechnet.

Wie viel Promille beträgt die Transportversicherung?

15 Einer unserer Kunden meldet Insolvenz an. Unsere Forderungen an die Insolvenzmasse betragen 3.904,72 €. Nach Abschluss des Verfahrens erfahren wir durch den Insolvenzverwalter, dass 3.416,63 € uneinbringlich sind. Der Rest wird überwiesen. Wie hoch ist die Insolvenzquote?

16 Wie viel Prozent beträgt der Anteil der einzelnen Verkehrsmittel am Personen- und Güterverkehr?

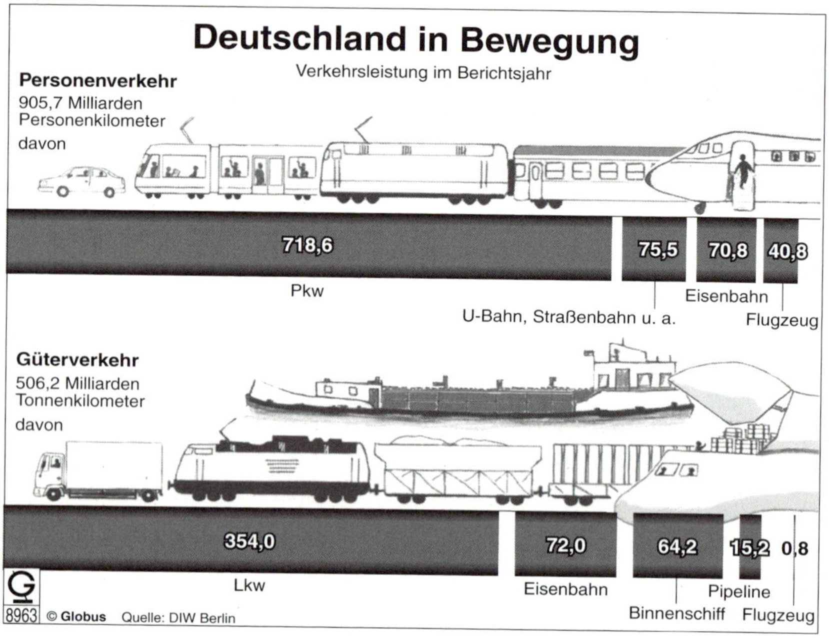

17 Gewinn- und Verlustrechnung einer Maschinenfabrik (in Tausend Euro):

Gewinn- und Verlustkonto

Soll	€	%	Haben	€	%
Verbrauch von Roh-, Hilfs- u. Betriebsstoffen.	69.031	?	Umsatzerlöse	206.021	?
Personalaufwand	88.814	?	Erträge aus Beteiligungen .	141	?
Allg. Verwaltungsk. . .	2.350	?	Zinserträge	863	?
Abschreibungen.	18.938	?	ao. Erträge	1.882	?
Zinsaufwand	6.617	?			
Steuern	14.732	?			
sonstige betr. Aufw. . .	4.430	?			
Gewinn	3.950	?			
	208.907	100		208.907	100

Errechnen Sie die Prozentanteile für Aufwendungen, für Erträge und für Gewinn an der Gesamtsumme des Gewinn- und Verlustkontos. (2 Dezimalstellen)

18 In Zusammenarbeit von Betriebsleitung und Betriebsrat wurden nach einem Großunfall neue Unfallschutzbestimmungen erlassen. Danach sank die Unfallquote im Quartal um 21 auf 27 Unfälle bei 9 600 Beschäftigten.

a) Um wie viel Prozent ist die Unfallquote gesunken?

b) Wie viel Promille von der Belegschaft verunglückten vorher und nachher?

4.3 Errechnen des Grundwertes

Beispiel 1 **Prozentrechnen**

Ein Zuliefererbetrieb erhält beim Einkauf von Zugfedern 15 % ≙ 1.020,00 € Mengenrabatt.

a) Wie hoch ist der Listenpreis?

b) Wie viel Euro beträgt der Zielpreis nach Abzug des Rabatts?

Lösung Gesucht werden 100 %

a) mit dem Kettensatz

x € ≙ 100 %
15 % ≙ 1.020,00 €

$$x = \frac{100 \cdot 1.020}{15} = \underline{\underline{6.800{,}00\ €}}$$

	Listenpreis	= 6.800,00 €
–	15 % Mengenrabatt	= 1.020,00 €
	Zielpreis	= 5.780,00 €

b) mit dem Dreisatz

15 % ≙ 1.020,00 €
100 % ≙ x €

$$= \frac{1.020 \cdot 100}{15} = x$$

c) mit Formel

$$\textbf{Grundwert} = \frac{\textbf{Prozentwert} \cdot 100}{\textbf{Prozentsatz}}$$

Beispiel 2 **Promillerechnen**

Für die Vermittlung eines Grundstückes berechnet der Makler 9,5 ‰ = 5.937,50 € Provision. – Welchen Wert hat der Makler seiner Abrechnung zugrunde gelegt?

Lösung **a) mit dem Kettensatz**

x € ≙ 1 000 ‰
9,5 ‰ ≙ 5.937,50 €

$$x = \frac{1\,000 \cdot 5.937{,}50}{9{,}5} = \underline{\underline{625.000{,}00\ €}}$$

b) mit dem Dreisatz

9,5 ‰ ≙ 5.937,50 €
1 000 ‰ ≙ x €

$$= \frac{5.937{,}50 \cdot 1\,000}{9{,}5} = x$$

c) mit Formel:

$$\textbf{Grundwert} = \frac{\textbf{Promillewert} \cdot 1\,000}{\textbf{Promillesatz}}$$

Beispiel 3 **Bequeme Prozentsätze**

Beim Ausgleich einer Rechnung ziehen wir $2\frac{1}{2}$ % ≙ 105,00 € Skonto ab.

a) Wie hoch ist der Zielpreis?

b) Wie hoch ist der Barpreis?

Lösung $2\frac{1}{2}$ % ist ein bequemer Prozentsatz von 100 = der 40. Teil von 100.

a) = 105 · 40 = 4.200,00 €

Bei bequemen Prozentsätzen gleich auf 100 schließen.

b)

	Zielpreis	= 4.200,00 €	≙	100 %
–	$2\frac{1}{2}$ % Skonto	= 105,00 €	≙	$2\frac{1}{2}$ %
	Barpreis	= 4.095,00 €	≙	$97\frac{1}{2}$ %

1 Wie hoch waren die Verkaufswerte?

a) 6 ‰ = 260,40 € Provision
b) $12\frac{1}{2}$ % = 725,26 € Provision
c) 27,5 % = 825,00 € Provision
d) 9 ‰ = 82,80 € Provision
e) $8\frac{1}{3}$ % = 271,20 € Provision
f) 5,5 ‰ = 540,65 € Provision

2 Die Stundenlöhne für Facharbeiter werden um 5 % = 0,75 € je Stunde erhöht. Wie hoch ist der neue Stundenlohn?

3 Unsere Bank verlangt für ein zur Sicherheit übereignetes Warenlager den Abschluss einer Feuerversicherung. Die Prämie beträgt 112,50 € = $2\frac{1}{4}$ ‰ des Lagerwertes. Wie hoch ist der Versicherungswert?

4 Von einer Rechnung wurden erst $12\frac{1}{2}$ % Mengenrabatt, dann 3 % Skonto = 85,05 € abgezogen. Wie hoch sind Bar- und Listenpreis?

5 Der Januarumsatz eines Unternehmens lag um $8\frac{1}{3}$ % unter dem des Dezembers. Der Februarumsatz steigt um $2\frac{1}{2}$ % = 6.400,00 € im Vergleich zum Januar. Der Märzumsatz liegt um 5,5 % über dem Februarumsatz. Wie hoch war der Umsatz der einzelnen Monate?

4.4 Übungen zum Prozent-/Promillerechnen

1 Wie hoch ist der Bareinkaufspreis einer Sendung über 3.021,57 €, wenn uns der Verkäufer bei Zahlung innerhalb von 10 Tagen 3 % Skonto gewährt?

2 Ein Cash-and-carry-Großlager für Wiederverkäufer hat in der Lebensmittelabteilung einen Jahresumsatz von 24 Mio. € zu Einstandspreisen. Beim Vergleich der Inventurwerte mit den Werten der Warenausgangskontrolle wird ein Warenverlust (Diebstahl, Bruch, Verderb u. a.) von 312.000,00 € festgestellt. Wie viel Prozent sind das?

3 Ein Stahlbolzen verlor durch Bearbeitung $4\frac{1}{2}$ % seiner Länge. Der Fertigbolzen ist 182,7 mm lang. Wie viel mm (1 Dezimalstelle) hat der Rohrbolzen durch die Bearbeitung verloren?

4 Die Stromkosten des Ausstellungsraumes sind gegenüber dem Vorjahr um 7 % auf 806,26 € gestiegen. Wie hoch ist die Kostensteigerung in Euro?

5 Wie hoch ist der Bareinkaufspreis bei einer Rechnung über 37,96 € nach Abzug von 2 % Skonto?

6 Der Umsatz eines Artikels im September wurde im Oktober um 4 % übertroffen. Der Oktoberumsatz betrug 62.845,12 €. Wie hoch war der Umsatz des Monats September?

7 Der Angebotspreis musste aus Konkurrenzgründen um $6\frac{2}{3}$ % gesenkt werden und beträgt nun 198,55 € für 100 kg. Wie hoch war der alte Angebotspreis?

8 Durch eine Konstruktionsänderung wurde die Leistung eines Schiffsmotors um 7 % = 249,9 kW erhöht. Wie hoch ist die kW-Leistung vor und nach der Änderung?

9 Der Energieverbrauch einer Anlage ist infolge einer Verbesserung um $12\frac{1}{2}$ % = 22 050 kWh gefallen. Wie hoch war der Verbrauch vor und nach der Verbesserung?

10 Unser Einkaufskommissionär berechnet einschließlich seiner Provision von 37,08 € einen Preis von 861,08 €. Wie hoch war die Provision in Prozent? (1 Dezimalstelle)

11 An einen Kunden haben wir eine Forderung in Höhe von 11.634,20 €. Der Kunde meldet Insolvenz an. Wir erhalten von unserer Forderung noch 1.225,10 €. Wie hoch ist der Verlust in Prozent? (1 Dezimalstelle)

12 Im Berichtsjahr lebten in Deutschland 82 335 Mio. Menschen.
a) Wie viel Prozent der Einwohner leben in den einzelnen Bundesländern?
b) Errechnen Sie das Bevölkerungswachstum bzw. den Einwohnerrückgang im Vergleich zum Basisjahr.

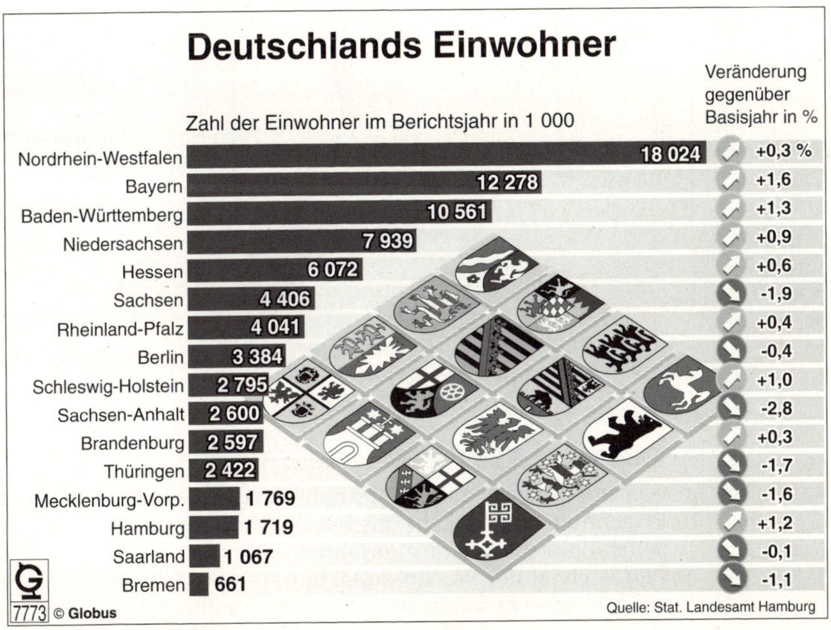

13 Die Börsennotierung für ein Produkt ist um 10,63 € auf 102,88 € je 100 kg gefallen. Wie viel Prozent beträgt die Preissenkung? (1 Dezimalstelle)

14 Stellen Sie den Verkaufspreis, die Kostenanteile und den Gewinn in Prozent bzw. in Euro fest (Verkaufspreis = 100 %).

Materialkosten		24 %
Fertigungskosten	480,00 €	
Verwaltungskosten		18 %
Vertriebskosten	130,00 €	
Gewinn		10 %

15 Der Preis für ein Ersatzteil ist von 7,50 € auf 9,90 € gestiegen. Wie viel Prozent beträgt die Preissteigerung?

16 Ein Unternehmen hat für eine Sendung eine Transportversicherung von 7,5 ‰ des Wertes = 224,10 € abgeschlossen.
Mit wie viel Euro ist die Sendung versichert?

17 Durch die kostensenkende Wirkung eines patentierten Verfahrens steigt der Reingewinn je Stück um 25,30 €. Das sind bei einer Gesamtproduktion von 132 Stück $12\frac{1}{2}$ % des Patentwertes. Welchen Wert hat das patentierte Verfahren?

18

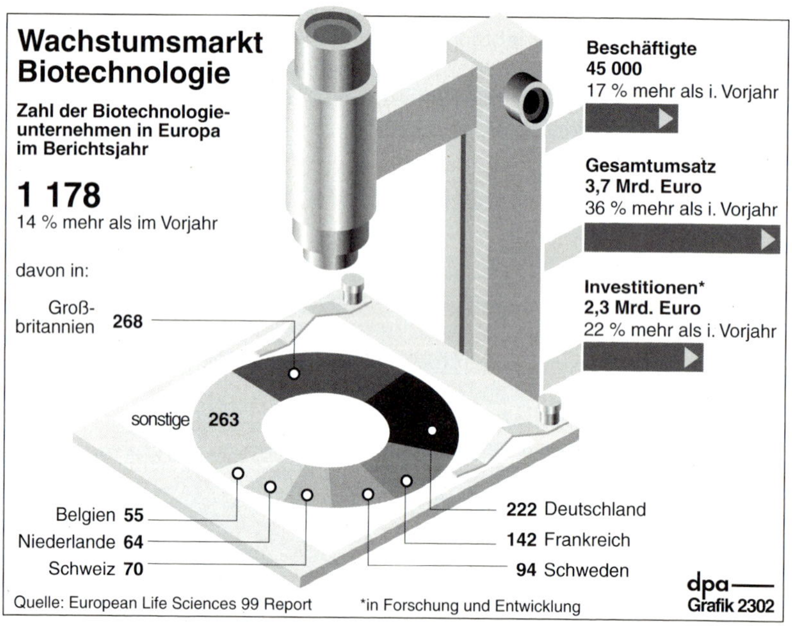

a) Wie viel Biotechnologieunternehmen gab es in Europa im Vorjahr?
b) Errechnen Sie die Zahl der Beschäftigten, den Gesamtumsatz und die Investitionssumme des Vorjahres.
c) Wie hoch ist der Prozentanteil der einzelnen Länder an der Gesamtzahl der europäischen Biotechnologieunternehmen?

19 Durch einen stärkeren Auftragseingang aufgrund intensiverer Werbung ist die Kapazitätsausnutzung unserer Fertigungsanlage um 6 % gegenüber dem Vormonat gestiegen und beträgt nun 106 800 hl. Das entspricht einer Ausnutzung von 89 % der Gesamtkapazität.

a) Wie hoch ist die Gesamtkapazität?

b) Wie viel hl wurden vor der Absatzerhöhung hergestellt?

20 Nach Einführung eines Prämiensystems für Betriebstreue sank in einem Betrieb mit 1 200 Beschäftigten die Fluktuation der Arbeitskräfte im Jahr um 292 auf 52; gleichzeitig stieg die Erzeugung um 3 621 t auf 39 831 t. Weiterhin sank die Ausschussproduktion um 45 % = 1 395 t.

a) Wie hoch war und ist der Prozentsatz der „Wandervögel" an der Gesamtbeschäftigungszahl?

b) Um wie viel Prozent ist die Fluktuation im Vergleich zum Vorjahr gesunken?

c) Um wie viel Prozent stieg die Erzeugung?

d) Wie hoch war und ist der Produktionstonnenanteil je Beschäftigten?

e) Wie hoch war und ist die Ausschussproduktion?

21 Ein Lieferer gewährt uns aufgrund einer Mängelrüge auf einen Einkaufspreis von 5.622,40 € einen Preisnachlass von 803,20 €.

a) Wie viel Prozent beträgt der Preisnachlass?

b) Wie hoch ist der Bareinkaufspreis bei $2\frac{1}{2}$ % Skontoabzug?

22 Die Jahresproduktion eines Werkes wurde zu 12,5 % = 6 520 t mit eigenen Fahrzeugen transportiert. Vom Rest (= 100 %) entfallen 25 % auf die Bahn AG, 30,5 % auf die Binnenschifffahrt und 44,5 % auf den gewerblichen Güterfernverkehr.

a) Wie hoch ist die Jahresproduktion des Werkes?

b) Wie hoch ist der Transportanteil der firmenfremden Verkehrsträger?

c) Wie viel Prozent beträgt der Anteil der einzelnen Transportmittel am Gesamtabsatz des Werkes?

Nachrichten aus der Wirtschaftspresse

1 „Golderz weist im Mittel 0,00033 % reines Gold (Feingold) auf.“
Wie viel Gramm Feingold werden aus 1 t Golderz gewonnen?

2

> **Metro wächst**
> Aus dem gestern veröffentlichten vorläufigen Überblick über das vergangene Geschäftsjahr geht hervor, dass der Nettoumsatz um 61,3 Prozent auf 46,90 Mrd. Euro gestiegen ist. Um Zukäufe bereinigt beträgt das Umsatzwachstum nur 4,8 Prozent.

Wie viel Prozent und Euro beträgt die Umsatzsteigerung insgesamt, durch Zukäufe und ohne Zukäufe?

3

> **Wachsender Papierberg**
> Der globale Papierverbrauch versechsfachte sich von 1950 bis 1996 auf 281 Millionen Tonnen.

a) Auf wie viel Prozent und Tonnen steigt der Papierverbrauch im Jahr 2005 und 2010, wenn ein gleich bleibend steigender Papierverbrauch angenommen wird?

b) Um wie viel Prozent nimmt der Papierverbrauch im Jahresdurchschnitt von 1996 bis 2010 voraussichtlich zu?

4

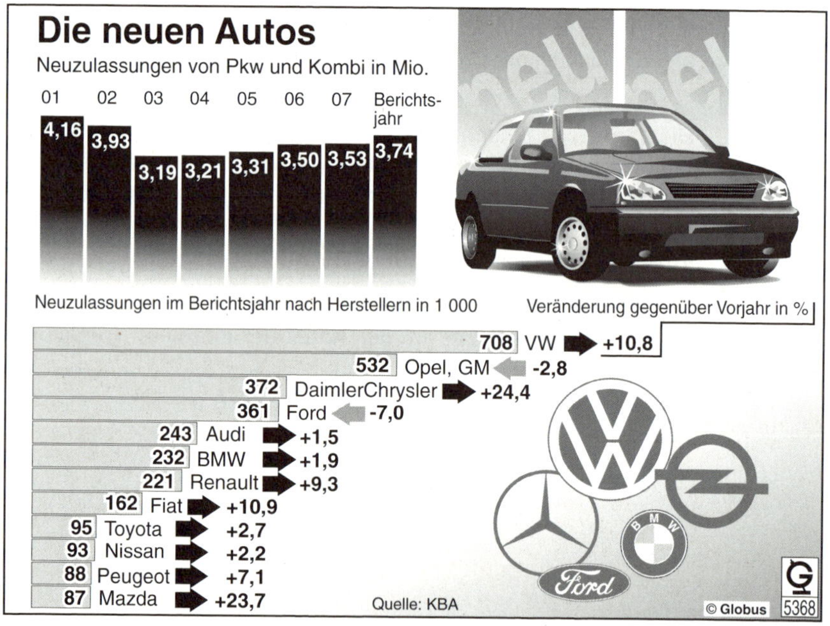

a) Wie hoch sind die Anteile in Prozent an den Neuzulassungen (Berichtsjahr) der deutschen Automarken?

b) Wie viel Neuzulassungen hatten VW, Ford, Renault und Fiat im Vorjahr zu verzeichnen?

5

Gewinner und Verlierer

Im **DAX 100** verzeichneten gestern folgende Titel die größten Kursausschläge:

		+
1. GPC Biotech	14,37	**12,10 %**
2. Deutsche Bank	66,61	**4,57 %**
3. Epcos	20,89	**4,50 %**
4. Qiagen	11,21	**4,28 %**
5. Dt. Börse	50,52	**3,74 %**

		–
1. Karstadt-Quelle	18,19	**2,15 %**
2. FJH	17,60	**1,95 %**
3. Bayer	23,15	**1,49 %**
4. Hochtief	22,36	**1,24 %**
5. Heidelb. Druck	29,95	**1,16 %**

Stellen Sie die Kurse der Deutschen Bank, von Karstadt-Quelle und der Deutschen Börse vom Vortag sowie die Kursausschläge in Euro fest.

6

Berlin – Der Siemens-Konzern will sich in der Informations- und Kommunikationstechnologie (I & K) mit neuen Produkten und der Vernetzung verschiedenster Endgeräte an der Weltspitze festsetzen. Das Unternehmen erwartet, dass der I & K-Markt in den kommenden fünf Jahren um jeweils zehn Prozent wachsen wird. Im 5. Jahr werde ein Volumen von mehr als 1.400 Mrd. Euro erreicht.

Ermitteln Sie das angestrebte Umsatzvolumen in Euro für das Berichtsjahr und die folgenden 3 Jahre.

7

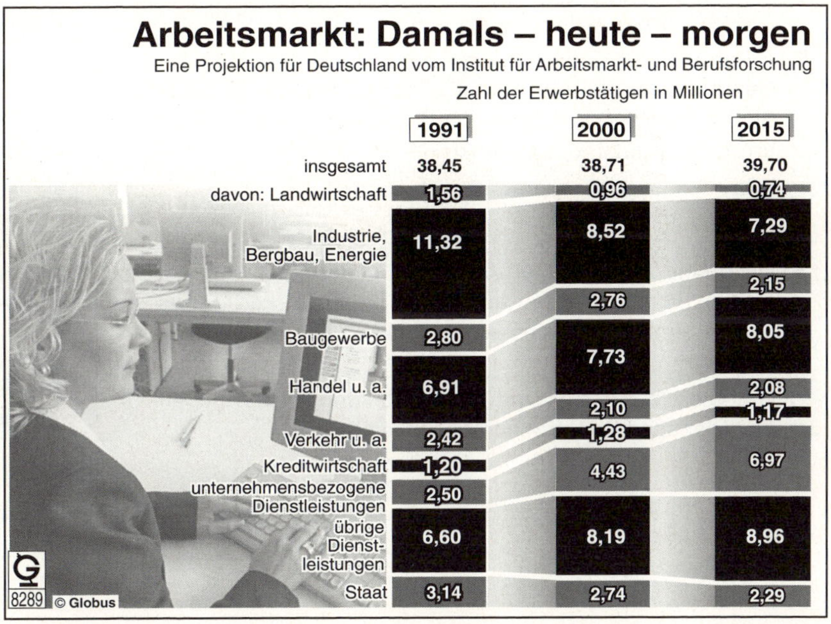

a) Bestimmen Sie den Prozentsatz der Beschäftigten der einzelnen Wirtschaftszweige an der Gesamtzahl der Beschäftigten für die Jahre 1991, 2000, 2015.

b) Werten Sie die Zahlen aus.

8

> **Veränderungen**
> ■ HRB 1492–16.12. . . . .
> EGS-Sondermaschinen GmbH in Hameln (Georg-Wessel-Straße 4). Durch Beschluss der Gesellschafterverwaltung vom 24. November ist das Stammkapital von 50.000,00 Euro auf 120.000,00 Euro erhöht und der Gesellschaftsvertrag in § 3 (Stammkapital) geändert.

a) Wie viel Prozent beträgt das alte und das junge Kapital, bezogen auf das neue Stammkapital?

b) Um wie viel Prozent wurde das Stammkapital erhöht?

Programmierte Übungen

Die Lösungen bitte nur dann ankreuzen, wenn das Buch Ihr Eigentum ist. Im Leihverfahren überlassene Bücher dürfen nicht beschrieben werden.

1 Gegenüber dem Kostenanschlag hat sich der Bau einer Lagerhalle um 8,4 % verteuert; sie kostet nun 280.430,00 €.
Wie viel Euro müssen zusätzlich für die Finanzierung bereitgestellt werden?

- a 12.730,07 €
- b 2.173,07 €
- c 21.730,74 €
- d 217.307,38 €
- e anderes Ergebnis, welches?

2 Aufgrund der Zusicherung, dass auch im nächsten Geschäftsjahr alle Aufträge für Thermostate an die Josef Sedlmayer OHG vergeben werden sollen, wird der Preis um 1,43 € auf 20,57 € gesenkt.
Wie hoch ist der Treuerabatt in Prozent?

☐,☐ %

3 Nach einer Konstruktionsänderung steigen die Materialkosten von 12,15 € auf 14,84 €, die Fertigungskosten sinken jedoch von 18,04 € auf 14,02 € je Auftrag.
Um wie viel Prozent sind die Herstellungskosten gegenüber der alten Konstruktion gesunken?

- a 22,14 %
- b 5,53 %
- c 4,41 %
- d 6,59 %
- e anderes Ergebnis, welches?

5 Zinsrechnen

Zinsen sind ein Preis, den der Schuldner dem Gläubiger für das Überlassen von Kapital oder Kredit zu zahlen hat. Dieses Entgelt wird z. B. fällig für Bankkredite, bei Zielgeschäften, beim Zahlungsverzug, durch die Lagerhaltung, durch die Kapital gebunden wird, usw.

Die Höhe der Zinsen hängt ab

1. von der Höhe des überlassenen Kapitals;
2. vom Zinssatz;
3. von der Laufzeit, für die das Kapital dem Schuldner überlassen wird.

Die Zinsrechnung ist eine Anwendung der Prozentrechnung unter Berücksichtigung der Zeit.

Die Größen der Prozentrechnung heißen in der Zinsrechnung:

Grundwert → **Kapital** (K)
Prozentsatz → **Zinssatz** (p)
Prozentwert → **Zinsen** (Z)
Neuer Faktor → **Zeit** (t)

5.1 Berechnen der Zinsen

5.1.1 Jahreszinsen

Beispiel Ein Handwerksbetrieb nimmt bei einer Bank ein Darlehen von 20.000,00 € für 3 Jahre auf. Wie viel Zinsen müssen in diesem Zeitraum bei einem Zinssatz von 5 % gezahlt werden?

Lösung **Gegeben sind:** das Kapital 20.000,00 € ≙ 100 %,
der Zinssatz 5 %,
die Zeit 3 Jahre.

Gesucht werden: die Zinsen.

5 % Zinssatz heißt, dass für ein Kapital von 100,00 € in einem Jahr 5 vom Hundert = 5,00 € Zinsen gezahlt werden müssen.

Zuerst Zinsen für 1 Jahr — dann für mehrere Jahre berechnen.

$$100\ \%\ \text{des Kapitals} = 20.000$$

$$1\ \%\ \text{des Kapitals} = \frac{20.000}{100}$$

$$5\ \%\ \text{des Kapitals} = \frac{20.000 \cdot 5}{100}\quad \textbf{(Zinsen für 1 Jahr)}$$

$$\text{Zinsen für 3 Jahre} = \frac{20.000 \cdot 5 \cdot 3}{100} = 3.000$$

Das Unternehmen hat in 3 Jahren 3.000,00 € Zinsen zu zahlen.

Werden in den Bruch

$$\text{Zinsen für 3 Jahre} = \frac{20.000 \cdot 5 \cdot 3}{100}$$

für die gegebenen Werte Platzhalter eingesetzt, so ergibt sich die Formel für die Berechnung der Jahreszinsen:

$$\textbf{Jahreszinsen} = \frac{\textbf{Kapital} \cdot \textbf{Zinssatz} \cdot \textbf{Jahre}}{\textbf{100}} \qquad Z = \frac{K \cdot p \cdot t}{100}$$

1 Berechnen Sie die Jahreszinsen für

a) 5.370,00 € zu 7 %; 3 %; 5 %; 4 %; 6 %; 12 %; 8 %.
b) 3.120,00 € zu $8\frac{1}{2}$ %; $7\frac{1}{2}$ %; $5\frac{1}{2}$ %; $4\frac{1}{2}$ %; $3\frac{1}{2}$ %; $6\frac{1}{2}$ %.
c) 2.790,70 € zu $3\frac{1}{3}$ %; $4\frac{3}{5}$ %; $5\frac{3}{4}$ %; $6\frac{1}{4}$ %; $3\frac{3}{4}$ %; $5\frac{1}{4}$ %.

2 Es sind die Zinsen zu berechnen für:

	Kapital	Zinssatz	Jahre
a)	3.570,00 €	5 %	3
b)	195,00 €	7 %	2
c)	7.753,00 €	$3\frac{1}{2}$ %	7
d)	9.178,30 €	$4\frac{1}{2}$ %	6
e)	920,50 €	$6\frac{1}{2}$ %	4

	Kapital	Zinssatz	Jahre
f)	8.645,00 €	$5\frac{3}{4}$ %	15
g)	357,60 CHF	$2\frac{1}{4}$ %	$5\frac{1}{2}$
h)	556,40 €	$8\frac{1}{2}$ %	$3\frac{3}{4}$
i)	7.128,30 USD	$3\frac{3}{4}$ %	$2\frac{1}{4}$
j)	87,33 €	7 %	13

5.1.2 Monatszinsen

Beispiel Eine Weberei erhält von ihrer Hausbank ein kurzfristiges Darlehen von 20.000,00 € für 3 Monate zu 5 %. Wie hoch sind die Zinsen?

Lösung **Gegeben sind:** das Kapital 20.000,00 €,
der Zinssatz 5 %,
die Zeit 3 Monate.

Gesucht werden: die Zinsen.

Zuerst Jahreszinsen (12 Monate) — dann Monatszinsen berechnen.

$$100\,\%\text{ des Kapitals} = 20.000$$

$$1\,\%\text{ des Kapitals} = \frac{20.000}{100}$$

$$5\,\%\text{ des Kapitals} = \frac{20.000 \cdot 5}{100} \quad \textbf{(Zinsen für 12 Monate)}$$

$$\text{Zinsen für 1 Monat} = \frac{20.000 \cdot 5}{100 \cdot 12}$$

$$\text{Zinsen für 3 Monate} = \frac{20.000 \cdot 5 \cdot 3}{100 \cdot 12} = 250$$

Das Unternehmen hat für 3 Monate 250,00 € Zinsen zu zahlen.

Werden in den Bruch

$$\text{Zinsen für 3 Monate} = \frac{20.000 \cdot 5 \cdot 3}{100 \cdot 12}$$

für die gegebenen Werte Platzhalter eingesetzt, so ergibt sich die Formel für die Berechnung der Monatszinsen:

$$\textbf{Monatszinsen} = \frac{\textbf{Kapital} \cdot \textbf{Zinssatz} \cdot \textbf{Monate}}{100 \cdot 12} \qquad Z = \frac{K \cdot p \cdot t}{100 \cdot 12}$$

1 Berechnen Sie die Zinsen für:

	Kapital	Zinssatz	Monate		Kapital	Zinssatz	Monate
a)	885,50 €	7 %	2	f)	25.635,00 €	$2\frac{1}{2}$ %	$2\frac{1}{2}$
b)	2.117,25 €	3 %	7	g)	88,81 €	$5\frac{1}{4}$ %	$3\frac{1}{3}$
c)	629,78 €	4 %	9	h)	9.107,00 €	$4\frac{1}{2}$ %	$5\frac{1}{2}$
d)	5.793,70 €	$16\frac{2}{3}$ %	14	i)	12.619,50 €	$8\frac{1}{3}$ %	$8\frac{1}{2}$
e)	125,96 €	12 %	5	j)	351,41 €	$3\frac{3}{4}$ %	8

2 Mit welchem Betrag müssen folgende Darlehen einschließlich Zinsen zurückgezahlt werden?

	Darlehen	Zinssatz	Monate		Darlehen	Zinssatz	Monate
a)	3.150,00 €	3 %	11	f)	5.215,00 €	$6\frac{1}{2}$ %	$3\frac{1}{2}$
b)	6.515,00 €	7 %	4	g)	12.060,00 €	$16\frac{2}{3}$ %	$9\frac{1}{2}$
c)	2.625,70 €	4 %	9	h)	360,40 €	$2\frac{1}{2}$ %	$5\frac{1}{3}$
d)	18.398,24 €	$12\frac{1}{2}$ %	17	i)	7.518,30 €	$3\frac{1}{3}$ %	$4\frac{1}{2}$
e)	9.728,20 €	$8\frac{1}{3}$ %	6	j)	50,00 €	$8\frac{1}{2}$ %	$6\frac{1}{2}$

5.1.3 Tageszinsen

Beispiel Wir nehmen bei unserer Bank ein Darlehen von 20.000,00 € für 90 Tage zu 5 % auf. Mit wie viel Zinsen belastet uns die Bank?

Lösung **Gegeben sind:** das Kapital: 20.000,00 €,
der Zinssatz: 5 %,
die Zeit: 90 Tage.

Gesucht werden: die Zinsen.

Zuerst Jahreszinsen (360 Tage) – dann Tageszinsen berechnen.

$$100\,\%\text{ des Kapitals} = 20.000$$

$$1\,\%\text{ des Kapitals} = \frac{20.000}{100}$$

$$5\,\%\text{ des Kapitals} = \frac{20.000 \cdot 5}{100} \quad \textbf{(Zinsen für 360 Tage)}$$

Zinsen für 1 Tag $= \frac{20.000 \cdot 5}{100 \cdot 360}$

Zinsen für 90 Tage $= \frac{20.000 \cdot 5 \cdot 90}{100 \cdot 360} = 250$

Das Unternehmen hat für 90 Tage 250,00 € Zinsen zu zahlen.

Werden im Bruch

Zinsen für 90 Tage $= \frac{20.000 \cdot 5 \cdot 90}{100 \cdot 360}$

für die gegebenen Werte Platzhalter eingesetzt, so ergibt sich die Formel für die Berechnung der Tageszinsen:

$$\textbf{Tageszinsen} = \frac{\textbf{Kapital} \cdot \textbf{Zinssatz} \cdot \textbf{Tage}}{\textbf{100} \cdot \textbf{360}} \qquad Z = \frac{K \cdot p \cdot t}{100 \cdot 360}$$

1 Ermitteln Sie die Zinsen für folgende Kapitalien:

	Kapital	Zinssatz	Tage		Kapital	Zinssatz	Tage
a)	3.625,00 €	10 %	135	e)	7.258,80 €	12 %	186
b)	498,00 €	$16\frac{2}{3}$ %	83	f)	579,20 €	$3\frac{3}{4}$ %	322
c)	9.875,20 €	$2\frac{1}{2}$ %	57	g)	126.400,00 €	$12\frac{1}{2}$ %	96
d)	792,40 €	$6\frac{3}{4}$ %	229	h)	925,20 €	$2\frac{1}{2}$ %	274

Errechnen der Zinstage

In der kaufmännischen Zinsrechnung sind:

1 Jahr = 360 Tage – 1 Monat = 30 Tage

Der 31. Tag eines Monats wird **nicht** berechnet. Der Februar wird bei Angaben „bis Ende Februar" genau berechnet. Als Zinsmonat hat der Februar ebenfalls 30 Tage. Beim Errechnen der Zinstage wird der 1. Tag des Zeitraumes **nicht** mitgezählt.

Beispiele

a) vom 29. Juli bis 31. Juli = 1 Zinstag
b) vom 29. Juli bis 2. August = 3 Zinstage
c) vom 19. Febr. bis Ende Febr. = 9 Zinstage
d) vom 19. Febr. bis Ende Febr. (Schaltjahr) = 10 Zinstage
e) vom 19. Febr. bis 1. März = 12 Zinstage
f) vom 28. März bis 5. Juli = 97 Zinstage

Lösung zu f)

vom 28. März bis 30. März	= 2 Tage
vom 30. März bis 30. Juni	= 90 Tage
vom 30. Juni bis 5. Juli	= 5 Tage
vom 28. März bis 5. Juli	= 97 Tage

oder

vom 28. März bis 28. Juni	= 90 Tage
vom 28. Juni bis 5. Juli	= 7 Tage
vom 28. März bis 5. Juli	= 97 Tage

2 Berechnen Sie die Zinstage:

a) vom 2. Juni bis 7. Juli
b) vom 20. April bis 31. Mai
c) vom 4. Jan. bis Ende Febr.
d) vom 7. Sept. bis 18. Febr.
e) vom 18. Okt. bis 1. März
f) vom 22. Nov. bis Ende Febr. (Schaltjahr)
g) vom 1. Mai bis 24. Nov.
h) vom 19. Nov. bis 5. Jan.
i) vom 2. Dez. bis 4. März
j) vom 2. Juli bis 15. Aug.
k) vom 28. Nov. bis 15. Dez.
l) vom 7. Jan. bis 9. April
m) vom 14. Mai bis 31. Dez.
n) vom 13. März bis 9. Juni
o) vom 6. Mai bis 17. Nov.
p) vom 28. Febr. bis 16. Aug.
q) vom 29. Dez. bis 16. Nov.
r) vom 3. März bis Ende Febr. (Schaltjahr)
s) vom 19. Aug. bis 20. Sept.
t) vom 19. Dez. bis 3. Jan.
u) vom 25. Febr. bis 19. Jan.
v) vom 22. Nov. bis Ende Febr.
w) vom 21. Okt. bis 29. Sept.
x) vom 18. Juli bis 16. Aug.
y) vom 14. Febr. bis 7. Juni

3 Berechnen Sie die Verzinsung folgender Kapitalien:

a) 3.420,00 € zu 4 % vom 5. Juli bis 26. Aug.
b) 2.516,00 € zu 3 % vom 15. April bis 28. Sept.
c) 75,00 € zu 8 % vom 27. Febr. bis 15. Dez.
d) 13.545,20 € zu $3\frac{1}{2}$ % vom 18. Dez. bis 14. März
e) 7.245,70 € zu $4\frac{1}{2}$ % vom 8. Okt. bis Ende Februar
f) 4.598,50 € zu $8\frac{1}{2}$ % vom 29. Aug. bis Ende Februar (Schaltjahr)

4 Errechnen Sie die Rückzahlungssummen folgender Darlehen:

a) 2.829,00 € zu 7 % vom 19. Febr. bis 7. April
b) 875,75 € zu $3\frac{1}{2}$ % vom 19. Dez. bis 3. März
c) 14.328,00 € zu $8\frac{1}{3}$ % vom 24. Febr. bis 19. Juli
d) 224,80 € zu $12\frac{1}{2}$ % vom 20. Okt. bis Ende Februar

In einer Reihe von Ländern werden die Zinstage anders als in Deutschland berechnet. Folgende Berechnungsarten für Zinstage sind zu unterscheiden:

Berechnungsart	Jahr	Monat	Länder
deutsche	360 Tage	30 Tage	Dänemark, Deutschland, Norwegen, Schweden, Schweiz, Russland
französische* (Euro-Methode)	360 Tage	genau	Belgien, Frankreich, Holland, Italien, Österreich, Spanien
englische**	365 Tage Schaltj.: 366	genau	Großbritannien, USA, bürgerliches Zinsrechnen in Deutschland

* Tageszinsen nach französischer Art = $\frac{\text{Kapital} \cdot \text{Zinssatz} \cdot \text{Tage (genau)}}{100 \cdot 360}$

** Tageszinsen nach englischer Art = $\frac{\text{Kapital} \cdot \text{Zinssatz} \cdot \text{Tage (genau)}}{100 \cdot 365\ (366)}$

Beispiele

Zinszeitraum	deutsche Art	französische Art	englische Art
vom 25. Jan. bis 2. März	37 Tage	36 Tage	36 Tage
vom 30. Juni bis 31. Juli	30 Tage	31 Tage	31 Tage
vom 31. Dez. bis 31. Dez.	360 Tage	360 Tage	365 Tage
vom 31. Dez. bis 31. Dez. (Schaltjahr)	360 Tage	360 Tage	366 Tage

Am Geldmarkt werden die Zinstage nach der französischen Berechnungsart ermittelt – **Euro-Zinsmethode.**

5 Berechnen Sie die Zinstage der Aufgabe 2 nach englischer und nach französischer Art.

6 Ermitteln Sie die Zinsen nach den in den einzelnen Währungsgebieten geltenden Bestimmungen:

a)	7.218,00 €	zu	3 %	vom 5. Juli	bis 31. Aug.	Frankreich
b)	51.036,90 €	zu	7 %	vom 30. Aug.	bis 5. Nov.	Italien
c)	84.500,00 €	zu	6 %	vom 9. März	bis 2. Juli	Spanien
d)	3.675,30 €	zu	2 %	vom 27. Juni	bis 24. Sept.	Niederlande
e)	9.125,00 €	zu	8 %	vom 1. Mai	bis 31. Juli	Österreich
f)	617,18 USD	zu	4 %	vom 20. Jan.	bis 28. Febr.	USA
g)	4.325,50 USD	zu	10 %	vom 16. Sept.	bis 31. Dez.	USA
h)	918,86 USD	zu	3 %	vom 29. Nov.	bis 1. März	USA
i)	573,75 USD	zu	5 %	vom 18. Juni	bis 11. Aug.	USA
j)	90,05 USD	zu	6 %	vom 14. Nov.	bis 5. März	USA

7 Bei verschiedenen europäischen und amerikanischen Banken werden folgende Beträge eingezahlt:

a)	7.516,50 €	am 3. Juni	zu	3 %	Hamburg
b)	250,04 USD	am 2. Sept.	zu	5 %	New York
c)	8.055.750,00 €	am 30. April	zu	$4\frac{1}{2}$ %	Mailand
d)	3.687,50 €	am 20. Okt.	zu	$3\frac{1}{2}$ %	Lyon
e)	370,20 €	am 9. Mai	zu	7 %	Stuttgart
f)	62,46 €	am 28. Febr. (Schaltj.)	zu	8 %	Madrid
g)	6.275,00 USD	am 5. Juni	zu	6 %	Boston
h)	2.620,00 €	am 30. Jan.	zu	5 %	Salzburg
i)	1.918,78 USD	am 15. Jan. (Schaltj.)	zu	9 %	Dallas
j)	862,30 €	am 14. Nov.	zu	12 %	Amsterdam

Wie hoch sind die Guthaben einschließlich Zinsen am 31. Dezember?

5.1.4 Berechnen der Zinsen mit Zinszahl und Zinsteiler (kaufmännische Zinsformel)

Die Zinsen können auch mit Zinszahl (#) und Zinsteiler (Zt.) errechnet werden. Dazu wird die Zinsformel aufgelöst:

$$Z = \frac{K \cdot p \cdot t}{100 \cdot 360} = \frac{K \cdot t}{100} \cdot \frac{p}{360} = \frac{\frac{K \cdot t}{100}}{\frac{360}{p}}$$

1 **Zinszahl: # ≙ 1 % vom Kapital · Tage**

 # werden ohne Kommastellen gerechnet; sie sind ganze positive Zahlen. Es wird normal gerundet.

1 Errechnen Sie die # für:

a) Kapital 435,05 €, Laufzeit 93 Tage
b) Kapital 3.217,55 €, Laufzeit 29 Tage
c) Kapital 55,60 €, Laufzeit 72 Tage
d) Kapital 923,34 €, Laufzeit 33 Tage

Lösung **zu a)***

1 % Kapital · Tage = 4,3505 · 93
= 404,5965
= 405

2 **Zinsteiler: Zt. ≙ $\frac{360}{p}$**

2 Errechnen Sie die Zinsteiler für:

a)	8 %	4 %	2 %	1 %	½ %
Zt.:	45	?	?	?	?

b)	12 %	6 %	3 %	1½ %	¾ %
Zt.:	30	?	?	?	?

c)	30 %	15 %	7½ %	3¾ %
Zt.:	12	?	?	?

d)	10 %	5 %	2½ %	1¼ %
Zt.:	36	?	?	?

e)	9 %	4½ %	2¼ %	1⅛ %
Zt.:	40	?	?	?

Prägen Sie sich die Zinsteiler so ein, dass Sie sich jeweils die ersten Zt. einer Reihe merken und die übrigen daraus entwickeln.

* Errechnung der #: Cent blieben beim „Handrechnen" früher unberücksichtigt. Banken rechnen Cent seit der Einführung des maschinellen bzw. elektronischen Rechnens meist mit.

3 **Tageszinsen $\triangleq \frac{\#^*}{\text{Zt.}}$**

Beispiel Ein Darlehen von 40.000,00 € soll zu 6 % 90 Tage verzinst werden. Wie hoch sind die Zinsen?

Lösung $\frac{\#}{\text{Zt.}} = \frac{400 \cdot 90}{360 : 6} = \frac{36\,000}{60}$ 600,00 € betragen die Zinsen

3 Berechnen Sie die Verzugszinsen mit # und Zinsteiler für:

a)	220,25 € zu	4 %	vom 20. Jan.	bis 26. Febr.
b)	9.627,35 € zu	$2\frac{1}{2}$ %	vom 15. April	bis 8. Sept.
c)	852,93 € zu	3 %	vom 9. Juni	bis 27. Okt.
d)	100,00 € zu	12 %	vom 13. Juli	bis 1. Sept.
e)	5.117,30 € zu	9 %	vom 27. Okt.	bis 3. Jan.
f)	964,75 € zu	8 %	vom 19. Nov.	bis 31. Dez.

Nicht immer ergeben sich beim Errechnen der Zinsteiler ganze Zahlen (= bequeme Zinsteiler).

Lösungswege für das Errechnen der Zinsen bei unbequemen Zinsteilern

Beispiel Zu wie viel € verzinst sich ein Kapital von 20.000,00 € vom 7. Juli bis 7. Okt.
a) zu $5\frac{1}{2}$ %; b) zu $2\frac{1}{8}$ %; c) zu 7 %?

Lösung # = 200 · 90 = 18 000

1 mit Zinszahl mal $\frac{\textbf{Zinssatz}}{\textbf{360}}$

a) Zinsen $= \# \cdot \frac{p}{360} = \frac{18\,000 \cdot 5{,}5}{360}$ = 275,00 €

b) Zinsen $= \frac{18\,000 \cdot 2{,}125}{360}$ = 106,25 €

c) Zinsen $= \frac{18\,000 \cdot 7}{360}$ = 350,00 €

2 mit Zinszahl und Zinsteiler mit Dezimalstellen

In der Bankpraxis wird bei **„unbequemen Zinssätzen"** der Zinsteiler häufig auf **2 Stellen nach dem Komma** berechnet (kfm. Rundung).**

a) Zinsen $= \frac{\#}{\text{Zt.}} = \frac{18\,000}{360 : 5{,}5} = \frac{18\,000}{65{,}45}$ = 275,02 €

b) Zinsen $= \frac{18\,000}{169{,}41}$ = 106,25 €

c) Zinsen $= \frac{18\,000}{51{,}43}$ = 349,99 €

* Für die englische Zinsrechnung: Tageszinsen $= \frac{\#}{\text{Zt.}} - \frac{1}{73}$ des Ergebnisses;
engl. Zinsjahr: 365 Tage; $\frac{5}{365} = \frac{1}{73}$

** Bei diesem Lösungsweg kann es zu Rundungsdifferenzen kommen.

4 Berechnen Sie die Rückzahlungssummen einschließlich Verzugszinsen:

	Forderungssumme	fällig am	Rückzahlung am	Verzugszinsen
a)	2.670,20 €	25. Juni	17. Juli	$4\frac{3}{4}$ %
b)	2.677,00 €	19. März	2. Juni	7 %
c)	739,00 €	16. Jan.	Ende Februar	$10\frac{1}{2}$ %
d)	7.693,70 €	2. Okt.	18. Dez.	$8\frac{1}{4}$ %
e)	5.429,25 €	13. Nov.	5. Jan.	$4\frac{1}{5}$ %
f)	2.675,00 €	20. Sept.	18. Dez.	$3\frac{1}{4}$ %
g)	1.005,75 €	4. Mai	2. Juni	$6\frac{1}{2}$ %
h)	300,00 €	26. Nov.	1. März	$5\frac{1}{5}$ %
i)	75,50 €	5. Juni	18. Okt.	$8\frac{3}{4}$ %
j)	12.812,20 €	4. April	2. Mai	$3\frac{1}{4}$ %

5.1.5 Summarisches Zinsrechnen

Werden mehrere Kapitalien mit *verschiedener Laufzeit,* aber *gleichem Zinssatz* verzinst, können die Zinsen in *einer Rechnung (= summarisch)* ermittelt werden. Der Zinsteiler ist für alle Zinszahlen (#) gleich.

Beispiel Ein Schuldner will zum 30. Juni vier Rechnungen ausgleichen: Nr. 1 über 3.100,00 €, fällig seit 28. Dez.; Nr. 2 über 550,00 €, fällig seit 2. Febr.; Nr. 3 über 2.155,50 €, fällig seit 17. März.; Nr. 4 über 1.570,00 €, fällig seit 1. Juni.; $6\frac{1}{2}$ % Verzugszinsen. Auf welchen Betrag muss seine Überweisung ausgestellt sein?

Lösung

Rechnungsbetrag	Stichtag: 30. Juni	Zinstage	#
Nr. 1 3.100,00 €	fällig seit 28. Dez.	182	5 642
Nr. 2 550,00 €	fällig seit 2. Febr.	148	814
Nr. 3 2.155,50 €	fällig seit 17. März	103	2 220
Nr. 4 1.570,00 €	fällig seit 1. Juni	29	455
7.375,50 €			9 131
+ 164,88 € Verzugszinsen $6\frac{1}{2}$ %			
7.540,38 € Überweisung am 30.Juni			

Lösungsweg

① Aufstellung machen und Zinstage errechnen

② # ermitteln

③ Verzugszinsen ermitteln und addieren*

a) **mit** $\frac{\#}{\textbf{Zt.}} : \frac{9\,131}{360 : 6{,}5} = \frac{9\,131}{55{,}38} = \underline{\underline{164{,}88\ €}}$

oder

b) **mit** $\# \cdot \frac{\textbf{p}}{\textbf{360}} = \frac{9\,131 \cdot 6{,}5}{360} = \underline{\underline{164{,}87\ €}}$

* Bei den verschiedenen Rechenwegen kommt es zu Rundungsdifferenzen. Banken rechnen beim Zt. i. d. R. mit zwei Dezimalstellen.

1 Ein Kunde erhält von seiner Bank am 3. Mai 5.600,00 €; am 15. Juni 7.250,00 € und am 2. Juli 600,00 € als kurzfristige Darlehen zu 8 %. Wie hoch ist die Rückzahlungssumme am 30. Sept.?

2 Bei einer Bank wurden folgende Beträge eingezahlt:

a) 2.150,00 €	am 5. Juli	Zinsen $4\frac{1}{2}$ %	b)	920,00 €	Wert 3. Okt.	Zinsen 3,5 %
783,50 €	am 13. Sept.			575,00 €	Wert 17. Nov.	
5.120,00 €	am 20. Okt.			25,40 €	Wert 5. Dez.	

Wie hoch sind die Guthaben am 31. Dez.?

3 Wie hoch sind die Überweisungen unserer Kunden am Rückzahlungstag einschließlich Verzugszinsen?

a) 325,00 €,	fällig seit 3. Aug.	b) 220,00 €,	fällig seit 2. Febr.
2.117,25 €,	fällig seit 9. Aug.	65,00 €,	fällig seit 19. März
673,60 €,	fällig seit 28. Aug.	132,20 €,	fällig seit 31. März
1.790,00 €,	fällig seit 7. Sept.	300,00 €,	fällig seit 5. April
Rückzahlung am 15. Sept.; Zinsen $7\frac{1}{2}$ %		Rückzahlung am 20. Apr.; Zinsen $5\frac{1}{2}$ %	

4 Prüfen Sie die Abrechnung.

Rechnungsbetrag	Stichtag: 31. Dez.	Zinstage	#
5.200,00 €	fällig seit 3. Juli.	177	9 204
7.450,00 €	fällig seit 15. Sept.	105	7 823
880,00 €	fällig seit 29. Okt.	61	537
4.570,00 €	fällig seit 1. Nov.	59	2 696
18.100,00 €			20 260
– 450,22 € Verzugszinsen 8 %			
17.649,78 € Überweisung am 31. Dez.			

5 Franke & Co. schulden den Papierwerken München für Warenlieferungen 7.200,00 €, fällig seit 5. Jan., 500,00 €, fällig seit 17. Febr., und 1.840,00 €, fällig seit 1. März. – Wie hoch ist die Überweisung des Schuldners am 5. Juni, wenn $7\frac{1}{2}$ % Verzugszinsen berechnet werden?

6 Das Stanzwerk Gerhard Krüger GmbH kauft u. a. zum Fakturieren der Ausgangsrechnungen eine DV-Anlage zum Preis von 23.000,00 €. 3.000,00 € werden davon bei der Lieferung am 1. Apr. bezahlt. Der Rest soll in 4 gleichen Raten (Wert* am 1. Juni, 1. Aug., 1. Okt. und 1. Dez.) überwiesen werden. Wie hoch ist die Überweisung am 1. Dezember einschließlich $8\frac{1}{2}$ % Zinsen?

7 Der Hubert Klein KG will ein weiterer Kommanditist beitreten. Die Kommanditeinlage von 120.000,00 € soll am 1. Juli eingezahlt sein. Bei später eingehenden Zahlungen werden $5\frac{1}{2}$ % Zinsen berechnet, die mit der letzten Rate zu zahlen sind. Die Zahlungen erfolgen am 1. Juli mit 60.000,00 €, am 31. Aug. mit 25.000,00 €, am 15. Sept. mit 10.000,00 €, am 25. Sept. mit 5.000,00 €, am 15. Okt. mit dem Rest.

Über welchen Betrag lautet die Gesamtzahlung am 15. Oktober?

* Datum der Wertstellung = 1. Tag wird als Zinstag gerechnet.

8 Überprüfen Sie die Zinsabrechnung.

Rechnungsbetrag	Stichtag: 30. Apr.	Zinstage	#
6.430,00 €	fällig seit 5. Jan.	105	6 752
260,00 €	fällig seit 28. Febr.	60	156
10.440,00 €	fällig seit 1. März	59	6 159
890,00 €	fällig seit 5. März	55	4 895
18.020,00 €			17 962
+ 623,68 € Verzugszinsen 12,5 %			
18.643,68 € Überweisung am 30. April			

5.1.6 Zinsrechnen mit der Zinsstaffel (Kontokorrent)

Zinsen können auch nach der Staffelmethode errechnet werden. Die einzelnen Beträge werden nach ihrer Fälligkeit (Daten der Wertstellung*) geordnet. Danach werden die # jeweils vom neuen Saldo berechnet.

Zwischen Banken und Bankkunden oder zwischen anderen Geschäftspartnern, die laufend in Geschäftsbeziehungen stehen, werden gegenseitige Ansprüche verrechnet (Forderungen, Verbindlichkeiten, Zahlungen, Zinsen, Auslagen usw.). Diese Konten der laufenden Rechnung heißen Kontokorrent. Typische Kontokorrente sind Bank-, Debitoren-, Kreditoren- oder Kommissionskonten. Da sie nur zu bestimmten Terminen abgerechnet werden (z. B. monatlich, vierteljährlich), ergibt sich nach jedem Buchungsvorgang jeweils ein Saldo zugunsten (Habensaldo) oder zulasten (Sollsaldo) des Kontoinhabers.

Berechnen der Zinsen

Für jeden Saldo und seine Laufzeit werden die festgestellten Zinszahlen addiert. Nach der Formel $\frac{\#}{\text{Zt.}}$ werden Soll- und Habenzinsen ermittelt.

Die Zinssätze werden zwischen der Bank und ihrem Kunden bzw. zwischen den Geschäftspartnern ausgehandelt.

Für Überschreiten der vereinbarten Kreditgrenze kann neben den Zinsen eine Überziehungsprovision vereinbart werden, z. B. 3 % von den # der Überziehung.

Sonstige Kosten

Entstehen z. B. Auslagen, so werden die dem Bankkunden bzw. dem Geschäftspartner in Rechnung gestellt.

* Damit z. B. der 1. Januar als Zinstag gerechnet werden kann, erfolgt die Wertstellung des Saldovortrags zum 31. Dezember.

Beispiel Unsere Bank sendet die Kontokorrentabrechnung zum 30. Juni. Bedingungen: 6 % Sollzinsen; ¼ % Habenzinsen; Spesen 2,71 €.

Soll **Kontoabschluss zum 30. Juni** Haben

Buch.-Datum	Text	Wert	€	Buch.-Datum	Text	Wert	€
5. Jan.	Überwsg. an M.	5. Jan.	5.200,00	2. Jan.	Saldovortrag	31. Dez.	2.100,00
30. Jan.	Scheck 225	30. Jan.	4.500,00	20. Jan.	Wertpapier-verkauf	20. Jan.	7.500,00
13. Febr.	Überwsg. an S.	13. Febr.	6.200,00	26. Febr.	Scheckgutschr.	27. Febr.	3.500,00
13. Mai	Wertpapierkauf	13. Mai	5.000,00	15. März	Überwsg. v. P.	15. März	4.000,00
5. Juni	Überwsg. an U.	5. Juni	800,00	25. April	Wechseldiskont	25. April	500,00
30. Juni	Sollzinsen	30. Juni	57,78	26. Juni	Überwsg. v. K.	26. Juni	3.700,00
30. Juni	Spesen		2,71	30. Juni	Habenzinsen	30. Juni	0,92
				30. Juni	Saldo	30. Juni	459,57
			21.760,49				21.760,49

Lösung

S/H	Zinsstaffel EUR	ct	Wert	Tage	Zinszahlen Soll	Zinszahlen Haben
H	2.100	00	12-31	5		105
S	5.200	00	01-05			
S	3.100	00		15	465	
H	7.500	00	01-20			
H	4.400	00		10		440
S	4.500	00	01-30			
S	100	00		13	13	
S	6.200	00	02-13			
S	6.300	00		14	882	
H	3.500	00	02-27			
S	2.800	00		18	504	
H	4.000	00	03-15			
H	1.200	00		40		480
H	500	00	04-25			
H	1.700	00		18		306
S	5.000	00	05-13			
S	3.300	00		22	726	
S	800	00	06-05			
S	4.100	00		21	861	
H	3.700	00	06-26			
S	400	00		4	16	
	—			180	3467	1331
S	400	00	06-30			
S	57	78		6 %	Sollzinsen	
S	457	78				
H	0	92		¼ %	Habenzinsen	
S	456	86				
S	2	71			Spesen	
S	459	57			Wert am 30. Juni	

Lösungsweg

① Beträge nach **Fälligkeitsdaten** ordnen (nicht Buchungsdatum!) und mit S- oder H-Zeichen eintragen. Dabei jeweils den Soll- bzw. Habensaldo ziehen.

② Tage von Saldo zu Saldo errechnen (Probe: 30. Dez. bis 30. Juni = 180 Tage).

③ Zinszahlen berechnen und in Soll- bzw. Habenspalte einsetzen.

④ Zinsen berechnen: $x = \frac{\#}{Zt.}$

6 % Sollzinsen

$x = 3\,467 : 60 = \underline{\underline{57{,}78\ €}}$

¼ % Habenzinsen

$x = 1\,331 : 1\,440 = \underline{\underline{0{,}92\ €}}$

⑤ Zinsen und Auslagen einsetzen und neuen Saldovortrag errechnen.

1 Kontenabschluss zum 30. Juni unter Berücksichtigung von 12 % Sollzinsen, $\frac{1}{4}$ % Habenzinsen, Auslagen 5,10 €.

Soll	25. Febr.	Scheck Nr. 815	Wert 25. Febr.	4.500,00 €
	13. März	Überweisung an K.	Wert 13. März	750,00 €
	25. Mai	Wertpapierkauf	Wert 25. Mai	7.500,00 €
Haben	2. Jan.	Saldovortrag	Wert 31. Dez.	3.000,00 €
	20. Jan.	Überweisung an S.	Wert 20. Jan.	150,00 €
	4. April	Wechseldiskont	Wert 4. April	800,00 €
	31. Mai	Überweisung an Z.	Wert 30. Mai	5.000,00 €
	2. Juni	Scheck von M.	Wert 3. Juni	4.100,00 €

Prüfen Sie die Abrechnung.

Monat	Tag	Staffel		Wert	Tage	Soll	Haben
Jan.	02.	H	3.000,00	31.12.	20		600
Jan.	20.	H	150,00	20.01.			
		H	3.150,00		35		1 103
Febr.	25.	S	4.500,00	25.02.			
		S	1.350,00		18	243	
März	13.	S	750,00	13.03.			
		S	2.100,00		21	441	
April	04.	H	800,00	04.04.			
		S	1.300,00		51	663	
Mai	25.	S	7.500,00	25.05.			
		S	8.800,00		5	440	
Mai	31.	H	5.000,00	30.05.			
		S	3.800,00		3	114	
Juni	02.	H	4.100,00	03.06.			
Junl	30.	H	300,00	30.06.	27		81
			–		180	1901	1784

H	300,00	
H	1,24	0,25 % Zinsen (1 784 : 1 440)
H	301,24	
S	63,37	12 % Zinsen (1 901 : 30)
S	5,10	Auslagen
H	232,77	Saldo 30. 06.

5.2 Berechnen des Kapitals

Gesucht wird das Kapital, gegeben sind Zinsen (Z), Zinssatz (p) und die Zeit (t). Die Formel zur Ermittlung des Kapitals wird aus der Zinsformel abgeleitet:

$$Z = \frac{K \cdot p \cdot t}{100 \cdot 360}$$

$$Z \cdot 100 \cdot 360 = K \cdot p \cdot t$$

$$\frac{Z \cdot 100 \cdot 360}{p \cdot t} = K$$

$$K = \frac{Z \cdot 100 \cdot 360}{p \cdot t}$$

$$\textbf{Kapital} = \frac{\text{Zinsen} \cdot 100 \cdot 360}{\text{Zinssatz} \cdot \text{Tage}}$$

1 Leiten Sie die Jahres- und Monatsformel zur Ermittlung des Kapitals ab.

2 Berechnen Sie die Rechnungsbeträge bei folgenden Verzugszinsen.

a) vom 25. Mai	bis 5. Aug.	zu 5	% =	4,20 €
b) vom 18. Sept.	bis 31. Dez.	zu 6	% =	51,00 €
c) vom 5. Mai	bis 3. Aug.	zu 5	% =	32,78 €
d) vom 9. März	bis 29. Juli	zu 3	% =	29,40 €
e) vom 2. Febr.	bis 17. März	zu $5\frac{1}{2}$	% =	10,97 €
f) vom 8. Okt.	bis 3. Febr.	zu 2	% =	22,50 €
g) vom 30. März	bis 15. Mai	zu 9	% =	33,75 €
h) vom 20. Juni	bis 2. Sept.	zu 12	% =	3.600,00 €

3 Wie hoch ist eine Darlehenssumme, für die gezahlt werden

a) zu 7 % im Jahr 154,00 € Zinsen,
b) zu 4 % im Jahr 488,00 € Zinsen,
c) zu 5 % im Jahr 328,50 € Zinsen,
d) zu 6 % im Jahr, 1.071,00 € Zinsen,
e) zu $5\frac{1}{2}$% im Jahr, 12,10 € Zinsen,
f) zu 9 % im Jahr, 6,75 € Zinsen?

4 Für welches Kapital zahlt ein Schuldner

a) zu 3 % 49,50 € in 3 Monaten,
b) zu 5 % 6,00 € in 2 Monaten,
c) zu 7 % 627,60 € in 8 Monaten,
d) zu $4\frac{1}{2}$ % 66,98 € in 5 Monaten,
e) zu $5\frac{1}{2}$% 5,50 € in 6 Monaten,
f) zu 2 % 40,52 € in 1 Monat,
g) zu 6 % 100,00 € in 4 Monaten?

5 Ein kurzfristiges Darlehen, das am 27. Oktober ausgeliehen wurde, wird am 3. Januar zurückgezahlt. Der Schuldner zahlt 84,43 € = 9 % Zinsen.
a) Wie hoch war das Darlehen?
b) Wie viel Euro beträgt die gesamte Rückzahlung?

6 Welches Kapital bringt vom 3. Juli bis 18. Aug. zu 12 % genauso viel Zinsen wie ein Kapital von 2.500,00 € zu 6 % vom 18. Apr. bis 18. Okt.?

7 Die Geschäftsleitung prüft den Ankauf eines vermieteten Lagerhauses. Die Mieteinnahmen betragen monatlich 9.000,00 €.

Beim Kauf kann eine 1. Hypothek über 300.000,00 € zu 6 % übernommen werden. Die Reparatur- und Instandhaltungskosten betragen 10 % der jährlichen Mieteinnahmen, für Steuern, Versicherungen und sonstige Kosten sind jährlich 18.850,00 € aufzuwenden.

Welchen Kaufpreis kann die Unternehmung höchstens bieten, wenn eine Kapitalverzinsung von 5 % angestrebt wird?

5.3 Berechnen des Zinssatzes

Gesucht wird der Zinssatz, gegeben sind Zinsen (Z), Kapital (K) und Zeit (t). Die Formel zur Ermittlung des Zinssatzes wird aus der Zinsformel abgeleitet:

$$Z = \frac{K \cdot p \cdot t}{100 \cdot 360}$$

$$Z \cdot 100 \cdot 360 = K \cdot p \cdot t$$

$$\frac{Z \cdot 100 \cdot 360}{K \cdot t} = p$$

$$p = \frac{Z \cdot 100 \cdot 360}{K \cdot t}$$

$$\textbf{Kapital} = \frac{\text{Zinsen} \cdot 100 \cdot 360}{\text{Zinssatz} \cdot \text{Tage}}$$

1 Leiten Sie die Jahres- und die Monatsformel zur Ermittlung des Zinssatzes ab.

2 Bestimmen Sie den Zinssatz:

a)	720,00 € vom	2. Mai	bis	2. Okt.	9,00 € Zinsen
b)	2.450,00 € vom	5. Sept.	bis	20. Nov.	20,42 € Zinsen
c)	765,00 € vom	3. April	bis	19. Juni	5,40 € Zinsen
d)	978,00 € vom	17. Dez.	bis	28. Febr.	20,15 € Zinsen
e)	1.815,00 € vom	7. Juli	bis	20. Okt.	26,50 € Zinsen
f)	9.600,00 € vom	13. April	bis	24. Juni	216,00 € Zinsen

3 Ermitteln Sie den Zinssatz:

a)	750,00 € in	2	Monaten	7,50 € Zinsen
b)	2.400,00 € in	7	Monaten	84,00 € Zinsen
c)	3.650,00 € in	$1\frac{1}{2}$	Monaten	18,25 € Zinsen
d)	920,00 € in	15	Monaten	100,13 € Zinsen
e)	1.230,00 € in	$3\frac{1}{2}$	Monaten	43,05 € Zinsen
f)	3.500,00 € in	3	Monaten	70,00 € Zinsen

4 Zu welchem Zinssatz erhält ein Gläubiger im Jahr für 15.000,00 €:
a) 900,00 €; b) 600,00 €; c) 675,00 €; d) 825,00 € Zinsen?

5 Zu welchem Zinssatz bringen 32.000,00 € vom 19. Jan. bis 1. Apr. 768,00 € Zinsen?

6 Ein Kredit wird einschließlich der Zinsen von 28.125,00 € mit 528.125,00 € zurückgezahlt. Kreditzeitraum: 17. April bis 17. Jan. Zu welchem Zinssatz wurde er erteilt?

7 Zu welchem Zinssatz waren 8.000,00 € vom 17. Oktober bis 29. Dezember ausgeliehen? Der Schuldner zahlt 160,00 € Zinsen an den Gläubiger.

8 Der Kaufpreis eines Geschäftsgebäudes beträgt 900.000,00 €. Die Finanzierung erfolgt mit 500.000,00 € Eigenkapital, einer I. Hypothek zu 7 % und einer II. Hypothek über 150.000,00 € zu 8,5 %.

Weiter entstehen folgende laufende Kosten: Steuern, Versicherungen und Gebühren 1.500,00 € (vierteljährlich), Reparaturen und Instandhaltung 1 % der Kaufsumme, sonstige Kosten 5.000,00 € jährlich.

Die Mieteinnahmen betragen monatlich 7.300,00 €.

Mit wie viel Prozent verzinst sich das Eigenkapital?

5.4 Berechnen der Zeit

Gesucht wird die Zeit, gegeben sind Zinsen (Z), Kapital (K) und Zinssatz (p). Die Formel zur Ermittlung der Zeit wird aus der Zinsformel abgeleitet:

$$Z = \frac{K \cdot p \cdot t}{100 \cdot 360}$$

$$Z \cdot 100 \cdot 360 = K \cdot p \cdot t$$

$$\frac{Z \cdot 100 \cdot 360}{K \cdot p} = t$$

$$t = \frac{Z \cdot 100 \cdot 360}{K \cdot p}$$

$$\textbf{Zeit} = \frac{\textbf{Zinsen} \cdot \textbf{100} \cdot \textbf{360}}{\textbf{Kapital} \cdot \textbf{Zinssatz}}$$

1 Leiten Sie die Jahres- und die Monatsformel zur Ermittlung der Zeit ab.

2 Wie viel Jahre war ein Kapital von

a) 3.500,00 € angelegt, wenn es bei 6 % 630,00 € Zinsen brachte?
b) 250,00 € angelegt, wenn es bei 7 % 87,50 € Zinsen brachte?
c) 25.630,00 € angelegt, wenn es bei 8 % 9.226,80 € Zinsen brachte?
d) 50,00 € angelegt, wenn es bei 4 % 31,00 € Zinsen brachte?
e) 9.218,00 € angelegt, wenn es bei $4\frac{1}{2}$ % 2.488,86 € Zinsen brachte?

3 Wie viel Monate wurden folgende Darlehen verzinst?

		Zinsertrag
a) 6.240,00 €	zu 5 %	182,00 €
b) 2.926,00 €	zu 8 %	117,04 €
c) 850,00 €	zu 4 %	51,00 €
d) 4.228,00 €	zu 6 %	116,27 €
e) 36.760,00 €	zu $7\frac{1}{2}$ %	2.757,00 €

4 Wie viel Tage wurden folgende Beträge verzinst?

Errechnen Sie den Rückzahlungstag.

Betrag	Zinssatz	Zinsen	fällig seit
a) 2.420,00 €	4 %	12,10 €	15. Apr.
b) 240,00 €	5 %	5,20 €	28. März
c) 18.690,00 €	6 %	186,90 €	7. Dez.
d) 7.536,00 €	4,5 %	306,15 €	17. Sept.
e) 5.629,00 €	12 %	365,27 €	22. Jan.

5 Wann wurde ein Kredit von 72.000,00 € zu 10 % aufgenommen, für den wir am 30. Juni mit 1.600,00 € Zinsen belastet werden?

6 Für eine fällige Rechnung werden am 4. Febr. einschl. 9,5 % Verzugszinsen 17.212,30 € überwiesen. Die Zahlungsbedingungen lauteten: „Zahlung sofort mit 2 % Skonto oder 30 Tage netto" – die Verzugszinsen betragen 412,30 €.

Wann wurde die Rechnung ausgestellt?

5.5 Errechnen des Zeitzinssatzes (angepasster Zinssatz)

Die Zinsrechnung ist eine Anwendung der Prozentrechnung unter Berücksichtigung der Zeit.

Beim Errechnen des **Zeitzinssatzes** wird die Zinsrechnung in eine Prozentrechnung umgewandelt, d. h., der auf den Zeitraum von 1 Jahr = 360 Tage bezogene **Zinssatz wird der tatsächlichen Laufzeit angepasst und damit zum Prozentsatz.**

Beispiel 1 Ein Darlehen von 24.000,00 € wird vom 7. Juli bis 7. Okt. zu 12 % verzinst.

a) Welchem Prozentsatz (Zeitzinssatz) entspricht der Jahreszinssatz?

b) Errechnen Sie die Zinsen mithilfe des angepassten Zinssatzes.

Lösung **zu a)**

Umwandeln des Jahreszinssatzes in einen Prozentsatz

mit dem Kettensatz:	**mit dem Dreisatz:**
x % ≙ 90 Tage	360 Tage = 12 %
360 Tage ≙ 12 %	90 Tage = x %

$$x = \frac{90 \cdot 12}{360} = \underline{\underline{3\,\%}} = \frac{12 \cdot 90}{360} = x$$

Der angepasste Zinssatz beträgt $\underline{\underline{3\,\%}}$.

zu b)

Mit dem errechneten Prozentsatz von 3 % werden die Zinsen von der Darlehenssumme errechnet:

3 % von 24.000,00 € = $\underline{\underline{720{,}00\text{ € Zinsen}}}$

Probe mit der Zinsformel

$$\text{Zinsen} = \frac{24.000 \cdot 12 \cdot 90}{100 \cdot 360} = \underline{\underline{720{,}00\text{ €}}}$$

Beispiel 2 Welchem Jahreszinssatz entspricht ein Säumniszuschlag von 2 % auf eine Schuldsumme bei einer verspäteten Zahlung von 30 Tagen?

Lösung

mit dem Kettensatz:	**mit dem Dreisatz:**
x % ≙ 360 Tage	30 Tage = 2 %
30 Tage ≙ 2 %	360 Tage = x %

$$x = \frac{360 \cdot 2}{30} = \underline{\underline{24\,\%}} = \frac{2 \cdot 360}{30} = x$$

Der Jahreszinssatz beträgt $\underline{\underline{24\,\%}}$.

1 Wandeln Sie die Jahreszinssätze in Zeitzinssätze um und errechnen Sie mit den angepassten Zinssätzen die Kreditzinsen.

Zinssatz	Zeit	Kredit in €	Zinssatz	Zeit	Kredit in €
a) 9 %	3. Mai – 3. Juli	7.500,00	d) 7,5 %	24. März – 4. Juli	140.000,00
b) 40 %	28. Febr. – 13. Mai	26.700,00	e) 16 %	19. Febr. – 9. Jan.	18.600,00
c) 6 %	13. Juli – 13. Jan.	9.000,00	f) $3\frac{3}{8}$ %	7. Okt. – 12. Dez.	300.000,00

2 Errechnen Sie die Jahreszinssätze aus folgenden Prozentsätzen:

Prozentsatz	Zeit	Prozentsatz	Zeit
a) 1 %	21. Sept. – 21. Okt.	d) 2 %	13. Aug. – 8. Sept.
b) 2,5 %	17. April – 2. Mai	e) 2 %	29. Jan. – 29. Nov.
c) 4 %	3. Juni – 8. März	f) 8 %	2. März – 12. Dez.

3 Für die Bearbeitung eines kurzfristigen Zwischenkredits mit einer Laufzeit von 30 Tagen berechnet ein Finanzmakler 1,25 % Gebühren auf die Schuldsumme.

Welchem Jahresprozentsatz entspricht das?

4 Die Sparkasse berechnet für das Überziehen des Kontos in Höhe von 8.500,00 € für 45 Tage 14 % Zinsen.

Errechnen Sie mit dem angepassten Zinssatz die Überziehungszinsen.

5 Das Disagio (Damnum) bei einem Darlehen mit einer Laufzeit von 150 Tagen beträgt 5 % der Darlehenssumme.

Errechnen Sie den Jahresprozentsatz.

5.6 Kapital- und Zinsrechnen vom vermehrten und verminderten Wert (Zinsrechnen auf und im Hundert)

Für die Berechnung ist gegeben,

entweder
der vermehrte Wert = Kapital + Zinsen
oder
der verminderte Wert = Kapital – Zinsen.

Gesucht werden das Ausgangskapital und die Höhe der Zinsen.

Beispiel 1 Ein am 15. Januar zu 6 % ausgeliehenes Darlehen wird am 9. Dezember mit 4.031,55 € zurückgezahlt. Wie hoch war es und wie viel Zinsen sind in der Rückzahlung enthalten?

Lösung 4.031,55 € sind der um die Zinsen vermehrte Wert.

① Die 6 % Jahreszinsen (360 Tage) werden auf 324 Tage umgerechnet (Errechnen des Zeitzinssatzes):

Kettensatz: x % ≙ 324 Tage
360 Tage ≙ 6 %

$$x = \frac{324 \cdot 6}{360} = \underline{\underline{5{,}4\ \%}}$$

Das Anfangskapital ist um 5,4 % vermehrt.

② Das Anfangskapital ≙ 100 % wird gesucht:

x € ≙ 100 %
105,4 % ≙ 4.031,55 €

$$x = \frac{100 \cdot 4.031{,}55}{105{,}4} = \underline{\underline{3.825{,}00\ €}}$$

③ Berechnung der Zinsen:

	Anfangskapital	3.825,00 €
+	Zinsen 324 Tage/6 %	206,55 €
	Darlehensrückzahlung	4.031,55 €

Beispiel 2 Eine Bank zahlt ein für die Zeit vom 7. Mai bis 1. Oktober gewährtes Darlehen bei Abzug von $7\frac{1}{2}$ % Jahreszinsen mit 1.940,00 € an den Kreditnehmer aus. Wie viel Euro betragen Darlehen und Zinsen?

Lösung 1.940,00 € sind der um die Zinsen verminderte Wert.

① Die $7\frac{1}{2}$ % Jahreszinsen werden auf die Laufzeit umgerechnet (Errechnen des angepassten Zinssatzes):

Kettensatz: x % ≙ 144 Tage
360 Tage ≙ $7\frac{1}{2}$%

$$x = \frac{144 \cdot 7{,}5}{360} = \underline{\underline{3\ \%}}$$

Das Anfangskapital ist um 3 % vermindert.

② Das Anfangskapital ≙ 100 % wird errechnet:

x € ≙ 100 %
97 % ≙ 1.940,00 €

$$x = \frac{100 \cdot 1.940}{97} = \underline{\underline{2.000{,}00\ €}}$$

③ Berechnung der Zinsen:

	Darlehenssumme	2.000,00 €
–	Zinsen 144 Tage/$7\frac{1}{2}$%	60,00 €
	Auszahlung	1.940,00 €

1 Berechnen Sie die Höhe des Kredits und die Höhe der Zinsen.

	Rückzahlung einschl. Zinsen	Zinssatz	Kreditdauer
a)	7.631,25 €	$4\frac{1}{2}$ %	vom 18. Juni bis 8. Nov.
b)	6.969,00 €	2 %	vom 24. April bis 24. Okt.
c)	2.958,85 €	3 %	vom 13. Juli bis 19. Aug.
d)	1.357,88 €	5 %	vom 29. März bis 11. Sept.
e)	3.674,34 €	$5\frac{1}{2}$ %	vom 5. Mai bis 5. Nov.

2 Ermitteln Sie die tatsächliche Schuldhöhe und die Zinsen.

	Auszahlung	Zinssatz	Kreditdauer
a)	394,80 €	6 %	vom 15. Juli bis 3. Okt.
b)	2.198,38 €	$4\frac{1}{2}$ %	vom 18. Sept. bis 18. März
c)	5.590,53 €	5 %	vom 7. April bis 19. Juni
d)	16.594,00 €	8 %	3 Monate
e)	995,00 €	$7\frac{1}{2}$ %	vom 28. Febr. bis 22. März

3 Ein Hersteller von Verkaufswaagen erhält einen Zwischenkredit zu 12 %, der am 15. November zurückzuzahlen ist, am 15. August mit 24.250,00 € ausgezahlt.

Wie viel Euro betragen Kredit und Zinsen?

4 Ein Kunde überweist am 11. Juni für eine seit dem 25. Jan. fällige Rechnung 32.405,56 € einschl. 9 % Verzugszinsen.

Ermitteln Sie die ursprüngliche Forderung und die Zinsen.

5 Unsere Hausbank zahlt einen 6-Monatskredit nach Abzug von 10 % Zinsen und 1 % Bearbeitungsgebühr von der Darlehenssumme am 21. April mit 61.100,00 € aus.

Wie hoch sind der tatsächliche Kredit, die Zinsen und die Bearbeitungsgebühr?

6 Ein Schuldner erhält einen Kredit (Laufzeit: 20. Februar bis 5. Juli) nach Abzug von 7,5 % Zinsen und 0,5 % Bearbeitungsgebühr auf die Kreditsumme mit 19.337,50 € ausgezahlt.

Errechnen Sie die Kreditsumme, die Zinsen und die Bearbeitungsgebühr.

5.7 Effektive und nominale Verzinsung

5.7.1 Der effektive Zinssatz beim Ausnutzen von Skonto bei gleichzeitiger Kreditaufnahme

Das Ausnutzen von Skonto lohnt sich für die Unternehmung immer, wenn genügend flüssige Mittel vorhanden sind. Muss dafür aber Kredit aufgenommen werden, lohnt es sich nur, wenn der Skonto die Nettokreditkosten (Kreditkosten + eigene Bearbeitungskosten) übersteigt. Sind die Kosten des Lieferantenkredits (Skontoerträge) niedriger als die Kreditkosten der Bank oder gleichen sich Erträge und Kosten aus, empfiehlt es sich, den vollen Zielzeitraum in Anspruch zu nehmen.

Kredit = Rechnungssumme – Skonto

Beispiel 1 Liefererrechnung: 5.000,00 €; Zahlungsbedingungen: Zahlung sofort mit 3 % Skonto oder innerhalb von 30 Tagen netto. Um Skonto auszunutzen, müsste ein Bankkredit über den Überweisungsbetrag aufgenommen werden. Der Bankzinssatz beträgt 18 %. Lohnt sich die Kreditaufnahme für das Ausnutzen von Skonto?

a) Wie viel Euro beträgt der Skontoabzug? Wie hoch ist die Überweisung?

b) Wie viel Jahresprozent beträgt der Skontosatz für die kostenpflichtige Kreditzeit?

c) Wie viel Euro betragen die Kreditkosten und der Finanzierungserfolg?

Lösung **zu a) Errechnen der Überweisung/des benötigten Kredits**

	Rechnungspreis	5.000,00 €
–	3 % Skonto	150,00 €
	Überweisung/benötigter Kredit	4.850,00 €

zu b) Berechnen des Jahresprozentsatzes

Die 3 % Skonto beziehen sich auf den kostenpflichtigen Zielzeitraum von 1 Monat. Auf 1 Jahr umgerechnet, ergibt das:

mit kaufmännischer Überschlagsrechnung

x % ≙ 12 Monate

1 Monat ≙ 3 % $\quad x = 12 \cdot 3 = 36\,\%$ im Jahr

Diese Rechnung wird in der kaufmännischen Praxis angewendet, um eine schnelle Entscheidungshilfe zu erhalten. Die Überschlagsrechnung reicht in der Regel aus.

mit mathematisch genauer Rechnung

Hier wird der Skontoertrag von 150,00 € ≙ 3 % auf die tatsächliche Zahlung von 4.850,00 € ≙ 97 % bezogen.

Werden die Werte in die Formel für das Errechnen des Jahreszinssatzes eingesetzt, erhöht sich der Zinssatz:

$$p = \frac{Z \cdot 100 \cdot 12}{K \cdot t\,(\text{Monate})} = \frac{150 \cdot 100 \cdot 12}{4.850 \cdot 1} = \underline{\underline{37{,}11\,\%}} \text{ oder } p = \frac{3 \cdot 100 \cdot 12}{97 \cdot 1} = \underline{\underline{37{,}11\,\%}}$$

Der Skontoabzug lohnt sich, da die Skontoerträge auf den Zeitraum eines Jahres bezogen 36 % / 37,11 %, die Jahreskreditkosten der Bank aber nur 18 % betragen.

zu c) Berechnen der Kreditzinsen und des Finanzierungserfolgs

Die Kreditkosten für den benötigten Kredit von 4.850,00 € werden mit der Zinsformel berechnet:

1. Zinsen

$$Z = \frac{K \cdot p \cdot t}{100 \cdot 360} = \frac{4.850 \cdot 18 \cdot 30}{100 \cdot 360} = \underline{\underline{72{,}75\ €}}$$

2. Finanzierungserfolg

Skontoertrag (Kreditkosten des Lieferers)	150,00 €
Kreditkosten (der Bank)	72,75 €
Finanzierungsgewinn	77,25 €

Beispiel 2 Rechnungsbetrag 12.000,00 €; Zahlungsbedingungen: innerhalb von 10 Tagen mit 2 % Skonto oder 60 Tage netto. Lohnt sich die Kreditaufnahme bei der Bank zum Ausnutzen von Skonto bei 18 % Bankzinsen?

a) Wie viel Euro beträgt der Skontoertrag?

b) Wie viel Jahresprozent ist der Skontoabzug für die kostenpflichtige Kreditzeit?

c) Wie viel Euro betragen die Kreditkosten und der Finanzierungsgewinn/-verlust?

Lösung **zu a) Berechnen der Überweisung/des benötigten Kredits**

	Rechnungsbetrag.............	12.000,00 €
–	2 % Skonto	240,00 €
	Überweisung/benötigter Kredit. .	11.760,00 €

zu b) Errechnen des Jahresprozentsatzes

Die Skontofrist von 10 Tagen ist kostenfrei; der kostenpflichtige Kreditzeitraum beträgt 50 Tage.

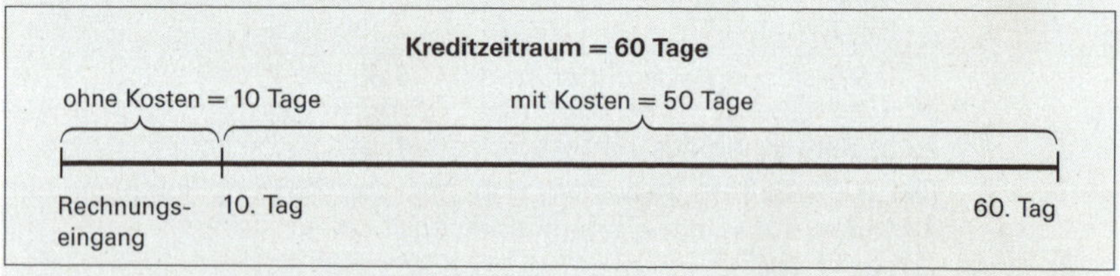

Die 2 % Skonto beziehen sich auf den kostenpflichtigen Kreditzeitraum von 50 Tagen. Auf 1 Jahr umgerechnet, ergibt das:

mit kaufmännischer Überschlagsrechnung

$$x\,\% \mathrel{\hat{=}} 360 \text{ Tage}$$
$$50 \text{ Tage} \mathrel{\hat{=}} 2\,\% \qquad x = \frac{360 \cdot 2}{50} = \underline{\underline{14{,}4\,\% \text{ für 1 Jahr}}}$$

mit mathematisch genauer Rechnung

$$p = \frac{Z \cdot 100 \cdot 360}{K \cdot t} = \frac{240 \cdot 100 \cdot 360}{11.760 \cdot 50} = \underline{\underline{14{,}69\,\%}}$$

$$\text{oder } p = \frac{2 \cdot 100 \cdot 360}{98 \cdot 50} = \underline{\underline{14{,}69\,\%}}$$

Das Ausnutzen von Skonto unter Kreditaufnahme lohnt sich **nicht,** da die Skontoerträge (14,4 / 14,69 Jahresprozent) niedriger sind als die Kreditkosten (18 %).

zu c) Berechnen der Kreditkosten und des Finanzierungserfolgs

Die benötigte Kreditsumme beträgt 11.760,00 €.

1. Zinsen $Z = \frac{K \cdot p \cdot t}{100 \cdot 360} = \frac{11.760 \cdot 18 \cdot 50}{100 \cdot 360} = \underline{\underline{294{,}00\ €}}$

2. Finanzierungserfolg

Skontoertrag (Kreditkosten Lieferer) .	240,00 €
Kreditkosten (Bank)	294,00 €
Finanzierungsverlust.	54,00 €

1 Lohnt sich die Kreditaufnahme zum Ausnutzen von Skonto bei folgenden Rechnungen? Errechnen Sie

- den Skontoabzug in Euro und die Höhe der Überweisung;
- den Jahresprozentsatz des Skontoabzugs für den kostenpflichtigen Zielzeitraum;
- die effektiven Kreditkosten und den Finanzierungsgewinn bzw. -verlust in Euro.

	Rechnungsbetrag	Zahlungsbedingungen	Netto-Kreditkosten
a)	25.000,00 €	sofort mit 2 % Skonto oder 1 Monat netto	15 %
b)	14.000,00 €	sofort mit 3 % Skonto oder 15 Tage netto	11,5 %
c)	230.000,00 €	in 20 Tg. mit 1 % Skonto oder 30 Tg. netto	12 %
d)	62.500,00 €	in 30 Tagen mit 2 % oder 3 Monate netto	15 %
e)	9.750,00 €	sofort mit 2 % oder $1\frac{1}{2}$ Monate netto	16 %
f)	4.800,00 €	in 15 Tagen mit $1\frac{1}{2}$ % oder 30 Tage netto	12 %
g)	246.000,00 €	in 30 Tagen mit 2 % oder 90 Tage netto	$8\frac{1}{3}$ %
h)	93.400,00 €	in 8 Tagen mit 3 % oder 20 Tage netto	14 %

2 Wir erhalten eine Liefererrechnung über 75.000,00 € mit folgenden Zahlungsbedingungen:

„Zahlung innerhalb von 14 Tagen mit 2,5 % Skonto oder innerhalb von 30 Tagen netto Kasse".

Wegen Liquiditätsschwierigkeiten ist zu prüfen, ob sich die Inanspruchnahme eines Überziehungskredites zu 12,5 % zum Ausnutzen von Skonto lohnt.

Errechnen Sie den evtl. Kreditbetrag, den Jahresprozentsatz des Skontoabzugs, die tatsächlichen Kreditkosten und den Finanzierungserfolg.

3 Eine Rechnung über 43.200,00 € ist sofort mit 1 % Skonto oder in 30 Tagen netto Kasse fällig.

Lohnt sich die Kreditaufnahme zum Ausnutzen von Skonto bei einem Bankzinssatz von 15 %?

Stellen Sie den Skontoabzug, den Jahresprozentsatz des Skontoabzugs, die effektiven Kreditkosten und den evtl. Finanzierungsgewinn oder -verlust fest.

Beispiel 3 Rechnungsbetrag: 20.000,00 €; Zahlungsbedingung: „Zahlung innerhalb von 8 Tagen mit 2,5 % Skonto oder innerhalb von 30 Tagen netto".
Lohnt sich die Kreditaufnahme zum Ausnutzen von Skonto? – Die Bank berechnet 18 % Zinsen und 0,5 % Bearbeitungsgebühr von der Kreditsumme.

a) Wie hoch ist der benötigte Kreditbetrag?
b) Wie viel Jahresprozent beträgt der Skontoabzug für die kostenpflichtige Kreditzeit?
c) Wie viel Euro betragen die Kreditkosten und der Finanzierungserfolg?
d) Wie viel Jahresprozent betragen die Kreditkosten?

Lösung

zu a) Berechnen des benötigten Kredits

Rechnungsbetrag	20.000,00 €
– 2,5 % Skonto	500,00 €
benötigter Kredit	19.500,00 €

zu b) Errechnen des Jahresprozentsatzes

Kostenpflichtiger Kreditzeitraum: 22 Tage

kfm. Überschlagsrechnung

x % ≙ 360 Tage
22 Tage ≙ 2,5 %
x ≙ 40,9 %

math. genaue Rechnung

$$p = \frac{500 \cdot 100 \cdot 360}{19.500 \cdot 22}$$

$$p = \underline{\underline{42\ \%}}$$

zu c) Berechnen der Kreditkosten und des Finanzierungserfolgs

Die benötigte Kreditsumme beträgt 19.500,00 €

1. **Zinsen** $Z = \frac{19.500 \cdot 18 \cdot 22}{100 \cdot 360} = 214{,}50$ €

2. **Bearbeitungsgebühr**

0,5 % von 19.500,00 € =	97,50 €
gesamte Kreditkosten:	312,00 €

3. **Finanzierungserfolg**

Skontoertrag	500,00 €
Kreditkosten	312,00 €
Finanzierungsgewinn	188,00 €

zu d) Errechnen des Jahresprozentsatzes der Kreditkosten der Bank

$$p = \frac{\text{Kreditkosten} \cdot 100 \cdot 360}{\text{Kreditsumme} \cdot \text{Tage}} = \frac{312 \cdot 100 \cdot 360}{19.500 \cdot 22} = \underline{\underline{26{,}18\ \%}}$$

Die Aufnahme des Bankkredits zum Ausnutzen von Skonto lohnt sich: Der Finanzierungsgewinn beträgt 188,00 €; der Jahresprozentsatz der Kreditkosten beträgt 26,18 %, der Jahresprozentsatz der Skontoerträge 40,9 % / 42 %.

4 Prüfen Sie, ob sich für das Unternehmen die Kreditaufnahme zum Ausnutzen von Skonto zu folgenden Bedingungen lohnt.

Errechnen Sie dazu den evtl. nötigen Kreditbetrag, den Jahresprozentsatz des Skontoabzugs, die tatsächlichen Kreditkosten, den effektiven Zinssatz der Kreditkosten und den Finanzierungserfolg.

Rechnungsbetrag	Zahlungsbedingungen	Kreditkosten Zinsen	Kreditkosten Gebühr v. Kreditsumme
a) 14.000,00 €	in 14 Tagen mit 3 % Skonto oder 60 Tage netto	10 %	0,75 %
b) 9.300,00 €	in 10 Tagen mit 2 % Skonto oder 30 Tage netto	19 %	1 %
c) 5.800,00 €	sofort mit 2,5 % Skonto oder 14 Tage netto	12 %	1 %
d) 38.250,00 €	14 Tage mit 3 % Skonto oder 30 Tage netto	15 %	2 %

5.7.2 Der effektive Zinssatz bei Darlehen

Darlehen werden vom Kreditgeber (z. B. Banken, Bausparkassen, Hypothekenbanken) häufig nicht zum vollen Betrag (100 %) ausgezahlt, sondern mit einem **Disagio/Damnum** (Abschlag). Provisionen und Spesen können den Auszahlungsbetrag weiter vermindern. Dadurch werden die tatsächlichen (effektiven) Kreditkosten höher als der vereinbarte Zins (Nominalzins).*

Beispiel Eine Bank zahlt ein Darlehen von 60.000,00 €, das mit 8 % Zinsen begeben wird, zu 95 % aus. Die Bank berechnet 2 % Bearbeitungsgebühren und 30,00 € Spesen. Das Darlehen ist nach Ablauf von 10 Jahren in einer Summe zu tilgen.
Wie hoch sind a) der Auszahlungsbetrag?
b) die tatsächlichen Kreditkosten in Euro?
c) der effektive Zinssatz?

Lösung zu a)

	Darlehen	60.000,00 €
–	5 % Disagio	3.000,00 €
–	2 % Gebühren	1.200,00 €
–	Spesen	30,00 €
	Auszahlungsbetrag	55.770,00 €

zu b) Die effektiven Kreditkosten ergeben sich aus den Kreditzinsen, dem Disagio, den Gebühren und den Spesen.

	Zinsen (10 Jahre zu 8 % auf 60.000,00 €)	48.000,00 €
+	Disagio (5 % von 60.000,00 €)	3.000,00 €
+	Gebühren (2 % von 60.000,00 €)	1.200,00 €
+	Spesen	30,00 €
	effektive Kreditkosten	52.230,00 €

* Bei Ratengeschäften ist der effektive Zinssatz vom Kreditgeber anzugeben.

zu c) Um den effektiven Zinssatz zu ermitteln, müssen die Kreditkosten (hier: 52.230,00 €) auf 1 Jahr und zum gesamten Auszahlungsbetrag (hier: 55.770,00 €) ins Verhältnis gesetzt werden. Das geschieht mit der Zinsformel (hier: Jahresformel):

$$p = \frac{Z\ (\text{eff. Kreditkosten}) \cdot 100 \cdot 1}{K\ (\text{Auszahlungsbetrag}) \cdot \text{Jahre}} = \frac{52.230 \cdot 100}{55.770 \cdot 10} = \underline{\underline{9{,}4\ \%}}$$

Durch Disagio, Gebühren und Spesen hat sich der Zinssatz von (nominal) 8 % auf (effektiv) 9,4 % erhöht.

1 Errechnen Sie für folgende Darlehen, die am Ende der Laufzeit in einer Summe getilgt werden:
- die Auszahlungsbeträge,
- die tatsächlichen Kreditkosten in Euro,
- die effektiven Zinssätze.

Darlehen in €	Laufzeit	Zinssatz	Auszahlung	Provision	Spesen in €
a) 80.000,00	4 Jahre	6,5 %	96,5 %	1,5 %	15,00
b) 130.000,00	8 Jahre	7,5 %	98,5 %	2,5 %	–
c) 25.000,00	3 Jahre	8,5 %	94,5 %	–	4,00
d) 220.000,00	5 Jahre	5,5 %	99,5 %	1,5 %	40,00
e) 68.000,00	2 Jahre	9,5 %	97,5 %	–	–
f) 55.000,00	10 Jahre	6,5 %	98,5 %	0,5 %	5,00

2 Ein Holzwerk benötigt zur Restfinanzierung einer Kesseldruckimprägnierungsanlage ein langfristiges Darlehen über 180.000,00 €, das nach 10 Jahren in einer Summe zurückgezahlt werden soll. Folgende Kreditangebote von Banken liegen vor:

Sparkasse:	Zinssatz 8,5 %; Auszahlung 97 %; Provision 1 % von der Darlehenssumme; Bearbeitungsgebühr 25,00 €.
Industriebank:	Zinssatz 8 %; Disagio 2,5 %; einmalige Bearbeitungsgebühr 2 % von der Darlehenssumme; Spesen 40,00 €.
Genossenschaftsbank:	Zinssatz $8\frac{1}{4}$ %; Auszahlung 98 %; Provision 2,5 % von der Darlehenssumme; Nebenkosten 50,00 €.

Für welches Angebot entscheidet sich das Unternehmen?
Errechnen Sie die Auszahlung, die Kreditkosten und die effektiven Zinzsätze.

5.7.3 Effektive und nominale Verzinsung bei Wertpapieren

Zins- und Dividendensätze bei Wertpapieren beziehen sich auf den Nennwert = **nominale Verzinsung** bzw. auf das Stück **(Stückzinsen, -dividende)**. Soll die tatsächliche Verzinsung des eingesetzten Kapitals festgestellt werden, so ist der Ertrag zum Kaufpreis* des Wertpapiers ins Verhältnis zu setzen: **effektive Verzinsung.** – Bei Aktien wird die Dividende auch je Aktie (Stück) angegeben.

* Beim Kauf und Verkauf von Wertpapieren entstehen Kosten; bei Aktien jeweils ca. 1,5 %.

Beispiel 1 Wie hoch ist die effektive Verzinsung einer 6 %-Anleihe bei einem Kaufkurs von 97 %? NW 10.000,00 €.

Lösung

Zinsertrag	6 % von 10.000,00 € =	600,00 €
Kapitaleinsatz	97 % von 10.000,00 € =	9.700,00 €

Dreisatz

9.700,00 € ≙ 100 %
600,00 € ≙ x %

Kettensatz

x % ≙ 600,00 €
9.700,00 € ≙ 100 %

$$x = \frac{100 \cdot 600}{9.700} = \underline{\underline{6{,}19\ \%\ \text{effektive Verzinsung}}} = \frac{600 \cdot 100}{9.700} = x$$

Beispiel 2 Eine AG schüttet für das vergangene Geschäftsjahr 1,60 € Dividende je Aktie zum NW von 5,00 € aus. Der Kaufkurs beträgt 40,00 € je Aktie.

a) Wie viel Prozent beträgt die nominale Verzinsung?
b) Wie viel Prozent beträgt die effektive Verzinsung?

Lösung **zu a)**

Dividende 1,60 €
Nennwert 5,00 €

Dreisatz

5,00 € ≙ 100 %
1,60 € ≙ x %

Kettensatz

x % ≙ 1,60 €
5,00 € ≙ 100 %

$$x = \frac{100 \cdot 1{,}6}{5} = \underline{\underline{32\ \%\ \text{nominale Verzinsung}}} = \frac{1{,}6 \cdot 100}{5} = x$$

zu b)

Dividende 1,60 €
Kurswert 40,00 € (Kapitaleinsatz)

Dreisatz

40,00 € ≙ 100 %
1,60 € ≙ x %

Kettensatz

x % ≙ 1,60 €
40,00 € ≙ 100 %

$$x = \frac{100 \cdot 1{,}6}{40} = \underline{\underline{4\ \%\ \text{effektive Verzinsung}}} = \frac{1{,}6 \cdot 100}{40} = x$$

1 Stellen Sie die nominale und die effektive Verzinsung der Aktien fest. Kurs 25,45 €, Dividende 0,90 € je Stück (NW 5,00 €).

2 Wie hoch ist die nominale und die effektive Verzinsung? Kurs 54,25, Vorzugsdividende 4 %, 50,00 € je Stück NW.

3 Wie hoch ist die effektive Verzinsung? $5\frac{3}{4}$ % Anleihe, Kaufkurs 97,625, NW 1.000,00 €.

4 Für 156.085,00 € Aktienbesitz zum Kaufpreis wurden 1.472,50 € Dividende gezahlt. Nennwert der Aktie 50,00 €, 190 Stück.

a) Wie hoch ist die Nominalverzinsung?
b) Wie hoch ist die effektive Verzinsung?

5 Welches Wertpapier hat den höheren effektiven Zinssatz?

A	Kurs 265,00 €	Dividende 7,50 €
B	Kurs 15,05 €	Dividende 0,44 €

5.8 Übungen zum Zinsrechnen

1 3.280,20 € sind zu 8 % angelegt. Wie viel Zinsen bringen sie vom 20. April bis 2. Juli?

2 Welches Kapital bringt vom 16. März bis 26. August zu 4 % 485,60 € Zinsen?

3 Zu welchem Zinssatz bringen 720,00 € vom 18. Januar bis 3. März 5,40 € Zinsen?

4 Wie lange wurde ein Kapital von 5.000,00 € zu 9 % verzinst, wenn es in dieser Zeit 300,00 € Zinsen brachte?

5 Ein Kunde will am 13. Juli drei Rechnungen einschließlich $5\frac{1}{2}$ % Verzugszinsen und 2,50 € Mahnkosten ausgleichen:

Rechnung 1	über 2.150,50 €,	fällig seit dem 2. April
Rechnung 2	über 920,00 €,	fällig seit dem 19. Mai
Rechnung 3	über 1.745,60 €,	fällig seit dem 7. Juni

Über welchen Betrag lautet die Überweisung?

6 Am 25. November wird von einem Unternehmen ein Zwischenkredit, der am 13. September aufgenommen wurde, einschließlich $7\frac{1}{2}$ % Zinsen mit 8.526,00 € zurückgezahlt. Wie hoch war der Kredit?

7 Eine Leuchtenhersteller nimmt bis zum Eingang einer Kundenzahlung am 23. Juni bei einer Bank am 29. Januar einen Überbrückungskredit auf. Nach Abzug von 5 % Zinsen werden 70.560,00 € dem Konto der Großhandlung gutgeschrieben. Wie hoch war die Kreditsumme?

8 Welches Kapital bringt zu $4\frac{1}{2}$ % dieselben Zinsen wie ein Kapital von 24.400,00 € zu $7\frac{1}{2}$ %?

9 Ein kurzfristiges Darlehen von 12.500,00 € wird am 8. Dez. mit 12.725,00 € zurückgezahlt. Der Zinssatz betrug 9 %. Wann wurde das Darlehen aufgenommen?

10 Zu welchem Zinssatz waren 25.000,00 € vom 26. September bis zum 6. Februar ausgeliehen? Der Schuldner zahlt 677,08 € Zinsen.

11 Ein Unternehmen gleicht nach 14 Tagen eine Liefererrechnung über 3.820,00 € unter Abzug von 3 % Skonto aus.

a) Wie hoch ist die Überweisung?

b) Welchem Jahresprozentsatz entspricht der Skontosatz, wenn das Zahlungsziel 30 Tage beträgt?

12 An einem Kaufhaus ist ein stiller Gesellschafter mit 34.500,00 € beteiligt. Der Gesellschaftsvertrag sieht eine Einlagenverzinsung von $6\frac{1}{2}$ % vor. Bei einem Reingewinn der Unternehmung über 50.000,00 € erhält der Gesellschafter zusätzlich einen Bonus von $2\frac{1}{2}$ %, bei einem Reingewinn von mehr als 75.000,00 € einen Bonus von 3 % vom *jeweiligem* Mehrgewinn.

Reingewinn im 1. Beteiligungsjahr:	39.582,00 €
Reingewinn im 2. Beteiligungsjahr:	57.320,00 €
Reingewinn im 3. Beteiligungsjahr:	86.224,00 €

Wie hoch ist die Durchschnittsrendite in den drei Jahren

a) in Euro, b) in Prozent?

13 Wir gleichen am 27. September vier Rechnungen eines Lieferers einschließlich $8\frac{1}{4}$ % Verzugszinsen und 7,85 € Spesen durch Überweisung aus:

Rechnung 1	über 18.520,00 €,	fällig seit 3. Mai
Rechnung 2	über 25.000,00 €,	fällig seit 8. Juni
Rechnung 3	über 9.670,00 €,	fällig seit 12. Juli
Rechnung 4	über 13.660,00 €,	fällig seit 15. September

Wie hoch ist die Überweisung?

14 Ein Büromaschinenhaus erhält am 31. Dezember eine seit dem 30. September fällige Rechnung einschließlich 10 % Jahresverzugszinsen und 3,10 € Mahnkosten mit 8.859,10 € bezahlt. Über welchen Betrag lautete die Rechnung und wie viel Euro betragen die Zinsen?

15 Ein Kapital von 26.000,00 € brachte vom 7. Oktober bis 27. Februar 155,00 € Zinsen. Wie hoch ist das Kapital, das vom 20. Februar bis 2. Mai zum gleichen Zinssatz 1.475,00 € Zinsen einbringt?

16 Ein Kreditnehmer zahlt an einen Finanzmakler ein Darlehen von 3.600,00 € nach 8 Monaten Laufzeit mit 4.140,00 € zurück. Wie viel Prozent betrug die Verzinsung?

17 Drei Liefererrechnungen sollen ausgeglichen werden:

Rechnung 1 über 5.217,30 €;	Zahlung: innerhalb von 14 Tagen mit 3 % Skonto oder 30 Tage netto;
Rechnung 2 über 18.250,00 €;	Zahlung: sofort mit $1\frac{1}{2}$ % oder 60 Tage netto;
Rechnung 3 über 2.638,75 €;	Zahlung: sofort mit 1 % oder 30 Tage netto.

a) Wie hoch sind die Überweisungen bei Skontoabzug?

b) Lohnt sich das Absetzen von Skonto, wenn hierzu ein Bankkredit zu 12 % (einschließlich Spesen usw.) aufgenommen werden muss?

c) Errechnen Sie den Finanzierungserfolg.

18 Ein durch Sicherungsübereignung des Rohstofflagers abgesicherter Kredit von 45.800,00 €, der am 12. Februar aufgenommen worden ist, wird einschließlich 10 % Zinsen mit 48.280,33 € zurückgezahlt. Wann wird der Kredit zurückgezahlt?

19 Ein Bankkredit über 15.000,00 € wird am 25. Mai mit 5.517,30 €, am 13. Juni mit 3.785,00 € und am 2. Juli mit dem Rest in Anspruch genommen. Mit welchem Betrag belastet die Bank das Konto des Schuldners am 30. September, wenn sie $5\frac{3}{4}$ % Zinsen und 4,20 € Auslagen berechnet?

20 Der durchschnittliche Lagerbestand einer Unternehmung beträgt 50.000,00 €, der Lagerumschlag 400.000,00 €. Das Unternehmen rechnet mit 6 % Jahreszinsen.

a) Ermitteln Sie die durchschnittliche Lagerdauer.
b) Wie hoch ist der kalkulatorische Lagerzinssatz? (Jahreszinssatz bezogen auf durchschnittliche Lagerdauer)

21 Die Rechnungssumme für eine Lieferung von Fertigteilen beträgt 12.740,00 €. Die Rechnung ist zu folgenden Konditionen am 7. August ausgestellt: Zahlung innerhalb von 14 Tagen mit $2\frac{1}{2}$ % Skonto oder innerhalb von 2 Monaten netto; bei Überschreiten des Zahlungszieles $9\frac{1}{2}$ % Verzugszinsen.

a) Wie hoch ist der Überweisungsbetrag innerhalb der Skontofrist?
b) Wie hoch ist der Überweisungsbetrag am 29. November?
c) Prüfen Sie, ob sich die Aufnahme eines Bankkredits zu $6\frac{1}{2}$ % in Höhe des Überweisungsbetrages zur Skontoausnutzung lohnt. Wie hoch ist die Differenz zwischen Kreditkosten und Liefererskonto in Euro und in Jahresprozent?

22 KfW: Die Kreditanstalt für Wiederaufbau (KfW) begibt eine zehnjährige Anleihe über 2,5 Mrd. €. Der Kupon lautet auf 6 Prozent, der Ausgabepreis beträgt 98,831 Prozent. Die Anleihe kommt in Stücken zu je 1.000 €. Valutatag ist der 9. Februar. Die Gebühren betragen insgesamt 0,325 Prozent.

Wie hoch ist die Rendite bei ein-, fünf- und zehnjährigem Besitz?

(Gebühren auf Nennwert, ebenso Zinsen; Rückzahlung 100 %)

23 Auszug: Offene Posten Debitoren

Kurz GmbH **Offene Posten Debitoren** Datum: 03.11.....
Seite: 1

45180
Klaus Pfaff
Hanseweg 5

28305 Bremen

101 **Ford. L+L**

Buch. Datum	Beleg-Nr.	Beleg-Art	Beleg-Datum	Zahlungsfrist Beginn	Zahlungsverzug Ab	Belegwährung	S/H Betrag
09.08.	4518	AR	08.08.	08.08.	18.08	EUR	5.600,00 €

Wie viel Euro Verzugszinsen berechnen Sie dem Kunden am 03.11.? (Zinssatz: 9 %)

Programmierte Übungen

Die Lösungen bitte nur dann ankreuzen, wenn das Buch Ihr Eigentum ist. Im Leihverfahren überlassene Bücher dürfen nicht beschrieben werden.

1 Unser Kunde Martin Sander ist in Zahlungsverzug geraten: Rechnung 14.240,00 € vom 31. Januar, Zahlungsziel ein Monat. Für die Verzugszeit bis einschließlich 31. Mai werden ihm 5 % Verzugszinsen (HGB) und 6,5 % Verzugsschäden (selbst in Anspruch genommener Bankkredit) berechnet.
Wie viel Zinsen hat Sander zu zahlen?

☐☐☐,☐☐ €

2 Mit unserem Lieferanten wird vereinbart, dass unsere Vorauszahlungen an ihn bis zur Lieferung am 10. November mit $3\frac{1}{2}$ % verzinst werden. Zahlungen: Vertragsabschluss am 15. Mai 30.000,00 € und am 30. Juli 50.000,00 € Vorauszahlung.
Wie hoch wird die Zinsgutschrift am 10. November sein?

- a 100,43 €
- b 1.004,31 €
- c 143,47 €
- d 860,83 €
- e anderes Ergebnis, welches?

3 Folgende Rechnung soll ausgeglichen werden: Betrag 12.000,00 €, Ausstellungsdatum 20. Febr., Zahlungsziel 2 Monate, Skonto 3 % innerhalb 20 Tagen.
Wie hoch ist der Kostenunterschied zwischen Finanzierung durch Lieferanten- und Bankkredit ($12\frac{1}{4}$ %), wenn der Skontoabzug in Anspruch genommen werden soll?

☐☐☐,☐☐ €

4 Abrechnung über Zahlungsverzug:

Rechnung	22.640,00 €
Verzugszinsen 9 %	452,80 €
Mahnkosten	18,00 €
Gesamtforderung	23.110,80 €

Der Lieferant hat versäumt die Zinstage in die Abrechnung einzutragen; ohne sie kann die Abrechnung nicht geprüft werden.
Für wie viel Zinstage hat der Lieferant Verzugszinsen berechnet?

☐☐ Tage

5 Für zwei Warenlieferungen erhalten wir eine Verlängerung des Zahlungsziels bis zum 31. Oktober: Rechnung Nr. 304 vom 14. Juni über 6.800,00 €, Ziel 1 Monat; Rechnung Nr. 398 vom 28. Juli über 22.620,00 €, Ziel 2 Monate; Zinssatz 8,5 %.
Wie hoch ist die Überweisung einschließlich Zinsen?

☐☐☐☐☐,☐☐ €

6 Diskontrechnen

Die Unternehmung hat vier Verwendungsmöglichkeiten für eingehende Wechsel:

1. **Weitergabe als Zahlungsmittel**
2. **Aufbewahrung und Vorlage am Verfalltag**
3. **Weitergabe zum Inkasso**
4. **Diskontieren = Verkaufen an eine Bank**

Mehrere Wechsel können einzeln oder gemeinsam abgerechnet werden.

6.1 Diskontieren einzelner Wechsel

Die Bank gibt durch den Ankauf von Wechseln vor dem Fälligkeitstag der Unternehmung liquide Mittel. Die Unternehmung erhält dadurch für die Restlaufzeit des Wechsels ein Darlehen (Kredit). Die Bank berechnet dafür **Diskont = Zinsen.** Für die Höhe des Diskontabzuges bestehen keine Vorschriften. Die Banken orientieren sich aber am Leitzinssatz der Europäischen Zentralbank (EZB), der vierteljährlich vom Rat der EZB festgelegt wird.

Die Diskontsätze der Banken hängen ab*:

- **vom Leitzinssatz der EZB;**
- **vom Kosten- und Gewinnaufschlag der Banken;**
- **von der Bonität des Kunden, Höhe der Wechselsumme, nach Branchen u. a.**

Außerdem können die Banken ihren Kunden **Spesen** berechnen (z. B. Einzugsspesen für Wechsel, Auslagen für Auskünfte über die Bonität des Kunden).

	Wechselsumme
–	Diskont
–	Auslagen (Spesen)
	Barwert am Verkaufstag/Gutschrift

Die Diskontierung von Wechseln ist **umsatzsteuerfrei**** (Diskont und Auslagen)

- bei Diskontierung durch Banken,
- bei Diskontierung unter Kaufleuten, wenn Waren- und Kreditgeschäft zwei selbstständige Geschäfte sind.

Umsatzsteuerpflichtig ist die Diskontierung unter Kaufleuten, wenn der Wechselkredit eine Nebenleistung der Warenleistung (= Hauptleistung) ist (7 bzw. 16 %).***

* Sonderbedingungen der Banken i. d. R.: Keine Annahme von Wechseln zum Diskont unter 250,00 €, unter 20 Tagen Restlaufzeit; Berechnen eines Mindestdiskonts, z. B. 2,00 €.

** § 4 Nr. 8 a UStG

*** § 4 Nr. 8 a UStG i. V. m. Abschnitt 29 Abs. 3 UStR

Die Diskonttage werden nach der **Euro-Zinsmethode** berechnet (französische Art der Ermittlung der Zinstage):

Monate: genau nach Kalendertagen: Februar 28 bzw. 29 Tage; die anderen Monate 30 bzw. 31 Tage

Zinsjahr: 360 Tage

Beispiel Die Erzhandelsgesellschaft mbH Bremen zieht vereinbarungsgemäß am 5. April einen Dreimonatswechsel auf die Eisenwerke Dortmund über 6.000,00 € zur Sofortbezahlung einer Lieferung. Am 16. Mai wird der Wechsel bei der Bremer Bank AG diskontiert. Die Bank berechnet 8,5 % Diskont und 5,00 € Auslagen.

a) Wie hoch ist die Gutschrift der Bank am 16. Mai?

b) Die Erzhandelsgesellschaft belastet den Dortmunder Kunden mit den veranschlagten Diskontspesen. Bei der Diskontabrechnung sind 16 % USt zu berücksichtigen.

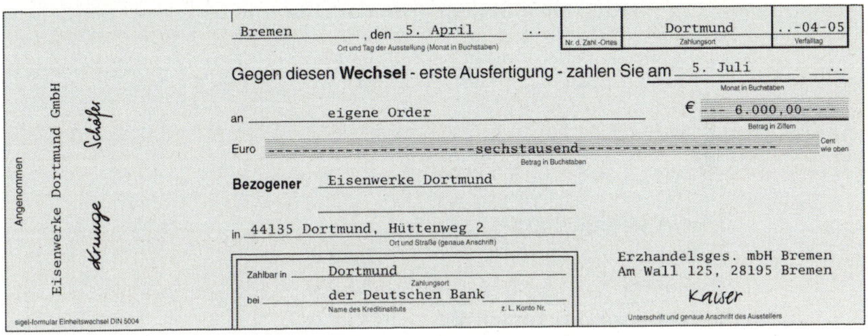

Bremen, den 5. April .. (Ort und Tag der Ausstellung (Monat in Buchstaben))
Nr. d. Zahl.-Ortes | Dortmund (Zahlungsort) | ..-04-05 (Verfalltag)

Gegen diesen **Wechsel** - erste Ausfertigung - zahlen Sie am 5. Juli .. (Monat in Buchstaben)

an eigene Order € ---6.000,00--- (Betrag in Ziffern)

Euro ---sechstausend--- (Betrag in Buchstaben) Cent wie oben

Bezogener Eisenwerke Dortmund

in 44135 Dortmund, Hüttenweg 2 (Ort und Straße (genaue Anschrift))

Zahlbar in Dortmund (Zahlungsort)
bei der Deutschen Bank (Name des Kreditinstituts) z. L. Konto Nr.

Erzhandelsges. mbH Bremen
Am Wall 125, 28195 Bremen
Kaiser
(Unterschrift und genaue Anschrift des Ausstellers)

Angenommen
Eisenwerke Dortmund GmbH
Schäfer
Kruuge

sigel-formular Einheitswechsel DIN 5004

Zwischen den Beteiligten bestehen folgende Geschäftsbedingungen:

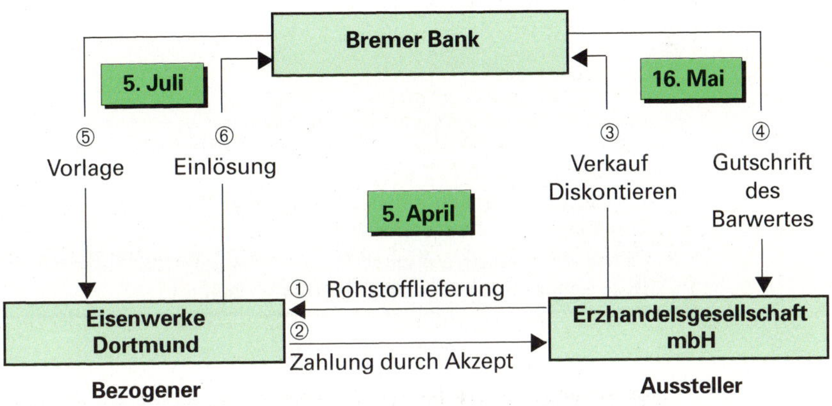

Lösung **zu a) Diskonttage: 16. Mai – 5. Juli = 50 Tage**

	6.000,00 €	Wechselsumme
–	70,83 €	Diskont 50/8,5 % (Lies: 50 Tage zu 8,5 %)
–	5,00 €	Auslagen
	5.924,17 €	Barwert am 16. Mai/Gutschrift

Lösungsweg

für die Diskontberechnung

Für das Errechnen des Diskonts gibt es verschiedene Lösungswege:

① **mit der Zinsformel**

$$x = \frac{K \cdot p \cdot t}{100 \cdot 360} = \frac{6.000 \cdot 8,5 \cdot 50}{100 \cdot 360} = \underline{\underline{70,83\ €}}$$

② **mit Zinszahl mal $\frac{\textbf{Diskontsatz}}{\textbf{360}}$**

$$x = \# \cdot \frac{p}{360} = \frac{3\,000 \cdot 8,5}{360} = \underline{\underline{70,83\ €}}$$

③ **mit der Zinszahl und Zinsteiler**

Zinsteiler mit Dezimalstellen

In der Bankpraxis wird bei **„unbequemen Diskontsätzen"** der **Zinsteiler** häufig **auf 2 Stellen nach dem Komma** berechnet (kfm. Rundung):

$$x = \frac{\#}{Zt.} = \frac{3\,000}{42,35} = \underline{\underline{70,84\ €}} \qquad (Zt. = 360 : 8,5 = 42,35)$$

zu b)

Diskontabrechnung

Diskont	70,83 €
Auslagen	5,00 €
verauslagte Diskontspesen	75,83 €
16 % USt	12,13 €
Forderung	87,96 €

Merke

1. **Cent werden bei der Errechnung der # gestrichen (z. B. bei 2.890,95 € # von 2.890,00 € berechnen).***
2. **Diskonttage werden kalendergenau berechnet; das Zinsjahr hat 360 Diskonttage (Euro-Zinsmethode).**
3. **Fällt der Verfalltag auf einen Samstag, Sonn- oder Feiertag (S), so wird der Diskont bis zum folgenden Werktag berechnet.**

* Einige Geschäftsbanken rechnen mit Cent ab (Computerabrechnung).

1 Bei der Deutschen Bank werden folgende Wechsel diskontiert:

	Wechselsumme	Verkaufstag	Verfalltag	Diskont	Auslagen
a)	3.850,25 €	10. Mai	31. Juli	$7\frac{1}{2}$ %	2,00 €
b)	2.328,00 €	14. Sept.	18. Nov.	$4\frac{1}{2}$ %	–
c)	8.578,75 €	29. Nov.	26. Dez. (S)	6 %	3,50 €
d)	2.836,00 €	29. Dez.	28. Febr.	5 %	–
e)	6.290,00 €	7. Jan.	1. März	4 %	2,75 €
f)	3.920,50 €	4. Jan.	29. Febr. (Schaltj.)	8 %	1 ‰ der Wechselsumme

– Welchen Betrag schreibt die Bank gut?

– Stellen Sie dem Vormann die Diskontspesen in Rechnung. (USt: 16 %)

2 Die Norddeutsche Kreditbank AG diskontiert folgende Wechsel:

	Wechselsumme €	Ankaufstag	Verfalltag	Diskont	Auslagen
a)	2.215,00	2. Jan.	29. Jan.	8 %	5,00 €
b)	26.333,60	15. März	5. Juni	$5\frac{1}{2}$ %	1‰ v. d. W.-Summe
c)	911,90	20. Dez.	29. Febr. (Schaltj.)	$6\frac{1}{2}$ %	1,50 €
d)	1.327,25	3. Jan.	27. Febr.	$9\frac{1}{2}$ %	–
e)	1.118,00	30. Aug.	15. Dez.	$7\frac{1}{2}$ %	7,00 €

Wie hoch ist der jeweilige Barwert?

3 Ein Kunde indossiert an uns zum teilweisen Ausgleich einer Verbindlichkeit in Höhe von 9.815,20 € einen Wechsel über 5.620,00 €, fällig am 15. Oktober. Wir geben den Wechsel am 22. Juli bei der Bank für Handel und Industrie zum Diskont. Die Bank schreibt uns den Barwert nach Abzug von 6 % Diskont und 3,00 € Einzugsspesen gut.

Wie hoch ist die Restschuld unseres Kunden?

4 Wir geben zum teilweisen Ausgleich unserer Verbindlichkeiten in Höhe von 7.250,60 € an die Kettenwerke GmbH Altena (Westf.) ein Akzept über 4.500,00 €. Der Lieferer berechnet uns $5\frac{3}{4}$ % Diskont für 90 Tage und 1,50 € Bearbeitungsgebühr. Prüfen Sie die Abrechnung.

Wechselbetrag	4.500,00 €
Diskont 90/5,75 %	64,69 €
Auslagen	1,50 €
Barwert	4.566,19 €
Schuld	7.250,60 €
Restschuld	2.684,41 €

6.2 Diskontieren mehrerer Wechsel in einer Abrechnung

Beispiel Das Möbelwerk Schurer & Co. reicht bei seiner Bank am 21. Juli vier Kundenwechsel zum Diskont ein:

Nr. 1 über 5.200,00 €, fällig am 21. August
Nr. 2 über 6.505,00 €, fällig am 25. August
Nr. 3 über 3.300,25 €, fällig am 29. August
Nr. 4 über 2.430,75 €, fällig am 29. September

Die Bank berechnet 7 % Diskont und für den 4. Wechsel 3,00 € Einzugsspesen. Wie hoch ist der Barwert der Wechsel?

Lösung

Diskonttag: 21. 07.	Tage	#	Auslagen	Diskont je Wechsel
5.200,00 €, fällig am 21. 08.	31	1 612	—	31,34
6.505,00 €, fällig am 25. 08.	35	2 277	—	44,28
3.300,25 €, fällig am 29. 08.	39	1 287	—	25,03
2.430,75 €, fällig am 29. 09.	70	1 701	3,00	33,08
17.436,00 € Wechselsumme		6 877	3,00	133,72
– 133,72 € Diskont 7 %				
– 3,00 € Auslagen				
17.299,28 € Barwert am 21. 07.				

Lösungsweg 1

Summarische Abrechnung

① Aufstellung machen;

② Tage errechnen;

③ # errechnen;

④ Diskont berechnen mit

a) **Zinszahl und Zinsteiler***

$$x = \frac{\#}{Zt.} = \frac{6\,877}{51{,}43} = \underline{\underline{133{,}72\ €}}$$

b) **mit der Summe der # mal $\frac{\textbf{Diskontsatz}}{\textbf{360}}$**

$$x = \frac{6\,877 \cdot 7}{360} = \underline{\underline{133{,}72\ €}}$$

⑤ Barwert berechnen.

Lösungsweg 2

Diskont je Wechsel

Geschäftsbanken rechnen bei mehreren Wechseln jeden Wechsel einzeln ab oder weisen bei der Abrechnung mehrerer Wechsel häufig auch den Diskont je Wechsel aus. Das erleichtert das Weiterberechnen der Kosten.

Die Lösungstabelle wird um den Diskont je Wechsel erweitert.

---

* vgl. S. 93, Lösungsweg ③

1 Bei der Sparkasse in Köln werden am 1. Juli zwei Wechsel über 5.509,20 €, fällig am 30. Juli, und über 872,30 €, fällig am 16. September, zu $4\frac{3}{4}$ % diskontiert. Auf den 2. Wechsel entfallen 3,50 € Auslagen.

Wie hoch ist der Barwert der Wechsel?

2 Ladenbau Carl Otto diskontiert am 2. August bei der Volksbank eG zu 8 % Diskont vier Wechsel:

Nr. 1:	2.220,50 €,	fällig am 28. Aug.
Nr. 2:	917,00 €,	fällig am 5. Sept. (S)
Nr. 3:	1.200,00 €,	fällig am 18. Sept.
Nr. 4:	555,75 €,	fällig am 29. Sept.

Für Wechsel Nr. 2 entstehen 4,50 € Auskunftskosten und 2,00 € Einzugsspesen. Stellen Sie die Höhe der Bankgutschrift am 2. August fest.

3 Krüger & Co. verkaufen am 15. Februar folgende Wechsel an die Norddeutsche Kreditbank:

Nr. 1:	2.500,00 €,	fällig am 10. März
Nr. 2:	980,00 €,	fällig am 20. März
Nr. 3:	1.111,00 €,	fällig am 25. März
Nr. 4:	8.302,00 €,	fällig am 12. Mai

Diskont: $7\frac{1}{2}$ %. Je Stück entstehen 1,50 € Auslagen.

Über welchen Betrag lautet die Gutschrift der Bank?

4 Prüfen Sie folgende Diskontabrechnung:

Diskonttag:	19. 03.	Tage	#	Auslagen je Wechsel	Diskont
3.205,00 €, f. am	28. 03.	9	2 884	2,50	36,05
518,20 €, f. am	20. 04.	30	155	—	1,94
2.050,00 €, f. am	29. 04.	40	820	—	10,25
1.235,00 €, f. am	18. 06.	89	1 099	1,50	13,74
7.008,20 €	Wechselsumme		4 958	4,00	61,98
61,98 €	Diskont $4\frac{1}{2}$ %				
4,00 €	Auslagen				
7.074,18 €	Barwert am 19. 03.				

5 Folgende Wechsel sind zu diskontieren:

	Wechselsumme			
a)	350,70 €,	fällig am 3. Apr.	Diskonttag:	27. Febr.
	2.100,00 €,	fällig am 25. Apr.	Diskont:	9 %
	622,10 €,	fällig am 19. Mai	Auslagen:	4,00 €
	1.470,00 €,	fällig am 31. Mai		
b)	6.715,85 €,	fällig am 14. März	Diskonttag:	19. Febr.
	3.188,15 €,	fällig am 5. Apr.	Diskont:	$5\frac{1}{2}$ %
	4.500,00 €,	fällig am 18. Apr.	Auslagen:	3,00 €
	5.000,00 €,	fällig am 15. Mai		

6 Wir diskontieren bei unserer Hausbank am 2. Juni folgende Wechsel:

Nr. 1:	3.240,00 €,	fällig am 25. Juni
Nr. 2:	910,00 €,	fällig am 28. Juni
Nr. 3:	4.090,00 €,	fällig am 30. Juni
Nr. 4:	6.304,90 €,	fällig am 1. Juli (S)
Nr. 5:	1.206,00 €,	fällig am 30. Juli
Nr. 6:	1.458,00 €,	fällig am 24. Aug.

Diskont: $5\frac{1}{4}$%. Auf Wechsel 3 und 6 entfallen je 2,50 € Auslagen. Welcher Betrag wird dem Konto am Verkaufstag gutgeschrieben?

7 Prüfen Sie die Abrechnung unserer Hausbank:

Diskonttag:	15. 01.	Tage	#	Auslagen	Diskont je Wechsel
3.050,00 €, f. am	31. 01.	16	488	3,00	8,40
2.105,00 €, f. am	15. 02.	31	653	2,00	11,25
935,00 €, f. am	28. 02.	44	411	–	7,08
6.218,00 €, f. am	19. 03.	63	342	5,00	5,89
608,00 €, f. am	31. 03.	75	456	3,00	7,85
3.525,00 €, f. am	7. 04.	82	289	2,50	4,98
16.441,20 €	Wechselsumme		2 639	15,50	45,45
– 45,45 €	Diskont $6\frac{1}{5}$ %				
– 15,50 €	Auslagen				
16.380,15 €	Barwert am 15.01.				

8 Unsere Verbindlichkeiten betragen bei der Norddeutschen Getreidemühlen AG 16.250,00 €. Zum teilweisen Ausgleich unseres Kontos indossieren wir am 18. Sept. drei Kundenwechsel über 6.320,70 €, fällig am 4. Okt.; 585,50 €, fällig am 20. Okt.; 3.100,00 €, fällig am 17. Nov. Der Lieferer reicht die Wechsel am 19. Sept. zum Diskont ein. Diskont 7 %, 3,25 € Auslagen.

a) Wie hoch ist der Barwert?

b) Mit welchen Diskontspesen werden wir belastet? (16 % USt)

c) Wie hoch ist unsere Restschuld?

9 Die Maschinen- und Apparatebau GmbH sendet uns zum Ausgleich unserer Rechnung vom 3. Mai über 12.160,00 € am 8. Mai vier Kundenwechsel über 1.260,00 €, fällig am 5. Juni; 7.807,00 €, fällig am 13. Juni; 1.200,00 €, fällig am 25. Juni; 947,50 €, fällig am 29. Juli. Wir diskontieren die Wechsel am 10. Mai bei unserer Hausbank zu 9 % Diskont.

a) Welcher Barwert wird uns gutgeschrieben?

b) Wie hoch ist unsere Restforderung an den Kunden?

6.3 Ausgleichs- und Prolongationswechsel

Ein Unternehmen kann in die Lage versetzt werden fällige Rechnungen nicht begleichen oder fällige Wechsel nicht einlösen zu können. In diesem Fall kann der Schuldner den Gläubiger bitten für eine fällige Schuld einen später fälligen Wechsel anzunehmen. Hierdurch werden Buchforderungen des Gläubigers in Wechselforderungen bzw. fällige Wechsel in Prolongationswechsel umgewandelt. Dafür gibt es zwei Möglichkeiten:

1. Der Wechsel wird über die Schuldsumme ausgestellt. Die Diskontspesen werden gesondert überwiesen.
   (Dieser Fall erfordert keinen besonderen Rechengang.)
2. **In die Wechselsumme werden neben der Schuldsumme auch die Diskontspesen eingerechnet:**

Schuldsumme/Barwert + Diskontspesen = Wechselsumme

Beispiel 1 Ein Unternehmen bittet seinen Lieferer, für eine am 10. April fällige Warenrechnung über 12.000,00 € einen Wechsel zu ziehen. Laufzeit 30 Tage. In den Wechsel werden 6 % Diskont eingerechnet.

Lösung

① Wechsel, fällig am 10. Mai,	③ 12.060,30 €	≙	100 %
↓ Diskont 30/6 %	↑ 60,30 € ⑤	≙	0,5 % ④
Barwert am 10. April	② 12.000,00 €	≙	99,5 %

Lösungsweg

① Diskontabrechnungsaufstellung; Schuldsumme ist der Barwert;

② Lösung geht vom Barwert aus;

③ die gesuchte Wechselsumme = 100 %;

④ **Errechnen des Prozentsatzes von der Wechselsumme für Diskont und Barwert**

Dazu wird der Zeitzinssatz für 6 % Jahreszinsen für die Wechsellaufzeit von 30 Tagen berechnet:

x % ≙ 30 Tage
360 Tage ≙ 6 %

$$x = \frac{30 \cdot 6}{360} = 0{,}5\ \%$$

Der Diskont ≙ 0,5 % der gesuchten Wechselsumme
Der Barwert ≙ 99,5 % der gesuchten Wechselsumme

⑤ **Errechnen von Diskont und Wechselsumme**

Diskont: x € ≙ 0,5 %
99,5 % ≙ 12.000,00 €

$$x = \frac{0{,}5 \cdot 12.000}{99{,}5} = 60{,}30\ €$$

Wechselsumme: x € ≙ 100 %
99,5 % ≙ 12.000,00 €

$$x = \frac{100 \cdot 12.000}{99{,}5} = 12.060{,}30\ €$$

oder Addition: 12.000,00 € + 60,30 € = 12.060,30 €

1 Ein Lieferer hat folgende Forderungen, für die er am Fälligkeitstag unter Einrechnung der Diskontspesen Wechsel auf seine Kunden zieht:

	Forderung	Diskonttage	Diskont
a)	7.850,50 €	72	$7\frac{1}{2}$ %
b)	3.600,00 €	90	5 %
c)	8.260,00 €	90	8 %

Beispiel 2 Ein Kunde hat am 15. Juni eine Rechnung über 3.110,00 € zu begleichen. Wegen zeitweiliger Liquiditätsschwierigkeiten bittet er seinen Lieferer, sein Akzept für 60 Tage anzunehmen. (Diskont 12 % und 6,80 € Auslagen werden in das Akzept mit eingerechnet.) Über wie viel Euro lautet das Akzept?

Lösung

①		€		
	Wechselsumme, fällig am 14. Aug.	⑤ 3.180,41 ≙	100	%
–	Diskont 60/12 %	63,61 ≙	2	% ④
	Barwert am 15. Juni	③ 3.116,80 ≙	98	%
–	Auslagen	6,80		
	Rechnungssumme am 15. Juni	② 3.110,00		

Lösungsweg

① Aufstellung machen

② Lösung geht von der Schuldsumme aus, der die Auslagen zugerechnet werden.

③ Barwert am 15. Juni berechnen.

④ Feststellen, wie viel Prozent 12 % je Jahr in 60 Tagen betragen:

x % ≙ 60 Tage
360 Tage ≙ 12 %

$$x = \frac{60 \cdot 12}{360} = 2\ \%$$

⑤ a) Die gesuchte Wechselsumme ≙ 100 %; der Barwert am 15. Juni ≙ 98 %:

x € ≙ 100 %
98 % ≙ 3.116,80 €

$$x = \frac{100 \cdot 3.116,80}{98} = 3.180,41\ €$$

b) Vom Ergebnis Diskont errechnen.

2 Eine Computerfirma zieht auf ihre Kunden zum Forderungsausgleich Wechsel unter Einrechnung von Diskont und Auslagen:

	Forderung	Diskonttage	Diskont	Auslagen
a)	2.620,00 €	90	6 %	5,55 €
b)	845,00 €	45	7 %	5,30 €
c)	537,00 €	72	10 %	20,00 €

Wie hoch ist die Wechselsumme?

3 Folgende Wechsel werden unter Einrechnen von Diskont prolongiert. Wie hoch ist die Wechselsumme?

Alte Wechselsumme	Diskonttage (Prolongationswechsel)	Diskont	Auslagen
a) 3.714,00 €	60	12 %	30,00 €
b) 420,00 €	90	5 %	20,00 €
c) 9.695,00 €	75	9 %	15,00 €

Programmierte Übungen

Die Lösungen bitte nur dann ankreuzen, wenn das Buch Ihr Eigentum ist. Im Leihverfahren überlassene Bücher dürfen nicht beschrieben werden.

1 Unsere Hausbank kauft unseren Kundenwechsel über 11.240,00 €, fällig am 13. Nov., am 20. Aug.

Welchen Barwert schreibt uns die Bank gut bei 6 % Diskont und 15,00 € Einzugsspesen?

- a 11.080,77 €
- b 11.414,23 €
- c 11.095,77 €
- d 11.065,77 €
- e anderes Ergebnis, welches?

2 Wir reichen bei unserer Hausbank am 15. Februar folgende Wechsel zum Diskont ein:

Nr. 1 5.000,00 €, fällig am 17. April
Nr. 2 1.960,00 €, fällig am 28. April
Nr. 3 2.222,00 €, fällig am 24. Mai
Nr. 4 16.604,00 €, fällig am 10. Juli

Diskont $7\frac{1}{2}$ %, Auslagen bei Wechsel Nr. 3: 8,00 €.

Wie hoch ist die Bankgutschrift? ☐☐☐☐☐,☐☐ €

3 Für unsere Forderung über 22.000,00 € erhalten wir zum teilweisen Ausgleich zwei Kundenwechsel über 6.700,00 €, fällig am 8. März, 12.315,00 €, fällig am 17. April.
Wir berechnen dem Kunden am 17. Januar $8\frac{1}{2}$ % Diskont und 15,00 € Einzugsspesen.

a) Wie hoch ist der Diskont?
b) Wie hoch ist die Restforderung?

a) ☐☐☐,☐☐ €

b)
- a 19.015,00 €
- b 18.657,59 €
- c 3.342,41 €
- d 3.396,02 €
- e anderes Ergebnis, welches?

4 Ein Kunde bittet am 3. Mai seinen Lieferer, für eine Schuld von 35.000,00 € einen Wechsel unter Einrechnung der Diskontspesen auf ihn zu ziehen. Der Diskont beträgt 6 %. Fälligkeit 1. August.
Wie hoch ist die Wechselsumme? ☐☐☐☐☐,☐☐ €

7 Währungsrechnen

Eine Währung ist das Geldsystem eines Staates oder einer Währungsgemeinschaft von Ländern (z. B. Euro-Währungsgebiet der Europäischen Wirtschafts- und Währungsgemeinschaft **WWU**).

In der WWU gibt der Wechselkurs die Menge fremder Währungseinheiten für 1 Einheit der inländischen Währungen an. Der Kurs zeigt die Menge ausländischer Zahlungsmittel, die für 1 Euro bezahlt werden müssen bzw. die man für 1 Euro erhält.*

Mengennotiz: 1 EUR entspricht . . . ausländischen Währungseinheiten

Beispiel Kurs: 1,16 USD/EUR bedeutet: 1,16 USD entsprechen 1 EUR
Kurs: 1,565 CHF/EUR bedeutet: 1,565 CHF entsprechen 1 EUR

Kurstabelle einer Bank (Ver- und Ankauf fremder Währungen für 1 Euro)**

Land	Währungseinheit	Iso-Code	Sorten Kurse am Bankschalter		Devisen Kurse		
			Verkauf (Geld)	Ankauf (Brief)	Geld	Brief	Sicht
Australien	Dollar (A-$)	AUD	1,6430	1,8830	1,7700	1,7860	1,7960
Dänemark	Krone (dkr)	DKK	7,1025	7,7928	7,4152	7,4552	7,4752
Großbritannien	Pfund (£)	GBP	0,6605	0,7105	0,6863	0,6903	0,6923
Hongkong	Dollar (HK $)	HKD	7,9350	10,2150	8,6780	8,7780	8,8280
Japan	Yen (Y)	JPY	128,7500	138,7500	133,1700	133,6500	133,8900
Kanada	Dollar (kan $)	CAD	1,5790	1,7790	1,6786	1,6906	1,6966
Neuseeland	Dollar (NZ-$)	NZD	1,9225	2,3725	2,0870	2,1030	2,2030
Norwegen	Krone (nkr)	NOK	8,2785	9,3985	8,6688	8,7168	8,7208
Polen	n. Zloty (Zl)	PLN	3,9000	4,8060	4,1900	4,3900	4,5900
Schweden	Krone (skr)	SEK	8,3760	9,5660	8,8691	8,9171	8,9671
Schweiz	Franken (sfr)	CHF	1,5650	1,6300	1,5956	1,5996	1,6040
Südafrika	Rand (Rd)	ZAR	5,5610	9,6410	6,7700	6,9700	7,1200
Tschechien	Krone (Kr)	CZK	35,6300	41,6300	37,8000	38,2000	38,6000
USA	Dollar (US-$)	USD	1,0850	1,1600	1,1230	1,1290	1,1320

Bei ausländischen Zahlungsmitteln unterscheiden wir **Sorten** und **Devisen.**

Sorten sind *ausländisches Bargeld:* Banknoten und Münzen.

Als **Devisen** wird *ausländisches Buchgeld (bargeldlose Zahlungen)* bezeichnet: z. B. Zahlungsaufträge an eine Bank, aus dem Ausland eingehende Zah-

* Wechselkurse können als Mengennotierung (neben der WWU z. B. in den USA [USD] und in Großbritannien [GBP] verwendet) oder als Preisnotierung dargestellt werden.

Bei der Preisnotierung ist der Kurs der Preis in inländischer Währung für 1 oder 100 ausländische Währungseinheiten: z. B. Anwendung in der Schweiz, in Japan; einige deutsche Banken und Sparkassen verwenden die Preisnotierung bei den Schalterkursen.

** Die Wechselkurse für den Handel mit ausländischen Währungen unterliegen ständigen Schwankungen, oft in erheblichem Ausmaß. Bitte entnehmen Sie aktuelle Wechselkurse den Kurstabellen der Geldinstitute oder der Tagespresse.

lungen in fremder Währung dem Eurokonto des Empfängers gutzuschreiben bzw. ausländische Zahlungsmittel ins Ausland zulasten des Kundenkontos zu überweisen; Schecks und Wechsel, die auf fremde Währungen ausgestellt sind; in fremder Währung getätigte Kreditkartenzahlungen.

Banken handeln den Euro gegen Sorten und Devisen. Der Umtausch einer Währung in eine andere erfolgt mithilfe des **Wechselkurses,** durch den das Wertverhältnis der Währungen zueinander ausgedrückt wird.

Sorten und Devisen werden von den Banken dem Kunden zum **Geldkurs/Verkaufskurs** verkauft und zum **Briefkurs/Ankaufskurs** vom Kunden gekauft.

Der **Geldkurs** ist der niedrigere der beiden Kurse (vergleichbar dem Einstandspreis im Warenhandel), der **Briefkurs** ist der höhere (vergleichbar dem Verkaufspreis im Warenhandel). Die Differenz zwischen den Kursen dient der Deckung der Kosten, dem Absichern evtl. Währungsrisiken und dem Gewinn der Bank.

Zum Geldkurs verkaufen die Banken ausländische Zahlungsmittel, sie kaufen Euro an. Zum Briefkurs werden fremde Zahlungsmittel für den Verkauf von Euro zur Zahlung angenommen. Beim Geldkurs erhält der Bankkunde weniger fremde Zahlungsmittel für einen Euro, als er beim Briefkurs für einen Euro aufwenden muss.

7.1 Währungsrechnen mit Sorten

7.1.1 Verkauf und Ankauf von Sorten

Beim Handel mit fremden Sorten (Bargeld, Banknoten*) findet der Geldwechsel bei der Bank zu Sortenkursen (Schalterkursen) statt.

Wir unterscheiden

Verkaufskurs *Kurs für den Verkauf von fremdem Bargeld durch die Bank*	**Ankaufskurs** *Kurs für den Kauf von fremdem Bargeld durch die Bank*
Beispiel: Kurs 1.085 USD/EUR Der Bankkunde erhält für 1 EUR = 1,085 USD	*Beispiel: Kurs 1,16 USD/EUR* Der Bankkunde erhält für 1,16 USD = 1 EUR

Differenz zwischen Verkaufs- und Ankaufskurs: 0,075 USD (Kosten, Kursrisiko, Gewinn)

Beispiel 1 **Verkauf fremder Sorten durch die Bank**

Für eine Geschäftsreise in die USA kauft ein Unternehmen für 3.600,00 EUR bei einer deutschen Bank USD. Wie viel USD erhält das Unternehmen?

Lösung Die Bank verkauft fremde Sorten zum *Verkaufskurs.*

mit dem Kettensatz:		**mit dem Dreisatz:**
x USD ≙ 3.600,00 EUR		1,00 EUR ≙ 1,085 USD
1 EUR ≙ 1,085 USD		3.600,00 EUR ≙ x USD
x = 3.600 · 1,085 =	<u>3.906,00 USD</u>	= 1.085 · 3600 = x

* Münzen werden in der Regel nicht gehandelt.

Beispiel 2 **Kauf fremder Sorten durch die Bank**

Nach Abschluss der Geschäftsreise werden 980,00 USD in EUR gewechselt.

Lösung Die Bank kauft fremde Sorten zum *Ankaufskurs*.

mit dem Kettensatz:

x	EUR ≙	980,00 USD
1,16	USD ≙	1,00 EUR

$x = \frac{980}{1{,}16} =$ 844,83 EUR

mit dem Dreisatz:

1,00 EUR	≙ 1,16	USD
980,00 USD	≙ x	EUR

844,83 EUR $= \frac{980}{1{,}16} = x$

1 Wir kaufen bei unserer Hausbank Sorten. Wie viel EUR werden unserem Konto belastet?

a) 9.750,00 CHF b) 7.500,00 USD c) 7.585,00 ZAR
d) 25.000,00 JPY e) 860,00 CAD f) 55.000,00 PLN

2 Wir verkaufen bei einer Geschäftsbank Sorten. Wie viel EUR werden gutgeschrieben?

a) 550,00 USD b) 1.625,00 CZK c) 475,00 CHF
d) 185,00 NZD e) 630,00 AUD f) 2.450,00 CAD

3 Wie viel a) USD, b) CHF, c) CZK, d) AUD, e) JPY erhält man für 1.000,00 EUR?

4 Wie viel EUR zahlt die Bank für

a) 1.000,00 CHF, b) 500,00 CAD, c) 750,00 USD,
d) 250,00 ZAR, e) 1.400,00 PLN, f) 620,00 NZD?

5 Ein kanadisches Reisebüro bietet 7-tägige Flugreisen nach Toronto an (Ü/F): Vorsaison 1.790,00 CAD, Hauptsaison 2.390,00 CAD, Nachsaison 1.950,00 CAD. Wie viel EUR sind das?

6 Ein Direktimporteur kauft fremde Sorten bei einem Kreditinstitut. Mit welchem EUR-Betrag wird das Konto belastet?

Prüfen Sie die Sortenabrechnung. (Die Bank berechnet 0,30 EUR Gebühren je angefangene 100,00 EUR Kurswert.)

Währung	Tages-kurs	Kurswert in EUR	Gebühr EUR	EUR-Betrag
5.460,00 CHF	1,60	3.412,50	10,50	3.423,00
8.470,00 USD	1,15	7.365,22	22,20	7.387,42
4.440,00 CAD	1,70	2.611,76	8,10	2.619,86
		13.389,48	40,80	13.430,28

7 Wie viel EUR schreibt die Bank dem Girokonto eines Unternehmens nach dem Ankauf von fremden Sorten gut?

Bankgebühren: 0,50 EUR je angefangene 100,00 EUR Kurswert.

Prüfen Sie die Abrechnung.

Fremd-währung		Abrechnungs-kurs	Kurswert in EUR	Gebühr EUR	Gutschrift in EUR
8.460,00	CHF	1,65	5.127,27	26,00	5.153,27
5.800,00	PLN	5,30	1.094,34	5,00	1.099,34
15.165,00	USD	1,20	12.637,50	63,50	12.701,00
			18.859,11	94,50	18.953,61

7.1.2 Errechnen des Kurses

Der von der Bank angewandte Kurs lässt sich aus dem Vergleich der Summen der gegeneinander gewechselten Währungen errechnen.

Beispiel Für 3.471,90 CHF zahlt die Grenzwechselstelle einer deutschen Bank 2.130,00 EUR aus. Zu welchem Ankaufkurs hat die Bank abgerechnet?

Lösung

mit dem Kettensatz:

x	CHF ≙	1,00	EUR
2.130,00	EUR ≙	3.471,90	CHF

$$x = \frac{3.471,90}{2.130} = \underline{\underline{1,63\ CHF}}$$

mit dem Dreisatz:

2.130,00 EUR	≙	3.471,90	CHF
1,00 EUR	≙	x	CHF

$$= \frac{3.471,90}{2.130} = x$$

1 Errechnen Sie die Ankaufs- bzw. Verkaufskurse der Bank für folgende Sortengeschäfte:

für	Auszahlung
a) 197.433,75 CZK	4.645,50 EUR
b) 24.635,60 USD	22.396,00 EUR
c) 1.982,75 CHF	1.279,20 EUR

für	Auszahlung
d) 8.800,80 EUR	13.210,20 CHF
e) 13,20 EUR	15,05 USD
f) 221,40 EUR	1.151,28 PLN

7.1.3 Umrechnen von Fremdwährung in Fremdwährung

Beispiel Bei einer deutschen Sparkasse werden 20.000 USD in CHF gewechselt. Wie hoch ist die Auszahlung? Kurse: siehe Tabelle.

Lösung Die Sparkasse kauft die USD zum Ankaufskurs von 1,16 USD/EUR und verkauft die CHF zum Verkaufskurs von 1,565 CHF/EUR.

x	CHF ≙	20.000,00	USD
1,16	USD ≙	1,00	EUR
1,00	EUR ≙	1,565	CHF

$$x = \frac{20.000 \cdot 1,565}{1,16} = \underline{\underline{26.982,76\ CHF}}$$

1 Bei einer deutschen Bank werden fremde Sorten in andere ausländische Währungen gewechselt. (Kurse siehe Kurstabelle)

Wie hoch sind die Auszahlungen in der gewünschten Währung?

verkaufte Sorten	gewünschte Währung	verkaufte Sorten	gewünschte Währung
a) 3.600,00 CHF	PLN	d) 2.270,00 CZK	JPY
b) 560,00 CAD	CHF	e) 8.640,00 AUD	CHF
c) 6.475,00 ZAR	CZK	f) 25.400,00 PLN	USD

2 Unser Unternehmen hat Verbindlichkeiten bei einem amerikanischen Lieferer.

Aus einem Exportgeschäft besteht auf einer Schweizer Bank ein Guthaben von 1.200.000,00 CHF. Prüfen Sie, ob das Guthaben

a) in den USA (Kurs 1,45 CHF/USD),
b) in der Schweiz (Kurs 1 USD/1,44 CHF) oder
c) in der Bundesrepublik Deutschland (Kurse: 1,12 USD/EUR, 1,60 CHF/EUR) in USD gewechselt werden soll.

7.2 Währungsrechnen mit Devisen

Der Auslandsverkehr mit Devisen kann mithilfe der Banken bargeldlos abgewickelt werden. Devisenforderungen und -verbindlichkeiten entstehen z. B. bei Import- und Exportgeschäften, bei Inanspruchnahme von ausländischen Dienstleistungen, Kapitalanlagen oder -aufnahmen im Ausland und bei Auslandsreisen.

Der Geldwechsel findet zu **Devisenkursen** statt.

Wir unterscheiden

Geldkurs = *Verkaufskurs* für die Abgabe von Devisen	**Briefkurs =** *Ankaufskurs* für das Hereinnehmen von Devisen	**Sichtkurs =** *Ankaufskurs* für Devisenschecks
Der Bankkunde erhält z. B. 1,1230 USD für 1 EUR (Lastschrift).	Der Bankkunde erhält z. B. für 1.1290 USD eine Gutschrift von 1 EUR.	Der Bankkunde erhält z. B. für 1.1320 USD Scheckbetrag eine Gutschrift von 1 EUR.
Beispiel: Ein dt. Importeur bezahlt eine Auslandsrechnung mit Überweisung oder Scheck in Fremdwährung. Sein Konto wird mit dem Euro-Gegenwert belastet.	*Beispiel:* Die Rechnung eines dt. Exporteurs wird vom ausländischen Kunden durch Überweisung oder Wechsel in Fremdwährung bezahlt. Der Euro-Gegenwert wird dem Konto gutgeschrieben.	*Beispiel:* Ein dt. Exporteur erhält eine Zahlung aus dem Ausland mit Scheck in Auslandswährung. Der Euro-Gegenwert wird seinem Konto gutgeschrieben.

Die Banken berechnen für ihre Tätigkeit **Devisenspesen* (Courtage, Provision und Auslagenersatz)**.

* Die Spesensätze sind von Bank zu Bank und von Geschäft zu Geschäft unterschiedlich.

7.2.1 Überweisungen von Devisen

Beispiel 1 **Überweisung beim Exportgeschäft**

Ein Unternehmen verkauft 350 Fernsehgeräte zu 210,00 CHF je Stück an einen Kunden in Basel. Der Schweizer Importeur bezahlt die Rechnung abzüglich 2 % Skonto bei der Schweizer Bank zugunsten des Kontos des Bremer Unternehmens bei einer Schweizer Bank in Bremen. Über welchen Betrag lautet die Gutschrift, wenn die Bank zu einem Briefkurs von 1,5969 CHF/EUR abrechnet und 1,5 ‰ Inkassoprovision (mindestens 15,00 EUR), 0,25 ‰ Courtage (mindestens 2,00 EUR) und 3,00 EUR Spesen berechnet?

Lösung

	350 Fernseher zu 210,00 CHF je Stück ...	73.500,00 CHF
–	2 % Skonto ...	1.470,00 CHF
	Rechnungspreis ...	72.030,00 CHF
	EUR-Gegenwert zum Kurs von 1,5969 ...	45.106,14 EUR
–	1,5 ‰ Inkassoprovision ...	67,66 EUR
–	0,25 ‰ Courtage ...	11,28 EUR
–	Spesen ...	3,00 EUR
	Gutschrift ...	45.024,20 EUR

Merke: Exporterlös = EUR-Gegenwert – Kosten
(Umrechnung zum Briefkurs)

Beispiel 2 **Überweisung beim Importgeschäft**

Eine Silberwarenfabrik kauft in Hongkong als Handelsware Stahlbestecke im Wert von 67.650,00 HKD. Die Zahlung erfolgt über die Hamburger Importbank zum Geldkurs von 8,6780 HKD/EUR. Die Bank berechnet 2 ‰ Provision (mindestens 10,00 EUR), 0,2 ‰ Courtage (mindestens 2,50 EUR) sowie 12,50 EUR Gebühren und Spesen. Mit welchem Betrag wird das Konto des Unternehmens belastet?

Lösung

	Rechnungspreis ...	67.650,00 HKD	
	EUR-Gegenwert zum Kurs von 8,6780 ...	7.795,58 EUR	
+	2 ‰ Provision ...	15,59 EUR	
+	0,2 ‰ Courtage (Mindestcourtage) ...	2,50 EUR	(1,56)
+	Gebühren und Spesen ...	12,50 EUR	
	Lastschrift ...	7.826,17 EUR	

Merke: Importkosten = EUR-Gegenwert + Kosten
(Umrechnung zum Geldkurs)

1 Welche Erlöse werden einem Glühlampenexporteur gutgeschrieben? (Kurse siehe Tabelle)

	Rechnungspreis	Skonto	Provision mind. 12,50 EUR	Courtage mind. 2,00 EUR	Spesen
a)	12.600,00 CZK	2 %	2,5 ‰	0,125 ‰	1,50 EUR
b)	97.200,00 NZD	3 %	2,0 ‰	0,25 ‰	4,00 EUR
c)	9.648,00 CHF	2½ %	⅓ ‰	0,2 ‰	2,20 EUR
d)	3.520,00 USD	1 %	2,5 ‰	⅓ ‰	5,00 EUR

2 Mit welchen Importkosten in EUR wird ein Krefelder Textilimporteur für folgende Lieferungen gegen Dokumente belastet? (Kurs: siehe Kurstabelle)

Rechnungspreis	Skonto	Provision mind. 10,00 EUR	Courtage mind. 3,00 EUR	Spesen
a) 6.715,25 USD	1 %	2,5 ‰	0,25 ‰	15,00 EUR
b) 5.668,46 NZD	2 %	⅓ ‰	0,125 ‰	3,50 EUR
c) 19.636,72 CHF	3 %	2,5 ‰	⅓ ‰	5,00 EUR
d) 880.000,00 JPY	–	2,0 ‰	0,25 ‰	2,50 EUR

3 Ein Hersteller elektrischer Kleingeräte versendet 3 Kisten Haartrockner (Kistenmaße 1,20 x 0,80 x 0,60 m; Gewicht je Kiste 478 kg) auf dem Seeweg nach Melbourne. Die Seefracht beträgt 192,60 AUD je m^3 bzw. je 1 000 kg nach Reeders Wahl (d. h., die Reederei legt die für sie günstigere Frachtberechnung zugrunde).

Wie hoch ist die Fracht a) in AUD, b) in EUR? (Kurs: 2,00 AUD/EUR)

4 Unsere Londoner Versicherung überweist für eine Havarie (Seetransportschaden) 4.226,00 USD an unsere Hausbank, die uns den EUR-Gegenwert zum Tageskurs gutschreibt. Kurs: Ankauf 1,16 USD/EUR, Verkauf 1,08 USD/EUR.

Über wie viel EUR lautet die Gutschrift?

5 Ein kanadischer Kunde bittet um ein Angebot in kan. Dollars. Unser Angebotspreis beträgt 18.200,00 EUR. Preisangebot in kan. Dollars erfolgt zum Tageskurs von 1,60 CAD/EUR. Das Geschäft kommt zustande. Nach zwei Monaten geht der Betrag bei unserer Bank ein, die uns den EUR-Gegenwert gutschreibt. – Kurs: Verkauf 1,65 CAD/EUR, Ankauf 1,85 CAD/EUR.

Wie hoch ist die Kursdifferenz gegenüber dem Angebotspreis in EUR?

7.2.2 Scheck- und Wechselabrechnung

Für Schecks und Wechsel in Auslandswährung, die auf ausländische Bankplätze ausgestellt sind, wird von inländischen Banken dem Exporteur der Euro-Gegenwert gutgeschrieben.

Zahlt ein Bankkunde *mit Devisenscheck*, wird sein Konto bei Scheckvorlage mit dem Euro-Gegenwert belastet. Die Abrechnung erfolgt zum Geldkurs (Lastschrift für den Importeur). Den *Ankauf von Schecks* in fremder Währung rechnet die Bank zum **Sichtkurs** ab. (Gutschrift für den Exporteur)

Wechsel in fremder Währung werden von den Banken zum **Briefkurs** angekauft (diskontiert). Der Diskont* deckt die Kosten und Gewinn. Evtl. Fremdgebühren von Auslandsbanken werden an den Kunden weitergegeben.

* Die Berechnung der Diskonttage erfolgt nach der Euro-Methode: Tage: genau, Jahr: 360 Tage.

Beispiel 1 **Scheckzahlung beim Export**

Durch das Exportunternehmen Heim & Co. KG wird bei der Bank ein Kundenscheck aus Bern über 5.100 CHF eingereicht, der zum Sichtkurs von 1,6040 CHF/EUR unter Berücksichtigung von 1,25 ‰ Provision (mindestens 10,00 EUR) und 0,25 ‰ Courtage (mindestens 2,00 EUR) gutgeschrieben wird.

Lösung

	Schecksumme	5.100,00 CHF	
	EUR-Gegenwert zum Sichtkurs von 1,6040 CHF/EUR	3.179,55 EUR	
–	1,25 ‰ Provision (Mindestprovision)	10,00 EUR	(3,97)
–	0,25 ‰ Courtage (Mindestcourtage)	2,00 EUR	(0,79)
	Gutschrift	3.167,55 EUR	

Merke: Exporterlös = Euro-Gegenwert – Kosten
Abrechnung zum Sichtkurs

Beispiel 2 **Scheckzahlung beim Import**

Ein Münchner Importeur bezahlt eine Auslandrechnung über 40.000,00 USD mit Scheck. Die Bank löst den Scheck bei Vorlage zum Geldkurs von 1,1230 USD/EUR ein unter Abzug von 1,5 ‰ Gebühren (mindestens 7,50 EUR), 0,25 ‰ Courtage (mindestens 1,50 EUR) und 2,50 EUR Porto.

Lösung

	Schecksumme	40.000,00 USD
	EUR-Gegenwert zum Geldkurs von 1,1230 USD/EUR	35.618,88 EUR
+	1,5 ‰ Gebühren	53,43 EUR
+	0,25 ‰ Courtage	8,90 EUR
+	Porto	2,50 EUR
	Lastschrift	35.683,71 EUR

Merke: Importkosten = Euro-Gegenwert + Kosten
Abrechnung zum Geldkurs

Beispiel 3 **Wechselzahlung beim Export**

Die Weinhandlung Frankenthaler OHG diskontiert bei der Exportbank Kaiserslautern einen Wechsel über 15.000,00 USD (60 Diskonttage). Die Gutschrift erfolgt am 15. Oktober zum Diskontsatz von $4\frac{1}{2}$ %. Die Bank berechnet 3,00 EUR Fremdgebühren. Kurs: 1,1290 USD/EUR.

Lösung

	Wechselsumme	15.000,00	USD
	EUR-Gegenwert zum Kurs von 1,1290 USD/EUR	13.286,09	EUR
–	Diskont 60/$4\frac{1}{2}$ %	99,65	EUR
–	Fremdgebühren	3,00	EUR
	Barwert am 15. Oktober	13.183,44	EUR

1 Wie viel EUR werden einem Exporteur für folgende Schecks gutgeschrieben? (Kurse siehe Kurstabelle)

	Schecksumme	Provision mind. 15,00 EUR	Courtage mind. 2,50 EUR
a)	25.350,00 CAD	2,5 ‰	0,25 ‰
b)	5.655,25 USD	2,0 ‰	0,25 ‰
c)	889.288,00 JPY	2,5 ‰	0,75 ‰

2 Mit welchen EUR-Beträgen wird das Konto eines Importeurs für die Einlösung von Devisenschecks durch die Bank belastet? (Kurse siehe Kurstabelle)

	Schecksumme	Gebühr mind. 15,00 EUR	Courtage mind. 2,00 EUR	Porto
a)	25.546,70 CHF	1,5 ‰	0,25 ‰	5,00 EUR
b)	750.000,00 HKD	2,0 ‰	0,3 ‰	10,00 EUR
c)	20.500,00 AUD	1,5 ‰	0,25 ‰	7,50 EUR

3 Ein Hersteller von elektronischen Messgeräten hat von Kunden in Montreal, New York und Genf folgende Auslandswechsel erhalten:

	a)	b)	c)
Wechselsumme	11.420,00 CAD	976,75 USD	7.876,95 CHF
Diskonttage	76	55	36
Gutschrift zum	17. April	23. Juli	18. Dezember
Diskont	5 %	6 %	7½ %
Fremdgebühren	3,00 EUR	4,25 EUR	5,00 EUR

Wie hoch ist der Barwert? (Kurse siehe Kurstabelle)

4 Karl Gosel, Exporteur von Chemikalien, reicht seiner Hausbank einen Wechsel über 8.500,00 CHF (72 Diskonttage) und einen Scheck auf Basel über 10.000,00 CHF ein. Die Gutschrift erfolgt zum 8. Juni.

Die Bank berechnet für den Wechsel 6 % Diskont und für den Scheck 2 ‰ Provision. Die Courtage für den Scheck beträgt ¼ ‰. Für Wechsel und Scheck entstehen zusammen 5,35 EUR Fremdgebühren. (Kurse siehe Kurstabelle)

Prüfen Sie die Bankabrechnung.

Bankabrechnung

	Wechselsumme	8.500,00 CHF	
	EUR-Gegenwert (Wechselankaufskurs 1,5996)	5.313,83 EUR	
–	Diskont 72/6 %	63,77 EUR	5.250,06 EUR
	Scheckbetrag	10.000,00 CHF	
	EUR-Gegenwert (Sichtkurs 1,6040)	6.234,41 EUR	
–	2 ‰ Provision	12,47 EUR	
–	0,25 ‰	1,56 EUR	6.220,38 EUR
	Wechsel- und Scheckwert		11.470,44 EUR
–	Fremdgebühren/Auslagen		5,35 EUR
	Gutschrift am 8. Juni		11.465,09 EUR

KOSTEN- UND LEISTUNGSRECHNUNG

Einführung

Hauptaufgabe der Kosten- und Leistungsrechnung ist den Erfolg der betrieblichen Leistungen zu ermitteln.

Betriebliche Leistungen

- **Marktleistungen**
  Absatz von – halbfertigen Erzeugnissen
  – Fertigerzeugnissen und Waren
  – Dienstleistungen (z. B. Kundendienst)
- **Lagerleistungen** Bestandserhöhungen
- **Eigenleistungen** – Aktivierung von Anlagen, die für den eigenen Betrieb hergestellt wurden
  – innerbetriebliche Leistungen (z. B. Reparaturen).

Die Kostenrechnung hat insbesondere die Kontrolle der Betriebsgebarung und die Ermittlung und Kontrolle der Selbstkosten und des Preises zum Ziel. Wir unterscheiden folgende **Hauptarten** der Kostenrechnung:

Abschnittskostenrechnung	**Stückkostenrechnung**
Kostenartenrechnung	Vorkalkulation
Kostenstellenrechnung	Nachkalkulation
Kostenträgerrechnung	Zwischenkalkulation

Mit der Kostenrechnung wird das Entstehen der Kosten kontrolliert:

- **wodurch** sie entstehen – **Kostenarten:** z. B. Wareneinsatz, Stoffkosten, Personalkosten, Energie, Abschreibungen;
- **wo** sie entstehen – **Kostenstellen:** Abteilungen, z. B. Material, Einkauf, Lager, Fertigung, Vertrieb, Verwaltung;
- **wofür** sie entstehen – **Kostenträger:** Waren/Erzeugnisse und Dienstleistungen.

Mit der Kosten- und Leistungsrechnung werden die Selbstkosten und der Angebotspreis ermittelt. Obwohl die Preise weitgehend durch die Marktverhältnisse bestimmt werden, wird mit der **Vorkalkulation** ein Angebotspreis errechnet, der die Kosten decken und einen auskömmlichen Gewinn ermöglichen soll.

Die Preiskontrolle dient der Ermittlung der tragbaren Preisuntergrenze, der günstigsten Sortimentierung und der Bestimmung der preisgünstigsten Artikel des Sortiments.

Ein weiteres Ziel der Kostenrechnung ist die **Ergänzung der Erfolgsrechnung.** Mit ihr ist es möglich, den Beitrag der Artikelgruppen bzw. einzelner Artikel am Gesamterfolg des Betriebes festzustellen **(Nachkalkulation).**

Außerdem dient die Kostenrechnung der **Bewertung von Waren (Zwischenkalkulation),** um Inventurwerte zu ermitteln und Ansprüche festzustellen, z. B. bei Schadensfällen; ebenso bei Leistungen für den Eigenbedarf, z. B. Anlagen, Energie.

In den Unternehmen ist die Kostenrechnung ein Instrument der Betriebsführung. In der Betriebsrechnung wird neben dem Kostenbegriff auch der Begriff Aufwendungen verwandt.

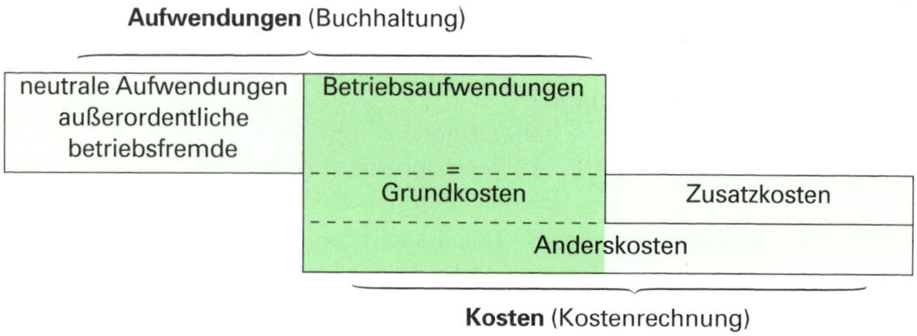

Ausgaben sind Geldausgänge. So **können Ausgaben Kosten** sein, z. B. Lohnzahlung; oft sind Ausgaben keine Kosten, z. B. Bezahlung von Schulden, Barkauf einer Maschine (Abschreibungen sind Kosten).

Aufwendungen sind der Güter- und Dienstleistungsverbrauch(-verzehr), der sowohl im betrieblichen als auch im neutralen Leistungsbereich eintritt.

Kosten sind der wertmäßige betriebsbedingte Verbrauch von Gütern und Leistungen zur Erfüllung der eigentlichen Betriebsaufgabe. Dazu gehören z. B. Verbrauch von Arbeitszeit, Energie, Material, Abnutzung von Anlagen. Die Kosten der menschlichen Gesellschaft sind ebenfalls ein Kostenfaktor für den Betrieb: z. B. Rücknahme (Recycling) von Verpackung (duales System, „grüner Punkt“) und Produkten (Batterien, Autos), Auflagen zum Emissionsschutz (Verursacherprinzip zum Umweltschutz).

Grundkosten heißen die Aufwendungen zur Erfüllung des Betriebszweckes.

Kalkulatorische Kosten können sein:

- **Anderskosten.** Sie weichen in der Höhe von den entsprechenden Aufwendungen ab (z. B. höhere kalkulatorische Abschreibungen als Bilanzabschreibungen).
- **Zusatzkosten.** Sie haben keine entsprechenden Aufwendungen (z. B. kalkulatorischer Unternehmerlohn, Eigenkapitalverzinsung).

Die für die Kosten- und Leistungsrechnung erforderlichen Kostenbeträge werden aus der Geschäftsbuchführung übernommen, wobei sie zum Teil korrigiert werden. Kosten können auch speziell für die Kostenrechnung ermittelt werden (kalkulatorische Kosten). In der **Ergebnistabelle des Industriekontenrahmens** werden Unternehmens- und Betriebsergebnis dargestellt: Betriebsergebnisrechnung **(BER).**

Rechnungskreis I	**Rechnungskreis II**
Erfolgsbereich	**Abgrenzungsbereich**
Geschäftsbuchführung	**Kosten- und Leistungsbereich**
Aufwendungen und Erträge	Kostenarten und Leistungsarten

Rechnungskreis I				Rechnungskreis II					
Erfolgsbereich				Abgrenzungsbereich				Kosten- und Leistungsbereich	
Geschäftsbuchführung / Klassen 5, 6, 7				Unternehmensbezogene Abgrenzungen (betriebsfremd) Gruppe 90		Kosten- und leistungsrechner. Korrekturen (außerord. betriebsbez. Verrechnungskorrekturen, sonstige Abrechnungen) / Gruppe 91		Kosten- und Leistungsarten Gruppe 92	
Kto.-Nr.	Kontobezeichnung	Aufwendungen	Erträge	Aufwendungen	Erträge	Aufwendungen	Erträge	Kosten	Leistungen
500	Umsatzerlöse für eigene Erzeugnisse		1.631.800,00						1.631.800,00
510	Umsatzerlöse für Waren		13.400,00						13.400,00
520	Bestandsveränderungen		14.200,00						14.200,00
530	Andere aktivierte Eigenleistungen		6.600,00						6.600,00
548	Erträge aus der Herabsetzung von Rückstellungen		13.400,00				13.400,00		
560	Erträge aus anderen Finanzanlagen		9.600,00		9.600,00				
571	Zinserträge		4.200,00		4.200,00				
580	Außerordentliche Erträge		400,00		400,00				
600	Aufwendungen für Rohstoffe / Fertigungsmaterial	[1] 651.800,00				[1] 651.800,00	[2] 661.000,00	[2] 661.000,00	
620	Löhne für geleistete Arbeitszeit	325.200,00						325.200,00	
630	Gehälter	281.400,00						281.400,00	
640/641	Arbeitgeberanteil zur Sozialversicherung	92.200,00						92.200,00	
652	Abschreibungen auf Sachanlagen	166.400,00				166.400,00			
670	Mieten, Pachten	5.200,00						5.200,00	
675	Kosten des Geldverkehrs	2.800,00						2.800,00	
680	Büromaterial	6.200,00						6.200,00	
695	Abschreibungen auf Forderungen	2.800,00				2.800,00			
696	Verluste a. d. Abgang v. Vermögensgegenständen	5.800,00				5.800,00			
740	Abschreibungen auf Finanzanlagen	7.200,00		7.200,00					
751	Zinsaufwendungen	10.200,00		10.200,00					
760	Außerordentliche Aufwendungen	3.600,00		3.600,00					
770	Gewerbeertragsteuer	33.600,00						[3] 33.600,00	
	Kalkulatorische Kosten								
	Abschreibungen						170.000,00	170.000,00	
	Zinsen						10.400,00	10.400,00	
	Unternehmerlohn						15.000,00	15.000,00	
	Wagnisse						9.400,00	9.400,00	
	Summen	1.594.400,00	1.693.600,00	21.000,00	14.200,00	826.800,00	879.200,00	1.612.400,00	1.666.000,00
	Salden/Ergebnis	+ 99.200,00			– 6.800,00	+ 52.400,00		+ 53.600,00	
	Endsumme	1.693.600,00	1.693.600,00	21.000,00	21.000,00	879.200,00	879.200,00	1.666.000,00	1.666.000,00
	Ergebnisse	Gesamtergebnis		Ergebnis aus unternehmensbezogenen Abgrenzungen		Ergebnis aus kosten- und leistungsrechner. Korrekturen		Betriebsergebnis	

1 Stoffkosten zu Einstandspreisen 2 Stoffkosten zu Verrechnungspreisen 3 Betrieblicher Aufwand

Gesamt- und Teilergebnisse lassen sich aus der Ergebnistabelle ablesen.

Rechnungskreis I		Rechnungskreis II		
Gesamtergebnis	=	Abgrenzungsergebnisse		Betriebsergebnis
aus der Geschäftsbuchhaltung		betriebsfremd	a. o. betrieblich u. Verrechnungskorrekturen	Kosten u. Leistungen
+ 99.200,00 €	=	– 6.800,00 €	+ 52.400,00 €	+ 53.600,00 €

Aus den Teilergebnissen lässt sich die Entstehung des Gesamtergebnisses erkennen. Die **Betriebsergebnisrechnung** ist Grundlage für die Ermittlung der Gemeinkosten und die Zuschlagssätze für die **Kalkulation**. Ebenso dient sie der Kontrolle der Kosten und Leistungen.

8 Kostenartenrechnung

Die Kostenarten eines Betriebes werden nach verschiedenen Gesichtspunkten eingeteilt. Sie entstehen innerhalb und außerhalb (Fremdleistungen) des Betriebes.

Kostenarten

Entstehungsursache	Verrechnung/ Zurechnung	Ort der Entstehung Kostenstellen	Veränderlichkeit
• Personalkosten • Mieten, Pachten, Leasing • Steuern, Beiträge, Versicherungen • Energie, Betriebsstoffe • Werbe- und Reisekosten • Provisionen • Betriebskosten, Instandhaltung • Allgemeine Verwaltung • Abschreibungen • Kapitalkosten • Wareneinsatz • Materialkosten	• Einzelkosten – direkte Kosten • Gemeinkosten – indirekte Kosten • Sondereinzelkosten – Fertigung – Vertrieb	**Handelsbetrieb** • Geschäftsleitung • Einkauf • Verkauf • Lager • Fuhrpark • Buchhaltung • Hausverwaltung **Fertigungsbetrieb** • Material • Fertigung • Verwaltung • Vertrieb	• fixe Kosten • variable Kosten **Ermittlung** • Istkosten • Normalkosten • Plankosten

Den Kostenträgern werden die gesamten Kosten oder Teile der Kosten zugerechnet:

- **Vollkostenrechnung**
- **Teilkostenrechnung**

8.1 Wareneinsatz / Materialkosten

(Errechnen des Bezugspreises)

Wareneinsatz und Materialkosten setzen sich zusammen:

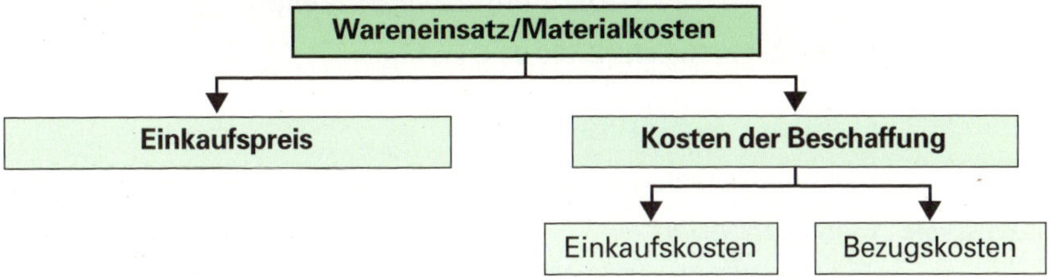

Um die Übersicht über die Gesamtkalkulation zu erhalten, wird das Ermitteln des Bezugspreises im Kapitel 10.1 ab Seite 158 behandelt.

8.2 Personalkosten

Die Kosten für das Personal eines Unternehmens setzen sich zusammen aus dem Direktentgelt und den Personalzusatzkosten:

- Bruttogehälter und -löhne
- gesetzliche Sozialleistungen (Arbeitgeberanteil)
- tarifliche Sozialleistungen (z. B. Entgeltfortzahlung bei Krankheit, Urlaub, Feiertagen)
- freiwillige Sozialleistungen
- Unfallversicherung

Die Personalkosten werden in der Buchhaltung als Aufwendungen erfasst und für die Kalkulation aufbereitet.

8.2.1 Entlohnungsarten

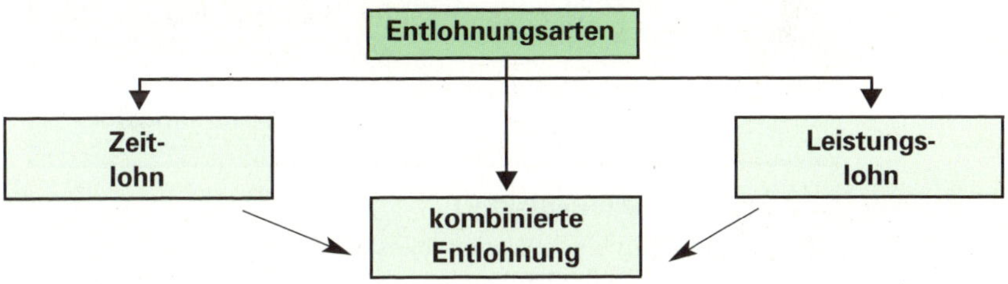

Zeitentlohnung

Das **Gehalt** wird lt. Einzel- oder Tarifvertrag je Monat vereinbart. Über- und Unterschreitungen der allgemeinen Arbeitszeit und die Leistungen des Angestellten bleiben grundsätzlich ohne Einfluss auf die Höhe des Gehalts.

Der **Zeitlohn** (Stunden-, Wochen-, Monatslohn) wird für die im Betrieb verbrachte Zeit ohne Rücksicht auf die tatsächliche Leistung der Lohnermittlung zugrunde gelegt.

5151113

Beispiele

Stundenlohn: 162 Arbeitsstunden im Monat zu 15,00 € je Std.
= 2.430,00 € Bruttolohn im Monat.

Wochenlohn: $4\frac{1}{2}$ Wochen im Monat zu 750,00 € je Woche
= 3.375,00 € Bruttolohn im Monat.

Monatslohn/Gehalt: 2.500,00 € im Monat.

Leistungsentlohnung

Hier unterscheiden wir Stückgeldlohn, Stückzeitlohn, Prämienlohn und Provision.

Beispiele

Monatsprovision
15 % Provision vom Monatsumsatz 44.000,00 € = **6.600,00 € Monatsprovision.**

Monatsprämie
für 42 Abonnenten 30,00 € Prämie je Abonnement = **1.260,00 € Prämie im Monat.**

Stückgeldlohn (Stückakkord). Für die Einzelleistung wird ein bestimmter Betrag – **Stückgeld** – gezahlt, z. B. 0,50 € je Stück.

Ermitteln des Stückgeldes:

$$\text{Stückgeld} = \frac{\text{Stundentariflohn} + \text{Akkordzuschlag (10 \%)}}{\text{durchschnittliche Stundenleistung}}$$

$$x = \frac{12{,}50\ € + 1{,}25\ €}{27{,}5\ \text{Stück}} = \underline{\underline{0{,}50\ €\ \text{je Stück}}}$$

Beispiel

Ein Facharbeiter dreht in der Woche 900 Bohrbuchsen zu 0,50 € je Stück.
Lohn für diese Leistung: 900 · 0,50 € = $\underline{\underline{450{,}00\ €}}$

Stückzeitlohn (Zeitakkord). Für eine bestimmte Leistung wird die Bearbeitungszeit vorgegeben. Für jede vorgegebene Minute erhält man einen bestimmten Betrag – den **Minutenfaktor,** z. B. 0,23 €.

Ermitteln des Minutenfaktors:

$$\text{Minutenfaktor} = \frac{\text{Stundentariflohn} + \text{Akkordzuschlag (10 \%)}}{60\ \text{Minuten}}$$

$$x = \frac{12{,}50\ € + 1{,}25\ €}{60\ \text{Minuten}} = \underline{\underline{0{,}23\ €\ \text{Minutenfaktor}}}$$

Beispiel

Leistungslohn (Minutenfaktor)
Für das Abdrehen eines Werkstückes erhält ein Dreher 35 Minuten als Vorgabezeit, Minutenfaktor 0,23 €. Verdienst: 35 · 0,23 € = $\underline{\underline{8{,}05\ €}}$

Um den Wochen- bzw. Monatslohn zu ermitteln, werden

- beim Stückgeldlohn die Einzelentgelte addiert,
- beim Stückzeitlohn die Vorgabezeiten für die Arbeiten des Zeitraumes addiert und mit dem Minutenfaktor multipliziert.

In vielen Betrieben arbeitet man mit der **Dezimalstunde**: 1 Stunde = 100 Dezimalminuten. Dadurch entfällt der Minutenfaktor, weil für die Lohnberechnung der Akkordstundenlohn eingesetzt werden kann.

Beispiel **Leistungslohn (Dezimalminuten)**

Ein Schlosser erhält im Monat 16000 Dezimalminuten für die geleisteten Arbeiten gutgeschrieben, Akkordstundenlohn 15,00 €.

Lohn : 160 (Std.) · 15,00 € = 2.400,00 €

Kombinierte Entlohnung

Beispiel

Monatsfixum des Reisenden	2.000,00 €
Provision 4 % von 80.000,00 € Umsatz	3.200,00 €
Monatsentgelt	5.200,00 €

Prämien werden auch als **Zusatzlohn** gewährt, z. B. für Materialersparnis, Vermeidung von Versäumnissen, für Ausbringung, Qualität u. a.

Lohnzuschläge. Zum Zeit- und Leistungslohn können Überstunden-, Familien-, Schmutz-, Lärm-, Treue- und andere Zuschläge gewährt werden.

Sonstige Leistungen

Dazu gehören Urlaubs- und Weihnachtsgeld, vermögenswirksame Leistungen, Sachbezüge, Gewinnbeteiligung, Fahrtkostenersatz, Schlechtwettergeld, Entgeltfortzahlung im Krankheitsfall, Zuschläge für besondere Leistungen (z. B. Betriebstreue, Arbeitswege) u. a.

1 Wie hoch ist der Bruttomonatslohn?

a) Stunden laut Stempelkarte: 4 Wochen zu je 35 Stunden, 2 Tage zu je 8 Stunden; Stundenlohn 22,00 €, Prämie für Einhalten des Termins 56,70 €; Ausstoßprämie: Produktion 6 200 t, Prämie 0,05 € je t.

b) Monatslohn 3.960,00 €, Trennungszuschlag 160,00 €, Meisterakkordprämie für 984 m^3 zu 0,16 € je m^3.

c) Monatsfixum 2.300,00 €, 7 % Provision von 42.640,00 €.

d) 9 526 Leistungsminuten, Stundenlohn 21,00 €, Akkordzuschlag 10 %. Ermitteln Sie zusätzlich den Minutenfaktor.

e) Dezimalminuten: 1. Woche 4 285, 2. Woche 4 408, 3. Woche 4 526, 4. Woche 4 416, Restwoche 1 678; Akkordstundenlohn 21,50 €; Produktionsprämie 0,50 € je t für Leistungen über 3 500 t, Monatsproduktion 3 820 t.

f) Auftrag

Nr. 0184	778,24 €	Nr. 0209	535,60 €
Nr. 0258	106,40 €	Nr. 0302	1.029,37 €
Nr. 0341	111,42 €	Nr. 0412	68,24 €
Nr. 0449	122,92 €	Nr. 0552	498,31 €

$4\frac{1}{2}$ Wartestunden zu 20,00 € je Stunde, Wegegeld 36,00 €.

2 Stellen Sie fest: a) das Stückgeld (bei 5,5 Stück/Std.),
b) den Minutenfaktor (3 Dezimalstellen),

Tariflohn 15,00 €, Akkordzuschlag 10 %.

8.2.2 Feststellen der Gehalts- bzw. Lohnauszahlung

Lohn-/Gehaltsabrechnung

Bruttolohn/-gehalt (einschl. AN-Sparzulage)
- Lohn- und Kirchensteuern, Solidaritätszuschlag
- Sozialversicherungsbeiträge (Arbeitnehmeranteil an Kranken-, Pflege-, Renten- und Arbeitslosenversicherung)

Nettolohn/-gehalt
- vermögenswirksame Leistung
- Abschlagszahlungen
- Lohnvorschüsse
- Lohnpfändungen

Auszahlung

Steuern

Lohnsteuer – sie richtet sich nach der Lohnhöhe, dem Familienstand, der Anzahl der Kinderfreibeträge und den sonstigen Freibeträgen.
Solidaritätszuschlag – 5,5 % von der Lohnsteuer.
Kirchensteuer – je nach Bundesland 9 bzw. 8 % von der Lohnsteuer.

Sozialversicherungen (Stand 1. Januar 2004)

- Krankenversicherung etwa* 14,0 %
- Rentenversicherung 19,5 %
- Arbeitslosenversicherung 6,5 %
- Pflegeversicherung 1,7 %

Von den angegebenen Sätzen tragen Arbeitgeber und Arbeitnehmer grundsätzlich die Hälfte.

Grundsätzlich sind alle Arbeitnehmer versicherungspflichtig. Die jeweilige Beitragsbemessungsgrenze ist die Obergrenze für die Berechnung der Beiträge; in der Krankenversicherung ist sie gleichzeitig die Versicherungspflichtgrenze.

Beitragsbemessungsgrenzen:	westd. Länder	ostd. Länder
Krankenversicherung und Pflegeversicherung	3.487,50 €	3.487,50 €
Rentenversicherung und Arbeitslosenversicherung	5.150,00 €	4.350,00 €

Vermögenswirksame Leistungen (AN-Sparzulage)**

sind Bestandteil des Bruttolohnes; sie sind steuer- und sozialversicherungspflichtig. Der Arbeitgeber überweist die Leistungen für den Arbeitnehmer unmittelbar z. B. an die Bausparkasse.

* Die Krankenkassen der gesetzlichen KV erheben unterschiedliche Beiträge.

** Die vermögenswirksame Leistung beträgt max. 480,00 € im Jahr (40,00 € mtl.). Darauf erhält der Arbeitnehmer im Lohnsteuerjahresausgleich vom Finanzamt eine Arbeitnehmersparzulage, wenn das zu versteuernde Jahreseinkommen 17.900,00 € bzw. 35.800,00 € (bei Zusammenveranlagung) nicht übersteigt.

3 Wie hoch sind die Nettogehälter/-löhne und die Auszahlungen (in €)?

	a)	b)	c)	d)
Bruttogehalt/-lohn (einschl. AN-Sparzulage)	2.238,00	2.148,00	2.224,00	2.096,00
Steuern				
Lohnsteuer	273,88	218,15	270,73	388,79
Solidaritätszuschlag	15,06	11,20	14,89	21,38
Kirchensteuer	21,91	19,63	21,66	31,10
Steuern insgesamt	?	?	?	?
Sozialversicherungen				
Krankenversicherung	155,54	149,29	154,57	141,48
Pflegeversicherung	19,02	18,26	18,90	17,82
Rentenversicherung	218,21	209,43	216,84	204,06
Arbeitslosenversicherung	72,74	69,81	72,28	68,12
Versicherungen insgesamt	?	?	?	?
Steuern und Sozialversicherungen insgesamt	?	?	?	?
Nettogehalt/-lohn	?	?	?	?
vermögenswirksame Leistungen	40,00	40,00	40,00	40,00
Abschlag	–	–	–	600,00
Vorschüsse	500,00	–	–	–
Lohnpfändungen	–	100,00	–	–
weitere Abzüge insgesamt	?	?	?	?
Auszahlung	?	?	?	?

4 Wie hoch sind die Monatsgehälter der Reisenden?

a) Max Krüger

Fixum: 3.000,00 €

Provision:
Umsätze bis 50.000,00 € $2\frac{1}{2}$ % vom Gesamtumsatz
Umsätze bis 70.000,00 € 3 % vom Gesamtumsatz
Umsätze über 70.000,00 € $3\frac{1}{2}$ % vom Gesamtumsatz

Umsatz:
Januar 65.000,00 €
Februar 48.000,00 € (davon 3.000,00 € als Sonderangebot mit 1 % Provision)
März 74.000,00 €

b) Franz Stangl

Fixum: 2.200,00 €

Provision: Grundprovision 8 %
für Mehrumsatz von 20–25.000,00 € . . . . 9 % Provision
für Mehrumsatz darüber . . . . 10 % Provision

Umsatz:
April 18.500,00 €
Mai 21.000,00 €
Juni 26.500,00 €

5 Ein Reisender erhält lt. Vertrag im Urlaubsmonat August das Fixum von 2.500,00 € und als Provision die monatliche Durchschnittsprovision des letzten Jahres. (Der Urlaubsmonat bleibt unberücksichtigt.)

Provisionen des letzten Jahres:

September	2.200,00 €	März	2.020,00 €
Oktober	2.440,00 €	April	2.260,00 €
November	2.680,00 €	Mai	2.140,00 €
Dezember	2.080,00 €	Juni	2.380,00 €
Januar	1.960,00 €	Juli	2.260,00 €
Februar	2.320,00 €		

Wie hoch ist das Bruttogehalt im Urlaubsmonat?

6 Wie hoch ist der Wochenlohn des Lageristen?

a) Stunden laut Stempelkarte: 5 Tage zu 8,5 Stunden abzüglich einer Stunde je Tag für unbezahlte Pausen.
Stundenlohn: 14,90 €; für 22 Stunden Schmutzzulage von 5 % auf den Stundenlohn.

b) Wochenlohn 480,00 €, Treuezuschlag 0,40 € je Stunde, wöchentliche Arbeitszeit: 36,5 Stunden.

7 Wie hoch ist der Bruttomonatslohn der Hubstaplerfahrer im Freihafen?

a) Stunden lt. Stempelkarte: 4 Wochen zu je 36,5 Stunden, 2 Tage zu je 8 Stunden; Stundenlohn 15,00 €, Unfallfreizulage 100,00 €.

b) Monatslohn 2.500,00 €, Trennungszuschlag 160,00 €.

8 Ein Werkfahrer erhält für September einen Monatslohn von 2.100,00 €, zusätzlich eine Treueprämie von 5,00 € je Jahr der Betriebszugehörigkeit (22 Jahre) und eine Prämie von je 8 Cent je gefahrene 100 t/km. Insgesamt wurden 252 000 t/km gefahren (gefahrene km · Ladegewicht in t). Wie hoch ist der Bruttomonatslohn?

9 Ein Möbelhaus führt zur Senkung der Reklamationen ein Prämiensystem ein. Von dem ausgelieferten Warenwert wird 1 % als Prämie an das Auslieferungs-, Lager- und Werkstattpersonal gezahlt. Je Reklamation werden 100,00 € von der Prämie abgezogen. Im Abrechnungsmonat Februar wurden Möbel im Wert von 250.000,00 € verkauft. Es sind 6 Reklamationen angefallen. Die Prämie ist auf 20 Personen zu verteilen.

a) Wie hoch ist der Prämienanteil jedes Beschäftigten ohne Abzug für Reklamationen?

b) Wie hoch ist die tatsächliche Prämie eines jeden Beschäftigten?

c) Wie hoch ist der Prämienanteil von Erwin Kramer, wenn für 4 Fehltage $\frac{1}{24}$ je Fehltag von der Prämie abgezogen werden?

10 Bestimmen Sie die Lohnsteuerklassen folgender Arbeitnehmer:*

a) Ledig
b) Verheiratet, 2 Kinder; beide Ehepartner berufstätig
c) Verheiratet, 3 Kinder; Ehepartner nicht berufstätig
d) Allein Stehender
e) Allein Erziehender, 2 Kinder
f) Verheiratet, 1 Kind; Ehepartner nicht berufstätig; 2 Arbeitsverhältnisse: Haupt- und Nebenverdienst

11 Errechnen Sie die Nettogehälter mithilfe der Steuertabelle (KiSt: 8 %). Beiträge zur Sozialversicherung: 40 % (Arbeitgeber- und Arbeitnehmeranteil**) vom Bruttogehalt. (Lösungshinweise: Auf der Lohnsteuerkarte eingetragene Freibeträge werden zum Ermitteln des steuerpflichtigen Gehalts vom Bruttogehalt abgezogen; die Sozialversicherungsbeiträge werden vom Bruttogehalt ermittelt.)

Name	Familienstand	Freibetrag	Bruttogehalt
a) Herbert Kurz	verheiratet, 2 Kinder, Ehepartner nicht berufstätig	–	3.000,00
b) Hella Schwarz	ledig	–	1.800,00
c) Karin Lautberg	verheiratet, 1 Kind, Ehepartner berufstätig	200,00	2.700,00
d) Kurt Witsch	allein stehend	–	1.805,00
e) Lothar Weiß	geschieden, 2 Kinder	–	2.995,00
f) Franz Müller	verheiratet, 1 Kind, Ehepartner nicht berufstätig	300,00	3.300,00

12 Wie hoch sind die tatsächlichen Personalkosten einschließlich aller Sozialleistungen des Unternehmens für den Angestellten Robert Kircher mit einem Bruttogehalt von 2.250,00 €? Zahlen des letzten Geschäftsjahres: Bruttogehalts- und -lohnsumme 9.025.000,00 €. Sozialleistungen insgesamt 7.996.150,00 €.

* vgl. Seite 121 oben

** Der Arbeitnehmeranteil beträgt 50 % der Beiträge.

Steuertabelle/Monatslöhne (Auszüge) in Euro

Lohn/Gehalt	Abzüge an Lohnsteuer, Solidaritätszuschlag (SolZ) und Kirchensteuer (8%, 9%) in den Steuerklassen																								
Versorgungs-Bezug	I–VI					I, II, III, IV																			
			ohne Kinderfreibeträge					mit Zahl der Kinderfreibeträge...																	
								0,5			1			1,5			2			2,5			3		
bis €		LSt	SolZ	8%	9%		LSt	SolZ	8%	9%	SolZ	8%	9%	SolZ	8%	9%	SolZ	8%	9%	SolZ	8%	9%	SolZ	8%	9%
1 799,99	I, IV	234,41	12,89	18,75	21,09	I	234,41	9,23	13,43	15,11	4,86	8,42	9,47	—	3,79	4,26	—	—	—	—	—	—	—	—	—
	II	180,75	9,94	14,46	16,26	II	180,75	6,45	9,39	10,56	—	4,64	5,22	—	0,36	0,40	—	—	—	—	—	—	—	—	—
	III	30,16	—	2,41	2,71	III	30,16	—	—	—	—	—	—	—	—	—	—	—	—	—	—	—	—	—	—
2 055,99	V	501,66	27,59	40,13	45,14	IV	234,41	11,01	16,02	18,02	9,23	13,43	15,11	7,50	10,92	12,28	4,86	8,42	9,47	—	6,07	6,83	—	3,79	4,26
	VI	537,66	29,57	43,01	48,38																				
1 802,99	I, IV	235,25	12,93	18,82	21,17	I	235,25	9,28	13,50	15,18	5,01	8,48	9,54	—	3,85	4,33	—	—	—	—	—	—	—	—	—
	II	181,58	9,98	14,52	16,34	II	181,58	6,49	9,45	10,63	—	4,69	5,27	—	0,40	0,45	—	—	—	—	—	—	—	—	—
	III	30,16	—	2,41	2,71	III	30,16	—	—	—	—	—	—	—	—	—	—	—	—	—	—	—	—	—	—
2 058,99	V	503,—	27,66	40,24	45,27	IV	235,25	11,05	16,08	18,09	9,28	13,50	15,18	7,55	10,98	12,35	5,01	8,48	9,54	—	6,13	6,89	—	3,85	4,33
	VI	539,—	29,64	43,12	48,51																				
1 805,99	I, IV	236,16	12,98	18,89	21,25	I	236,16	9,32	13,56	15,25	5,16	8,54	9,61	—	3,90	4,39	—	—	—	—	—	—	—	—	—
	II	182,33	10,02	14,58	16,40	II	182,33	6,54	9,51	10,70	—	4,75	5,34	—	0,45	0,50	—	—	—	—	—	—	—	—	—
	III	31,50	—	2,52	2,83	III	31,50	—	—	—	—	—	—	—	—	—	—	—	—	—	—	—	—	—	—
2 061,99	V	504,—	27,72	40,32	45,36	IV	236,16	11,10	16,15	18,17	9,32	13,56	15,25	7,59	11,04	12,42	5,16	8,54	9,61	—	6,18	6,95	—	3,90	4,39
	VI	540,—	29,70	43,20	48,60																				
2 498,99	I, IV	447,83	24,63	35,82	40,30	I	447,83	20,34	29,59	33,29	16,28	23,68	26,64	12,47	18,14	20,41	8,84	12,86	14,46	3,53	7,89	8,87	—	3,29	3,70
	II	385,—	21,17	30,80	34,65	II	385,—	17,06	24,82	27,92	13,17	19,16	21,55	9,54	13,88	15,61	5,91	8,84	9,95	—	4,13	4,64	—	—	—
	III	179,50	3,50	14,36	16,15	III	179,50	—	9,73	10,94	—	5,16	5,80	—	1,01	1,13	—	—	—	—	—	—	—	—	—
2 754,99	V	818,08	44,99	65,44	73,62	IV	447,83	22,43	32,63	36,71	20,34	29,59	33,29	18,31	26,63	29,96	16,28	23,68	26,64	14,35	20,87	23,48	12,47	18,14	20,41
	VI	860,33	47,31	68,82	77,42																				
2 501,99	I, IV	448,75	24,68	35,90	40,38	I	448,75	20,39	29,66	33,37	16,33	23,75	26,72	12,52	18,21	20,48	8,88	12,92	14,54	3,68	7,95	8,94	—	3,34	3,76
	II	385,91	21,22	30,87	34,73	II	385,91	17,11	24,89	28,—	13,21	19,22	21,62	9,58	13,94	15,68	6,06	8,90	10,01	—	4,18	4,70	—	—	—
	III	181,—	3,80	14,48	16,29	III	181,—	—	9,73	10,94	—	5,26	5,92	—	1,10	1,24	—	—	—	—	—	—	—	—	—
2 757,99	V	819,58	45,07	65,56	73,76	IV	448,75	22,48	32,70	36,79	20,39	29,66	33,37	18,36	26,70	30,04	16,33	23,75	26,72	14,40	20,94	23,56	12,52	18,21	20,48
	VI	861,75	47,39	68,94	77,55																				
2 504,99	I, IV	449,75	24,73	35,98	40,47	I	449,75	20,44	29,74	33,45	16,37	23,82	26,79	12,56	18,28	20,56	8,92	12,98	14,60	3,81	8,—	9,—	—	3,40	3,82
	II	386,91	21,28	30,95	34,82	II	386,91	17,16	24,96	28,08	13,26	19,30	21,71	9,62	14,—	15,75	6,16	8,96	10,08	—	4,24	4,77	—	—	—
	III	181,—	3,80	14,48	16,29	III	181,—	—	9,85	11,08	—	5,26	5,92	—	1,10	1,24	—	—	—	—	—	—	—	—	—
2 760,99	V	821,—	45,15	65,68	73,89	IV	449,75	22,54	32,78	36,88	20,44	29,74	33,45	18,41	26,78	30,12	16,37	23,82	26,79	14,44	21,01	23,63	12,56	18,28	20,56
	VI	863,16	47,47	69,05	77,68																				
2 993,99	I, IV	618,66	34,02	49,49	55,67	I	618,66	29,30	42,62	47,94	24,79	36,06	40,56	20,55	29,89	33,62	16,47	23,96	26,96	12,61	18,34	20,63	9,01	13,11	14,75
	II	549,41	30,21	43,95	49,44	II	549,41	25,66	37,33	41,99	21,33	31,02	34,90	17,26	25,10	28,24	13,36	19,43	21,86	9,67	14,07	15,83	6,24	9,08	10,22
	III	318,33	17,50	25,46	28,64	III	318,33	14,08	20,49	23,05	6,46	15,54	17,48	—	10,88	12,24	—	6,36	7,15	—	2,01	2,26	—	—	—
3 249,99	V	1 058,16	58,19	84,65	95,23	IV	618,66	31,60	45,97	51,71	29,30	42,62	47,94	27,04	39,34	44,25	24,79	36,06	40,56	22,64	32,94	37,05	20,55	29,89	33,62
	VI	1 100,33	60,51	88,02	99,02																				
2 996,99	I, IV	619,75	34,08	49,58	55,77	I	619,75	29,35	42,70	48,03	24,84	36,14	40,65	20,60	29,96	33,71	16,52	24,03	27,03	12,66	18,42	20,72	9,06	13,18	14,82
	II	550,41	30,27	44,03	49,53	II	550,41	25,72	37,41	42,08	21,38	31,10	34,98	17,31	25,18	28,32	13,40	19,50	21,93	9,72	14,14	15,90	6,28	9,14	10,28
	III	320,—	17,60	25,60	28,80	III	320,—	14,08	20,49	23,05	6,76	15,66	17,62	—	10,98	12,35	—	6,36	7,15	—	2,10	2,36	—	—	—
3 252,99	V	1 059,66	58,28	84,77	95,36	IV	619,75	31,66	46,06	51,81	29,35	42,70	48,03	27,10	39,42	44,34	24,84	36,14	40,65	22,69	33,01	37,13	20,60	29,96	33,71
	VI	1 101,83	60,60	88,14	99,16																				
2 999,99	I, IV	620,83	34,14	49,66	55,87	I	620,83	29,41	42,78	48,13	24,90	36,22	40,74	20,65	30,04	33,80	16,57	24,10	27,11	12,70	18,48	20,79	9,10	13,24	14,89
	II	551,50	30,33	44,12	49,63	II	551,50	25,77	37,49	42,17	21,43	31,18	35,07	17,36	25,25	28,40	13,45	19,56	22,01	9,76	14,20	15,97	6,32	9,20	10,35
	III	320,—	17,60	25,60	28,80	III	320,—	14,17	20,61	23,18	6,76	15,66	17,62	—	10,98	12,35	—	6,46	7,27	—	2,10	2,36	—	—	—
3 255,99	V	1 061,08	58,35	84,88	95,49	IV	620,83	31,72	46,14	51,90	29,41	42,78	48,13	27,15	39,50	44,43	24,90	36,22	40,74	22,75	33,09	37,22	20,65	30,04	33,80
	VI	1 103,25	60,67	88,25	99,29																				
3 002,99	I, IV	621,91	34,20	49,75	55,97	I	621,91	29,47	42,86	48,22	24,95	36,30	40,83	20,70	30,12	33,88	16,62	24,18	27,20	12,75	18,55	20,87	9,14	13,30	14,96
	II	552,50	30,38	44,20	49,72	II	552,50	25,83	37,57	42,26	21,48	31,25	35,15	17,41	25,32	28,49	13,50	19,64	22,09	9,80	14,26	16,04	6,37	9,27	10,43
	III	321,50	17,68	25,72	28,93	III	321,50	14,17	20,61	23,18	7,06	15,78	17,75	—	11,10	12,49	—	6,46	7,27	—	2,21	2,48	—	—	—
3 258,99	V	1 062,50	58,43	85,—	95,62	IV	621,91	31,78	46,22	52,—	29,47	42,86	48,22	27,21	39,58	44,52	24,95	36,30	40,83	22,80	33,16	37,31	20,70	30,12	33,88
	VI	1 104,75	60,76	88,38	99,42																				
3 005,99	I, IV	623,—	34,26	49,84	56,07	I	623,—	29,53	42,95	48,32	25,—	36,37	40,91	20,75	30,19	33,96	16,66	24,24	27,27	12,80	18,62	20,94	9,18	13,36	15,03
	II	553,58	30,44	44,28	49,82	II	553,58	25,88	37,65	42,35	21,54	31,33	35,24	17,46	25,40	28,57	13,54	19,70	22,16	9,85	14,33	16,12	6,41	9,33	10,49
	III	321,50	17,68	25,72	28,93	III	321,50	14,25	20,73	23,32	7,06	15,78	17,75	—	11,10	12,49	—	6,58	7,40	—	2,21	2,48	—	—	—
3 261,99	V	1 064,—	58,52	85,12	95,76	IV	623,—	31,84	46,31	52,10	29,53	42,95	48,32	27,27	39,66	44,62	25,—	36,37	40,91	22,85	33,24	37,40	20,75	30,19	33,96
	VI	1 106,16	60,83	88,49	99,55																				

Alle Arbeitnehmer können bis zu 400,00 € monatlich **abgabefrei** (Steuern, Sozialversicherungen) (dazu)verdienen. Der **Arbeitgeber** zahlt pauschale Beiträge an das Finanzamt und die Sozialversicherung.

Steuerklassen (für Arbeitnehmer)

I	*Allein Stehende*	(ledig, geschieden, verwitwet)
II	*Allein Erziehende*	mit Kindern
III	*Verheiratete*	nur 1 Ehegatte ist berufstätig
IV	*Verheiratete*	beide Ehegatten sind berufstätig

V tritt für einen der Ehegatten an die Stelle der Steuerklasse IV, wenn der andere Ehegatte in Klasse III besteuert wird

VI ist auf der 2. oder weiteren Lohnsteuerkarte zu bescheinigen (Arbeitslohn von mehreren Arbeitgebern)

13 Stellen Sie die Lohn- und Gehaltsliste auf. Ermitteln Sie dabei die Summen der Bruttogehälter, der einbehaltenen Steuern (KiSt 8 %) und Sozialabgaben* und die Nettogehälter nach folgendem Schema:

Name	Steuer-klasse	Brutto-gehalt	Frei-betrag	steuerpfl. Gehalt	Lohn-steuer	Solid.-Zuschlag	Kirchen-steuer	Soz.-Vers.	Ges.-Abz.	Netto-gehalt

Der Betrieb beschäftigt folgende Arbeitnehmer:

	Steuerklasse	Monatsfreibetrag €	Bruttogehalt €
a) Abel	III, 1	300,00	3.300,00
Fürst	IV, 0	–	1.805,00
Garber	I	–	1.800,00
Hanke	II, 2	250,00	2.750,00
Wetzlar	III, 1	–	3.000,00
b) Barbel	II, 1	150,00	2.650,00
Krager	III, 1,5	–	3.000,00
Peiter	III, 0	–	2.500,00
Tellow	IV, 1	200,00	2.000,00
Zacharias	VI	–	1.800,00
c) Cismar	II	–	1.800,00
Deiker	V	–	1.800,00
Droste	III	–	1.800,00
Keller	I	–	1.800,00

14 Eine Glashütte zahlt nach Anzahl der reklamationsfreien Fahrten 5,00 € Prämie je Fahrer. Außerdem werden für die drei besten Fahrzeugbesatzungen zusätzlich Prämien gezahlt: 150,00 €, 120,00 €, 80,00 € je Fahrzeug.

Wie hoch ist der Monatslohn der drei besten Auslieferbesatzungen?

Name	Monatslohn	Fahrten	Reklamationen
Fahrer Berger	2.600,00 €	31	–
Beifahrer Döring	2.400,00 €	31	–
Fahrer Felbinger	2.500,00 €	29	2
Beifahrer Hirsch	2.400,00 €	29	2
Fahrer Pohl	2.500,00 €	31	1
Beifahrer Sauer	2.400,00 €	31	1

* Beiträge zur Sozialversicherung 40 % vom beitragspflichtigen Gehalt (hier Bruttogehalt); Arbeitnehmeranteil davon = $\frac{1}{2}$

8.3 Abschreibungen

Abschreibungen haben den Zweck, Wertminderungen des Betriebsvermögens zu erfassen, um den richtigen Wert des Vermögens am Schluss des Geschäftsjahres in der Bilanz ausweisen zu können. Wertminderungen können bei den Posten des Anlage- und des Umlaufvermögens eintreten. Abschreibungen sind Bestandteil der Gesamtaufwendungen (Erfolgsrechnung) und Bestandteil der Gesamtkosten (Kalkulation) und des Verkaufserlöses.

Bei Vermögenswerten mit vorauszusehender Wertminderung wird ein Abschreibungsplan aufgestellt. Dieser Plan enthält Abschreibungsgründe, Abschreibungswert, Nutzungsdauer, Abschreibungsmethode, Abschreibungssatz und -betrag.

8.3.1 Abschreibungsgründe

Wertminderungen können eintreten durch Gebrauch, Risiken (z. B. technische und wirtschaftliche Überholung), Sinken des Marktwertes, Ablauf eines Rechts (z. B. Patent), außergewöhnliche Ereignisse (z. B. Beschädigung, Vernichtung) und ruhenden Verschleiß.

8.3.2 Abschreibungsgrundlagen

Anschaffungswert

Beim Anlagevermögen setzt sich der Anschaffungswert zusammen aus dem Einkaufspreis, den Einkaufskosten, Bezugskosten, Montagekosten und den Kosten der Inbetriebnahme. Ist eine Anlage verbraucht, wird sie zum Schrottwert verkauft. Man kann diesen künftigen Schrottwert von vornherein berücksichtigen: Er wird vom Anschaffungswert abgesetzt.

Beispiel 1 **Anlagevermögen**

Ein Sägewerk kauft ein Sägegatter zu 42.000,00 €. An Nebenkosten fallen an 1.800,00 € für den Bezug und 700,00 € für die Inbetriebnahme. Der Schrottwert wird auf 800,00 € geschätzt. Wie hoch ist der Abschreibungswert?

Lösung

	Einkaufspreis (ohne USt)	42.000,00 €
+	Bezugskosten (ohne USt)	1.800,00 €
+	Kosten der Inbetriebnahme	700,00 €
=	Anschaffungswert	44.500,00 €
–	Schrottwert (ohne USt)	800,00 €
	Abschreibungswert	43.700,00 €

Dabei ist zu berücksichtigen, dass sich der voraussichtliche Erlös aus dem evtl. anfallenden Schrottverkauf um die Demontagekosten vermindert.

Beim Umlaufvermögen setzt sich der Anschaffungswert aus dem Einkaufspreis, den Einkaufs- und Bezugskosten zusammen.

Beispiel 2 **Umlaufvermögen**

Ein Importeur bezieht 3 t Wolframlegierung zum Börsenpreis von 20.790,00 €. An Bezugs- und Einkaufskosten (Fracht, Lager- und Umschlagskosten, Provision, Bankspesen und Zoll) entstehen 5.320,00 €. Wie hoch ist der Abschreibungswert für den Fall eines Sinkens des Börsenpreises?

Lösung

	Einkaufspreis	20.790,00 €
+	Einkaufs- und Bezugskosten	5.320,00 €
	Abschreibungswert	26.110,00 €

Nutzungsdauer

Beim Anlagevermögen hängt die Nutzungsdauer von der betrieblichen Inanspruchnahme (z. B. normaler Verschleiß eines Lkw im Nahverkehr zu Geschäftszeiten oder im Fernverkehr in Tag- und Nachtfahrt) ab. Gemeint ist die wirtschaftliche Nutzungsdauer und nicht die technische Lebensdauer eines Gegenstandes.

Bei geringwertigen Wirtschaftsgütern (GWG) des Anlagevermögens werden die Anschaffungskosten im Allgemeinen nicht auf die Nutzungsdauer verteilt. **Wirtschaftsgüter bis 410,00 € Anschaffungswert (ohne USt) können im Jahr der Anschaffung voll abgeschrieben werden (Betriebsausgaben).**

Beispiel 3 **Abschreibungen auf geringwertige Wirtschaftsgüter**

Für den Sachbearbeiter Anton Stegler wird ein Diktiergerät gekauft. Die Anschaffungskosten betragen 190,00 €.

Lösung Anschaffungskosten 190,00 € = Abschreibungswert. Der Wert von 190,00 € kann im Jahr der Anschaffung voll abgeschrieben werden.

Neben der Planabschreibung gibt es die **Sonderabschreibung,** z. B. bei Totalschaden eines Fahrzeuges.

Beim Umlaufvermögen ist die Wertminderung im Allgemeinen nicht vorauszusehen. Sie wird im festgestellten Umfang am Tage der Wertminderung (z. B. Vernichtung von Ware durch Hochwasser) oder am Schluss des Geschäftsjahres vom Bilanzwert abgeschrieben (z. B. Kursverlust bei Wertpapieren, Verlust von Forderungen, Konkurs bzw. Vergleich eines Kunden).

Der Abschreibungssatz ist der Prozentsatz der jährlichen Abschreibungen.

Der Abschreibungsbetrag ist die Summe der jährlichen Abschreibungen.

Restwert/Buchwert. Nach Verminderung des Anschaffungswertes um die jährliche Abschreibung erhalten wir den Rest- oder Buchwert (= neuer Bilanzwert).

Beispiel 4 **Planabschreibung beim Anlagevermögen**

Der Preis für die Kühlaggregate eines Kühlhauses beträgt 60.000,00 €. An Bezugskosten fallen 800,00 €, an Montagekosten 3.200,00 € an. Der Erlös aus dem Schrottverkauf wird mit 3.600,00 €, die Demontagekosten mit 600,00 € angenommen. Die betriebliche Nutzungsdauer ist auf 10 Jahre festgelegt. Es soll der Abschreibungsplan aufgestellt werden.

Lösung

	Einkaufspreis		60.000,00 €
+	Bezugskosten		800,00 €
+	Montagekosten		3.200,00 €
	Anschaffungswert		64.000,00 €
–	Schrotterlös		
	Schrottwert	3.600,00 €	
	– Demontagekosten	600,00 €	3.000,00 €
	Abschreibungswert		61.000,00 €

Nutzungsdauer: 10 Jahre
Abschreibungssatz: 100 % : 10 Nutzungsjahre = **10 % jährlich**
Abschreibungsbetrag: 10 % von 61.000,00 € = 6.100,00 € jährlich

Abschreibungsplan

Abschreibungswert	61.000,00 €
1. Jahr: Abschreibung 10 %	6.100,00 €
Rest-/Buchwert	54.900,00 €
2. Jahr: Abschreibung 10 %	6.100,00 €
Rest-/Buchwert	48.800,00 €
3. Jahr: Abschreibung 10 %	6.100,00 €
Rest-/Buchwert	42.700,00 €
4. Jahr: Abschreibung 10 %	6.100,00 €
Rest-/Buchwert	36.600,00 €

usw.

Wird ein Vermögensgegenstand über die Abschreibungsdauer hinaus genutzt, dann wird er im letzten Abschreibungsjahr bis auf 1,00 € abgeschrieben und in der Bilanz mit 1,00 € ausgewiesen **(Erinnerungswert)**.

Beispiel 5 **Sonderabschreibung beim Anlagevermögen**

Ein Lieferwagen mit einem Buchwert von 4.600,00 € erleidet Totalschaden. Für das Wrack zahlt ein Schrotthändler 400,00 €. Wie hoch ist die Sonderabschreibung?

Lösung

Buchwert des Lieferwagens	4.600,00 €
Erlös aus Schrottverkauf	400,00 €
Sonderabschreibung (total)	4.200,00 €

Beispiel 6 **Abschreibung beim Umlaufvermögen**

Ein Kunde, an den wir Forderungen in Höhe von 16.000,00 € haben, meldet Insolvenz an. Als Insolvenzquote bietet er 40 % an. Wie hoch ist die Abschreibung?

Lösung

Forderung	16.000,00 €
Insolvenzquote 40 %	6.400,00 €
Abschreibung/Verlust (60 %)	9.600,00 €

8.3.3 **Abschreibungsmethoden** – Anlagevermögen

Nach dem Verlauf der Wertminderung unterscheidet man folgende Verfahren:

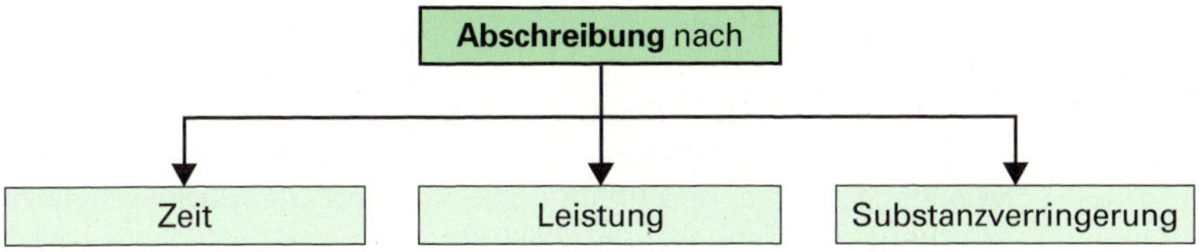

Abschreibung nach Zeit

Bei der Abschreibung nach Zeit sind steuerlich das lineare und degressive Abschreibungsverfahren zulässig.

Lineare Abschreibung – gleich bleibende. Man geht davon aus, dass die Wertminderung über die Nutzungsdauer gleichmäßig verläuft. So werden je Jahr gleich hohe Beträge abgeschrieben (wie Beispiel 4, S. 123). Die Abschreibung ist ein Prozentsatz vom **Anschaffungswert** (bzw. Abschreibungswert).

Degressive Abschreibung – stark fallende. Man geht davon aus, dass in den ersten Jahren der Nutzungsdauer eine stärkere Wertminderung eintritt als in den späteren. Deshalb erhöht man den Abschreibungssatz bis auf das 2fache und schreibt vom **Restwert** (Buchwert) ab. Da man im letzten Nutzungsjahr nicht auf 0 € oder den Schrottwert kommt, schreibt man im letzten Jahr den Rest ab.

Schematischer Vergleich der Abschreibungsmethoden

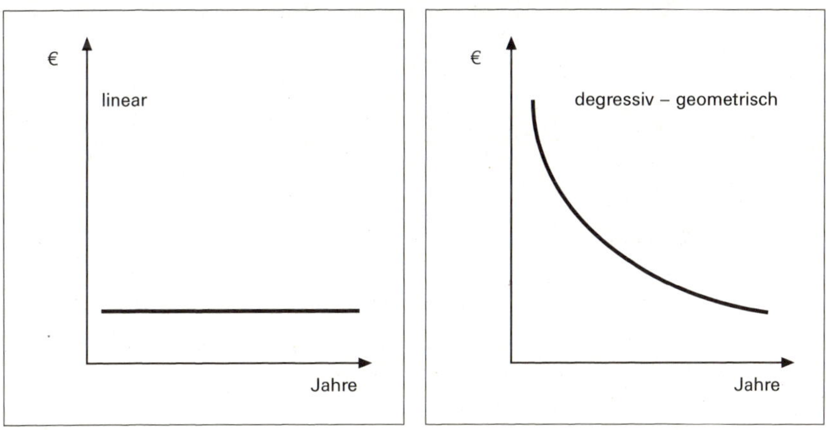

5151125

Abschreibung nach Leistung

Zunächst stellt man die mögliche Gesamtleistung fest (in t, Stunden, km u. a.), errechnet die Abschreibungssumme je Leistungseinheit und schreibt entsprechend der jährlichen Leistung ab.

Beispiel 1 **Abschreibung nach Leistung.** Anschaffungswert 80.000,00 €.
Für einen Transporter wird eine Gesamtleistung von 250 000 km angenommen. Wie hoch ist die Abschreibung je km und der Buchwert nach dem ersten Nutzungsjahr? Fahrleistung 72 500 km.

Lösung Abschreibung je km: 80 000 : 250 000 = 32 Cent/km

Anschaffungswert	80.000,00 €
1. Jahr: Abschreibung (72 500 · 0,32)..........................	23.200,00 €
Buchwert...	56.800,00 €

usw.

Beispiel 2 **Vergleich: lineare und degressive sowie Abschreibung nach Leistung***
Anschaffungswert 110.000,00 €, Nutzungsdauer 10 Jahre, linear 10 %, degressiv 20 % Abschreibung, Gesamtleistung 20 000 Stunden.

Lösung

		linear 10 %	insgesamt	degressiv 20 %	insgesamt	Leistung je Std. 5,50		insgesamt
	Abschr.-Wert	110.000,00		110.000,00		Std.	110.000,00	
1. Jahr	1. Abschreibg.	11.000,00	11.000,00	22.000,00	22.000,00	3 000	16.500,00	16.500,00
	Restbuchwert	99.000,00		88.000,00			93.500,00	
2. Jahr	2. Abschreibg.	11.000,00	22.000,00	17.600,00	39.600,00	2 400	13.200,00	29.700,00
	Restbuchwert	88.000,00		70.400,00			80.300,00	
3. Jahr	3. Abschreibg.	11.000,00	33.000,00	14.080,00	53.680,00	2 800	15.400,00	45.100,00
	Restbuchwert	77.000,00		56.320,00			64.900,00	
4. Jahr	4. Abschreibg.	11.000,00	44.000,00	11.264,00	64.944,00	3 200	17.600,00	62.700,00
	Restbuchwert	66.000,00		45.056,00			47.300,00	
5. Jahr	5. Abschreibg.	11.000,00	55.000,00	9.011,20	73.955,20	2 000	11.000,00	73.700,00
	Restbuchwert	55.000,00		36.044,80			36.300,00	
6. Jahr	6. Abschreibg.	11.000,00	66.000,00	7.208,96	81.164,16	1 400	7.700,00	81.400,00
	Restbuchwert	44.000,00		28.835,84			28.600,00	
7. Jahr	7. Abschreibg.	11.000,00	77.000,00	5.767,17	86.931,33	1 600	8.800,00	90.200,00
	Restbuchwert	33.000,00		23.068,67			19.800,00	
8. Jahr	8. Abschreibg.	11.000,00	88.000,00	4.613,73	91.545,06	1 800	9.900,00	100.000,00
	Restbuchwert	22.000,00		18.554,94			9.900,00	
9. Jahr	9. Abschreibg.	11.000,00	99.000,00	3.690,99	95.236,05	Rest	9.899,00	109.999,00
	Restbuchwert	11.000,00		14.763,95				1,00
10. Jahr	10. Abschreibg.	10.999,00	109.999,00	14.762,95	109.999,00			
	Erinnerungswert	1,00		1,00				

Verglichen werden können z. B. nach dem 3. Abschreibungsjahr:
- Restbuchwert (Marktwert, Anlagerisiko)
- Abschreibungen (Aufwand, Kosten, Gewinn)

* Steuerlich kann von der degressiven zur linearen Abschreibungsmethode gewechselt werden.

Abschreibung nach Substanzverringerung

Es wird vom Anschaffungswert entsprechend der Substanzverringerung abgeschrieben.

Beispiel 3 **Abschreibung nach Substanzverringerung**

Ein Betonsteinwerk erwirbt eine Kiesgrube zu 320.000,00 €. Es wird eine Kiesmenge (Substanz) von 800 000 m^3 vermutet. Wie hoch ist die Abschreibung je m^3 Kies und der Buchwert nach dem ersten Abschreibungsjahr? Fördermenge 120 000 m^3.

Lösung Abschreibungsbetrag je m^3: 320.000 : 800 000 = 0,40 €/m^3

Anschaffungswert/Substanzwert	320.000,00 €
1. Jahr: Abschreibung/Substanzverringerung (120 000 · 0,40 €) ..	48.000,00 €
Buchwert nach 1. Abschreibungsjahr.........................	272.000,00 €

8.3.4 Übungen

1 Stellen Sie die Abschreibungspläne auf.

	Einkaufspreis	Bezugskosten	Montage u. Ä.	Nutzungsdauer	Abschr.-Art	Abschr.-Satz
a)	11.000,00	400,00	600,00	5 Jahre	linear	?
b)	59.000,00	1.000,00	–	10 Jahre	degr.	20 %
c)	4.000,00	–	–	8 Jahre	linear	?
d)	1.200,00	80,00	–	4 Jahre	linear	?
e)	23.000,00	1.000,00	–	3 Jahre	degr.	50 %

2 Stellen Sie den Abschreibungsplan für die Regaleinrichtung des Ausstellungsraumes auf (lineare und degressive Abschreibung).

Einkaufspreis 172.000,00 €, Bezugskosten 3.000,00 €, Montagekosten 5.000,00 €, Nutzungsdauer 8 Jahre, 30 % degressiver Abschreibungssatz, Abschreibungen auf volle Euro aufrunden.

3 Vergleichen Sie die Gesamtabschreibung nach dem dritten Abschreibungsjahr bei linearer und degressiver Abschreibungsmethode. Anschaffungswert 156.000,00 €, Nutzungsdauer 12 Jahre, degressive Abschreibung 20 %.

Welche Folgerungen ergeben sich aus diesem Vergleich (Aufwendungen, Kosten, Angebotspreis, Steuern, Anlagerisiko)?

4 Die Forderungsausfälle eines Unternehmens betrugen in den letzten drei Jahren:

1. Jahr 18.420,00 € bei 825.900,00 € Umsatz zu Selbstkosten
2. Jahr 27.690,00 € bei 1.060.100,00 € Umsatz zu Selbstkosten
3. Jahr 25.110,00 € bei 1.190.600,00 € Umsatz zu Selbstkosten

a) Wie hoch ist der durchschnittliche Forderungsausfall je Jahr in Euro?

b) Wie hoch ist der durchschnittliche Abschreibungssatz?

c) Wie hoch sind die Abschreibungskosten für Forderungen bei einem Kundenauftrag über 9.265,80 € Selbstkosten?

5 Ein Telefon-/Telefaxgerät mit Anrufbeantworter kostet 375,00 €. Als Nutzungsdauer können 5 Jahre angenommen werden.

Wie hoch ist die Abschreibung im Jahr der Anschaffung?

6 Ein Firmenwagen wird zu 46.400,00 € frei Haus geliefert. Wegen des Modellrisikos wird der Wagen degressiv mit 50 % über 5 Jahre abgeschrieben.

a) Wie hoch ist die Abschreibung im 5. Nutzungsjahr, wenn der Buchwert bis auf 1,00 € Erinnerungswert abgeschrieben werden soll?

b) Nach 2 Nutzungsjahren tritt ein Modellwechsel ein. Der alte Wagen wird zu 12.200,00 € in Zahlung gegeben.

Wie hoch ist der Buchwert nach dem 2. Nutzungsjahr; wie viel Euro beträgt die Über- bzw. Minderabschreibung?

c) Zu Anfang des 3. Nutzungsjahres tritt ein Totalschaden ein.
Der Schrotterlös beträgt 1.250,00 €.

Wie hoch ist die Sonderabschreibung?

7 Eine Ofenanlage kostet 380.000,00 €. Die Nutzungsdauer wird bei einer Tagesproduktion von etwa 300 t und 232 Einsatztagen je Jahr auf 8 Nutzungsjahre geschätzt.

a) Wie hoch ist der Abschreibungsanteil je t? (4 Dezimalstellen)

b) Wie hoch ist der Buchwert nach dem 3. Nutzungsjahr? Gesamtproduktion bis dahin 212 460 t.

8 55 t Baustahlmatten zu einem durchschnittlichen Anschaffungspreis von 420,00 € je t liegen auf Lager. Die Preise sinken; sie betragen am Bilanzstichtag nur noch 380,00 € je t.

Wie hoch sind die Abschreibung und der Bilanzwert der Baustahlmatten?

9 Ein Werk für Baukeramik lässt die Buchungsdaten außer Haus verarbeiten. Am 1. Dezember wird ein Datenerfassungsgerät zu 3.900,00 € angeschafft. Nach dem Steuerrecht kann für das laufende Geschäftsjahr noch die halbe Jahresabschreibung in Anspruch genommen werden. Die Nutzungsdauer wird aus organisatorischen Gründen auf 3 Jahre geschätzt (lineare Abschreibung).

Stellen Sie den Plan für die steuerliche Abschreibung auf.

10 Ein Pritschenwagen kostet 48.000,00 €. Er soll über 6 Jahre linear abgeschrieben werden. Nach dem dritten Abschreibungsjahr erhält der Wagen einen Kastenaufbau (Kosten 9.600,00 €).

Stellen Sie den Abschreibungsplan für die restliche Nutzungsdauer unter Berücksichtigung des werterhöhenden Umbaus auf.

11 Für das Freilager wird eine Krananlage beschafft: Anschaffungswert 125.00,00 €, betriebsgewöhnliche Nutzungsdauer 25 Jahre. Außer den Abschreibungen soll die Verzinsung des investierten Kapitals berücksichtigt werden: 8 % vom halben Anschaffungswert. (Warum vom halben Anschaffungswert?)

Wie hoch sind die Jahres- und Monatskosten der Krananlage?

8.4 Kalkulatorische Kosten

8.4.1 Kalkulatorische Abschreibungen

Kalkulatorische Abschreibungen sind Kosten der Kosten- und Leistungsrechnung. Sie drücken die tatsächliche Wertminderung aus. Abschreibungswert ist grundsätzlich der **Wiederbeschaffungswert,** sodass bei Ersatzbeschaffung Preiserhöhungen aus den kalkulatorischen Abschreibungen (Teil der Verkaufserlöse) finanziert werden können. Damit wird erreicht, dass die Anlagensubstanz des Unternehmens erhalten wird.

Beispiel Der Anschaffungswert einer Maschine beträgt 200.000,00 €, die betriebliche Nutzungsdauer 4 Jahre. Bei der Wiederbeschaffung nach 4 Jahren wird wegen technischer Weiterentwicklung mit Mehrkosten von 20.000,00 € gerechnet, bei der jährlichen Preissteigerung mit 4 %.

Wie viel Euro beträgt die jährliche Abschreibungssumme? (lineare Abschreibung)

Lösung **Kalkulatorische Abschreibung**

	Anschaffungswert	200.000,00 €
+	Mehrkosten für Weiterentwicklung	20.000,00 €
+	Preissteigerung 16 %	32.000,00 €
	Wiederbeschaffungs-/Abschreibungswert	252.000,00 €
	Jahresabschreibung 25 % (4 Jahre)	63.000,00 €

Bilanzmäßige Abschreibung

	Jahresabschreibung vom Anschaffungswert	50.000,00 €

Bei Abschreibungserlösen vom Anschaffungswert muss die Differenz zwischen Anschaffungs- und Wiederbeschaffungswert aus dem versteuerten Gewinn finanziert werden (hier jährlich 13.000,00 €, insgesamt 52.000,00 €).

1 Wie viel Euro beträgt die Jahresabschreibung?

	Anschaffungswert	Mehrkosten für Weiterentwicklung	Preissteigerung je Jahr	Nutzungsdauer	Abschreibungsart
a)	60.000,00	10.000,00	5 %	5 Jahre	linear
b)	500.000,00	100.000,00	3 %	10 Jahre	degressiv
c)	9.000,00	–	4 %	3 Jahre	linear
d)	1,2 Mio.	10 %	2,5 %	4 Jahre	linear

Aufgabe b) Abschreibungssatz 2fach linear

8.4.2 Kalkulatorische Zinsen

Verzinsung des Betriebskapitals

Die kalkulatorischen Zinsen sind die Verzinsung des betriebsnotwendigen Kapitals zum üblichen Marktzins. Die Kostenrechnung enthält als Aufwand **nur** die für das Fremdkapital **gezahlten** Zinsen. Weil auch ein Anspruch auf Verzinsung des Eigenkapitals besteht, **können** Zinsen für das Eigenkapital in die Kostenrechnung einbezogen werden. Für die Ermittlung der kalkulatorischen Zinsen muss das im betrieblichen Leistungsprozess eingesetzte Eigen- und Fremdkapital festgestellt werden. Dazu ist die Ermittlung des **betriebsnotwendigen Vermögens** erforderlich (= laufend dem Betriebszweck dienendes Vermögen). Wird vom betriebsnotwendigen Vermögen das dem Unternehmen zinslos zur Verfügung stehende Kapital abgezogen (z. B. Kundenanzahlungen), so erhält man das **betriebsnotwendige Kapital.**

Beispiel 1 **Kalkulatorische Zinsen**

Ein Unternehmen hat folgende Vermögens- und Kapitalaufstellung:

	€	€
Betriebsnotwendiges Anlagevermögen		
Grundstück und Gebäude	4.000.000,00	
Fuhrpark	800.000,00	
Ausstattung	2.000.000,00	6.800.000,00
Betriebsnotwendiges Umlaufvermögen		
Roh-/Hilfs-/Betriebsstoffe	12.200.000,00	
Forderungen	11.000.000,00	
Zahlungsmittel	100.000,00	23.300.000,00
betriebsnotwendiges Vermögen		30.100.000,00
– zinsfreies Kapital*		100.000,00
betriebsnotwendiges Kapital		30.000.000,00

Wie hoch sind die kalkulatorischen Zinsen je Jahr und Monat bei einem Bankzinssatz von 10 %?

Lösung

$$\text{Jahreszinsen} = \frac{30.000.000 \cdot 10}{100} = \underline{\underline{3.000.000,00\ €}}$$

$$\text{Monatszinsen} = \frac{3.000.000}{12} = \underline{\underline{250.000,00\ €}}$$

Beispiel 2 **Kapitalumschlag**

Ein Unternehmen hat einen Jahresumsatz von 15.600.000,00 € zu Selbstkosten. Das betriebsnotwendige Kapital wird mit 2.400.000,00 € ausgewiesen. Wie hoch ist der Kapitalumschlag in diesem Geschäftsjahr?

Lösung

$$\text{Kapitalumschlag} = \frac{15.600.000}{2.400.000} = \underline{\underline{6,5}} \text{ (mal im Jahr)}$$

$$\textbf{Kapitalumschlag} = \frac{\textbf{Umsatz zu Selbstkosten}}{\textbf{betriebsnotwendiges Kapital}}$$

* z. B. Kundenvorauszahlungen

Aus den kalkulatorischen Zinsen, dem Jahresumsatz zu Selbstkosten und dem Kapitalumschlag wird der Zuschlagssatz für kalkulatorische Zinsen ermittelt.

Beispiel 3 **Zuschlagssatz für kalkulatorische Zinsen**

Ein Unternehmen hat einen Jahresumsatz von 15.600.000,00 € zu Selbstkosten. Das betriebsnotwendige Kapital wird mit 2.400.000,00 € ausgewiesen. Bankzinssatz: 13 %.

Wie hoch ist der kalkulatorische Zinszuschlagssatz?

a) Errechnung mit kalkulatorischen Zinsen.
b) Errechnung mit Kapitalumschlag.

Lösung zu a) **Feststellen der kalkulatorischen Zinsen**

13 % von 2.400.000,00 € Kapital = 312.000,00 € kalk. Zinsen

Feststellen des Zuschlagssatzes für kalkulatorische Zinsen

Umsatz zu Selbstkosten ≙ 100 %
kalkulatorische Zinsen ≙ x %

$$\text{Zuschlagssatz} = \frac{312.000 \cdot 100}{15.600.000} = 2\,\%$$

$$\textbf{Zuschlagssatz} = \frac{\textbf{kalkulatorische Zinsen} \cdot \textbf{100}}{\textbf{Umsatz zu Selbstkosten}}$$

zu b) **Feststellen des Kapitalumschlags**

$$\text{Kapitalumschlag} = \frac{15.600.000}{2.400.000} = 6{,}5$$

Feststellen des Zuschlagssatzes für kalkulatorische Zinsen

Bankzinssatz 13 %
Kapitalumschlag 6,5

$$\text{Zuschlagssatz} = \frac{13}{6{,}5} = 2\,\%$$

$$\textbf{Zuschlagssatz} = \frac{\textbf{Bankzinssatz}}{\textbf{Kapitalumschlag}}$$

Je höher der Kapitalumschlag ist, umso geringer sind die Zinskosten je Euro Umsatz.

Beispiel 4 **Anwendung**

Eine Partie importiertes Speiseöl wird zu 42.800,00 € Selbstkosten kalkuliert. Der Zuschlagssatz für kalkulatorische Zinsen beträgt 2 %. Wie hoch sind die Selbstkosten dieser Partie einschließlich kalkulatorischer Zinsen?

Lösung

	Selbstkosten	42.800,00 €
+	kalkulatorische Zinsen 2 %	856,00 €
	Selbstkosten einschließlich kalkulatorischer Zinsen	43.656,00 €

1 Stellen Sie das betriebsnotwendige Kapital und die kalkulatorischen Zinsen fest.

	a)	b)	c)	d)
Grundstücke	80.000,00	600.000,00	40.000,00	–
darin enthaltene Reservegrundstücke	10.000,00	50.000,00	5.000,00	–
Gebäude	900.000,00	2.300.000,00	210.000,00	–
Ausstattung	700.000,00	950.000,00	60.000,00	50.000,00
Fuhrpark	300.000,00	520.000,00	30.000,00	30.000,00
Stoffe	800.000,00	1.700.000,00	80.000,00	60.000,00
darin enthaltene Kommissionsware	–	160.000,00	–	–
Forderungen	400.000,00	250.000,00	20.000,00	20.000,00
Zahlungsmittel	20.000,00	140.000,00	10.000,00	8.000,00
darin enthaltene Kundenanzahlungen	2.000,00	10.000,00	1.000,00	–
Wertpapiere	50.000,00	30.000,00	4.000,00	–
davon Liquiditätsanl.	–	30.000,00	4.000,00	–
Zinsfreies Kapital	10.000,00	20.000,00	–	–
Zinssatz	12 %	10 %	14 %	9 %

2 Stellen Sie die mit Fragezeichen gekennzeichneten Werte fest. (1 Dezimale)

	betriebsnotw. Kapital	Umsatz zu Selbstkosten	Kapital-umschl.	kalkulat. Zinsen	kalkulatorischer Zins-satz	kalkulatorischer Zinszu-schlagss.
a)	4.000.000,00	21.000.000,00	?	?	7 %	–
b)	200.000,00	1.700.000,00	?	?	8,5 %	–
c)	60.000,00	585.000,00	?	?	10 %	–
d)	–	20.000.000,00	–	300.000,00	–	?
e)	–	400.000,00	–	1.000,00	–	?
f)	–	1.800.000,00	–	44.000,00	–	?
g)	–	–	4,5	–	12,6 %	?
h)	–	–	8	–	11 %	?
i)	–	–	11,5	–	8 %	?
j)	500.000,00	3.250.000,00	?	?	10 %	?
k)	1.200.000,00	3.000.000,00	?	?	13 %	?

3 Stellen Sie die kalkulatorischen Zinsen je Kostenstelle fest.

Kostenstellen	Material	Fertigung	Verwaltung	Vertrieb
Anlagevermögen	200.000,00	400.000,00	150.000,00	80.000,00
Umlaufvermögen	800.000,00	100.000,00	50.000,00	20.000,00
Zinssatz 7 %				

8.4.3 Kalkulatorische Wagnisse

Es handelt sich um Wagnisse der Produktion (z. B. Kosten der Mängelbeseitigung während der Garantiezeit) und des Absatzes (z. B. Zahlungseingang, Währungsrisiken), soweit sie nicht bereits in den kalkulatorischen Abschreibungen enthalten sind.

Berechnungsgrundlage sind für Produktionswagnisse die Herstellkosten oder Selbstkosten, für Absatzwagnisse die Selbstkosten.

Beispiel 1 **Ermitteln des Wagniszuschlagssatzes**

Die Buchhaltung hat die eingetretenen Absatzwagnisse der letzten vier Geschäftsjahre zusammengestellt. Wie hoch ist der durchschnittliche Wagniszuschlagssatz?

	eingetretene Wagnisse	Selbstkosten	Wagnisse in %
1. Jahr	21.000,00 €	700.000,00 €	3 %
2. Jahr	8.000,00 €	800.000,00 €	1 %
3. Jahr	36.000,00 €	900.000,00 €	4 %
4. Jahr	16.000,00 €	800.000,00 €	2 %
4 Jahre	81.000,00 €	3.200.000,00 €	10 % : 4
1 Jahr	20.250,00 €	800.000,00 €	2,5 %

Lösung

$$x\ \% \mathrel{\hat=} 81.000{,}00\ €$$
$$3.200.000{,}00\ € \mathrel{\hat=} 100\ \%$$

$$\text{Wagniszuschlagssatz} = \frac{81.000 \cdot 100}{3.200.000} = 2{,}5\ \%$$

$$\textbf{Wagniszuschlagssatz} = \frac{\textbf{Summe der eingetretenen Wagnisse} \cdot 100}{\textbf{Summe der Selbstkosten}}$$

Beispiel 2 **Anwendung des Wagniszuschlagssatzes**

Ein Bauunternehmen kalkuliert einen Auftrag. Die Selbstkosten betragen 52.800,00 €, der durchschnittliche Wagniszuschlagssatz beträgt 2,5 %.

Wie hoch sind die Selbstkosten einschließlich des kalkulatorischen Wagniszuschlages?

Lösung

	Selbstkosten	52.800,00 €
+	Wagniszuschlag 2,5 %	1.320,00 €
	Selbstkosten einschließlich kalkulatorischer Wagnisse	54.120,00 €

1 Wie hoch sind die Selbstkosten einschließlich kalkulatorischer Wagniszuschläge? (1 Dezimalstelle)

	Selbstkosten der letzten 3 Jahre	eingetr. Risiken der letzten 3 Jahre	Wagnis-zuschlags-satz	Selbstkosten	Selbstkosten einschließlich Wagnisse
a)	10.000.000,00	1.250.000,00	?	6.200,00	?
b)	2.550.000,00	80.000,00	?	4,50	?
c)	820.000,00	5.000,00	?	12,10	?

2 Stellen Sie fest

a) das jährlich eingetretene Wagnis in Prozent (2 Dezimalstellen);
b) den Wagniszuschlag für das 6. Geschäftsjahr aufgrund der eingetretenen Wagnisse der letzten 5 Jahre.

	eingetretene Risiken	Selbstkosten
1. Jahr	40.000,00 €	6.000.000,00 €
2. Jahr	35.000,00 €	5.800.000,00 €
3. Jahr	46.000,00 €	6.200.000,00 €
4. Jahr	47.000,00 €	6.500.000,00 €
5. Jahr	55.000,00 €	7.000.000,00 €

3 Ein Unternehmen kalkuliert die Angebotspreise nach Kunden mit Sofortzahlung und Kreditgeschäften. Das Forderungsrisiko wird nur in die Preise der Kreditgeschäfte einkalkuliert.

a) Wie hoch ist der Wagniszuschlagssatz aufgrund der Forderungsausfälle der letzten vier Jahre?
b) Stellen Sie den Risikozuschlagssatz nach jedem Jahr unter Berücksichtigung der vorhergehenden Jahresausfälle erneut fest (1 Dezimalstelle).

	Forderungen	Forderungsausfälle
1. Jahr	940.000,00 €	Umsatz 36.000,00 €
2. Jahr	1.630.000,00 €	Umsatz 45.000,00 €
3. Jahr	1.250.000,00 €	Umsatz 80.000,00 €
4. Jahr	1.010.000,00 €	Umsatz 38.000,00 €

8.4.4 Kalkulatorischer Unternehmerlohn

Der kalkulatorische Unternehmerlohn ist das Entgelt für die geleistete Arbeit des Unternehmers. Die Höhe des kalkulierten Entgelts entspricht dem Gehalt eines Angestellten in gleicher Position (Vorstand, Geschäftsführer).

Der Unternehmerlohn kann entweder mit den Personalkosten oder als Teil des kalkulatorischen Gewinnzuschlages verrechnet werden.

Beispiel 1 **Zuschlagssatz für Unternehmerlohn**

Eine Kommanditgesellschaft hat einen Komplementär, der die alleinige Geschäftsführung und -vertretung hat, und einen Kommanditisten. Für die Geschäftsführung erhält der Komplementär ein Jahresgehalt in Höhe von 120.000,00 €, das nach seinen Aufgabengebieten und dem Umfang des Unternehmens bemessen wurde (Anzahl der Beschäftigten und Umsatz).

Wie hoch ist der Zuschlagssatz für Unternehmerlohn bei einem Umsatz zu Selbstkosten in Höhe von 4.000.000,00 €?

Lösung

$$x \ \% \ \hat{=} \ 120.000,00 \ €$$
$$4.000.000,00 \ € \ \hat{=} \ 100 \ \%$$

$$\text{Zuschlagssatz} = \frac{120.000 \cdot 100}{4.000.000} = \underline{\underline{3\ \%}}$$

Beispiel 2 **Anwendung**

Ein Auftrag über Glasleuchter wird mit 18,50 € Selbstkosten je Stück kalkuliert.

Wie hoch sind die Selbstkosten einschließlich kalkulatorischer Unternehmerlohn? Unternehmerlohn-Zuschlagssatz: 3 %.

Lösung

	Selbstkosten	18,50 €
+	Unternehmerlohn 3 %	0,56 €
	Selbstkosten einschließlich Unternehmerlohn	19,06 €

1 Ermitteln Sie den Zuschlagssatz für den kalkulatorischen Unternehmerlohn und die Selbstkosten einschließlich Unternehmerlohn.

Selbstkosten	Unternehmerlohn	Zuschlagssatz für Unternehmerlohn	Selbstkosten	Selbstkosten einschließlich Unternehmerlohn
a) 28.000.000,00	84.000,00	?	8.950,00	?
b) 3.600.000,00	72.000,00	?	120,00	?
c) 12.000.000,00	60.000,00 72.000,00	?	3,60	?
d) 900.000,00	36.000,00	?	15,80	?

8.4.5 Kalkulatorischer Gewinn

Der kalkulatorische Gewinn als Bestandteil des kalkulatorischen Angebotspreises besteht aus dem Unternehmerlohn und der Eigenkapitalverzinsung – soweit sie nicht in den Selbstkosten verrechnet worden sind – und der Risikoprämie.

Die Kapitalverzinsung ist die Verzinsung des Eigenkapitals zum geschäftsüblichen Zinssatz. Wird die Eigenkapitalverzinsung in den kalkulatorischen Zinsen **nicht** verrechnet, dann ist auch sie Bestandteil des Gewinnzuschlages.

Die Risikoprämie bezieht sich auf das Eigenkapital, das bei der Anlage in einem Unternehmen einem größeren Risiko ausgesetzt ist als in Form eines Bankguthabens, von Pfandbriefen, Hypotheken u. a. Die Höhe des Kapitalrisikos hängt von der Branche und von der Art der Geschäfte ab. Berechnungsgrundlage für die Risikoprämie ist grundsätzlich das Eigenkapital.

Der Unternehmerlohn ist das Entgelt für die persönliche Arbeitsleistung des Unternehmers. Wird der Unternehmerlohn nicht in den kalkulatorischen Kosten verrechnet, dann ist er Bestandteil des Gewinnzuschlages.

Der kalkulatorische Gewinn wird in der Kalkulation als Zuschlag eingesetzt. Berechnungsgrundlage für den Gewinnzuschlag sind die gesamten Selbstkosten des Rechnungszeitraumes.

Beispiel 1 **Ermitteln des kalkulatorischen Gewinnzuschlagssatzes**

Ein Handwerksbetrieb hat ein Eigenkapital von 600.000,00 €, das zu 8 % verzinst werden soll. Als Risikoprämie werden 2 %, als Unternehmerlohn 72.000,00 € (im Jahr) verrechnet. Die Selbstkosten des letzten Geschäftsjahres betrugen 2.640.000,00 €. – Wie hoch ist der Gewinnzuschlagssatz?

Lösung **Feststellen des Gesamtgewinnes in Euro**

Eigenkapitalverzinsung	8 % von 600.000,00 €	48.000,00 €
Risikoprämie	2 % von 600.000,00 €	12.000,00 €
Unternehmerlohn		72.000,00 €
	kalkulatorischer Gesamtgewinn	132.000,00 €

Feststellen des Gewinnzuschlagssatzes

Selbstkosten des Geschäftsjahres	2.640.000,00 €
kalkulatorischer Gewinn im Jahr	132.000,00 €

$$x\ \% \triangleq 132.000,00\ €$$
$$2.640.000,00\ € \triangleq 100\ \%$$

$$x = \frac{132.000 \cdot 100}{2.640.000} = \underline{\underline{5\ \%\ \text{Gewinnzuschlag}}}$$

Beispiel 2 **Feststellen des kalkulatorischen Angebotspreises**

Die Selbstkosten der Stahlkonstruktion für ein Glasdach betragen 8.540,00 €, der Gewinnzuschlag 5 %. Wie hoch ist der Angebotspreis?

Lösung

Selbstkosten	8.540,00 €
+ kalkulatorischer Gewinn 5 %	427,00 €
kalkulatorischer Angebotspreis.............................	8.967,00 €

Ob der kalkulatorische Angebotspreis und damit der kalkulatorische Gewinn zustande kommt, ist eine Frage der Marktverhältnisse. Lässt es der Markt zu, wird ein höherer Preis genommen; im anderen Falle wird der kalkulierte Preis heruntergesetzt und teilweise bzw. ganz auf den Gewinn bei diesem Artikel verzichtet. Es kann auch vorkommen, dass durch den Verkaufserlös nicht einmal die Selbstkosten gedeckt sind.

1 Stellen Sie den Zuschlagssatz für den kalkulatorischen Gewinn fest.

Eigenkapital	Kapitalzinssatz	Risikoprämie	Unternehmerlohn	kalkulat. Gewinn in €	kalkulat. Gewinn in %	Selbstkosten
a) 2.000.000,00	10 %	1,5 %	120.000,00	?	?	16.000.000,00
b) 1.200.000,00	16 %	2 %	96.000,00	?	?	5.000.000,00
c) 750.000,00	12 %	1 %	72.000,00 48.000,00	?	?	8.000.000,00
d) 30.000,00	15 %	0,5 %	144.000,00	?	?	2.500.000,00

2 Errechnen Sie die kalkulatorischen Angebotspreise.

Selbstkosten	kalkulatorischer Gewinn in % Unternehmerlohn	Kapitalverzinsung	Risikoprämie	insgesamt	Angebotspreise
a) 10.600,00	0,5	0,3	0,1	?	?
b) 4,50	1,1	0,8	0,2	?	?
c) 22,30	0,75	0,1	0,05	?	?
d) 110,10	1,5	1,1	0,1	?	?
e) 0,80	0,9	0,2	0,04	?	?

3 Ein Handwerksbetrieb kalkuliert auf die Selbstkosten des Lohnstundensatzes von 36,30 € 3,8 % für Kapitalverzinsung und Wagnisse ein.

Wie viel Euro beträgt der Lohnstundensatz (ohne USt), der dem Kunden berechnet wird?

4 Für 100,00 € Selbstkosten werden berechnet:
Unternehmerlohn 2,90 €
Kapitalverzinsung 0,80 €
Produkt- und Forderungswagnis 0,60 €.

Wie viel Euro beträgt der kalkulatorische Angebotspreis bei einem Auftrag von 25.000,00 € Selbstkosten?

9 Kostenstellenrechnung

9.1 Aufgaben und Zweck der Kostenstellenrechnung

Die Kostenstellenrechnung ist das Bindeglied in der KLR zwischen der Kostenartenrechnung und der Kostenträgerrechnung. Sie hat die **Aufgabe**:

- die Kostenarten den Kostenstellen zuzurechnen, die sie verursacht haben;
- die Beziehungen von Leistungen zwischen den Kostenstellen darzustellen (Verrechnung innerbetrieblicher Leistungen);
- die Zuschlagssätze für Gemeinkosten zur Verrechnung der Kosten im Rahmen der Kalkulation festzustellen;
- die Grundlagen für die Kontrolle der Kosten und Leistungen der Kostenstellen zu schaffen;
- die Wirtschaftlichkeit des Betriebsprozesses zu kontrollieren.

Die Kostenstellenrechnung soll die Erfassung der Kosten nach dem **Verursachungsprinzip** sichern, um die Bestimmung der Selbstkosten der betrieblichen Leistungen zu ermöglichen.

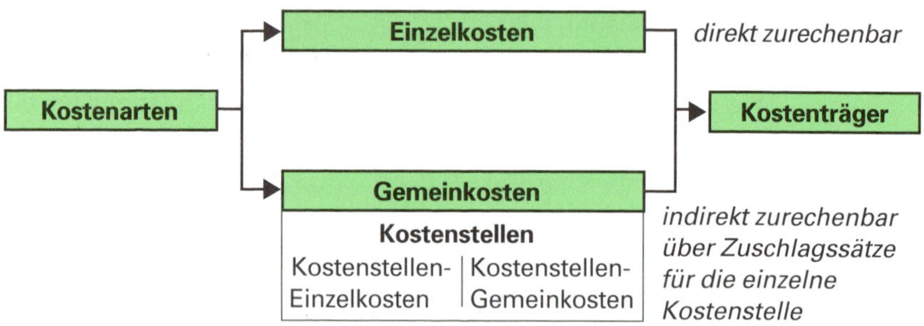

Einzelkosten

Einzelkosten sind für die einzelne betriebliche Leistung (Kostenträger) direkt erfassbar. Dazu gehört im Handelsbetrieb der **Wareneinsatz,** im Fertigungsbetrieb der Verbrauch an Stoffen und Einzelteilen **(Materialkosten)** und **Fertigungslöhne** (z. B. Akkordlöhne). – Die Einzelkosten erscheinen im Betriebsabrechnungsbogen **(BAB)** nur als Grundlage für die Ermittlung der Zuschlagssätze für Gemeinkosten und zur Kostenermittlung.

Gemeinkosten

Gemeinkosten entstehen für den Betrieb bzw. die Kostenträger insgesamt. Deshalb müssen sie auf die Kostenstellen entsprechend der Verursachung verteilt werden. Nach ihrer Zurechenbarkeit unterscheidet man:

- **Kostenstellen-Einzelkosten** fallen nur für **eine** Kostenstelle an. Sie lassen sich dieser Kostenstelle direkt aufgrund von Belegen zurechnen. Dazu gehören für Personalgemeinkosten Gehalts- und Lohnlisten, für die Abschreibungen Inventarkarteien, für Gemeinkostenmaterial Entnahmescheine, Verbrauchszähler für Energie, Telefon.

- **Kostenstellen-Gemeinkosten** sind Kosten, die für mehrere oder für alle Kostenstellen des Betriebes anfallen (z. B. Strom, Miete, Versicherungen, Steuern). Die Stellengemeinkosten sind nach einem festgelegten Verteilungsschlüssel auf die einzelnen Kostenstellen im Betriebsabrechnungsbogen zu verteilen.

Dafür können z. B. Bezugsgrößen festgelegt werden:

Stellengemeinkosten	Bezugsgröße für die Kostenverteilung
Miete	Raumgröße je Kostenstelle
Heizung	Raumvolumen oder Anzahl bzw. Heizfläche der Heizkörper je Kostenstelle, evtl. Zähler
Reinigung	Reinigungsstunden bzw. m^2 Reinigungsfläche je Kostenstelle

Verrechnungsgrundlage für die Gemeinkosten sind folgende Bezugsgrößen:
im Handelsbetrieb: beim Warengeschäft der Wareneinsatz
beim Kundendiest die Leistungsstunden
im industriellen Fertigungsbetrieb:
- **für Materialgemeinkosten** — **der Materialverbrauch**
- **für Fertigungsgemeinkosten** — **die Fertigungslöhne**
- **für Verwaltungsgemeinkosten** — **die Herstellkosten des Umsatzes**
- **für Vertriebsgemeinkosten** — **die Herstellkosten des Umsatzes**
- **im Handwerksbetrieb:** — **der Material-/Wareneinsatz**
  die Leistungsstunden (für Fertigung und Kundendienst)

Das prozentuale Verhältnis von Gemeinkosten der einzelnen Kostenstelle und der Zuschlagsgrundlage ist der Zuschlagssatz für Gemeinkosten. Damit wird gesichert, dass bei unterschiedlicher Inanspruchnahme der Kostenstellen durch die Kostenträger die verursachten Gemeinkosten den Kostenträgern zugerechnet werden.

9.2 Bildung von Kostenstellen

Die Bildung von Kostenstellen richtet sich nach den Funktionsbereichen des Unternehmens.

Hauptfunktionen des Fertigungsbetriebes sind:

- **Material** • **Fertigung** • **Verwaltung** • **Vertrieb**

Für diese Bereiche, die auch untergliedert sein können, werden Kostenstellen eingerichtet.

Darüber hinaus werden Kostenstellen gebildet für

- **den allgemeinen Bereich** **und** • **die Fertigungs-Hilfsstellen.**

Der **allgemeine Bereich** erbringt Leistungen für die anderen Bereiche (Kostenstellen, z. B. Energieversorgung, Sozialeinrichtungen). – **Hilfsstellen der Fertigung** erbringen Leistungen für die Fertigungs-Hauptstellen (z. B.: Arbeitsvorbereitung, Konstruktion, Werkzeugbau). Die Gemeinkosten beider Kostenstellen werden entsprechend der Inanspruchnahme durch die anderen Kostenstellen verteilt.

Entsprechend der Gliederung des Betriebes in Kostenstellen (Abteilungen) werden die Gemeinkosten eingeteilt in:

- **Materialgemeinkosten**
- **Fertigungsgemeinkosten**
- **Verwaltungsgemeinkosten**
- **Vertriebsgemeinkosten und**
- **Gemeinkosten des allgemeinen Bereichs**
- **Gemeinkosten der Fertigungs-Hilfsstellen**

Kostenstellen sind auch **Verantwortungsbereiche**. Das bedeutet für die Verantwortlichen eine ständige Kontrolle der Kosten sowie Leistungsveränderungen, ein Analysieren der Abweichungen im zeitlichen Vergleich (Soll-Ist-Vergleich), die Fortschreibung und Beobachtung von Messzahlen.

Hauptfunktionen des Handelsbetriebes sind:

- **Einkauf**
- **Lagerung**
- **Vertrieb und Kundendienst**
- **Verwaltung**

Kostenstellen im Handelsbetrieb sind in der Regel die Betriebsabteilungen. Die Anzahl der Abteilungen (Kostenstellen) hängt vom Sortiment und Geschäftsumfang ab. Auch einzelne Waren und Warengruppen können Kostenstellen sein.

Beispiel **Mögliche Kostenstellengliederung im**

Großhandel:
- Einkauf
- Lager
- Vertrieb
- Geschäftsleitung
- Rechnungswesen
- Verwaltung
- Fuhrpark
- Kundendienst

Einzelhandel:
- Geschäftsleitung
- Verwaltung
- Abteilungen Verkauf, z. B.
  Lebensmittel
  Hausrat
  Elektro
  Textil
- Kundendienst

In kleinen und mittleren Handels- und Fertigungsbetrieben werden häufig keine Kostenstellen eingerichtet. Hier ist der Betrieb als eine Kostenstelle anzusehen.

9.3 Betriebsabrechnungsbogen (BAB)

Der BAB ist das organisatorische Hilfsmittel

- zur Erfassung der Gemeinkosten,
- zur Verteilung der Gemeinkosten auf die Kostenstellen,
- zur Feststellung der prozentualen Verhältnisse der Gemeinkosten zu ihren Bezugsgrößen,
- zum Vergleich der BAB einzelner Zeiträume,
- zur Feststellung von Messzahlen (z. B. Produktivität, Wirtschaftlichkeit),
- zur Kontrolle der Gemeinkosten.

9.3.1 BAB im Fertigungsbetrieb

9.3.1.1 Einstufiger Betriebsabrechnungsbogen

Beim einstufigen BAB werden die **4 Hauptkostenstellen** eingerichtet:

- **Material**
- **Fertigung**
- **Verwaltung**
- **Vertrieb**

Aufstellen eines einstufigen BAB:

1. Übernahme der Gemeinkostenarten aus der Buchführung;
2. Verteilen der Gemeinkosten auf die Kostenstellen nach einem festgelegten Verteilungsschlüssel;
3. Feststellen der Gemeinkosten, die für jede Kostenstelle insgesamt angefallen sind;
4. Feststellen und Einsetzen der Zuschlagsgrundlagen:
   a) für Materialgemeinkosten die Rohstoffkosten,
   b) für Fertigungsgemeinkosten die Fertigungslöhne,
   c) für Verwaltungsgemeinkosten die Herstellkosten der verkauften Erzeugnisse (des Umsatzes),
   d) für Vertriebsgemeinkosten die Herstellkosten des Umsatzes;
5. Ermitteln der Zuschlagssätze.

Die Herstellkosten des Zeitraumes sind um die Bestandsveränderungen an unfertigen und fertigen Erzeugnissen zu korrigieren, weil Vertriebskosten und zum großen Teil auch Verwaltungskosten durch den Absatz der Erzeugnisse verursacht werden (vgl. auch Konto Bestandsveränderungen).

Aus dem nachfolgenden BAB ergibt sich folgende Gesamtrechnung des Zeitraumes:

Beispiel

Materialkosten	Soweit sie anfallen, sind zu berücksichtigen:
Materialverbrauch	
Materialgemeinkosten (MGK)	**Sondereinzelkosten:**
+ **Fertigungskosten**	SEK der Fertigung
Fertigungslöhne	SEK des Vertriebes
Fertigungsgemeinkosten (FGK)	
= **Herstellkosten**	
+ **Verwaltungsgemeinkosten (VwGK)**	
+ **Vertriebsgemeinkosten (VtGK)**	
= **Selbstkosten der Periode**	

Dieses Schema stellt die Kostenträgerrechnung für die einzelne Leistung des Unternehmens dar – **Kalkulation**.

Die im BAB des vergangenen Rechnungszeitraumes ermittelten Gemeinkostenzuschlagssätze werden in der Kalkulation (Vorkalkulation) verwendet. In den folgenden BAB werden die Gemeinkostenzuschlagssätze erneut festgestellt und kontrolliert; für die Kalkulation werden sie evtl. revidiert.

Betriebsabrechnungsbogen (BAB) (Zahlenbeispiel)

Kostenarten (Gemeinkosten)	Zahlen der KLR	Verteilungsschlüssel	Kostenstellen Material	Fertigung	Verwaltung	Vertrieb
Gemeinkostenmaterial	102.000,00	Entnahmescheine	2.000,00	95.000,00	–	5.000,00
Strom, Gas, Wasser	7.000,00	Zähler-Verbrauch	900,00	5.200,00	400,00	500,00
Hilfslöhne	218.000,00	Lohnscheine	20.100,00	181.500,00	7.200,00	9.200,00
Gehälter	174.000,00	Gehaltslisten	7.000,00	51.000,00	70.000,00	46.000,00
Sozialkosten	121.000,00	Lohn- und Gehaltslisten	6.000,00	72.000,00	25.000,00	18.000,00
Instandhaltungen	19.000,00	Auftragsscheine	2.000,00	14.300,00	1.400,00	1.300,00
Steuern, Versichg., Beiträge ...	5.000,00	Einzelbelege/pauschal	1.000,00	–	4.000,00	–
Verschiedene Kosten	52.000,00	Einzelbelege/pauschal	5.300,00	26.500,00	12.000,00	8.200,00
Kalkulatorische Abschreibungen	132.000,00	Anlagenkartei	17.700,00	88.500,00	11.000,00	14.800,00
Gemeinkosten	830.000,00		62.000,00	534.000,00	131.000,00	103.000,00
Zuschlagsgrundlagen						
1. Rohstoffverbrauch für Materialgemeinkosten			496.000,00			
2. Fertigungslöhne für Fertigungsgemeinkosten				356.000,00		
3. Herstellkosten d. Umsatzes f. Verwaltungs- u. Vertriebsgemeinkosten*					1.493.000,00	1.493.000,00
Zuschläge für Gemeinkosten			12,5 %	150 %	8,8 %	6,9 %

* Für die Verwaltungsgemeinkosten können auch die Herstellkosten des Zeitraumes Zuschlagsgrundlage sein.

Ermitteln der Zuschlagssätze

1. Materialgemeinkostenzuschlag $= \frac{\text{MGK} \cdot 100}{\text{Materialverbrauch}} = \frac{62.000 \cdot 100}{496.000} = \underline{\underline{12{,}5\ \%}}$

2. Fertigungsgemeinkostenzuschlag $= \frac{\text{FGK} \cdot 100}{\text{Fertigungslöhne}} = \frac{534.000 \cdot 100}{356.000} = \underline{\underline{150\ \%}}$

3. Verwaltungsgemeinkostenzuschlag $= \frac{\text{VwGK} \cdot 100}{\text{Herstellkosten des Umsatzes}} = \frac{131.000 \cdot 100}{1.493.000} = \underline{\underline{8{,}8\ \%}}$

4. Vertriebsgemeinkostenzuschlag $= \frac{\text{VtKG} \cdot 100}{\text{Herstellkosten des Umsatzes}} = \frac{103.000 \cdot 100}{1.493.000} = \underline{\underline{6{,}9\ \%}}$

Feststellen der Herstellkosten des Umsatzes

1. Materialkosten		
a) Materialverbrauch	496.000,00	
b) Materialgemeinkosten	62.000,00	558.000,00
2. Fertigungskosten		
a) Fertigungslöhne	356.000,00	
b) Fertigungsgemeinkosten	534.000,00	890.000,00
3. Herstellkosten des Rechnungszeitraumes		1.448.000,00
± **Bestandsveränderungen**		
+ Bestandsverminderung Fertigerzeugnisse	80.000,00	
– Bestandsmehrung unfertiger Erzeugnisse	35.000,00	+ 45.000,00
4. Herstellkosten des Umsatzes .... (der verkauften Erzeugnisse)		1.493.000,00

Zu den Fertigungskosten gehören auch Fert.-Sondereinzelkosten

1 Stellen Sie den BAB auf. Ermitteln Sie die Herstellungskosten des Umsatzes und die Gemeinkostenzuschlagssätze.

Kosten	€	Material	Fertigung	Verw.	Vertr.
Gemeinkostenmaterial	90.000,00	4.000,00	75.000,00	3.000,00	8.000,00
Energie	5.000,00	1.000,00	3.000,00	500,00	500,00
Hilfslöhne	48.000,00	6.000,00	38.000,00	1.000,00	3.000,00
Gehälter	45.000,00	8.000,00	9.000,00	20.000,00	8.000,00
Sozialkosten	10.000,00	1.500,00	5.500,00	2.000,00	1.000,00
Steuern, Versicherungen	3.000,00	500,00	1.500,00	500,00	500,00
Verschiedene Kosten	7.000,00	1.000,00	2.000,00	2.500,00	1.500,00
kalk. Kosten	12.000,00	2.000,00	8.000,00	1.000,00	1.000,00

Fertigungslöhne 106.500,00 € , Materialverbrauch 300.000,00 €, Bestandsveränderungen: Bestandsminderung Fertigerzeugnisse 75.000,00 €, Bestandsmehrung unfertige Erzeugnisse 25.000,00 €.

Was schließen Sie aus Bestandsminderungen und Bestandsmehrungen?

2 Ermitteln Sie die Gemeinkostenzuschlagssätze (Beträge in Euro).

	Fertigungsmaterial	MGK	Fertigungslöhne	FGK	VwGK	VtGK	Bestandsveränderungen	Zuschlagsgrundlage für VwGK und VtGK
a)	810.000	66.000	1.905.000	2.870.000	420.000	604.000	+ 90.000	Herstellungskosten
b)	570.000	59.000	310.000	640.000	75.000	61.000	– 70.000	Herstellungskosten
c)	180.000	42.000	190.000	124.000	38.000	78.000	– 40.000	Herstellungskosten
d)	140.000	21.000	480.000	710.000	82.000	140.000	–	Fertigungslöhne

3 Errechnen Sie die Gemeinkostenzuschlagssätze (keine Bestandsveränderungen) – Beträge in Euro.

Kostenarten (Gemeinkosten)	Zahlen der KLR	Kostenstellen Material	Fertigung	Verwaltung	Vertrieb
Gemeinkostenmaterial	102.000	2.000	95.000	–	5.000
Strom, Gas, Wasser	7.000	900	5.200	400	500
Hilfslöhne	218.000	20.100	181.500	7.200	9.200
Gehälter	174.000	7.000	51.000	70.000	46.000
Sozialkosten	121.000	6.000	72.000	25.000	18.000
Instandhaltungen	19.000	2.000	14.300	1.400	1.300
Steuern, Versichg., Beitr.	5.000	1.000	–	4.000	–
Verschiedene Kosten	52.000	5.300	26.500	12.000	8.200
kalk. Kosten	132.000	17.700	88.500	11.000	14.800
Gemeinkosten	830.000	62.000	534.000	131.000	103.000
Zuschlagsgrundlagen					
1. Rohstoffverbrauch			744.000		
2. Fertigungslöhne				267.000	
3. Herstellkosten				?	?
Zuschlagssätze		?	?	?	?

4 Ermitteln Sie die gemeinsame Zuschlagsgrundlage in Euro für die Verwaltungs- und Vertriebsgemeinkosten

Kostenstellen / Kostenarten	Material	Fertigung	Verwaltung	Vertrieb
Summe Ist-Gemeinkosten	600.000	540.000	150.000	126.000
Einzelkosten	2.400.000	300.000	?	?
Ist-Zuschlagssätze	25 %	180 %	5 %	4,5 %

9.3.1.2 Mehrstufiger Betriebsabrechnungsbogen

Neben den Kostenstellen

- **Material,**
- **Fertigung,**
- **Verwaltung,**
- **Vertrieb**

enthält der mehrstufige BAB Kostenstellen für

- **den allgemeinen Bereich und**
- **die Hilfsstellen der Fertigung.**

Aufstellen des mehrstufigen BAB:

1. Verteilen der Gemeinkosten auf die Kostenstellen
2. Feststellen der gesamten Gemeinkosten je Kostenstelle
3. Umlage der allgemeinen Kostenstellen
4. erneut Feststellen der gesamten Gemeinkosten je Kostenstelle
5. Umlage der Hilfskostenstellen
6. erneut Feststellen der gesamten endgültigen Gemeinkosten je Kostenstelle (Hauptkostenstelle)
7. Feststellen und Einsetzen der Zuschlagsgrundlagen
8. Ermitteln der Zuschlagssätze für Gemeinkosten

Weitere Kostenstellen können eingerichtet werden, z. B.

- **Maschinenkostenstellen (Platzkostenrechnung)**
  Für einzelne Maschinen bzw. Maschinengruppen werden eigene Kostenstellen eingerichtet. Die Gemeinkosten werden über den Maschinenstundensatz verrechnet (Kalkulation mit Maschinenstundensätzen).
- **Kostenstelle Handelswaren**
  Die verursachten Gemeinkosten werden in der Kostenstelle erfasst und in der Handelswarenkalkulation als Zuschlag verrechnet.

Beispiel

Mehrstufiger BAB mit allgemeinen und Hilfskostenstellen

Kostenarten	€	Verteilungsschlüssel	Allg. Kostenstellen: Reparaturwerkstatt	Allg. Kostenstellen: Kraftzentrale	Material	Fertigung – Hauptkostenstellen: Zurichterei	Schlosserei	Dreherei	Montage	Fertigung – Hilfskostenstellen: Arbeitsvorbereitg.	Konstruktion	Verwaltung	Vertrieb
Gemeinkostenmaterial	121.000,00	Entnahmesch.	8.000,00	4.000,00	1.000,00	3.000,00	60.000,00	15.000,00	5.000,00	7.000,00	4.000,00	5.000,00	9.000,00
. .	. .	. .	. .	. .	. .	. .	. .	. .	. .	. .	. .	. .	. .
Gemeink. 1.860.000,00			40.000,00	150.000,00	60.000,00	210.000,00	400.000,00	320.000,00	190.000,00	70.000,00	60.000,00	650.000,00	310.000,00
1. Umlage der allg. Kostenstellen a) Reparaturwerkst.		Aufträge	→	5.000,00	1.000,00	3.000,00	12.000,00	8.000,00	6.000,00	1.000,00	1.000,00	1.000,00	2.000,00
				155.000,00	61.000,00	213.000,00	412.000,00	328.000,00	196.000,00	71.000,00	61.000,00	651.000,00	312.000,00
b) Kraftzentrale		Verbrauch		→	2.000,00	13.000,00	38.000,00	42.000,00	28.000,00	8.000,00	9.000,00	5.000,00	10.000,00
					63.000,00	226.000,00	450.000,00	370.000,00	224.000,00	79.000,00	70.000,00	656.000,00	322.000,00
2. Umlage der Hilfskostenstellen													
a) Arbeitsvorbereitung						4.000,00	42.000,00	24.000,00	9.000,00	←			
b) Konstruktion						8.000,00	38.000,00	16.000,00	8.000,00		←		
Gemeinkosten der Hauptkostenstellen					63.000,00	238.000,00	530.000,00	410.000,00	241.000,00			656.000,00	322.000,00
Zuschlagsgrundlagen													
1. Materialverbrauch					700.000,00								
2. Fertigungslöhne						119.000,00	198.750,00	102.500,00	96.400,00				
3. Herstellkosten des Umsatzes												2.650.000,00	2.650.000,00
Zuschlagssatz für Gemeinkosten					9 %	200 %	267 %	400 %	250 %			25 %	12 %

Herstellkosten des Rechnungszeitraumes	2.698.650,00 €
– Mehrbestand an Halb- und Fertigerzeugnissen	48.650,00 €
Herstellkosten des Umsatzes	2.650.000,00 €

Zuschlagssätze auf volle Prozent gerundet

1

Gemeinkostenart	Zahlen der KLR	Allgemeine Kostenstelle	Material	Fertigung			Verwaltung	Vertrieb
				Hilfsstelle	Hauptstellen I	Hauptstellen II		
Gemeinkostenmaterial	40.000,00	14.800,00	1.500,00	900,00	10.000,00	12.000,00	300,00	500,00
Hilfslöhne	220.000,00	69.600,00	3.000,00	9.600,00	65.800,00	69.000,00	2.000,00	1.000,00
Gehälter	722.650,00	51.000,00	9.400,00	9.000,00	116.000,00	190.000,00	184.000,00	163.250,00
Sozialkosten	176.000,00	9.600,00	300,00	4.400,00	44.000,00	56.300,00	52.000,00	9.400,00
Verschiedene Kosten	221.000,00	192.400,00	1.600,00	10.100,00	2.200,00	2.700,00	3.150,00	9.850,00
Betriebssteuern	48.200,00	13.200,00	2.200,00	1.800,00	13.000,00	12.200,00	3.600,00	2.200,00
Kalkulatorische Kosten	196.800,00	79.400,00	2.000,00	4.200,00	47.000,00	55.800,00	5.200,00	3.200,00
Gemeinkosten	1.624.650,00	430.000,00	20.000,00	40.000,00	298.000,00	398.000,00	249.250,00	189.400,00
Umlagen	1. Allgemeine Kostenstelle 2. Fertigungshilfskosten nach Stundennachweis		10.000,00	28.000,00	150.000,00 400 Std.	196.000,00 450 Std.	20.000,00	26.000,00
Zuschlagsgrundlagen	1. Materialverbrauch 2. Fertigungslöhne 3. Herstellkosten/Umsatz		300.000,00		320.000,00	350.000,00		

Ermitteln Sie die Gemeinkostenzuschlagssätze.

2

Kostenarten	Zahlen der KLR	Verteilungsgrundlage	Allgemeine Kostenstellen		Material	Fertigung					Verwaltung	Vertrieb
						Hilfskostenstellen		Hauptkostenstellen				
			1	2		1	2	I	II	III		
Gemeinkost.	1.178.100,00		45.800,00	33.000,00	43.200,00	48.900,00	32.400,00	293.400,00	414.000,00	155.100,00	58.800,00	53.500,00
Umlagen		1. Allg. Kostenstelle 1		2.400,00	3.000,00	3.000,00	1.800,00	12.600,00	9.300,00	7.200,00	3.900,00	2.600,00
		2. Allg. Kostenstelle 2			1.800,00	1.200,00	1.200,00	10.800,00	8.700,00	6.300,00	2.700,00	2.700,00
		3. Hilfskostenstelle 1					3.100,00	21.000,00	18.000,00	11.000,00		
		4. Hilfskostenstelle 2						8.500,00	17.000,00	13.000,00		
Zuschlagsgrundlagen		1. Materialverbrauch			960.000,00							
		2. Fertigungslöhne						277.040,00	583.750,00	96.300,00		
		3. Herstellkosten										

Bestandsveränderung: Fertigerzeugnisse Erhöhung um 4.800,00 €.
Vervollständigen Sie den BAB.

3 Betriebsabrechnungsbogen

Nr.	**Einzelkosten** (Zuschlagsgrundlagen)			Materialkosten	Fertigungslohnkosten			Herstellkosten
				495.000,00	104.000,00	89.000,00	35.000,00	?
Nr.	**Gemeinkosten** Kostenarten	Verteilerschlüssel	Summe in €	Materiallager	Schlosserwerkstatt	Mechan. Werkstatt	Schweißwerkstatt	Verwaltung Vertrieb
1	Gemeinkostenlöhne und -gehälter		169.000,00	20.000,00	22.000,00	28.000,00	17.000,00	82.000,00
2	Gesetzl. u. freiwillige Sozialkosten		232.000,00	12.000,00	74.000,00	68.000,00	30.000,00	48.000,00
3	Gemeinkostenmaterial		42.000,00	–	6.000,00	10.000,00	18.000,00	8.000,00
4	Strom, Gas, Wasser, Brennstoffe		44.000,00	1.000,00	7.000,00	11.000,00	16.000,00	9.000,00
5	Raumkosten (Miete usw.)		35.000,00	7.000,00	10.000,00	9.000,00	3.000,00	6.000,00
6	Betriebliche Steuern, Versicherungen usw.		45.000,00	1.000,00	12.000,00	12.000,00	7.000,00	13.000,00
7	Postkosten, Bürobedarf, Werbung, Beratung, Pkw, Lkw		54.000,00	4.000,00	11.000,00	11.000,00	6.000,00	22.000,00
8	Instandhaltung (Fremdreparaturen)		7.000,00	–	1.000,00	4.000,00	1.000,00	1.000,00
	Summe lt. Buchhaltung		628.000,00	45.000,00	143.000,00	153.000,00	98.000,00	189.000,00
9	Kalkulatorische Abschreibung		43.000,00	500,00	6.500,00	32.000,00	1.500,00	2.500,00
10	Kalkulatorische Zinsen		39.000,00	1.000,00	4.500,00	29.000,00	1.500,00	3.000,00
11	Kalkulatorische Wagniskosten		24.000,00	2.000,00	6.000,00	6.000,00	2.000,00	8.000,00
12	Kalkulatorischer Unternehmerlohn		72.000,00	4.000,00	12.000,00	12.000,00	4.000,00	40.000,00
	Gesamtgemeinkosten		806.000,00	52.500,00	171.000,00	232.000,00	107.000,00	242.500,00
	Gemeinkostenzuschlag			? %	? %	? %	? %	? %

Stellen Sie fest:

a) die Herstellkosten,

b) die Gemeinkostenzuschläge.

5151147

9.3.1.3 Bildung der Zuschlagssätze für die Kalkulation mit Normalkosten (Sollkosten)

Der BAB weist die **Istkosten** der Kostenstelle *einer* abgelaufenen Rechnungsperiode aus (z. B. Monat, Quartal, Jahr). **Istkosten sind die in einer Rechnungsperiode tatsächlich angefallenen Kosten.** Sie sind die Grundlage für die Überprüfung des Ergebnisses der Rechnungsperiode (Nachkalkulation).

Für die **Verrechnung der Kostenstellenkosten auf die Kostenträger in der Angebotskalkulation** und für die **Kontrolle der Kostenstellenkosten** sind die Daten der **Istkostenrechnung** in der Regel nicht geeignet, da sie von (u. U. zufälligen) Kostenschwankungen in der Rechnungsperiode beeinflusst werden. Die aus den Gemeinkosten der Kostenstellen und aus den Zuschlagsgrundlagen errechneten **Istzuschlagssätze für Gemeinkosten** verändern sich in jeder Rechnungsperiode. Ursache dafür sind:

- **Beschäftigungsabweichungen:** (z. B. Abweichungen in der Kapazitätsausnutzung bei gleich bleibenden Fixkosten)
- **Preisabweichungen:** (z. B. bei Material oder Fertigungskosten)
- **Verbrauchsabweichungen:** (z. B. Kosten für Ausschuss, Störungen durch Defekte, veränderter Energieverbrauch, Abweichen von Materialvorgaben)

Um zu **konstanten Zuschlagssätzen zu kommen,** müssen diese Kostenabweichungen einzelner Rechnungsabschnitte neutralisiert werden. Dazu werden **Normalkosten (Sollkosten)** gebildet **(Normalkostenrechnung).**

Normal- oder Sollkosten sind Durchschnittswerte der Gemeinkosten (arithmetisches Mittel) **aus den Istkosten vergangener Abrechnungsperioden.** Aus diesen Durchschnittswerten werden für die Verrechnung der Gemeinkosten **Normalkostensätze** gebildet (Zuschlagssätze für MGK, FGK, Vw.- und Vtr.-Gemeinkosten). Hierbei werden erkennbare Veränderungen der Kostenstruktur einbezogen (z. B. Lohnerhöhungen). Normalkosten (Sollkosten) haben **Vorgabecharakter** für die Kalkulation. Sie sind die Grundlage für den Vergleich mit den im Rechnungszeitraum entstandenen Istkosten. Die Normalkostensätze werden – nach sorgfältiger Analyse der festgestellten Kostenabweichungen – den Veränderungen angepasst.

Normalkostensatz als durchschnittlicher Zuschlagssatz

Beispiel 1 Die Kostenstelle Material weist folgende Einzel- und Gemeinkosten (in T€) sowie Gemeinkostenzuschlagssätze aus:

Istkosten / Periode	I. Quartal	II. Quartal	III. Quartal	IV. Quartal
Mat.-Einzelkosten ...	400	450	500	430
Mat.-Gemeinkosten ..	20	21	22	21
GK-Zuschlagssatz ...	5,0 %	4,67 %	4,4 %	4,88 %

Bestimmen Sie den Normalkostensatz für die Materialgemeinkosten:
a) als Durchschnittssatz der vier Quartalssätze,
b) als Durchschnittssatz der Einzel- und Gemeinkosten der vier Quartale.

Lösung

a) $\frac{5{,}0\,\% + 4{,}67\,\% + 4{,}4\,\% + 4{,}88\,\%}{4} = \frac{18{,}95}{4} = 4{,}74\,\%$

b) Summe der MGK: 84 — x % ≙ 84 T€
Summe der Einzelkosten: 1.780 — 1.780 T€ ≙ 100 %
x = 4,72 %
(Rundungsdifferenz 0,02 %)

1 Ermitteln Sie den zu verrechnenden Normalkostensatz. Summen aus Quartal II, III, IV des Beispiels 1 und von Quartal I des folgenden Jahres: Einzelkosten 420.000,00 €, Gemeinkosten 22.000,00 €.

Beispiel 2 **Verrechnungssatz zu Normalkosten**

Die Kostenstelle 1120 Fertigung Werkzeugbau I., Verantwortlicher Brenner, weist folgende Kostenstellenkosten und Leistungsstunden der letzten Periode auf:

Ist-Kostenstellenkosten .... 77.200,00 €
Ist-Leistungsmenge .... 720 Std.
Ist-Verrechnungssatz .... 107,22 €

Die Kostenstelle hat eine Kapazität von 800 Leistungsstunden, die im Langzeitdurchschnitt zu 85 % genutzt wird.

a) Wie viel € beträgt der Normalverrechnungssatz?
b) Vergleichen Sie Ist- und Normalverrechnungssatz.

Lösung

a) Durchschnittliche Kapazitätsnutzung
85 % von 800 Std. = **680 Std.**
Normalverrechnungssatz: 77.200,00 € : 680 Std. = **113,53 €/Std.**

b) **Kostenüberdeckung 6,31 €/Std. durch geringere Istkosten**

2 Ermitteln Sie die Normalkostenzuschlagssätze

a) als Durchschnittssatz für das ganze vergangene Jahr,
b) als Durchschnittssatz für die letzten 12 Abrechnungszeiträume (BAB).
c) Stellen Sie den Istkostensatz für Januar des folgenden Jahres fest.
d) Deuten Sie die Ergebnisse des Monats August.

in T€	Jan.	Febr.	März	April	Mai	Juni	Juli	Aug.	Sept.	Okt.	Nov.	Dez.	Jan.
EK	400	380	410	400	420	440	450	200	420	430	440	410	420
GK	35	35	35	35	36	37	38	30	36	37	38	36	37

3 Stellen Sie die zu verrechnenden Stück-Kostenstellenkosten fest

a) als Durchschnitt der vier Abrechnungsperioden:

Istkosten \ Periode	1.	2.	3.	4.
Kostenstellenkosten (€)	250.000,00	280.000,00	310.000,00	320.000,00
Leistungsmenge (Stück)	2000	2150	2300	2350
Stückkosten (€)	125,00	130,23	134,78	136,17

Vergleichen Sie Ist-Stückkosten und Normal-Stückkosten.

b) als Durchschnitt der letzten vier Perioden.
5. Periode: Kostenstellenkosten 330.000,00 €, 2 360 Stück.

9.3.1.4 Betriebsabrechnung mit Ist- und Normal-Gemeinkosten (Kostenüberdeckung/Kostenunterdeckung)

In der Angebotskalkulation werden die Gemeinkosten grundsätzlich als **Normalkosten** verrechnet.

Im BAB werden die Normal-Gemeinkosten mit den tatsächlich festgestellten Ist-Gemeinkosten verglichen und die Gründe für Kostenabweichungen festgestellt.

Aus dem **Vergleich von Normal- und Ist-Gemeinkosten** können sich ergeben:

- **Kostenüberdeckung:** Die Istkosten sind niedriger als die verrechneten Normalkosten. Die Erlöse übersteigen die verrechneten Kosten.
- **Kostenunterdeckung:** Die Istkosten sind höher als die verrechneten Normalkosten. Die Erlöse decken die tatsächlich angefallenen Kosten nicht.

Beispiel

Betriebsabrechnungsbogen (BAB)

Kostenarten (Gemeinkosten)	Zahlen der Kostenrechnung	Kostenstellen			
		Material	Fertigung	Verwaltung	Vertrieb
Gemeinkostenmaterial	102.000,00	2.000,00	95.000,00	–	5.000,00
Strom, Gas, Wasser	7.000,00	900,00	5.200,00	400,00	500,00
Hilfslöhne	218.000,00	20.100,00	181.500,00	7.200,00	9.200,00
Gehälter	174.000,00	7.000,00	51.000,00	70.000,00	46.000,00
Sozialkosten	121.000,00	6.000,00	72.000,00	25.000,00	18.000,00
Instandhaltungen	19.000,00	2.000,00	14.300,00	1.400,00	1.300,00
Steuern, Versichg., Beiträge	5.000,00	1.000,00	–	4.000,00	–
Verschiedene Kosten	52.000,00	5.300,00	26.500,00	12.000,00	8.200,00
kalk. Kosten	132.000,00	17.700,00	88.500,00	11.000,00	14.800,00
Ist-Gemeinkosten	830.000,00	62.000,00	534.000,00	131.000,00	103.000,00
Zuschlagsgrundlagen					
1. Rohstoffverbrauch		496.000,00			
2. Fertigungslöhne			356.000,00		
3. Herstellkosten				1.493.000,00	1.493.000,00
Istkosten-Zuschlagssätze		12,5 %	150 %	8,8 %	6,9 %
Normalkosten-Zuschlagssätze		12,0 %	155 %	8,5 %	7,0 %
Normal-Gemeinkosten	842.735,00	59.520,00	551.800,00	126.905,00	104.510,00
Kosten-Unter-/-Überdeckung	+ 12.735,00	– 2.480,00	+ 17.800,00	– 4.095,00	+ 1.510,00

Die Ist-Gemeinkosten sind insgesamt niedriger als die Normal-Gemeinkosten: Kostenüberdeckung von 12.735,00 € : Kostenunterdeckung in den Kostenstellen Material und Verwaltung, Kostenüberdeckung in den Kostenstellen Fertigung und Vertrieb.

1 Nennen Sie Gründe für die im Beispiel festgestellten Kostenabweichungen.

2 Auszug aus dem BAB eines Bekleidungsherstellers:

Kostenarten	Kosten	Kostenstellen				
		Material	Fertigung		Verwaltung	Vertrieb
			Eigenfertig.	Heimarbeit		
Ist-Gemeinkosten	990.000,00	40.000,00	500.000,00	150.000,00	100.000,00	200.000,00
Zuschlagsgrundlagen		800.000,00	400.000,00	300.000,00	2.500.000,00	2.500.000,00
Istkosten-Zuschlagssätze		5 %	125 %	50 %	4 %	8 %
Normalkosten-Zuschlagssätze .		4,5 %	125 %	45 %	3,9 %	8,1 %
Normal-Gemeinkosten	?	?	?	?	?	?
Kosten-Über-/-Unterdeckung...	?	?	?	?	?	?

a) Stellen Sie Über- und Unterdeckung der Gemeinkosten fest.

b) Nennen Sie Gründe für die starken Gemeinkostenabweichungen bei Material und Heimarbeit.

3 Für das abgelaufene Geschäftsjahr wurden folgende Istkosten festgestellt:

Material: Stoffkosten 200.000,00 €, Gemeinkosten 18.000,00 €

Fertigungskosten:

Einzelfertigung: Löhne 300.000,00 €, Gemeinkosten 600.000,00 €
Montage: Löhne 100.000,00 €, Gemeinkosten 150.000,00 €

Verwaltung: Gemeinkosten 134.000,00 €
Vertrieb: Gemeinkosten 201.000,00 €

Bestandsmehrung an fertigen und unfertigen Erzeugnissen: 28.000,00 €.

Normalkosten-Zuschlagssätze für Gemeinkosten: Material 10 %, Einzelteilefertigung 210 %, Montage 140 %, Verwaltung 10,1 %, Vertrieb 13 %.

Stellen Sie in Tabellenform fest:

a) die gesamten Ist-Gemeinkosten,

b) die Istkosten-Zuschlagssätze,

c) die Normal-Gemeinkosten,

d) die Kosten-Unter- und -Überdeckung je Kostenstelle und insgesamt.

e) Nennen Sie Gründe für die Gemeinkostenabweichungen in der Fertigung und im Vertrieb.

9.3.2 BAB im Handelsbetrieb

Auch im Handelsbetrieb werden im BAB die Gemeinkosten auf die eingerichteten Kostenstellen verteilt.

Beispiel 1 **BAB**

Im folgenden BAB wurden die Kosten einer Großhandlung auf die Kostenstellen verteilt. Die Kosten der Kostenstelle Hausverwaltung, die nicht direkt am Umsatzgeschehen beteiligt ist, wurden mit einem Schlüssel auf die einzelnen Kostenstellen verteilt. Grundlage der Verteilung ist die Inanspruchnahme der Kostenstelle Hausverwaltung durch die übrigen Kostenstellen.

Betriebsabrechnungsbogen für Monat März

Kostenarten	insges. €	Kostenstellen						
		Haus-verw.	Gesch.-Leitung	Einkauf	Lager	Verkauf*	Fuhrpark	Buch-haltung
Löhne	80.000	2.000	–	–	28.000	–	50.000	–
Gehälter	220.000	4.000	8.000	35.000	40.000	90.000	20.000	23.000
ges. Sozialaufw.	39.000	600	500	4.000	7.000	14.000	15.400	2.500
freiw. Sozialaufw.	29.000	700	–	4.300	7.300	5.700	6.000	2.000
Mieten/Pachten/ Leasing	78.000	1.000	2.000	5.000	35.000	18.000	12.000	5.000
Steuern, Beiträge, Versicherungen	59.000	100	200	2.900	28.000	15.000	11.000	1.800
Energie	1.000	–	–	–	–	800	200	–
Werbe-/Reisekosten	24.000	500	2.500	3.000	500	16.000	600	900
Kosten der Warenabgabe	72.000	–	–	–	–	–	72.000	–
AVK	36.000	1.000	3.100	8.300	4.700	12.000	1.800	5.100
kalk. Abschreibung	20.000	800	600	1.900	5.000	3.700	7.000	1.000
Kosten der Kostenstellen	658.000	10.700	16.900	64.400	155.500	175.200	196.000	41.300
Umlage Kostenstelle Hausverwaltung		→	100	2.600	3.500	2.800	1.000	700
Kosten der Kostenstellen			17.000	67.000	159.000	178.000	197.000	42.000

Aufstellen des BAB

① Feststellen und Einrichten der Kostenstellen
② Übernahme der Kosten aus der Buchführung
③ Einsetzen der Stelleneinzelkosten in die Kostenstellen
④ Verteilen der Stellengemeinkosten auf die Kostenstellen
⑤ Feststellen der Gesamtkosten je Kostenstelle
⑥ Umlage der allgemeinen Kostenstellen

zu ③ u. ④

Kostenarten	Verteilungsgrundlage
Löhne	Lohnliste
Gehälter	Gehaltsliste
gesetzl. Sozialaufwand	Gehalts- und Lohnliste

* Die Kostenstelle Verkauf kann nach Artikelgruppen untergliedert werden.

zu ③ u. ④ (Fortsetzung)

Kostenarten	Verteilungsgrundlage
freiw. Sozialaufwand	Einzelbeläge (z. B. Rechnung für Jubiläumsgeschenk)
Mieten/Pachten/Leasing	Miete nach m²
Energie	Zählerstand
Werbe- u. Reisekosten	Einzelbelege (z. B. Fahrkostenabrechnung)
Steuern, Beiträge und Versicherungen	Einzelbelege (z. B. Steuerbescheid) Sachversicherung nach Vermögenswerten der Kostenstellen (Inventar)
Kosten der Warenabgabe	Einzelbelege (z. B. Frachtbriefe)
AVK	Einzelbelege (z. B. Porto nach Portokassen, Telefon nach Schätzung, Telefax nach Gebührenzähler)
kalk. Abschreibungen	Inventarlisten

Daran schließt sich die **Auswertung des BAB** an.

Kosten-Zeit-Vergleich | **Kontrolldaten**

Kosten-Zeit-Vergleich. Durch den Vergleich mit früheren Rechnungsperioden sind Veränderungen bei den Kostenstellen festzustellen. Die Ursachen für die Kostenveränderungen werden untersucht. Die Erkenntnisse bilden die Grundlagen für unternehmerische Entscheidungen.

Beispiel 2 **Kosten-Zeit-Vergleich der Monate**

Kostenstellen	Januar	Februar	März	usw.
Geschäftsleitung	17.200,00	18.200,00	16.900,00	
Verwaltung	9.800,00	9.400,00	10.700,00	
Teppiche/Gardinen	67.100,00	61.100,00	64.400,00	
DOB	158.300,00	156.300,00	155.500,00	
HaKa	160.500,00	162.600,00	175.200,00	
Elektro	215.000,00	185.000,00	196.000,00	
Kundendienst	39.800,00	40.500,00	41.300,00	
Gesamtkosten	667.700,00	633.100,00	660.000,00	

Das Beispiel zeigt die Kostenveränderungen der einzelnen Monate des Geschäftsjahres. Wichtig ist auch der Vergleich zu den Zahlen des bzw. der Vorjahre und den Kosten der Branche (externer Betriebsvergleich).

Die Kostenveränderungen müssen im Zusammenhang mit der Geschäftstätigkeit gesehen werden. **Im Allgemeinen ist der Warenumsatz zu Bezugspreisen (Wareneinsatz) Vergleichsgröße.**

Beispiel 3 **Kosten-Zeit-Vergleich Kostenstellen und Wareneinsatz** (vgl. Beispiel 2)

	Januar	Februar	März	usw.
Wareneinsatz	5.400.000,00	5.600.000,00	5.900.000,00	
Gesamtkosten der Kostenstellen	667.700,00	633.100,00	660.000,00	
Gesamtkosten in % vom Wareneinsatz	12,37 %	11,31 %	11,19 %	

Dieser Vergleich lässt saisonale Veränderungen erkennen. Außerdem kann festgestellt werden, dass sich die Kosten im Verhältnis zur Umsatzentwicklung nur geringfügig verändern. Aufschlussreich ist auch die Entwicklung der Stellenkosten im Verhältnis zu den monatlichen Umsätzen.

1 Verteilen Sie die Stellengemeinkosten nach den angegebenen Schlüsseln und stellen Sie die monatlichen Gesamtkosten je Kostenstelle fest.

Kostenarten	Zahlen der Buchh.	Kostenstellen				
		Gesch'l. Verwalt.	Einkauf	Verkauf	Lager	Fuhrpark
Löhne	7.000	–	–	–	2.000	5.000
Gehälter	32.000	9.000	4.000	14.000	3.000	2.000
ges. Sozialaufwand	5.000	1.300	500	1.500	700	1.000
freiwilliger Sozialaufwand	1.500	3 Besch.	5 B.	12 B.	2 B.	8 B.
Miete	10.000	400	1.200	1.400	1.700	1.300
Steuern, Beiträge, Versicherungen	6.000	100	400	600	1.700	1.200
Energie	1.000	–	–	600	100	300
Werbe- und Reisekosten	5.000	1.500	100	3.400	–	–
Kosten der Warenabgabe	8.000	–	–	–	–	8.000
AVK	11.000	500	4.000	5.000	1.000	500
kalk. Abschreibungen	3.000	200	400	600	800	1.000
Gesamtkosten	?	?	?	?	?	?

Verteilung der Stellengemeinkosten (Stelleneinzelkosten bereits zugerechnet):

a) Freiwilliger Sozialaufwand: Verteilung nach Anzahl der Beschäftigten je Kostenstelle.

b) Miete: Die restlichen Gemeinkosten sind nach m² zu verteilen.

Geschäftsleitung und Verwaltung	120 m²
Einkauf	60 m²
Verkauf	150 m²
Lager	1 600 m²
Fuhrpark	70 m²

c) Steuern, Beiträge und Versicherungen: Die restlichen Gemeinkosten sind nach dem Vermögensanteil der Kostenstellen zu verteilen.

Geschäftsleitung und Verwaltung	10.000,00 €
Einkauf	20.000,00 €
Verkauf	30.000,00 €
Lager	100.000,00 €
Fuhrpark	40.000,00 €

2 Verteilen Sie die Stellengemeinkosten nach den angegebenen Schlüsseln und stellen Sie die monatlichen Gesamtkosten je Kostenstelle fest. (Cash-and-carry-Großhandlung)

Kostenart	Zahlen der Buchhaltung	Kostenstellen			
		Geschäftsf. Einkauf	Ver-waltung	Lager/ Verkauf	Fuhrpark
Personalkosten	220.000	30.000	41.000	139.000	10.000
freiwillige Sozialkosten	16.500	–	–	–	–
Miete	56.000	2.000	4.000	45.000	5.000
Steuern, Beiträge, Versicherungen	20.000	1.000	2.000	15.000	2.000
Werbe- und Reisekosten	14.000	7.000	1.000	6.000	–
Kosten der Warenabgabe	10.000	–	–	–	10.000
AVK	25.000	4.000	9.000	11.000	1.000
kalk. Abschreibungen	20.000	1.000	2.000	14.000	3.000
kalk. Zinsen	15.000	–	–	–	–
Gesamtkosten	?	?	?	?	?

Verteilung der Stellengemeinkosten:

a) Freiwillige Sozialkosten: Sie sind nach der Lohn- und Gehaltssumme je Kostenstelle zu verteilen.

b) Kalkulatorische Zinsen: Sie sind nach dem betriebsnotwendigen Kapital je Kostenstelle zu verteilen: Geschäftsführung und Einkauf 100.000,00 €, Verwaltung 180.000,00 €, Lager und Verkauf 1.400.000,00 €, Fuhrpark 120.000,00 €.

c) Stellen Sie bei den Kostenstellen die Kostenschwerpunkte fest und begründen Sie diese.

3 Welche Erkenntnisse ergeben sich aus dem Zeitvergleich der Kosten der Kostenstellen und des Wareneinsatzes? (Mio. €)

Vorjahr	Jan.	Febr.	März	April	Mai	Juni
Wareneinsatz	1,6	1,4	1,7	1,8	2,0	1,9
Kosten d. Kostenstellen	0,125	0,130	0,129	0,131	0,137	0,132
letztes Geschäftsjahr						
Wareneinsatz	1,8	1,7	1,9	2,1	2,0	2,1
Kosten d. Kostenstellen	0,132	0,131	0,137	0,146	0,140	0,135

Vorjahr	Juli	Aug.	Sept.	Okt.	Nov.	Dez.
Wareneinsatz	2,2	2,1	2,4	2,6	2,5	2,0
Kosten d. Kostenstellen	0,135	0,134	0,142	0,139	0,133	0,136
letztes Geschäftsjahr						
Wareneinsatz	2,4	2,4	2,8	2,9	2,8	2,3
Kosten d. Kostenstellen	0,137	0,138	0,141	0,141	0,136	0,139

4 Welche Erkenntnisse ergeben sich aus dem Kosten-Zeit-Vergleich
a) bei einfachem Monatsvergleich der Kostenstelle Fuhrpark,
b) bei Monatsvergleich der Gesamtkosten mit dem Wareneinsatz,
c) für die zukünftige Kalkulation?

Kostenst.	Januar	Februar	März	April	Mai	Juni
Geschäftsf.	9.000	8.900	9.400	9.100	10.400	9.800
Einkauf	12.600	14.100	13.700	11.900	13.100	12.500
Verkauf	28.200	26.400	35.600	30.700	29.100	31.100
Lager	19.400	18.100	17.500	21.100	22.600	27.400
Fuhrpark	15.100	24.300	14.100	17.200	16.500	18.300
Verwaltung	10.200	9.700	12.600	13.100	11.700	11.100
Gesamtkosten	94.500	101.500	102.900	103.100	103.400	110.200
Wareneins.	850.000	920.000	1.100.000	1.050.000	1.080.000	1.200.000
Gesamtk. in % v. WE	11,1 %	11,0 %	9,4 %	9,8 %	9,6 %	9,2 %

Kostenst.	Juli	August	September	Oktober	November	Dezember
Geschäftsf.	8.300	9.700	8.400	10.700	9.600	9.200
Einkauf	13.800	12.900	17.100	12.800	11.800	12.100
Verkauf	27.400	36.200	32.400	30.100	33.500	27.600
Lager	20.600	19.500	17.900	25.600	24.200	21.900
Fuhrpark	16.900	15.300	14.800	19.300	18.000	17.400
Verwaltung	9.900	10.200	10.800	11.800	10.900	11.000
Gesamtkosten	96.900	103.800	101.400	110.300	108.000	99.200
Wareneinsatz	1.110.000	1.190.000	1.080.000	1.020.000	970.000	940.000
Gesamtk. in % v. WE	8,7 %	8,7 %	9,4 %	10,8 %	11,1 %	10,6 %

Beispiel 4 **Kontrolldaten** (Zahlen aus Beispiel 1)

Kosten je Einkaufsvorgang

$$\frac{\text{Kosten der Kostenstelle Einkauf } 67.000{,}00\ €}{\text{Anzahl der Einkaufsvorgänge } 1\,000} = \underline{\underline{67{,}00\ €}}$$

Kosten je Verkaufsvorgang

$$\frac{\text{Kosten der Kostenstelle Verkauf } 178.000{,}00\ €}{\text{Anzahl der Verkaufsvorgänge } 20\,000} = \underline{\underline{8{,}90\ €}}$$

5 Stellen Sie weitere Kontrolldaten fest.
a) Kosten je Buchung: Kostenstellenkosten 42.000,00 €
Anzahl der Buchungen 24 000
b) Kosten je m^2 Lagerfläche: Kostenstellenkosten 159.000,00 €
Lagerfläche 6 000 m^2
c) Kosten je Lkw-km: Kostenstellenkosten 197.000,00 €
gefahrene 150 000 km
d) Umsatz je Beschäftigter: Umsatz 5.900.000,00 €
Beschäftigte 52
e) Umsatz je m^2 Lagerfläche: Umsatz 5.900.000,00 €
Lagerfläche 12 000 m^2

9.3.3 BAB mit fixen und variablen Gemeinkosten

Für die Kalkulation zu Teilkosten ist die Aufteilung der Gemeinkosten in fixe und variable Kosten notwendig. Sie erfolgt bereits im BAB, um die Bildung von getrennten Zuschlagssätzen für Gemeinkosten zu ermöglichen. Außerdem lassen sich über die Feststellung der variablen Kostenanteile die verbrauchsbedingten (beschäftigungsabhängigen) Kosten besser kontrollieren.

Beispiel **BAB mit fixen und variablen Kosten (in T€)**

Kostenarten (Gemeinkosten)	**Zahlen der KLR**			**Kostenstellen**							
				Material		Fertigung		Verwaltung		Vertrieb/Versand	
	insgesamt	fix	variabel	fix	variabel	fix	variabel	fix	variabel	fix	variabel
GK-Material	894	241	653	3	30	20	23	180	–	38	600
Personalkosten	8.200	7.600	600	350	15	4.550	185	1.500	100	1.200	300
Abschreibungen	3.000	2.550	450	300	–	1.850	400	700	–	150	50
Instandhaltung	700	550	150	20	–	300	150	130	–	100	–
Energie	600	100	500	6	14	60	396	20	50	14	40
Steuern, Gebühr., Versicherungen	400	400	–	40	–	200	–	10	–	150	–
Miete, Pacht, Leasing	800	800	–	100	–	220	–	210	–	270	–
Bürokosten	960	900	60	50	10	200	20	450	10	200	20
sonstige Kosten	1.200	600	600	34	572	333	13	107	–	126	15
kalk. Kosten	1.500	1.500	–	150	–	750	–	30	–	570	–
Gemeinkosten	18.254	15.241	3.013	1.053	641	8.483	1.187	3.337	160	2.818	1.025

1 Stellen Sie für das Beispiel die Sätze gesondert für die fixen und variablen Gemeinkostenzuschläge fest und berechnen Sie die Selbstkosten (keine Bestandsveränderungen). Materialeinsatz 6.500.000,00 €, Fertigungslöhne 3.100.000,00 €.

2 Ein Handwerksbetrieb verzichtet in der Kosten- und Leistungsrechnung auf differenzierte Zuschläge nach Kostenstellen. Neben dem Materialpreis wird ein einheitlicher Lohnstundensatz ermittelt. Zusätzlich wird der Lohnstundensatz nach fixen und variablen Sätzen festgestellt.

a) Wie viel Euro betragen die Gesamtkosten?

b) Wie viel Euro betragen die fixen und die variablen Kosten?

c) Wie viel Euro beträgt der Lohnstundensatz (5 000 Stunden)?

Die Materialkosten werden gesondert erfasst und verrechnet.

Kosten	gesamt	Verteilung	fix	variabel
Personalkosten	210.000,00	90/10		
Hilfs- und Betriebsstoffe	6.000,00	0/100		
Energiekosten	10.000,00	10/90		
betriebliche Steuern	5.000,00	60/40		
Versicherungen, Gebühren, Beiträge	14.000,00	90/10		
Instandhaltung, Reparaturen	4.000,00	20/80		
Raumkosten	5.000,00	90/10		
Bürokosten	19.000,00	30/70		
Werbung	7.000,00	100/0		
Reisekosten	6.000,00	20/80		
Beratungen	4.000,00	50/50		
Kfz-Kosten	30.000,00	40/60		
sonstige Kosten	15.000,00	50/50		
Zinsen	8.000,00	70/30		
Abschreibungen	25.000,00	90/10		
kalkulatorische Kosten	140.000,00	100/0		
Gesamtkosten	?		?	?

10 Kostenträgerrechnung auf Vollkostenbasis

Kostenträger sind:

- Waren
- Erzeugnisse von Fertigungsbetrieben
- Dienstleistungen
- Bestandserhöhungen

Bei der Kostenträgerrechnung auf Vollkostenbasis werden die vollen Kosten nach dem **Verursachungsprinzip** den Kostenträgern zugerechnet. Das Ergebnis sind die Selbstkosten. Sie sind Ausgangspunkt für die Preisgestaltung. Über den Verkaufserlös sollen die (vollen) Kosten der Kostenträger gedeckt werden, d. h. als liquide Mittel in das Unternehmen zurückfließen.

10.1 Bezugskalkulation (Wareneinsatz und Materialkosten)

Der Wareneinsatz ist der Einstandspreis der verkauften Waren. Materialkosten sind der Wert, mit dem Stoffe und Fertigteile verrechnet werden.

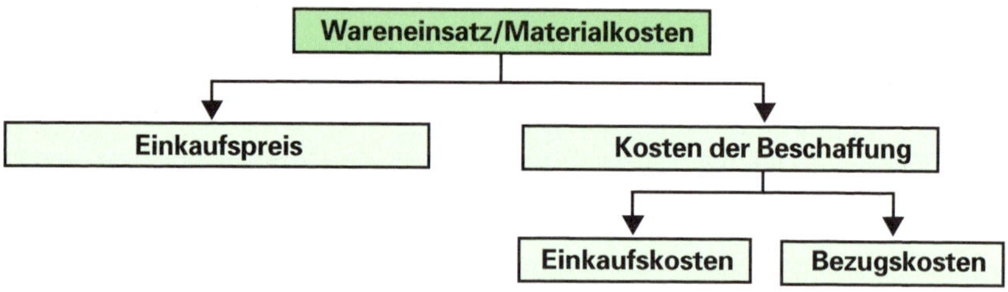

10.1.1 Errechnen des Einkaufspreises

Der Einkaufspreis ist der Preis, den der Käufer ab Werk oder ab Lager des Verkäufers – **ohne Umsatzsteuer** – zu zahlen hat. Um die tatsächlichen Kosten festzustellen, müssen häufig Gewichts- und Wertabzüge berücksichtigt werden.

Gewichtsabzüge vermindern das Bruttogewicht.

Verpackungsgewicht = Tara

a) **effektive Tara:**
Das tatsächliche Gewicht der Verpackung wird durch Wiegen festgestellt.

b) **handelsübliche Tara (Uso-Tara):**
Als Verpackungsgewicht wird das Durchschnittsgewicht einer bestimmten Verpackungsart und -größe angenommen.
Stücktara: z. B. je Sack 1 kg
Prozenttara: Tara beträgt z. B. 4 % des Gesamtgewichts (Bruttogewichts).

c) Zolltara:
Bei Gewichtszoll wird die vom Zoll festgelegte Tara abgerechnet (Durchschnittstara).

d) brutto für netto (b/n oder b.f.n.):
Bei dieser Bedingung wird die Verpackung mit der Ware gewogen und als Ware bezahlt (z. B. Früchte in Körben, Pappbehältern und Kartons).

Gutgewicht

Für Gewichtsverluste (durch Schwund, Wiegen, Verderb, Leckage u. Ä.) gewährt der Lieferer eine Gewichtsvergütung. Diese Vergütung wird vom Nettogewicht (Bruttogewicht minus Tara) berechnet. Ebenso können für bruchanfällige Verpackung (Gläser, Flaschen) Bruchgutmengen auf die Nettomenge gewährt werden.

Schema zur Ermittlung des Abrechengewichts

	Bruttogewicht
–	**Verpackungsgewicht/Tara**
	Nettogewicht/Reingewicht
–	**Gutgewicht**
	vermindertes Nettogewicht/verm. Reingewicht

Im Kaufvertrag wird das Abrechengewicht geregelt. Abrechengewicht können sein: das Bruttogewicht, das Nettogewicht bzw. das verminderte Nettogewicht.

Beispiel 1 **Feststellen des Abrechengewichts**
Eine Rösterei bezieht 50 Sack Kaffee. Das Bruttogewicht beträgt 40 kg je Sack, die Tara 1 kg je Sack. Für Transportverluste werden 2 % Gutgewicht vereinbart. Wie viel kg beträgt das Abrechengewicht?

Lösung

	Bruttogewicht 50 Sack zu je 40 kg	2 000 kg
–	Tara 50 Sack zu je 1 kg	50 kg
	Nettogewicht	1 950 kg
–	Gutgewicht 2 % (vom Nettogewicht)	39 kg
	vermindertes Nettogewicht/Abrechengewicht	1 911 kg

1 Stellen Sie das Abrechengewicht fest. (3 Dezimalen)

Bruttogewicht/-menge	Tara	Gutgewicht/-menge
a) 900 kg	9 kg	1 %
b) 15 000 kg	4 %	1,5 %
c) 8 000 l	–	50 l
d) 2 000 Flaschen	–	2 %

Wertabzüge vermindern den Einkaufspreis.

Rabatt

Er wird z. B. als Mengen-, Sonder-, Treue- oder Wiederverkäuferrabatt gewährt.

Eine besondere Art des Rabattes ist der Naturalrabatt:

a) **Draufgabe**: Der Käufer erhält zusätzlich zu seiner Bestellung kostenlos Ware.

b) **Dreingabe**: Ein Teil der bestellten und gelieferten Menge wird nicht berechnet.

Beispiele

Bestellung	2 000 Stück
Lieferung	2 200 Stück
Berechnung	2 000 Stück
Draufgabe	200 Stück

Bestellung	2 000 Stück
Lieferung	2 000 Stück
Berechnung	1 800 Stück
Dreingabe	200 Stück

Skonto

Es ist ein Abzug vom Zieleinkaufspreis bei vorzeitiger Zahlung (z. B. 3 % Skonto bei Zahlung innerhalb von 10 Tagen, danach Zahlung ohne Skontoabzug).

Sonstige Vergütungen

Zum Beispiel Frachtvergütung, wenn im Angebotspreis die Transportkosten bereits enthalten sind (frei Lager), der Käufer aber mit eigenem Fahrzeug die Ware vom Lieferer abholt.

Schema zur Ermittlung des Einkaufspreises

	Listeneinkaufspreis
–	**Rabatt (vom Listeneinkaufspreis)**
	Zieleinkaufspreis
–	**Skonto (vom Zieleinkaufspreis)**
	Bareinkaufspreis

Beispiel 2 **Feststellen des Bareinkaufspreises**

Ein Kaufhaus bezieht für eine Sonderaktion 1 000 elektronische Lampen zu 9,50 € je Stück (empfohlener Verbraucherpreis). Vereinbart sind: Wiederverkäuferrabatt 60 %, Skonto bei Sofortzahlung 3 %, bei Ausnutzung des Zahlungsziels von 30 Tagen ohne Skontoabzug.

Wie viel Euro beträgt der Bareinkaufspreis?

Lösung

	Listeneinkaufspreis 1 000 Stück zu 9,50 €	9.500,00 €
–	Wiederverkäuferrabatt 60 % (vom Listenpreis)	5.700,00 €
	Zieleinkaufspreis	3.800,00 €
–	Skonto 3 % (vom Zieleinkaufspreis)	114,00 €
	Bareinkaufspreis	3.686,00 €

Beispiel 3 **Abrechengewicht und Bareinkaufspreis**

Eine Bäckereinkaufsgenossenschaft bezieht 4 000 kg Konfitüre zu 3,00 € je kg. Mit dem Lieferer sind vereinbart: 4 % Tara, 5 % Gutgewicht, 10 % Mengenrabatt und 2 % Skonto. Wie hoch ist der Bareinkaufspreis für 1 kg?

Lösungsschema

	Bruttogewicht		
–	Tara		
	Nettogewicht		
–	Gutgewicht		
	verm. Nettogewicht zu /////// € je kg	= Listeneinkaufspreis	/////// €
		– Rabatt (v. Listenpreis)	/////// €
		Zieleinkaufspreis	/////// €
		– Skonto (v. Zielpreis)	/////// €
		Bareinkaufspreis	/////// €

Lösung

	Bruttogewicht	4 000 kg		
–	Tara 4 %	160 kg		
	Nettogewicht	3 840 kg		
–	Gutgewicht 5 %	192 kg		
	verm. Nettogewicht	3 648 kg		
		zu 3,00 € je kg	Listeneinkaufspreis	10.944,00 €
			– 10 % Rabatt	1.094,40 €
			Zieleinkaufspreis	9.849,60 €
			– 2 % Skonto	196,99 €
		für 3 648 kg	Bareinkaufspreis	9.652,61 €
		für 1 kg	Bareinkaufspreis	2,65 €

2 Stellen Sie den Einkaufspreis insgesamt und je Mengeneinheit fest.

Bestellung Bruttogewicht/ -menge	Tara	Gut-gewicht	Listenpreis (in €)	Rabatt	Skonto
a) 1 500 kg	–	–	3,60 je kg	4 %	3 %
b) 40 Dosen	–	–	1,25 je Dose	–	3 %
c) 30 kg	1 kg	250 g	10,10 je kg	–	–
d) 6 000 Fl.	–	–	2,20 je Fl.	Draufg. 300 Fl.	1 %
e) 1 100 Stück	–	–	6,20 je Stück	Dreing. 100 St.	4 %
f) 2 500 kg	4 %	2 %	3,50 je kg	5 %	1 %
g) 10,6 t	200 kg	100 kg	810,00 je t	1 %	5 %
h) 800 kg	2 %	½ %	25,00 je kg	–	2 %

3 Ein Hersteller von Fertignahrung bezieht 2 000 Kartons Bananen zu 42,20 € für 50 kg rein netto. Ein Karton wiegt 15 kg brutto, die Verpackung 0,75 kg. Außerdem sind 2 % als Gewichtsverlust zu berücksichtigen. Es werden 4 % Mengenrabatt und 1 % Skonto gewährt.
Wie hoch ist der Bareinkaufspreis insgesamt, je Karton und je kg?

10.1.2 Umsatzsteuer im Einkauf

Umsatzsteuer und Rechnungsstellung

Die Umsatzsteuer (Mehrwertsteuer) wird bei Leistungen gegen Entgelt erhoben. Die Angebotspreise sind **grundsätzlich** Netto-Rechnungspreise, d. h., sie enthalten keine Umsatzsteuer. In der Rechnung wird die Umsatzsteuer gesondert ausgewiesen.

Die Rechnungen enthalten:

- **Netto-Rechnungspreise** (Listen-, Ziel- bzw. Barpreis)
- **Brutto-Rechnungspreise** (Netto-Rechnungspreis + **USt**)

Bei Kreditgeschäften weiß der Verkäufer nicht im Voraus, ob der Käufer die Rechnung vorzeitig mit Skontoabzug oder erst mit Ablauf der Kreditzeit (Ziel) ohne Abzug von Skonto begleichen wird. Deshalb wird die Umsatzsteuer grundsätzlich vom Zielpreis berechnet.

Beispiel 1 **Rechnung und Umsatzsteuer**

Eine Maschinenfabrik bezieht 4000 Bolzen M 310 zu 0,60 € je Stück. Vereinbart wurden 5 % Mengenrabatt und 3 % Skonto. Die Umsatzsteuer beträgt 16 %.

a) Für die Lieferung ist die Rechnung auszustellen.
b) Welchen Betrag überweist der Käufer bei Inanspruchnahme des Ziels?
c) Welchen Betrag überweist der Käufer bei vorzeitigem Rechnungsausgleich mit Abzug von 3 % Skonto? Wie hoch ist die Umsatzsteuer?

Lösung **zu a)**

Rechnung			
Anzahl	Artikel	Preise je Einheit	Preise insgesamt
4000	Bolzen M 310 Rabatt 5 %	0,60	2.400,00 120,00
	Netto-Rechnungspreis (Zielpreis netto) USt 16 %		2.280,00 364,80
	Brutto-Rechnungspreis (Zielpreis brutto)		2.644,80

zu b) Überweisungsbetrag 2.644,80 €

zu c)

Nettomethode

	Zieleinkaufspreis (Netto-Rechnungspreis)	2.280,00 €
–	Skonto 3 %	68,40 €
	Bareinkaufspreis netto (Netto-Rechnungspreis)	2.211,60 €
+	USt 16 %	353,86 €
=	Bareinkaufspreis brutto (Brutto-Rechnungspreis) Überweisung	2.565,46 €

Bruttomethode

	Zieleinkaufspreis brutto (Brutto-Rechnungspreis)	2.644,80 €
–	Skonto 3 %	79,34 €
	Bareinkaufspreis brutto (Brutto-Rechnungspreis)	
=	Überweisung	2.565,46 €

Der Vorteil der Nettomethode liegt darin, dass die Vorsteuerbelastung abgelesen werden kann, nämlich 353,86 €. Bei der Bruttomethode müssen aus dem Bareinkaufspreis brutto (≙ 116 %) und dem Skontoabzug brutto (≙ 116 %) die Umsatzsteueranteile für die Buchung herausgerechnet werden.

Umsatzsteuer und Kostenrechnen

In der Kostenrechnung (Kalkulation) bleibt die Umsatzsteuer unberücksichtigt; **sie ist kostenneutral.** Das ergibt sich auch aus der Buchung beim Materialbezug:

Rohstoffe	2.280,00 €	(Netto-Rechnungspreis)
Vorsteuer	364,80 €	(Umsatzsteuer)
an Verbindlichkeiten	2.644,80 €	(Brutto-Rechnungspreis)

In der Kostenrechnung werden nur die Netto-Rechnungspreise berücksichtigt, hier: 2.280,00 € Zieleinkaufspreis bzw. 2.211,60 € Bareinkaufspreis. **Die an den Lieferer zu zahlende Umsatzsteuer bleibt unberücksichtigt,** hier: 364,80 € bei Zieleinkauf bzw. 353,86 € bei Bareinkauf.

Beispiel 2 **Umsatzsteuer und Kostenrechnung**

Welcher Wert wird für 1 Bolzen in der Kostenrechnung berücksichtigt, wenn
a) nach Zielablauf, b) unter Abzug von Skonto gezahlt wird?

Zahlen aus Beispiel 1.

Lösung **zu a)**

für 4 000 Bolzen Zieleinkaufspreis (netto)	2.280,00 €
für 1 Bolzen Kostenwert	0,57 €

zu b)

für 4 000 Bolzen Bareinkaufspreis (netto)	2.211,60 €
für 1 Bolzen Kostenwert	0,55 €

1
1. Stellen Sie den Bareinkaufspreis insgesamt und je Einheit fest.
2. Wie hoch ist der Brutto-Rechnungspreis?
3. Wie hoch ist der Überweisungsbetrag an den Lieferer bei Skontoabzug?
4. Welcher Wert für 1 Einheit wird in der Kostenrechnung berücksichtigt, wenn a) nach Zielablauf,
   b) unter Abzug von Skonto gezahlt wird?

	Bruttogewicht	Tara	Gutgew.	Preis in €	Rabatt	Skonto	USt
a)	900 kg	4 %	1 %	3,62 je kg	12½ %	3 %	16 %
b)	1 250 St.	–	–	4,22 je Stück	4 %	2 %	16 %
c)	18,6 t	9 %	3 %	315,00 je 100 kg	–	3 %	16 %
d)	26 300 l	–	300 l	1,34 je l	15 %	–	7 %

10.1.3 Errechnen des Bezugspreises

Der Bezugspreis setzt sich zusammen aus dem Einkaufspreis, den Einkaufskosten und den Kosten, die durch den Warenbezug entstehen.

Einkaufskosten*:

a) Provision und Kommission (grundsätzlich vom Zieleinkaufspreis berechnet)**
b) Bankspesen, Zinsen

Bezugskosten*:

a) Fracht (vom Bruttogewicht bzw. frachtpflichtigen Gewicht)
b) Rollgeld
c) Verpackungskosten (bei Rückgabe teilweise Gutschrift)
d) Lagerkosten
e) Umschlagskosten (z. B. Be- und Entladen, Kranstunden)
f) Versicherungsprämien + Versicherungssteuer
g) Zoll (Import)

zu f:
Versicherungswert = Materialpreis einschließlich Fracht, eventuell zuzüglich zu erwartender Gewinn (imaginärer Gewinn).

zu g):
Wertzoll: Berechnungsgrundlage ist der Wert der Ware, zu dem sie die Zollgrenze überschreitet, also zuzüglich z. B. Bezugskosten bis zur Grenze.
Gewichtszoll: Berechnungsgrundlage ist das Zollreingewicht (brutto – Zolltara). Er wird nur noch bei wenigen Artikeln erhoben, wie Gewürze, Kaffee, Tee, Kakao.

Beim Import wird Einfuhr-Umsatzsteuer (EUSt) erhoben (wie USt). Sie ist wie die Umsatzsteuer kostenneutral. Berechnungsgrundlage ist der Wert frei Grenze einschließlich Umschlagskosten und Zoll.

Die auf die Einkaufs- und Bezugskosten entfallende Umsatzsteuer wird in der Kostenrechnung nicht berücksichtigt (kostenneutral). Soweit Einkaufs- und Bezugskosten nicht als Netto-Rechnungspreise ausgewiesen sind, müssen sie um die Umsatzsteuer gekürzt werden.

10.1.3.1 Einfache Bezugskostenrechnung

Es wird nur ein Artikel bezogen, der mit allen entstandenen Einkaufs- und Bezugskosten belastet wird. Die gesamten Kosten werden dem Einkaufspreis zugeschlagen.

* Die Einkaufs- und Bezugskosten sind bereits um die USt gekürzt.

** Provision und Kommission können lt. Vereinbarung auch vom Bareinkaufspreis (tatsächlich gezahlten Preis) berechnet werden. Der Handelsvertreter erhält Provision, der Kommissionär Kommission.

Lösungsschema

	Listeneinkaufspreis			//////// €
–	Rabatt			//////// €
	Zieleinkaufspreis			//////// €
–	Skonto			//////// €
	Bareinkaufspreis			//////// €
+	Einkaufskosten			
	Provision	//////// €		
	Bankspesen	//////// €		//////// €
+	Bezugskosten			
	Fracht	//////// €		
	Rollgeld	//////// €		
	Transportversicherung	//////// €		
	u. a.	//////// €		//////// €
	Bezugspreis/Wareneinsatz/Einstandspreis			//////// €

Beispiel 1 Eine Häutegroßhandlung bezieht von einem Schlachthof Rinderhäute, unsortiert, zum Gesamtlistenpreis von 18.000,00 €. Vereinbart sind 5 % Rabatt und 3 % Skonto. Für die Vermittlung des Geschäfts werden 4 % Kommission gezahlt. An Bankspesen fallen 30,00 € an. Transportkosten Fracht 950,00 €, Rollgeld 110,00 €, Versicherungskosten 2 ‰ von 18.000,00 €.

Wie hoch ist der Bezugspreis/Wareneinsatz für die Partie?

Lösung

	Listeneinkaufspreis		18.000,00 €
–	Rabatt 5 %		900,00 €
	Zieleinkaufspreis		17.100,00 €
–	Skonto 3 %		513,00 €
	Bareinkaufspreis		16.587,00 €
+	**Einkaufskosten**		
	Kommission 4 % (v. Zielpreis)	684,00 €	
	Bankspesen	30,00 €	714,00 €
+	**Bezugskosten**		
	Fracht	950,00 €	
	Rollgeld	110,00 €	
	Versicherung 2 ‰ (v. 18.000,00)	36,00 €	1.096,00 €
	Bezugspreis/Wareneinsatz/Einstandspreis		18.397,00 €

Beispiel 2 **Import**

Eine Reismühle bezieht 2 500 t kalifornischen Rundkornreis zu 180,00 USD je t fob amerikanischen Hafen; Fracht 10,00 USD je t, Versicherung 2 ‰ (vom Wert einschließlich Fracht), Hafenumschlagskosten (Freihafen) 1,70 € je t, Zoll 15 %, EUSt 7 %.

a) Wie hoch ist der Bezugspreis/Wareneinsatz für 1 t? Kurs*: 1,15 USD / EUR.
b) Wie viel Euro EUSt entfallen auf die Sendung?

* Die Wechselkurse für den Kauf und Verkauf fremder Währungen unterliegen ständigen Schwankungen, oft in erheblichem Ausmaß. Entnehmen Sie aktuelle Wechselkurse bitte den Kurstabellen der Geldinstitute oder aus der Tagespresse.

Lösung

zu a)

Einkaufspreis 2 500 t zu 180,00 USD je t	450.000,00 USD
Fracht 2 500 t zu 10,00 USD je t	25.000,00 USD
Dollar-Wert – cf-Wert	475.000,00 USD
€-Wert, Kurs 1,15 USD/EUR	413.043,48 €
Versicherung 2 ‰ von 413.043,48 €	826,07 €
cif-Wert Importhafen	413.869,57 €
Umschlagskosten 2 500 t zu 1,70 € je t	4.250,00 €
cif-Wert einschl. Umschlagskosten	418.119,57 €
Zoll 15 % vom cif-Wert einschl. Umschlag	62.717,94 €
cif-Wert Importhafen verzollt	480.837,51 €
= Bezugspreis Importhafen verzollt 2 500 t	
Bezugspreis für 1 t	192,34 €

zu b)

EUSt: 7 % von 480.837,51 € 33.658,63 €

1 Stellen Sie den Bezugspreis je Mengeneinheit fest.

	a)	b)	c)	d)	e)
Liefermenge	2 600 Stück	840 t	7 100 l	40 Karton	125 Rollen
Listenpreis	2,95 €/St.	172,00 €/t	0,91 €/l	122,00 €/K.	12,80 € /R.
Rabatt	12,5 %	2½ %	–	25 %	60 %
Skonto	3 %	2 %	3 %	4 %	1 %
Provision	8 %	6 %	–	–	4 %
Bankspesen	10,50 €	75,10 €	–	–	–
Verpackung	260,00 €	2.220,00 €	355,00 €	–	–
Fracht	795,00 €	19,10 €/t	430,00 €	295,00 €	–
Rollgeld	84,50 €	1.243,50 €	95,20 €	42,90 €	30,20 €
Versicherung	12,30 €	332,20 €	210,40 €	–	–

2 Stellen Sie die Bezugspreise insgesamt und je Einheit fest.

	a)	b)	c)	d)
Angebotsart	frei Kundenlager	frei Versand-bahnhof	ab Lager	frachtfrei
Menge	200 Stück	350 m^3	8,4 t	2 500 m
Listen-einkaufspreis	20,50 €/Stück	115,00 €/m^3	75,00 €/t	7,32 €/m
Rabatt	4 %	5 %	–	15 %
Skonto	3 %	2 %	1 %	3 %
Provision	10 %	1½ %	–	–
Verpackungsk.	0,85 €/Stück	Leihverpackung	10,30 € je angef. t	9,20 € je 100 m
Fracht	398,00 €	8,10 €/m^3	Lkw: 225 km 0,18 € t/km	2,20 €/10 m
Abrollgeld	72,00 €	315,00 €	–	0,15 €/m
Versicherung	18,30 €	–	7,16 €	–

3 Eine Maschinenfabrik bezieht ab Werk 15 000 Zahnräder zu 45,00 € je 100 Stück. Vereinbart wurden: Rabatt 2 %, Skonto 3 %. An Bezugskosten sind angefallen: Verpackung 3 Kisten zu 7,10 € je Kiste, Fracht 435,25 €, Rollgeld 61,40 €. Wie hoch ist der Bezugspreis für ein Zahnrad?

4 Für das Lager werden 3 Hygrometer zu 305,00 € je Stück, unfrei, bestellt. Zu berücksichtigen sind: Skonto 3 %, Verpackung 6,30 €, Paketgebühren 18,90 €.

Wie hoch ist der Bezugspreis für einen Hygrometer?

5 Ein Unternehmen bezieht über Rotterdam 1 500 t Granitsteine zu 61,10 USD je t fob Absenderhafen.

Bezugskosten: Fracht bis Rotterdam 15,20 € je t, Umschlagskosten in Rotterdam 0,95 € je t, Rhein- und Kanalfracht bis Gelsenkirchen 1,25 € je t; Versicherung $\frac{3}{4}$ ‰ vom Wert bis Gelsenkirchen einschließlich 10 % für Gewinn (vom Warenwert); Umschlagskosten in Gelsenkirchen: 96,00 € je Kranstunde bei der Stundenkapazität von 150 t, Lkw-Transport direkt zur Baustelle 0,21 € je t/km (Entfernung zur Baustelle 2,5 km), Abladekosten 0,27 € je t.

Kurs: 1,12 USD/EUR.

Wie hoch ist der Bezugspreis je t?

6 Wie hoch ist der Bezugspreis für 1 kg Lack? Brutto 350 kg, Tara 4 %, Gutgewicht 2 %, 6,25 € je kg, Rabatt $1\frac{1}{2}$ %, Skonto 3 %; Bezugskosten: Verpackung 125,00 €, Fracht 264,30 €, Rollgeld 31,10 €, dazu Versicherungsprämie 10,29 € einschließlich Versicherungssteuer.

7 Ein Händler für Werkzeugmaschinen holt auf Anfrage eines Kunden 2 Angebote ein:

a) Rührtrommel 22.500,00 € ab Fabrik, Skonto 3 %, Fracht 45,20 € je t (auch angefangene), Bruttogewicht 18,2 t, Verpackung 360,00 €, Gutschrift für zurückgesandte Verpackung $\frac{1}{4}$; Betonierkosten und Montage 3.900,00 €.

b) Rührtrommel 34.240,00 CHF cif Hamburg; Zoll 10 %, Umlade- und Frachtkosten bis Werk 610,00 €; Montagekosten 1.720,00 €, Betonierkosten fallen wegen der besonderen Konstruktion der Maschine fort. Kurs: 1,60 CHF/EUR.

Welches ist das preisgünstigere Angebot?

8 Eine Keksfabrik importiert 500 Kanister Gewürzextrakt fob Punta Arenas zum Preis von 124,50 USD je 100 lbs netto; Gewicht je Kanister 60 lbs netto, 63 lbs brutto; Seefracht 1,85 USD je 100 lbs, Seeversicherungsprämie 1 % vom cf-Wert zuzüglich 10 % imaginärer Gewinn; Zoll 36 %; Bankspesen 36,75 USD; Kaiumschlag 128,70 €, Rollgeld 143,00 €, Aufnahme auf Lager 107,25 €. Wie hoch ist der Bezugspreis für 100 kg? Kurs: 1,1545 USD/EUR. (1 lb = 0,4536 kg)

9 Über Buenos Aires bezieht eine Gerberei 1 000 Rinderhäute zum fob-Preis von 0,90 USD je lb; Durchschnittsgewicht 70 lbs je Haut. Bezugskosten: Einkaufsprovision 2 %, Seefracht 1,00 USD je 100 lb, Versicherung 594,00 €, Hafenumschlagskosten in Hamburg 20,00 € je t, Fracht Hamburg – Offenbach 4,20 € je angefangene 100 kg. Kurs: 1,1610 USD/EUR; 1 lb = 0,4536 kg. EUSt 16 %.

a) Wie hoch ist der Bezugspreis insgesamt und je kg?

b Wie viel € EUSt entfallen auf diese Sendung?

10 Ein Zulieferer der Automobilindustrie importiert eine CNC-gesteuerte Drehmaschine aus Schweden. (Angebot in EUR)

Der Listenpreis für eine Drehmaschine wird mit 170.000,00 € angegeben. Wie hoch ist der Bezugspreis? Bruttogewicht 1 670 kg, Maße 350 x 150 x 130 cm. Exportrabatt 10 %, Skonto 2 %, Vertreterprovision 5 % vom Exportzielpreis; Verpackung 950,00 €, Bahnfracht bis Göteborg 1.100,00 €, Kaiumschlagsgebühren 510,00 €, Seefracht Göteborg – Bremen 3.250,00 € je t oder je m^3 (nach Reeders Wahl: nach dem für den Reeder günstigeren Wert). Seeversicherungsprämie vom c + f-Wert 1 %, Umschlagsgebühren in Bremen 945,90 €, Fracht bis zum Bestimmungsort 52,20 € je 100 kg (auch angefangene), Rollgeld 398,40 €.

Wie hoch ist der Bezugspreis?

10.1.3.2 Zusammengesetzte Bezugskostenrechnung

Werden mehrere Rohstoffe oder Waren gemeinsam bezogen, dann fallen auch die Bezugskosten gemeinsam an. Die Bezugskosten müssen dann auf die einzelnen Positionen entsprechend ihren Kostenanteilen verteilt werden.

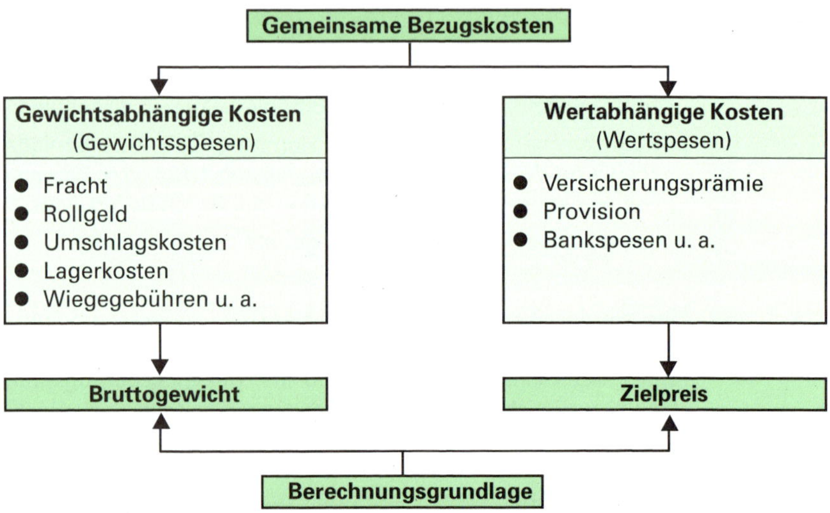

Beispiel Es werden gemeinsam bezogen:

Rohstoff I brutto 700 kg zu 600,00 € je 100 kg netto, Tara 50 kg;

Rohstoff II brutto 500 kg zu 5,00 € je kg netto, Tara 4 %.

a) Wie hoch sind die Bezugskosten je Rohstoff? Gewichtsspesen 720,00 €, Wertspesen 693,00 €.

b) Wie hoch ist der Bezugspreis je Rohstoff insgesamt und je kg?

Lösung zu a)

Gewichtsspesenverteilung

Stoff I	700 kg =	7 Teile =	420,00 €
Stoff II	500 kg =	5 Teile =	300,00 €
	1 200 kg =	12 Teile =	720,00 €
		1 Teil =	60,00 €

Wertspesenverteilung

3.900,00 €	=	429,00 €
2.400,00 €	=	264,00 €
6.300,00 €	=	693,00 €
1,00 €	=	0,11 €

zu b)

	Stoff I	Stoff II
Einkaufspreis	3.900,00 €	2.400,00 €
Gewichtsspesen	420,00 €	300,00 €
Wertspesen	429,00 €	264,00 €
Bezugspreis insgesamt	4.749,00 €	2.964,00 €
Bezugspreis je kg	7,31 €	6,18 €

1 Wie hoch sind die anteiligen Bezugskosten und die Bezugspreise insgesamt und je Mengeneinheit?

	Ware I	Ware II
Menge	1 100 t brutto	2 200 t brutto
Preis	120,00 € je t netto	160,00 € je t netto
Tara	100 t	200 t

Gewichtsspesen 51.150,00 €; Wertspesen 59.180,00 €.

2 Errechnen Sie die anteiligen Bezugskosten und die Bezugspreise insgesamt und je Längeneinheit.

Menge	6 000 m	10 000 m
Preis	12,50 € je m	6,30 € je m

Gewichtsspesen 2.840,00 €; Wertspesen 8.556,00 €.

3 Wie hoch ist der Bezugspreis für 1 kg?

Preis	9,80 € je kg netto	4,00 € je kg netto
brutto	4 000 kg	6 000 kg
Tara	5 %	2 %
Rabatt	4 %	5 %
Skonto	3 %	2 %

Gewichtsspesen 1.200,00 €; Wertspesen 11.618,88 €.
Die Wertspesen sind aufgrund der Zieleinkaufspreise zu verteilen.

4 Stellen Sie den Bezugspreis für 1 l fest.

	Stoff I	Stoff II	Stoff III
Preis	1,00 € je l	3,00 € je l	6,00 € je l
Menge	18 000 l	4 000 l	5 000 l
Rabatt	10 %	–	5 %
Skonto	2 %	3 %	3 %

Spesen:
Fracht 3.250,00 €, Rollgeld 750,00 €, Umschlagskosten 1.000,00 €, Lagerkosten 400,00 €, Zoll 5.000,00 €, Bankspesen 505,00 €, Versicherung 500,00 €, Provision 2.500,00 €. (Wertspesen auf den Zielpreis verteilen.)

5 Ein Unternehmen bezieht eine Waggonladung Fliesen:

Industriefliesen gelb II. Wahl 40 000 Stück zu 45,00 € je 100 Stück, Mosaikbodenfliesen 5 000 Stück zu 1,60 € je Stück und Fassadenfliesen 6 000 Stück zu 1,00 € je Stück.

An Kosten sind entstanden: Fracht ab Werk 709,00 €, Zustellung auf Tieflader 124,00 €, Entladekosten 92,00 €, Wagenstandgeld 48,00 €; Transportversicherung 129,00 €, kleine Wertspesen 39,00 €.

Die Bruttogewichte der Fliesensorten betragen: Industriefliesen 6 t, Mosaikfliesen 3 t und Fassadenfliesen 1,5 t. An Skonto wurden $2\frac{1}{2}$ % vereinbart. Wie hoch ist der Bezugspreis insgesamt, je Sorte und je Fliese?

10.1.3.3 Globale Zurechnung der Beschaffungskosten

Die in einem Rechnungszeitraum angefallenen Bezugskosten können den Einkaufspreisen auch prozentual zugeschlagen werden. Diese Zurechnung wird dann gewählt, wenn die Beschaffungskosten bei allen oder fast allen Waren gleich hoch sind, wenn die Beschaffungskosten gering sind oder die direkte Zurechnung unwirtschaftlich ist.

Der Wert der bezogenen Waren und die auf dem Konto Bezugskosten gesammelten Beträge eines Zeitraumes bilden die Grundlage für die Ermittlung des Zuschlagssatzes. Von dem Gesamteinkaufspreis ist der Lieferantenskonto abzusetzen.

Beispiel

Gesamtwert der Lieferungen der Rechnungsperiode: .... 3.030.000,00 €
Summe der Bezugskosten: .... 93.000,00 €
Summe Liefererskonti: .... 30.000,00 €

a) Wie hoch ist der globale Zuschlagssatz für Bezugskosten?

b) Lieferung 50 Kombizangen zu 3,50 € je Stück. Wie hoch sind die Bezugskosten insgesamt und je Kombizange?

Lösung zu a) **Feststellen des Bareinkaufswertes**

	Gesamtwert der Lieferungen	3.030.000,00 €
–	Lieferantenskonti	30.000,00 €
	Bareinkaufswert	3.000.000,00 €

Feststellen des Zuschlagssatzes

x % ≙ 93.000,00 €
3.000.000,00 € ≙ 100 %

$$\text{Zuschlagssatz} = \frac{93.000 \cdot 100}{3.000.000} = \underline{\underline{3,1\ \%}}$$

zu b) **Errechnen des Bezugspreises**

	Warenkosten/Einkaufspreis	(je St. 3,50 €)	175,00 €
+	Bezugskosten 3,1 %	(je St. 0,11 €)	5,43 €
	Bezugspreis/Wareneinsatz insgesamt		180,43 €
	Bezugspreis/Wareneinsatz je Stück		3,61 €

Stellen Sie die Zuschlagssätze für Bezugskosten und den Bezugspreis bzw. den Wareneinsatz fest. (1 Dezimalstelle)

1

	Warengruppe I	Warengruppe II	Warengruppe III
Lieferungen	820.000,00	2.450.000,00	6.500.000,00
Skonti	20.000,00	50.000,00	100.000,00
Bezugskosten	8.000,00	96.000,00	96.100,00
Einkaufspreis	120,00	5,20	1,10
Bezugspreis	?	?	?

2

	Warengruppe I	Warengruppe II	Warengruppe III
Lieferungen	1.510.000,00	990.000,00	2.630.000,00
Skonti	60.000,00	40.000,00	30.000,00
Bezugskosten	20.000,00	10.000,00	20.000,00
Einkaufspreis	3,60	50,10	0,80
Bezugspreis	?	?	?

10.1.4 Waren- und Materialeinsatzkosten

10.1.4.1 Errechnen der Waren- und Materialeinsatzpreise

Grundsätzlich wird der Bezugspreis der Waren und der Roh-, Hilfs- und Betriebsstoffe in die Kalkulation als Einsatzkosten eingesetzt – **ohne Umsatzsteuer.**

Bezugspreis als Einsatzkosten. Sie werden mithilfe der Bezugspreisrechnung festgestellt. Auf den Entnahmescheinen oder den Abrechnungsscheinen setzt man den Bezugspreis als Waren- bzw. Materialkosten je l, Stück, kg usw. ein und ermittelt so die Waren- bzw. Materialkosten je Auftrag und je Rechnungszeitraum.

Durchschnittlicher Bezugspreis als Waren- und Materialeinsatzkosten. Dem Betrieb ist es nicht immer möglich, die bezogenen Waren und Stoffe mit den jeweiligen Bezugspreisen zu kennzeichnen (Bezugspreise veränderlich) und lagermäßig auseinander zu halten. Deshalb ermittelt man den Durchschnittspreis aller Bezugspreise, der der Warenkosten- bzw. der Materialkostenrechnung zugrunde gelegt wird.

Beispiel **Ermitteln des durchschnittlichen Bezugspreises**

Eine Pumpenfabrik bezieht am 1. April 600 Maschinenschrauben zu 0,80 € je Stück, am 6. Mai 200 Stück zu je 0,81 € und am 9. Juni 500 Stück zu je 0,78 €. Errechnen Sie die durchschnittlichen Materialeinsatzkosten je Stück.

Lösung Lieferungen zum

1. April	600 Stück zu 0,80 € je Stück	=	480,00 €
6. Mai	200 Stück zu 0,81 € je Stück	=	162,00 €
9. Juni	500 Stück zu 0,78 € je Stück	=	390,00 €
	1 300 Stück zu insgesamt		1.032,00 €
	1 Stück zu		0,794 €

1 Stellen Sie die durchschnittlichen Wareneinsatzkosten fest.

1. Januar Bestand 700 l zu 1,20 € je l
4. Februar Zugang 400 l zu 1,18 € je l
4. Mai Zugang 500 l zu 1,21 € je l
30. Juni Zugang 300 l zu 1,19 € je l

2 Ermitteln Sie nach jeder Bestandsveränderung die Materialkosten der in die Produktion gegangenen Einzelteile.

1. Januar Bestand	1 900 Stück	zu 5,77 € je Stück
15. Januar in Produktion gegangen	600 Stück	
10. Februar Zugang	2 000 Stück	zu 5,82 € je Stück
20. Februar Zugang	500 Stück	zu 5,85 € je Stück
25. Februar in Produktion gegangen	1 600 Stück	
10. März in Produktion gegangen	800 Stück	
20. März Zugang	2 200 Stück	zu 5,75 € je Stück
31. März in Produktion gegangen	700 Stück	

10.1.4.2 Waren- und Materialeinsatzkosten zum Verrechnungspreis

Um den Arbeitsaufwand für die wiederkehrende Ermittlung des durchschnittlichen Bezugspreises zu vermeiden, wird der ungefähre durchschnittliche Bezugspreis der Vergangenheit als Einsatzkosten eingesetzt, z. B. durchschnittlicher Bezugspreis 1,90 € je m. Alle Waren- bzw. Materialeinsätze werden zu diesem Preis verrechnet (Verrechnungspreis) ohne Rücksicht darauf, ob die Ware oder das Material später zu 1,85 € oder 1,95 € eingekauft wird. Selbstverständlich wird der Verrechnungspreis bei ständigen Preiserhöhungen bzw. -senkungen entsprechend korrigiert werden müssen.

Beispiel Materialeinsatz: 125 m zu 1,90 € je m Verrechnungspreis
= 237,50 € Verrechnungspreis als Materialkosten

10.1.4.3 Errechnen der Materialeinsatzkosten bei Abfallverwertung

Bei der Be- und Verarbeitung von Rohstoffen fallen Abfälle an, die voll oder teilweise verwertet werden können, und zwar als Materialeinsatz oder als verkaufsfähiger Abfall. Dadurch verringern sich die Materialeinsatzkosten:

	Brutto-Materialeinsatzkosten
–	Abfallverwertung
	Netto-Materialeinsatzkosten

Beispiel 3

	Brutto-Materialeinsatz	800 kg	zu 12,10 € je kg	= 9.680,00 €
–	verwertbarer Abfall	60 kg	zu 12,10 € je kg	= 726,00 €
	Netto-Materialeinsatzkosten ...	740 kg		8.954,00 €

1 Wie hoch sind die Netto-Materialeinsatzkosten? Brutto-Materialeinsatz 6,7 t zu 650,00 € je 100 kg; verwertbarer Abfall (voll als Rohstoff) 440 kg zum vollen Wert.

2 Wie hoch sind die Netto-Materialeinsatzkosten? Brutto-Materialeinsatz 87 kg zu 1.710,00 € je kg, Fertigprodukt 79,5 kg, vom Abfall sind 95 % zum vollen Wert als Rohstoff verwertbar.

3 Wie hoch sind die Netto-Materialeinsatzkosten dieser Mischung?

200 kg zu 18,15 € je kg
30 kg zu 66,50 € je kg
9 kg zu 7,90 € je kg
Verwertbarer Abfall 22 kg zu 20,50 € je kg.

10.1.4.4 Errechnen des Materialverbrauchs

In vielen Branchen ergeben sich bei der Be- und Verarbeitung von Material Verluste. Dadurch sind besondere Berechnungen erforderlich, um den Materialverbrauch (= Materialkosten) festzustellen.

Ausbringung	≙ Fertigmenge in kg, m u. a.	vom Einsatz
Ausbeute	≙ Fertigmenge in %	vom Einsatz

Beispiel Für einen Auftrag werden 400 kg Roheisen zu 0,31 € je kg eingesetzt. Die Ausbringung beträgt 340 kg fertige Gussteile. Ermitteln Sie den Be- und Verarbeitungsverlust in kg und Prozent, den Prozentsatz der Ausbeute und den Materialverbrauch je kg Fertigprodukt.

Lösung

Materialeinsatz	=	400 kg Roheisen
Ausbringung	=	340 kg fertige Gussteile
Be- und Verarbeitungsverlust	=	60 kg = 15 % verwertbarer bzw. nicht verwertbarer Abfall und sonstiger Verlust, z. B. Staub
Ausbeute	=	85 % (340 : 400 · 100 = Ausbringung : Materialeinsatz · 100)
Materialverbrauch je kg Fertigprodukt	=	1,176 kg (400 : 340 = Materialeinsatz : Ausbringung)

Materialeinsatzkosten für 1 kg Fertigprodukt = 1,176 kg zu 0,31 € = 0,365 €

1 Materialeinsatz 120 kg zu 41,20 € je kg, Verarbeitungsverlust 10 %.
Wie hoch sind
a) der wertmäßige Materialeinsatz?
b) die Ausbringung?
c) die Ausbeute?
d) der mengen- und wertmäßige Materialeinsatz je kg Fertigprodukt?

2 Ausbringung 50 kg, Bearbeitungsverlust $16\frac{2}{3}$ %, Materialpreis je kg 38,40 €.
Wie hoch sind
a) der mengenmäßige Materialeinsatz?
b) der wertmäßige Materialeinsatz?
c) die Ausbeute?
d) der Verarbeitungsverlust in kg?

3 Materialeinsatz 220 kg zu 7,40 € je kg, Verarbeitungsverlust $12\frac{1}{2}$ %.
Wie hoch sind
a) der wertmäßige Materialeinsatz?
b) die Ausbringung?
c) die Ausbeute?
d) der mengenmäßige Materialeinsatz für einen Auftrag über 350 kg?
e) der wertmäßige Materialeinsatz für diesen Auftrag?

Programmierte Übungen

Die Lösungen bitte nur dann ankreuzen, wenn das Buch Ihr Eigentum ist. Im Leihverfahren überlassene Bücher dürfen nicht beschrieben werden.

1 Wir beziehen frei Haus 1 800 kg Waren zum Preis von 725,00 € je 100 kg netto. Die Tara beträgt 5 %, das Gutgewicht 30 kg. Vereinbart wurden 6 % Mengenrabatt und 2 % Skonto bei Zahlung innerhalb 10 Tage.

a) Wie hoch ist der Zieleinkaufspreis?

- a 12.454,44 €
- b 11.105,72 €
- c 11.449,20 €
- d 13.052,09 €
- e anderes Ergebnis, welches?

b) Welcher Wert für 1 kg geht in die Kostenrechnung ein, wenn vorzeitig gezahlt wird?

□,□□ €

2 Ein Handwerksbetrieb bezieht Rohstoffe zu 32.000,00 € Listenpreis; Rabatt 5 %, Skonto 3 %; Kommission 4 % vom Zielpreis, Bankspesen 55,00 €. An Bezugskosten entstehen: Fracht 1.720,00 €, Abrollgeld 125,00 €, Versicherung 45,60 € vom Zieleinkaufspreis.

Wie hoch ist der Bezugspreis?

- a 26.326,40 €
- b 29.488,00 €
- c 30.400,00 €
- d 32.649,60 €
- e anderes Ergebnis, welches?

3 Der Bestand an Spindelmessern betrug am 1. April 2 000 Stück zum Durchschnittspreis von 22,00 € je Stück. Neulieferung am 10. April 10 000 Stück zu 21,50 € je Stück. Bezugskosten 5 %.

Mit welchem durchschnittlichen Stückpreis gehen sie am 14. April in die Produktion?

□□,□□ €

4 Wie hoch sind die Netto-Materialeinsatzkosten für einen Auftrag über 500 t? Erforderlich sind 620 t Stoffeinsatz zu 80,00 € je 100 kg. Vom Abfall können 75 % der Menge wieder eingesetzt werden.

- a 496.000,00 €
- b 472.000,00 €
- c 450.000,00 €
- d 424.000,00 €
- e anderes Ergebnis, welches?

5 Eine Mühle kauft von einer Genossenschaft Brotweizen: 3 000 t zu 20,00 € je dt, Basis 15 % Wassergehalt, Lieferung frei Mühle. Die Lieferung erfüllt die Qualitätskriterien; der Wassergehalt beträgt lt. Laborprotokoll 16,1 %. Nach Branchenvereinbarungen werden für Überfeuchtigkeit bei 16,1 % Wassergehalt 2,08 kg/dt Gewichtsabzug und 1,50 €/dt Trockenkosten berechnet.

Wie hoch ist der Bezugspreis je dt?

- a 18,08 €
- b 18,47 €
- c 18,50 €
- d 19,50 €
- e anderes Ergebnis, welches?

10.2 Kalkulation in Handelsbetrieben – Kostenträgerstückrechnung

Kalkulieren ist ein Feststellen von Kosten und Angebotspreisen. Der kalkulierte Angebotspreis soll die Kosten der Unternehmung decken und einen angemessenen Gewinn ermöglichen. Kosten und Gewinn werden den einzelnen Waren, den Warengruppen oder dem Gesamtsortiment zugerechnet **(Kostenträgerrechnung)**.

Die **kalkulierten Angebotspreise** müssen allerdings nicht mit den **tatsächlichen Angebotspreisen (Marktpreisen)** übereinstimmen. Sie können höher oder niedriger sein. Dadurch können höhere Gewinne erzielt werden als kalkuliert wurden, es kann aber auch zu Gewinnschmälerungen oder zur Kostenunterdeckung kommen. – Bei gegebenen **Marktpreisen** dient die Kalkulation dem Feststellen der höchstmöglichen Kosten des Wareneinsatzes (Bezugspreise), zu denen Kosten- und Gewinndeckung erzielt wird. – Lassen sich die Marktpreise und die Kosten des Wareneinsatzes durch das Unternehmen nicht beeinflussen, wird mit der Kalkulation festgestellt, ob der Gewinn ausreichend ist, ob die Kosten gedeckt sind.

Beispiel **Kalkulationsschema**

	Listeneinkaufspreis	////€	**Einkaufskalkulation** (Bezugskalkulation)
–	Rabatt	////€	
	Zieleinkaufspreis	////€	
–	Liefererskonto	////€	
	Bareinkaufspreis	////€	
+	Einkaufskosten	////€	
+	Bezugskosten	////€	
	Wareneinsatz/Bezugspreis	////€	**Verkaufskalkulation** (Angebotskalkulation)
+	Handlungsgemeinkosten	////€	
	Selbstkosten	////€	
+	Gewinn	////€	
	Barverkaufspreis	////€	
+	Verkaufsprovision (vom Zielpreis)	////€	
+	Kundenskonto (vom Zielpreis)	////€	
	Zielverkaufspreis	////€	
+	Rabatt	////€	
	Listenverkaufspreis	////€	

Die Selbstkosten setzen sich zusammen:

	Wareneinsatz/Warenkosten/Bezugspreis
+	**Handlungsgemeinkosten/allg. Geschäftskosten**
=	**Selbstkosten**

Die Handlungsgemeinkosten werden in der **Betriebsergebnisrechnung** (BER)* erfasst. Der Kostenanteil der einzelnen betrieblichen Leistung an den gemeinsam für alle betrieblichen Leistungen angefallenen Kosten, **Gemeinkosten,** ist nicht direkt exakt feststellbar. Deshalb werden die anteiligen Gemeinkosten über einen Verrechnungssatz den Warenkosten zugerechnet.

Die Geschäftskosten werden dabei anteilsmäßig auf alle Waren des Sortiments des Handelsbetriebes **aufgeteilt** = **aufgeschlüsselt,** die in einem bestimmten Zeitraum (z. B. Monat, Geschäftsjahr, Saison) verkauft werden.

Der Handlungsgemeinkostensatz ist ein Prozentsatz des Bezugspreises, des Wareneinsatzes/der Warenkosten (Bezugspreis = 100 %).

Lösungsschema

	Bezugspreis/Wareneinsatz/Warenkosten	/////////	€	≙ 100 %
+	////// % Handlungsgemeinkosten	/////////	€	
	Selbstkosten	/////////	€	

Der einmal errechnete Zuschlagssatz muss laufend durch die Kostenrechnung kontrolliert werden, um Kostenentwicklungen und die Kostendeckung zu überwachen.

Beispiel 1 **Ermitteln des Handlungsgemeinkosten-Satzes**

In der BER des letzten Geschäftsjahres werden ausgewiesen:

- Wareneinsatz 2.600.000,00 €
- Gemeinkosten 520.000,00 €

Wie viel Prozent beträgt der Zuschlagssatz für die Handlungsgemeinkosten?

Lösung

Wareneinsatz	2.600.000,00	€ ≙	100 %
Handlungsgemeinkosten	520.000,00	€ ≙	x %

Lösung mit Dreisatz:

2.600.000,00 € ≙ 100 %

520.000,00 € ≙ x %

$$x = \frac{100 \cdot 520.000}{2.600.000} = \underline{\underline{20\ \%}}$$

Lösung mit Kettensatz:

x % ≙ 520.000,00 €

2.600.000,00 € ≙ 100 %

$$= \frac{520.000 \cdot 100}{2.600.000} = x$$

Die gesamten Handlungsgemeinkosten betragen 20 % des gesamten Wareneinsatzes des Rechnungszeitraumes.

$$\textbf{Handlungsgemeinkosten-Satz in \%} = \frac{\textbf{Handlungsgemeinkosten} \cdot \textbf{100}}{\textbf{Wareneinsatz}}$$

Das heißt, dass dem jeweiligen Bezugspreis/Wareneinsatz 20 % als anteilige Handlungsgemeinkosten zugerechnet werden, um die Selbstkosten festzustellen.

* In der BER erscheinen die kostenrechnerisch korrigierten Werte der Geschäftsbuchführung der Abgrenzungskonten und der betrieblichen Aufwendungen sowie der Waren (z. B. Wareneinsatz zu Verrechnungspreisen statt Anschaffungskosten). Außerdem enthält die BER in der Regel die kalkulatorischen Kosten, wie kalkulatorische Abschreibungen, Zinsen, Wagnisse, Unternehmerlohn.

Beispiel 2 **Feststellen der Selbstkosten**

Ein Handelsbetrieb bezieht 1 500 kg einer Ware zum Listenpreis von 2,00 € je kg, Mengenrabatt 10 %, Einkaufsskonto 2 %; Bezugskosten 176,00 €. Der Zuschlagssatz für die Handlungsgemeinkosten beträgt 20 %.

Wie hoch sind die Selbstkosten für die gesamte Sendung und für 1 kg?

Lösung

	Listeneinkaufspreis 1 500 kg zu 2,00 € je kg	=	3.000,00 €
–	10 % Mengenrabatt	=	300,00 €
	Zieleinkaufspreis	=	2.700,00 €
–	2 % Skonto	=	54,00 €
	Bareinkaufspreis	=	2.646,00 €
+	Bezugskosten	=	176,00 €
	Bezugspreis/Wareneinsatz	=	2.822,00 €
+	20 % Handlungsgemeinkosten	=	564,40 €
	Selbstkosten für 1 500 kg	=	3.386,40 €
	Selbstkosten für 1 kg	=	2,26 €

Lösungsweg

① Schema aufstellen

② Werte Schritt für Schritt errechnen

③ Selbstkosten für 1 kg ausrechnen (3.386,40 € : 1 500 = 2,258 €)

1 Errechnen Sie die Selbstkosten für die gesamte Sendung und für 1 Einheit.

	Menge	Listenpreis	Rabatt	Skonto	Bezugskosten	Handlungsgemeinkosten
a)	200 St.	35,00 € je St.	10 %	3 %	280,00 €	18 %
b)	3 850 kg	7,85 € je kg	5 %	–	4,5 %	$12\frac{1}{2}$ %
c)	3 200 t	145,80 € je t	25 %	2 %	28,50 € je t	20 %
d)	–	8.400,00 €	$8\frac{1}{3}$ %	$2\frac{1}{2}$ %	736,30 €	$33\frac{1}{3}$ %
e)	2 000 m	210,00 € je m	40 %	5 %	17,25 € je m	27,2 %

2 Errechnen Sie die neuen Zuschlagssätze der Handlungsgemeinkosten.

	Alter Zuschlagssatz	Wareneinsatz (Bezugspreis)	Handlungsgemeinkosten	Neuer Zuschlagssatz
a)	24,5 %	8.980.500,00	2.451.676,50	?
b)	16,9 %	3.775.325,00	679.558,50	?
c)	33,4 %	1.360.140,00	471.968,58	?

Nennen Sie Gründe für das Ansteigen/Absinken der Handlungskostensätze.

Beispiel 3 **Kostenerfassung nach Kostenarten**

Die Elektrohandlung Krüger OHG bezieht 50 Leuchten mit Bewegungsmelder zum Bezugspreis von 40,00 € je Stück.

a) Ermitteln Sie den Zuschlagssatz aus den Kosten der Betriebsergebnisrechnung (BER) des vergangenen Geschäftsjahres.

b) Wie hoch sind die Selbstkosten für die gesamte Sendung und für eine Leuchte?

Kosten der Betriebsergebnisrechnung (BER):

Wareneinsatz	8.500.000,00 €
kalkulatorische Zinsen	52.000,00 €
Personalkosten	600.000,00 €
Mieten	234.000,00 €
Betriebssteuern, Versicherungen	279.000,00 €
Werbe- und Reisekosten	326.000,00 €
AVK	247.000,00 €
kalkulatorische Abschreibungen	132.000,00 €

Lösung **zu a)**

Der Bezugspreis der verkauften Waren (Umsatz zu Einstandspreisen, Wareneinsatz) von 8.500.000,00 € = 100 %.

Ermittelt werden muss der Prozentsatz der Kosten von 1.870.000,00 €.

Lösung mit Kettensatz:

x % ≙ 1.870.000,00 €
8.500.000,00 € ≙ 100 %

$$x = \frac{1.870.000 \cdot 100}{8.5000.000} = \underline{\underline{22\,\%}}$$

Lösung mit Dreisatz:

8.500.000,00 € ≙ 100 %
1.870.000,00 € ≙ x %

$$= \frac{100 \cdot 1.870.000}{8.500.000} = x$$

$$\textbf{Geschäftskostensatz in \%} = \frac{\textbf{Handlungsgemeinkosten} \cdot 100}{\textbf{Wareneinsatz}}$$

zu b)

		50 Leuchten	**1 Leuchte**
	Bezugspreis =	2.000,00 €	40,00 €
+	22 % Handlungskosten =	440,00 €	8,80 €
	Selbstkosten =	2.440,00 €	48,80 €

3 Errechnen Sie aus den Kosten der BER den Zuschlagssatz für die Handlungsgemeinkosten:

Kosten	a) €	b) €
Wareneinsatz	21.250.000,00	14.500.000,00
kalkulatorische Zinsen	137.000,00	92.000,00
kalkulatorische Wagnisse	23.000,00	45.000,00
Personalkosten	2.800.000,00	1.600.000,00
soziale Aufwendungen	1.400.000,00	896.000,00
Mieten/Pachten/Leasing	274.000,00	226.000,00
Betriebssteuern	150.000,00	111.000,00
Werbe- und Reisekosten	300.000,00	100.000,00
AVK	325.000,00	226.000,00
kalkulatorische Abschreibungen	211.000,00	114.000,00
kalkulatorischer Unternehmerlohn	180.000,00	150.000,00

Beispiel 4 **Kostenerfassung nach Kostenstellen**

Die Kostenstellen eines Handelsbetriebes weisen folgende Summen aus:

Kostenstellen	Handlungsgemeinkosten
Geschäftsleitung und Verwaltung	127.300,00 €
Einkauf	64.500,00 €
Lager	82.000,00 €
Verkauf und Fuhrpark	362.200,00 €
gesamte Geschäftskosten	636.000,00 €

Wie viel Prozent beträgt der Zuschlagssatz für die Handlungsgemeinkosten bei einem Wareneinsatz von 3.180.000,00 €?

Lösung Der Wareneinsatz von 3.180.000,00 € ist 100 %.
Ermittelt werden muss der Prozentsatz der Handlungskosten von 636 000,00 €.

Lösung mit Kettensatz:

$$x\ \% \triangleq 636.000{,}00\ €$$
$$3.180.000{,}00\ € \triangleq 100\ \%$$
$$x = \frac{636.000 \cdot 100}{3.180.000} = \underline{\underline{20\ \%}}$$

Lösung mit Dreisatz:

$$3.180.000{,}00\ € \triangleq 100\ \%$$
$$636.000{,}00\ € \triangleq x\ \%$$
$$= \frac{100 \cdot 636.000}{3.180.000} = x$$

4 Ermitteln Sie die Zuschlagssätze aus dem Wareneinsatz und den Kosten der Kostenstellen aus den Werten der letzten Rechnungsperiode. – Stellen Sie die Selbstkosten insgesamt und für eine Einheit fest.

Wareneinsatz / Kosten der Kostenstellen	a)	b)	c)	d)	e)
	2.005.000,00	2.2100.000,00	3.590.000,00	4.951.200,00	18.959.259,25
Hausverwaltung	4.900,00		12.800,00	} 98.200,00	70.300,00
Geschäftsleitung	18.600,00	} 615.000,00	18.700,00		219.700,00
Buchhaltung	33.550,00		44.200,00	24.600,00	65.000,00
Einkauf	79.150,00	624.000,00	73.600,00	114.000,00	340.200,00
Lager	140.000,00	1.316.000,00	142.000,00		1.220.000,00
Vertrieb	210.000,00	} 2.970.000,00	164.900,00	} 588.400,00	1.460.000,00
Fuhrpark	182.300,00		154.100,00		720.000,00
Bezugspreis	500 St. zu 3,60 je St.	440 t zu 368,00 je t	2 860 m zu 78,20 je m	9 400 kg zu 24,60 je kg	850 m^3 zu 188,00 je m^3

5 Die Baustoff- und Düngemittelhandlung Kreidet & Haber bezieht 5 000 Ballen Pflanztorf zum Listenpreis von 14,40 € je Ballen. Einkaufsbedingungen: Mengenrabatt $8\frac{1}{3}$ %, Einkaufsskonto $2\frac{1}{2}$ %, Bezugskosten 157,80 € je 100 Ballen.

Der Zuschlagssatz für die Geschäftskosten ist aus den Kosten der Kostenstellen der vergangenen Rechnungsperiode zu ermitteln: Verwaltung und Einkauf 126.000,00 €, Lager 1.248.000,00 €, Verkauf und Fuhrpark 2.416.000,00 €. Der Wareneinsatz betrug 18.950.000,00 €.

Errechnen Sie die Selbstkosten je Ballen.

6 Die Lederwarengroßhandlung Feder bezieht für ihre Verkaufsfilialen 500 Damenhandtaschen, Modell P 203, blau, aus Offenbach zum Stückpreis von 48,00 €.

Einkaufsbedingungen: Mengenrabatt 30 %; Skonto $2\frac{1}{2}$ %;
Bezugskosten 240,00 €; Handlungskosten 20 %.

Errechnen Sie die Selbstkosten insgesamt und je Stück.

7 Der Wareneinsatz und die Handlungsgemeinkosten der Elektrohandlung Johann Stolle zeigen für die letzten Jahre folgende Entwicklung:

	1. Jahr	2. Jahr	3. Jahr	4. Jahr
Umsatz zu Einstandspreisen	2.540.000,00	2.921.000,00	3.067.000,00	2.790.000,00
Handlungskosten	546.100,00	611.300,00	671.500,00	706.700,00
Zuschlagssatz	?	?	?	?

a) Errechnen Sie die Zuschlagssätze der Handlungsgemeinkosten für jedes Jahr (auf 1 Stelle genau). – Welche Ursachen haben die Schwankungen?
b) Errechnen Sie den durchschnittlichen Zuschlagssatz für die 4 Jahre.

8 Die Farbenhandlung Osterloh & Bremer kauft 6 000 Kilodosen Holzschutzmittel zu 5,30 € je kg.

Errechnen Sie die Selbstkosten für 1 Dose.

(Einkaufsbedingungen: Mengenrabatt 35 %; Skonto $2\frac{1}{2}$ %; Bezugskosten 0,78 € je kg)

Wareneinsatz	6.800.000,00 €
kalkulatorische Zinsen	54.000,00 €
Personalkosten	355.000,00 €
Mieten/Pachten/Leasing	250.000,00 €
Betriebssteuern	123.000,00 €
Werbekosten	185.000,00 €
AVK	98.000,00 €
kalkulatorische Abschreibungen	80.000,00 €

9 Für die Errechnung des Zuschlagssatzes der Handlungsgemeinkosten für einen Einzelhandelsbetrieb werden die Zahlen des letzten Jahres zugrunde gelegt:

Warengruppe	Eröffnungsbestand an Waren in €	Einkäufe und Bezugskosten in €	Schlussbestand an Waren in €	Summe der Handlungskosten in €
I	90.000,00	460.000,00	110.000,00	133.380,00
II	240.000,00	870.000,00	190.000,00	177.560,00
III	5.100,00	14.900,00	6.300,00	4.589,50

a) Errechnen Sie die Zuschlagssätze der Handlungskosten für jede Warengruppe.
b) Wie hoch wäre ein gemeinsamer Zuschlagssatz?
c) Warum hat sich die Geschäftsleitung für getrennte Zuschlagssätze entschieden? Begründen Sie Ihre Ansicht.

10.2.2 Ermitteln des Angebotspreises – Vorwärtskalkulation

10.2.2.1 Errechnen des Listenverkaufspreises

Den Selbstkosten sind Gewinn, Verkaufsskonto, Verkaufsprovision und Verkaufsrabatt sowie Sondereinzelkosten des Vertriebs (besondere Verpackung, besonderer Transport) hinzuzurechnen. Dieser Preis ist der **kalkulierte Angebotspreis,** der die gesamten Kosten und einen entsprechenden Gewinn decken soll.*

Lösungsschema

Selbstkosten	Selbstkosten	Selbstkosten	Selbstkosten
+ Gewinn	+ Gewinn	+ Gewinn	+ Gewinn
Barverkaufspr.	Barverkaufspr.	Barverkaufspr.	Barverkaufspr.
	+ Verkaufsskonto	+ Verkaufsskonto	+ Verkaufsskonto
	Zielverkaufspr.	Zielverkaufspr.	+ Vertreterprov.
		+ Verkaufsrabatt	Zielverkaufspr.
		Listenverk'pr.	+ Verkaufsrabatt
			Listenverk'pr.

Beispiel 1 **Listenverkaufspreis ohne Provision**

Die Selbstkosten einer Großhandlung für Verpackungsmaterial betragen für 40 000 m Folie 84.000,00 €. Das Angebot an einen Kunden wird mit 10 % Gewinn, 3 % Verkaufsskonto und 20 % Mengenrabatt kalkuliert.

Wie hoch ist der Angebotspreis insgesamt und für 1 m Folie?

Lösung

①		Selbstkosten	84.000,00 € =	100 %		
	+	10 % Gewinn	8.400,00 € =	10 %	②	
		Barverkaufspreis	92.400,00 € =	110 %	→	97 %
	+	3 % V-Skonto	2.857,73 € =		③	3 %
		Zielverkaufspreis	95.257,73 € =	80 %	←	100 %
	+	20 % Mengenrabatt	23.814,43 € =	20 %	④	
		Listenverkaufspreis	119.072,16 € =	100 %		
		1 m	2,98 € ⑤			

Lösungsweg

① **Kalkulationsschema aufstellen**

② **Errechnen des Barverkaufspreises – Selbstkosten = 100 %**

für 40 000 m

x € ≙ 10 %

100 % ≙ 84.000,00 € x = 8.400,00 €

---

* Das Unternehmen kann den kalkulierten Angebotspreis nicht immer auf dem Markt durchsetzen, z. B. bei starker Konkurrenz.

Lösungsweg

③ **Errechnen des Zielverkaufspreises**

Skonto wird vom Zielpreis = 100 % berechnet. Der gegebene Barverkaufspreis ist der um den Skontobetrag *verminderte* Wert (hier 97 %).

x € ≙ 3 %
97 % ≙ 92.400,00 € x = 2.857,73 €

Der Zielverkaufspreis wird durch Addition errechnet.

④ **Errechnen des Listenverkaufspreises**

Der Kundenrabatt wird vom Listenverkaufspreis = 100 % berechnet. Der gegebene Zielverkaufspreis ist der um den Rabattbetrag verminderte Wert (hier 80 %).

20 % ≙ $\frac{1}{5}$ des reinen Grundwertes oder $\frac{1}{4}$ des verminderten Grundwertes.

x € ≙ 20 %
80 % ≙ 95.257,73 € x = 23.814,43 €

⑤ **Errechnen des Preises für 1 m** 119.072,16 € : 40 000 m = 2,98 €

1 Errechnen Sie die Angebotspreise insgesamt und für 1 Einheit.

	Menge	Selbstkosten €	Gewinn	Verkaufsskonto	Verkaufsrabatt
a)	800 Stück	48.000,00	$8\frac{1}{3}$ %	2 %	10 %
b)	5 000 m	4.500,00	5 %	1 %	20 %
c)	8,5 t	170.000,00	20 %	3 %	$12\frac{1}{2}$ %
d)	6 600 l	19.800,00	$16\frac{2}{3}$ %	$2\frac{1}{2}$ %	5 %
e)	12 500 kg	27.500,00	3 %	2 %	15 %
f)	9 200 Stück	46.000,00	10 %	3 %	$8\frac{1}{3}$ %

Beispiel 2 **Bezugs-/Verkaufskalkulation**

Ein Möbeldiscounter kauft 200 Besucherstühle für Büros zum Listeneinkaufspreis von 120,00 € je Stück. Einkaufsbedingungen: Mengenrabatt 30 %, Einkaufsskonto 2 %. Bezugskosten 2,68 € je Stück.

Der Discounter kalkuliert mit 20 % Handlungskosten, $8\frac{1}{3}$ % Gewinn, 3 % Verkaufsskonto und 25 % Verkaufsrabatt.

Wie hoch ist der Listenverkaufspreis für einen Besucherstuhl?

Lösung

	Listeneinkaufspreis (200 Stück zu 120,00 €)	24.000,00 €
–	30 % Mengenrabatt	7.200,00 €
	Zieleinkaufspreis	16.800,00 €
–	2 % Einkaufsskonto	336,00 €
	Bareinkaufspreis	16.464,00 €
+	Bezugskosten (200 Stück zu 2,68 €)	536,00 €
	Bezugspreis/Wareneinsatz	17.000,00 €
+	20 % Geschäftskosten	3.400,00 €
	Selbstkosten	20.400,00 €
+	$8\frac{1}{3}$ % Gewinn	1.700,00 €
	Barverkaufspreis	22.100,00 €
+	3 % Verkaufsskonto	683,51 €
	Zielverkaufspreis	22.783,51 €
+	25 % Verkaufsrabatt	7.594,50 €
	Listenverkaufspreis für 200 Stück	30.378,01 €
	Listenverkaufspreis für 1 Stück	151,89 €

2 Kalkulieren Sie die Angebotspreise insgesamt und für 1 Einheit.

	Menge	Listeneinkaufspreis in €	Einkaufsrabatt	Einkaufsskonto	Bezugskosten	Geschäftskosten
a)	8 000 m	4,80 je m	$12\frac{1}{2}$ %	3 %	280,00 €	20 %
b)	350 m^3	360,00 je m^3	$16\frac{2}{3}$ %	1 %	1.820,00 €	25 %
c)	1 200 Stück	12,60 je Stück	10 %	2 %	4 %	18 %
d)	240 t	133,20 je t	30 %	$2\frac{1}{2}$ %	6 %	22 %
e)	10 000 hl	62,00 je hl	5 %	—	2,30 € je hl	14,4 %
f)	500 kg	0,88 je kg	15 %	—	0,12 € je kg	16,5 %

Fortsetzung:

	Gewinn	Verkaufsskonto
a)	10 %	2 %
b)	20 %	3 %
c)	12 %	1 %
d)	8 %	$2\frac{1}{2}$ %
e)	25 %	—
f)	$33\frac{1}{3}$ %	—

10.2.2.2 Umsatzsteuer im Verkauf

Die Umsatzsteuer ist kein Kostenbestandteil. Sie ist kostenneutral, d. h., sie wird in der Kalkulation **nicht** berücksichtigt.

Beim Verkauf an Wiederverkäufer oder an Weiterverarbeiter wird die Umsatzsteuer in der Rechnung gesondert als Zuschlag auf den Verkaufspreis (Angebotspreis) ausgewiesen. Beim **Verkauf an Letztverbraucher** (Einzelhandel) ist sie im Endpreis enthalten (Bruttorechnungspreis).

Bar-/Ziel-/Listenverkaufspreis (= **Angebotspreis**) **+ USt = Brutto-Rechnungspreis**

Beispiel Der Listenverkaufspreis für einen m^2 Kunststoffplatten beträgt 18,50 €. Wie hoch ist der Brutto-Rechnungspreis bei 16 % USt?

Lösung

	Listenverkaufspreis / Netto-Rechnungspreis	=	18,50 €
+	16 % USt	=	2,96 €
	Brutto-Rechnungspreis	=	21,46 €

1

	Menge	Selbstkosten	Gewinn	Skonto	Rabatt	USt
a)	6 255 kg	58.640,09 €	$16\frac{2}{3}$ %	2 %	15 %	7 %
b)	105 270 m	103.807,28 €	9,25 %	3 %	30 %	16 %
c)	6 927 t	712.111,91 €	$12\frac{1}{2}$ %	1 %	25 %	7 %
d)	6 095 l	71.033,40 €	$4\frac{1}{2}$ %	3 %	20 %	16 %
e)	33 510 St.	903.684,25 €	8 %	2 %	$12\frac{1}{2}$ %	16 %
f)	850 m^3	88.400,00 €	6,5 %	$2\frac{1}{2}$ %	$8\frac{1}{3}$ %	16 %

1. Wie hoch ist der Angebotspreis insgesamt und für 1 Einheit?
2. Über welchen Betrag lautet die Rechnung bei Lieferung von 25 Einheiten? (Rabatt wird gewährt)
3. Wie hoch ist die Überweisung des Kunden bei Inanspruchnahme des Zahlungsziels? (Abnahme: 25 Einheiten)
4. Wie hoch ist die Überweisung des Kunden bei Skontoabzug (Abnahme: 25 Einheiten)? Wie viel Euro beträgt die USt?
5. Wie hoch ist der Angebotspreis für 1 Einheit und die USt, wenn dem Kunden als Kleinabnehmer kein Rabatt gewährt wird?

   (Lösungshinweis: Der Listenverkaufspreis wird in jedem Fall berechnet, gleich ob der Kunde Rabatt erhält oder nicht.)
6. Wie hoch ist der Angebotspreis für 1 Einheit an den Letztverbraucher, wenn die USt in den Preis einbezogen wird?

2 Ermitteln Sie die Brutto-Rechnungspreise.

	Selbstkosten	Gewinn	Skonto	USt
a)	2.800,70 €	8 %	2 %	16 %
b)	45.224,06 €	4,5 %	1 %	7 %
c)	4.896,60 €	12½ %	2½ %	7 %

10.2.2.3 Vertreterprovision

Die Vertreterprovision wird grundsätzlich vom Zielverkaufspreis berechnet, wenn der Vertrag mit dem Vertreter nichts anderes vorsieht. Sie gehört zu den Sondereinzelkosten des Vertriebs.

Beispiel 1 **Vertreterprovision + Skonto**

Der Barverkaufspreis einer Ware beträgt 11,55 €.

Wie hoch ist der Listenverkaufspreis, wenn 20 % Vertreterprovision, 3 % Skonto und 40 % Rabatt kalkuliert werden?

Lösung

Barverkaufspreis	11,55 €	77 %	①	
+ 3 % Skonto	0,45 €	3 %		
+ 20 % Vertreterprovision	3,00 €	20 %		
Zielverkaufspreis	15,00 €	100 %	→	60 %
+ 40 % Rabatt	10,00 €		②	40 %
Listenverkaufspreis	25,00 €			100 %

Lösungsweg

① Provision und Skonto werden gemeinsam vom Zielverkaufspreis = 100 % ermittelt. Der Barverkaufspreis beträgt nach Abzug von Provision und Skonto 77 %.

Errechnen der Vertreterprovision

x € ≙ 20 %
77 % ≙ 11,55 € x = 3,00 €

Errechnen des Skontobetrages

x € ≙ 3 %
77 % ≙ 11,55 € x = 0,45 €

② Der Rabatt wird wie bisher kalkuliert.

Beispiel 2 **Vertreterprovision ohne Skonto**

Der Barverkaufspreis beträgt 11,55 €, Vertreterprovision 20 %, Rabatt 40 %.

Lösung

	Barverkaufspreis	11,55 €	80 %	①
+	20 % Vertreterprovision	2,89 €	20 %	
	Zielverkaufspreis	14,44 €	100 %	60 %
+	40 % Rabatt	9,63 €		40 % ②
	Listenverkaufspreis	24,07 €		100 %

1 Kalkulieren Sie die Listenverkaufspreise.

	Barverkaufspreis	Provision	Skonto	Rabatt
a)	4,97 €	10 %	3 %	30 %
b)	98,77 €	15 %	2 %	15 %
c)	1,70 €	12 %	3 %	–
d)	14,25 €	5 %	–	40 %
e)	12.240,00 €	$2\frac{1}{2}$ %	–	25 %
f)	25.900,60 €	20 %	1 %	10 %

10.2.2.4 Kosten der Warenabgabe

(als Sondereinzelkosten des Vertriebs)

Transportkosten können als Handlungsgemeinkosten oder als Sondereinzelkosten des Vertriebs kalkuliert werden. Als Sondereinzelkosten werden sie dem Angebotspreis ab Lager zugeschlagen (Warenschulden = Holschulden). In vielen Fällen werden auch die Verpackungskosten gesondert berechnet.

Beispiel Ein Kölner Versandhändler bietet den Spezialschalter F40 zu einem Listenpreis von 8,40 € je Stück ausschließlich Verpackung ab Lager an.

Wie lauten die Angebotspreise für 5 000 Schalter einschließlich Verpackung?

a) ab Lager des Lieferers („Selbstabholer"),

b) ab Station Köln,

c) frachtfrei Leipzig (frei Station Leipzig),

d) frei Kundenlager Leipzig?

Verpackungskosten: 28,40 € je 1 000 Stück (Sonderverpackung).

Transportkosten: Anrollgeld Lager Köln – Versandbahnhof = 12,20 € je 500 Stück; Bahnfracht Köln – Leipzig = 32,00 € je 1 000 Stück; Abrollgeld Bestimmungsbahnhof Leipzig – Kundenlager = 4,50 € je 500 Stück.

Lösung

		Listenverkaufspreis für 5 000 Stück zu 8,40 € je Stück	42.000,00 €
	+	Verpackungskosten (28,40 € je 1 000 Stück)	142,00 €
zu a)		Angebotspreis ab Lager einschl. Verpackung	42.142,00 €
	+	Anrollgeld (12,20 € je 500 Stück)	122,00 €
zu b)		Angebotspreis ab Station Köln	42.264,00 €
	+	Bahnfracht (32,00 € je 1 000 Stück)	160,00 €
zu c)		Angebotspreis frei Bestimmungsbahnhof Leipzig	42.424,00 €
	+	Abrollgeld (4,50 € je 500 Stück)	45,00 €
zu d)		Angebotspreis frei Kundenlager Leipzig	42.469,00 €

1

Ermitteln Sie die Angebotspreise insgesamt und je Einheit einschließlich Verpackung.

Wie hoch sind die Transportkosten, die der Kunde gesondert zahlt?

	Angebotsart	Menge	Barverkaufs-preis	Skonto	Rabatt	Verpackungs-kosten	Transportkosten		
							Anrollgeld	Fracht	Abrollgeld
a)	frei Lager dort	240 St.	4.126,00 €	2 %	12½ %	je St. 1,25 €	288,00 €	444,00 €	0,60 € je Stück
b)	frachtfrei	6 300 m	6,94 € je m	3 %	16⅔ %	4,50 € je 100 m	0,25 € je m	15,20 € je 50 m	120,00 €
c)	ab Station hier	35,2 t	145,60 € je t	1 %	5 %	3 % vom Listenver-kaufspreis	1,32 € je angef. t	2,40 € je angef. t	0,78 € je angef. t
d)	frei Station dort	250 m^3	280,38 €	2½ %	10 %	Leih-verpackung	4,20 € je m^3	317,50 €	3,90 € je m^3
e)	frei Versand-bahnhof	12 200 kg	0,69 € je kg	3 %	25 %	2,50 € je 100 kg	2,5 % vom Listenver-kaufspreis	4 % vom Listenver-kaufspreis	10,00 € je 1 000 kg
f)	frei Haus	9,4 t	6.814,00 €	–	20 %	18,30 € je angef. t	Lkw-Fracht: 476 km zu 0,18 € je Tonnenkilometer		

10.2.2.5 Übungen

Beispiel Eine Elektrohandlung kauft 2 000 Kaffeemühlen mit Schlagwerk zu 8,00 € je Stück ein (Mengenrabatt 6 %, Einkaufsskonto 2 %, Einkaufsprovision 4,9 % vom Zielpreis). Bezugskosten: Fracht 633,84 €, Rollgeld 140,00 €.

Der Händler kalkuliert mit 20 % Gemeinkosten, 10 % Gewinn, 7½ % Verkaufsprovision, 2½ % Verkaufsskonto und 33⅓ % Höchstmengenrabatt.

a) Errechnen Sie den Listenverkaufspreis für eine Kaffeemühle.

b) Wie hoch ist der Rechnungspreis für 1 Kaffeemühle (USt 16 %)?

Lösung **zu a)**

①

	Listeneinkaufspreis 2 000 Stück zu je 8,00 €	16.000,00 €	≙	100 %	②
–	6 % Mengenrabatt	960,00 €	≙	6 %	
	Zieleinkaufspreis	15.040,00 €	≙	94 %	100 %
–	2 % Einkaufsskonto ...	300,80 €	≙		2 %
	Bareinkaufspreis	14.739,20 €	≙		98 %
+	4,9 % Einkaufsprovision (v. Zieleinkaufspr. 15.040,00)	736,96 €			
+	Bezugskosten: Fracht .... 633,84 € Rollgeld ...... 140,00 €	773,84 €			
	Bezugspreis (Preis frei Lager)/Wareneinsatz	16.250,00 €	≙	100 %	
+	20 % Handlungsgemeinkosten	3.250,00 €	≙	20 %	
	Selbstkosten	19.500,00 €	≙	120 %	100 %
+	10 % Gewinn	1.950,00 €	≙		10 %
	Barverkaufspreis	21.450,00 €	≙	90 %	110 %
+	7,5 % Verkaufsprovision (vom Zielverkaufspreis)	1.787,50 €	≙	7,5 %	
+	2,5 % Verkaufsskonto ..	595,83 €	≙	2,5 %	
	Zielverkaufspreis	23.833,33 €	≙	100 %	66⅔ %
+	33⅓ % Höchstmengenrabatt	11.916,67 €	≙		33⅓ %
	Listenverkaufspreis für 2 000 Stück	35.750,00 €	≙		100 %
	Listenverkaufspreis für 1 Stück	17,88 €	≙	(35.750,00 : 2 000)	

zu b)

	Listenverkaufspreis für 1 Stück	17,88 €
+	16 % USt	2,86 €
	Rechnungspreis für 1 Kaffeemühle	20,74 €

Lösungshinweis
① gesamtes Kalkulationsschema aufstellen
② schrittweise ausrechnen

1 Ermitteln Sie a) die Angebotspreise ab Lager insgesamt und b) die Bruttorechnungspreise für eine Einheit.

Menge	Listeneinkaufspreis	Einkaufsrabatt	Einkaufsskonto	Einkaufsprovision v. Zielprs.	Bezugskosten in €
a) 900 St.	2,60 je St.	10 %	2 %	8 %	135,00
b) 6 000 kg	0,35 je kg	20 %	3 %	7 %	172,60
c) 27 m^3	83,50 je m^3	5 %	1 %	–	Fracht: 290,00 Rollgeld: 7,00 je m^3
d) 540 hl	0,20 je l	– 3	% –		96,50
e) 7,2 t	487,20 je t	$8\frac{1}{3}$ %	$2\frac{1}{2}$ %	12 %	Fracht: 53,00 je angef. t Rollgeld: 12,00 je t
f) 550 kg	4,20 je kg	12 %	2 %	–	0,42 je kg

Handlungsgemeinkosten	Gewinn	Verkaufsprovision	Verkaufsskonto	Mengenrabatt	USt
a) 20 %	$16\frac{2}{3}$ %	7 %	3 %	20 %	16 %
b) 25 %	$8\frac{1}{3}$ %	7,5 %	$2\frac{1}{2}$ %	$12\frac{1}{2}$ %	7 %
c) 16,1 %	4 %	15 %	1 %	6 %	16 %
d) 22,3 %	15 %	–	2 %	–	16 %
e) 18,1 %	$12\frac{1}{2}$ %	20 %	$2\frac{1}{2}$ %	10 %	7 %
f) $12\frac{1}{2}$ %	3 %	9 %	1 %	12 %	16 %

2 Ein Bau- und Handwerkermarkt bezieht vor der angekündigten Werbeaktion des Herstellers 1 500 Teppichkehrmaschinen zu 10,15 € je Stück.

(Mengenrabatt 5 %, Einkaufsskonto 3 %, Einkaufsprovision 12 %, Fracht 978,00 €, Versicherung 39,00 €, Rollgeld 64,00 €, Verpackung 1.050,00 €, Handlungsgemeinkosten $12\frac{1}{2}$ %, Gewinn 4,5 %, 16 % USt.

Wie hoch ist der Ladenverkaufspreis je Stück?

3 25 Haartrockner werden einem Supermarkt zum Preis von 30,00 € je Stück ab Werk angeboten. Der Liefererrabatt beträgt $33\frac{1}{3}$ %, der Einkaufsskonto 3 %. Die Bezugskosten belaufen sich auf 28,00 €, die Versicherung auf 7,26 €. Der Supermarkt kalkuliert mit 25 % Handlungsgemeinkosten und 9 % Gewinn.

Zu welchem Ladenpreis kann der Trockner angeboten werden ? (USt: 16 %)

4 Die Schuhabteilung eines Kaufhauses bietet ein Spezialputzmittel für Chrom-Lederschuhe an.

Zieleinkaufspreis 1,00 €, Skonto 3 %, Bezugskosten 4 % vom Zielpreis, Handlungskosten 11,5 %, Gewinn 25 %, USt 16 %.

Wie hoch ist der Verkaufspreis?

5 Der Bezugspreis für $\frac{1}{4}$-kg-Packung einer ausländischen Spezialität beträgt 8,00 €, für eine $\frac{1}{2}$-kg-Packung 15,00 €. Zu welchem Listenverkaufspreis kann die Lebensmittelgroßhandlung das Erzeugnis anbieten? (Handlungsgemeinkosten 22 %, Gewinn $12\frac{1}{2}$ %, Verkaufsskonto 3 %, Wiederverkäuferrabatt $66\frac{2}{3}$ %.)

6 Wie hoch ist der Angebotspreis für 1 Bohnermaschine?

Einkaufspreis 112,00 €, Einkaufsskonto 3 %, Einkaufsprovision 12 %, Lieferung frei Haus, Handlungsgemeinkosten 22,5 %, Gewinn 7 %, Verkaufsprovision 10 %, Verkaufsskonto $2\frac{1}{2}$ %.

7 Keller & Co., Großhandlung für pharmazeutische Erzeugnisse und Chemikalien, kalkulieren eine Großpackung Tagescreme, deren Listeneinkaufspreis 36,50 € beträgt. (Einkaufsskonto 1 %, Bezugskosten 1,15 €, Handlungskosten 11 %, Gewinn $8\frac{1}{3}$ %, Verkaufsprovision 5 %, Verkaufsskonto 2 %, Wiederverkäuferrabatt 30 %, USt 16 %.)

Wie hoch ist der Rechnungspreis für 25 Großpackungen?

8 Ein Sternschlagmesser als Ersatzteil für einen Handmixer wird für 10 Stück kalkuliert: Selbstkosten 6,50 €, Gewinn 11,70 €, Garantiezuschlag 2 % auf die Selbstkosten, Verkaufsskonto 3 %, Verkaufsrabatt $66\frac{2}{3}$ %.

a) Kalkulieren Sie den Wiederverkäuferpreis insgesamt und je Stück.
b) Ermitteln Sie den Prozentsatz für den Gewinnzuschlag.

9 Eine Großhandlung, die für sieben Warengruppen kalkuliert, bezieht zwei Waren der Warengruppen I und II in einer Sendung:

Warengruppe I: 110 t zu 80,00 € je t netto; Tara 10 t, Rabatt $12\frac{1}{2}$ %.
Warengruppe II: 220 t zu 120,00 € je t netto; Tara 20 t, Einkaufsskonto $2\frac{1}{2}$ %.

Bezugskosten: Gewichtsspesen: Fracht 693,00 €, Rollgeld 366,30 €; Wertspesen: 1.680,00 €.

Handlungsgemeinkosten der vorherigen Rechnungsperiode für alle Warengruppen: 216.000,00 €.

Der Anteil der Warengruppen an den Handlungsgemeinkosten beträgt:
Warengruppe I: $8\frac{1}{3}$ % Warengruppe II: $16\frac{2}{3}$ %.

Der Wareneinsatz des letzten Abrechnungszeitraumes betrug
für Warengruppe I 135.000,00 €,
für Warengruppe II 177.800,00 €.

Aus diesen Angaben ist der jeweilige Zuschlagssatz der Handlungsgemeinkosten zu errechnen.

	Warengruppe I	Warengruppe II
Gewinnzuschläge	5 %	20 %
Verkaufsprovision	7 %	keine
Verkaufsskonto	3 %	3 %
Verkaufsrabatt	15 %	25 %

Ermitteln Sie die Angebotspreise ab Lager insgesamt und für 1 t.

10.2.3 Vereinfachung der Angebotskalkulation (Kalkulationszuschlag und Kalkulationsfaktor)

Die Zuschlagssätze für Handlungsgemeinkosten, Gewinn, Vertreterprovision, Verkaufsskonto und Verkaufsrabatt bleiben für die meisten Warengruppen des Sortiments eines Handelsbetriebes über längere Zeit gleich. Durch eine Zusammenfassung dieser Einzelzuschläge zu einem *Gesamtzuschlag* wird das Errechnen des Angebotspreises vereinfacht.

10.2.3.1 Kalkulationszuschlag

Der Kalkulationszuschlag ist die Differenz zwischen dem Bezugspreis (Wareneinsatz) und dem Angebotspreis, ausgedrückt in Prozent des Bezugspreises (*Bezugspreis* = 100 %).

Ist der Bezugspreis nicht bekannt, wird der Wareneinsatz = 100 gesetzt.

Beispiel 1 **Feststellen des Kalkulationszuschlagssatzes**

Ein Händler kalkuliert mit 20 % Geschäftskosten, 16⅔ % Gewinn, 8 % Verkaufsprovision, 2 % Verkaufsskonto und 20 % Verkaufsrabatt.

Wie hoch ist der Kalkulationszuschlag

a) bei unbekanntem Bezugspreis,

b) bei einem Bezugspreis von 45,00 €?

Lösung

		zu a)	zu b)
	Bezugspreis/Wareneinsatz	100,00	45,00 €
+	20 % Handlungskosten	20,00	9,00 €
	Selbstkosten	120,00	54,00 €
+	16 ⅔ % Gewinn	20,00	9,00 €
	Barverkaufspreis	140,00	63,00 €
+	8 % Provision	12,44	5,60 €
+	2 % Skonto	3,11	1,40 €
	Zielverkaufspreis	155,55	70,00 €
+	20 % Rabatt	38,89	17,50 €
	Listenverkaufspreis	194,44	87,50 €

Die Differenz zwischen Bezugspreis (= 100 %) und Verkaufspreis beträgt:

zu a)

194,45 € – 100 = 94,44 €

x % ≙ 94,44 €
100,00 € ≙ 100 % x = 94,44 %

zu b)

87,50 € – 45,00 € = 42,50 €

x % ≙ 42,50 €
45,00 € ≙ 100 %

Beispiel 2 **Kalkulationszuschlagssatz**

Wie hoch ist der Kalkulationszuschlagssatz? (Bezugspreis: 45,00 €; Listenverkaufspreis: 87,50 €)

Lösung Die Differenz zwischen Bezugspreis (= 100 %) und Listenverkaufspreis beträgt: 87,50 € – 45,00 € = 42,50 €.

x % ≙ 42,50 €
45,00 € ≙ 100 % = 94,44 %

$$\textbf{Kalkulationszuschlagssatz} = \frac{(\text{Verkaufspreis} - \text{Bezugspreis}) \cdot 100}{\text{Bezugspreis}}$$

Beispiel 3 **Kalkulation mit Zuschlagssatz**

Eine Glas- und Keramikhandlung bezieht 12 500 Weingläser zu 240,00 € je 100 Stück. Der Lieferer gewährt 3 % Rabatt und 2 % Skonto. Die Bezugskosten betragen 1.182,00 €. Wie hoch ist der Listenverkaufspreis für 1 Glas bei einem Kalkulationszuschlag von 94,44 %?

Lösung

	Listeneinkaufspreis	30.000,00 €
–	3 % Rabatt	900,00 €
	Zieleinkaufspreis	29.100,00 €
–	2 % Skonto	582,00 €
	Bareinkaufspreis	28.518,00 €
+	Bezugskosten	1.182,00 €
	Bezugspreis/Wareneinsatz	29.700,00 €
+	94,44 % Kalkulationszuschlag	28.048,68 €
	Listenverkaufspreis insgesamt	57.748,68 €
	Listenverkaufspreis für 1 Glas	4,62 €

Bezugspreis + Kalkulationszuschlag = Angebotspreis

10.2.3.2 Kalkulationsfaktor

Der Kalkulationsfaktor ist eine Zahl, mit der der Bezugspreis multipliziert wird, um den Angebotspreis zu errechnen. Der Kalkulationsfaktor entspricht dem Angebotspreis für 1,00 € Bezugspreis.

Beispiel 1 **Feststellen des Kalkulationsfaktors**

Wie hoch ist der Kalkulationsfaktor? (Bezugspreis 45,00 €; Listenverkaufspreis 87,50 €)

Lösung

$$x = \frac{87{,}50}{45} = 1{,}9444$$

$$\textbf{Kalkulationsfaktor} = \frac{\text{Verkaufspreis}}{\text{Bezugspreis}}$$

Beispiel 2 **Feststellen des Kalkulationsfaktors**

Ein Händler kalkuliert mit folgenden Zuschlägen: 20 % Handlungskosten, $16\frac{2}{3}$ % Gewinn, 8 % Verkaufsprovision, 2 % Verkaufsskonto und 25 % Verkaufsrabatt.

Wie hoch ist der Kalkulationsfaktor?

Lösung

	Bezugspreis/Wareneinsatz	1,00 €
+	20 % Geschäftskosten	0,20 €
	Selbstkosten	1,20 €
+	$16\frac{2}{3}$ % Gewinn	0,20 €
	Barverkaufspreis	1,40 €
+	8 % Provision	0,1244 €
+	2 % Skonto	0,0311 €
	Zielverkaufspreis	1,5555 €
+	20 % Rabatt	0,3889 €
	Listenverkaufspreis für 1,00 €	1,9444 €
	≙ Kalkulationsfaktor von	1,9444

Das bedeutet, dass einem Kalkulationszuschlag von 94,44 % ein Kalkulationsfaktor von 1,9444 entspricht. – Einem Kalkulationszuschlag von 125,28 % entspräche ein Kalkulationsfaktor von 2,2528, einem Zuschlag von 230,34 % ein Faktor von 3,3034.

Beispiel 3 **Kalkulation mit Kalkulationsfaktor**

Der Bezugspreis für 1 Artikel der Warengruppe III beträgt 12,00 €. Ein Handelsbetrieb kalkuliert diese Warengruppe mit einem Kalkulationsfaktor von 1,9444.

Wie hoch ist der Listenverkaufspreis?

Lösung x = 12,00 € · 1,9444 = 23,33 €

Bezugspreis · Kalkulationsfaktor = Angebotspreis

1 Errechnen Sie den Kalkulationszuschlag und den Kalkulationsfaktor.

	Handlungskosten	Gewinn	Vertreterprovision	Skonto	Rabatt
a)	20 %	10 %	–	3 %	$33\frac{1}{3}$ %
b)	$16\frac{2}{3}$ %	5 %	4 %	2 %	25 %
c)	25 %	20 %	10 %	3 %	40 %
d)	12 %	8 %	–	1 %	15 %

2 Ermitteln Sie den Kalkulationszuschlag und den Kalkulationsfaktor.

	Bezugspreis	Handlungskosten	Gewinn	Vertreterprovision	Skonto
a)	220,00	23 %	$12\frac{1}{2}$ %	–	3 %
b)	3.670,00	24 %	3 %	–	3 %
c)	816,00	18 %	4 %	10 %	2 %
d)	4,10	60 %	50 %	15 %	3 %

3 Mit welchem Kalkulationszuschlag und Kalkulationsfaktor rechnet der Handelsbetrieb?

	Bezugspreis	Listenverkaufspreis
a)	240,00	360,80
b)	1.225,00	1.890,00
c)	14,20	30,00
d)	10,00	20,34

4 Wie hoch ist der Kalkulationszuschlag bzw. der Kalkulationsfaktor?

	a)	b)	c)	d)	e)	f)
Kalkulationszuschlag	33,87 %	?	125,75 %	?	375,25 %	?
Kalkulationsfaktor	?	1,8825	?	3,3451	?	1,4273

5 Der Listeneinkaufspreis für einen Artikel beträgt 1.967,00 €. Einkaufsrabatt 20 %; Bezugskosten 46,00 €.

Wie hoch ist der Angebotspreis bei einem Kalkulationszuschlag von 36,75 % einschl. USt?

6 Wie hoch sind die Angebotspreise?

	Bezugspreis	Kalkulationszuschlag
a)	200,00	9,075 %
b)	5.180,00	124,13 %
c)	12.366,00	40,25 %
d)	9.620,00	150 %

	Bezugspreis	Kalkulations faktor
e)	4,28	2,1735
f)	8.617,15	1,7624
g)	25.936,00	3,1850
h)	90,70	1,6201

7 Eine Möbelhandlung bezieht 190 Spezialleuchten zu 42,00 € je Stück abzüglich 3 % Skonto. Bezugskosten 560,40 €. Wie hoch ist der Angebotspreis je Stück bei einem Kalkulationsfaktor von 1,5412?

8 Eine Schreib- und Papierwarenhandlung kalkuliert die Artikel der Warengruppe V mit folgenden Zuschlagssätzen:

Geschäftskosten 22 %, Gewinn 12 %, USt 16 %.

Errechnen Sie mit dem Kalkulationsfaktor die Listenverkaufspreise:

Artikel	V/001	V/002	V/003	V/004	V/005	V/006
Bezugspreis	2,60	3,25	6,80	14,40	8,90	1,20
Endverkaufspreis	?	?	?	?	?	?

10.2.4 Ermitteln des Bezugs- bzw. Einkaufspreises (Rückwärtskalkulation)

Die kalkulatorische Rückrechnung wird erforderlich, wenn der Bezugspreis bzw. Einkaufspreis festgestellt werden soll, zu dem ein Geschäft noch lohnend ist. Wir gehen vom gegebenen Verkaufspreis aus (z. B.: Verkaufspreis der Konkurrenz, fester Preis durch gesetzliche Preisvorschriften) und errechnen mit den angegebenen Zuschlagssätzen (Abschlägen) den Bezugspreis oder Einkaufspreis.

Beispiel 3 Der empfohlene Listenverkaufspreis, zu dem Wiederverkäufer einen Prozessrechner anbieten sollen, ist vom Herstellerwerk auf 3.600,00 € kalkuliert worden.

Zu welchem Listeneinkaufspreis kann der Rechner höchstens eingekauft werden; welcher Einkaufspreis ist für den Wiederverkäufer noch lohnend?

Der Händler rechnet mit $33\frac{1}{3}$ % Einkaufsrabatt und 2 % Einkaufsskonto, hinzu kommen 3 % Bezugskosten. – Die Handlungsgemeinkosten betragen 20 %, der Gewinn wird mit 10 % kalkuliert. Verkaufskosten: 2 % Kundenskonti, 8 % Vertreterprovision, $16\frac{2}{3}$ % Kundenrabatt.

Lösung

①		Listeneinkaufspreis	3.039,61 €	100 %	⑧	
	–	$33\frac{1}{3}$ % Rabatt	1.013,20 €	$33\frac{1}{3}$ %		
		Zieleinkaufspreis	2.026,41 €	$66\frac{2}{3}$ %	⑦	100 %
	–	2 % Skonto	40,53 €			2 %
		Bareinkaufspreis	1.985,88 €	100 %		98 %
	+	3 % Bezugskosten	59,58 €	3 %	⑥	
		Bezugspreis/ Wareneinsatz	2.045,46 €	103 %		100 %
	+	20 % HG-Kosten	409,09 €		⑤	20 %
		Selbstkosten	2.454,55 €	100 %		120 %
	+	10 % Gewinn	245,45 €	10 %	④	
		Barverkaufspreis	2.700,00 €	110 %		90 %
	+	2 % Skonto	60,00 €			2 %
	+	8 % Vertreterprovision	240,00 €		③	8 %
		Zielverkaufspreis	3.000,00 €	$83\frac{1}{3}$ %		100 %
	+	$16\frac{2}{3}$ % Rabatt	600,00 €	$16\frac{2}{3}$ %	②	
		Listenverkaufspreis	3.600,00 €	100 %		

Lösungsweg

① Kalkulationsschema aufstellen vom Listeneinkaufspreis bis zum Listenverkaufspreis.

② – ⑧ Schritt für Schritt rückwärts rechnen.

1 Stellen Sie die höchstmöglichen Einkaufs- bzw. Bezugspreise fest.

	Einkaufsrabatt	Einkaufsskonto	Bezugskosten	Handlungsgemeinkosten	Gewinn
a)	10 %	2 %	5 %	$16\frac{2}{3}$ %	12 %
b)	30 %	3 %	7 %	18 %	$12\frac{1}{2}$ %
c)	20 %	2 %	8,40 €	22 %	$6\frac{2}{3}$ %
d)	40 %	1 %	126,40 €	11 %	20 %
e)	–	–	–	14 %	–
f)	–	–	8,2 %	28 %	9 %

	Verkaufsskonto	Vertreterprovision	Verkaufsrabatt	Listenverkaufspreis €
a)	3 %	10 %	$8\frac{1}{3}$ %	840,00
b)	2 %	8 %	25 %	2.000,00
c)	3 %	–	25 %	125,00
d)	$2\frac{1}{2}$ %	15 %	30 %	13.000,00
e)	–	–	10 %	36,00
f)	2 %	–	–	210,00

2 Ein Elektrohändler kann markenlose Entsafter dem Facheinzelhandel zu 86,70 € anbieten. Wie hoch darf der Zieleinkaufspreis höchstens sein, wenn die Großhandlung mit 3 % Einkaufsskonto, 3,20 € Bezugskosten, 25 % Geschäftskosten, 8 % Gewinn, $2\frac{1}{2}$ % Verkaufsskonto und $33\frac{1}{3}$ % Verkaufsrabatt kalkuliert?

3 Aus Konkurrenzgründen wird der Angebotspreis für ein Kinderdreirad von 64,00 € auf 58,00 € gesenkt.

Wie hoch darf der neue Bezugspreis höchstens sein, wenn sogar auf einen Gewinn verzichtet wird?

Bisher wurde mit 3 % Verkaufsskonto, 4 % Gewinn und 17 % Handlungskosten kalkuliert.

4 Eine Glas- und Keramikhandlung kann an eine Winzergenossenschaft 50 000 Probiergläser mit Werbeaufdruck zu 60,00 € je 100 Stück verkaufen. Errechnen Sie den höchstmöglichen Listeneinkaufspreis für 1 Glas bei folgenden Bedingungen:

Verkaufsrabatt 5 %, Verkaufsskonto 2 %, Einkaufsrabatt 20 %, Einkaufsskonto 2 %, Bezugskosten 110,00 € je 1 000 Stück. Handlungsgemeinkosten 22,5 %, Gewinn 4 %, Vertreterprovision im Verkauf 7 %.

5 Ein Rechner wird von der Konkurrenz zu 6.600,00 € angeboten. Zu welchem Preis können wir den Rechner für ein vergleichbares Angebot einkaufen? Kalkulationsbedingungen: Einkaufsskonto 2,5 %, Bezugskosten 4,5 %, Handlungsgemeinkosten 20 %, Gewinn 12,5 %, Verkaufsskonto 3 %, Verkaufsrabatt $16\frac{2}{3}$ %.

10.2.5 Handelsspanne (Kalkulationsabschlag)

Die Handelsspanne ist die Differenz zwischen dem Angebotspreis und dem Bezugspreis, ausgedrückt in Prozent des Angebotspreises (Angebotspreis = 100 %). Mit der Handelsspanne lässt sich leicht der aufwendbare Bezugspreis ermitteln. Der Händler stellt fest, ob er bei feststehenden Angebotspreisen und den eigenen Bezugspreisen mit seinen Zuschlagssätzen auskommt (z. B. vom Hersteller empfohlene Preise; Preise, die aus Konkurrenzgründen nicht überschritten werden dürfen). Damit kann die Rückwärtskalkulation vereinfacht werden.

Beispiel 1 **Feststellen der Handelsspanne**

Ein Unternehmen kalkuliert mit 20 % Handlungskosten, 16⅔ % Gewinn, 8 % Verkaufsprovision, 2 % Verkaufsskonto und 20 % Kundenrabatt. Wie hoch ist die *Handelsspanne*/der Kalkulationsabschlag bei

a) unbekanntem Listenverkaufspreis?
b) einem Listenverkaufspreis von 87,50 €?

Lösung

		zu a)		zu b)
① ↓	Bezugspreis/Wareneinsatz	51,42	↑	45,00 €
+	20 % Handlungskosten	10,29		9,00 €
	Selbstkosten	61,71		54,00 €
+	16⅔ % Gewinn	10,29		9,00 €
	Barverkaufspreis	72,00	②	63,00 €
+	8 % Provision	6,40		5,60 €
+	2 % Kundenskonto	1,60		1,40 €
	Zielverkaufspreis	80,00		70,00 €
+	20 % Kundenrabatt	20,00		17,50 €
	Listenverkaufspreis/Angebotspreis	100,00		87,50 €

Die Differenz zwischen Angebotspreis (= 100 %) und Bezugspreis beträgt

zu a)

100 – 51,42 = 48,58

x % ≙ 48,58 €
100,00 € ≙ 100 %
x = <u>48,58 %</u>

zu b)

87,50 € – 45,00 € = 42,50 €

x % ≙ 42,50 €
87,50 € ≙ 100 %
x = <u>48,57 %*</u>

Lösungsweg

① Kalkulationsschema aufstellen.

② Schrittweise vom Listenverkaufspreis rückwärts rechnen.

5151197

* Bei b) Rundungsdifferenz

Beispiel 2 **Feststellen der Handelsspanne (Kalkulationsabschlag)**

Wie hoch ist die Handelsspanne/der Kalkulationsabschlag?
Bezugspreis 45,00 €, Listenverkaufspreis 87,50 €.

Lösung Die Differenz zwischen Listenverkaufspreis (= 100 %) und Bezugspreis beträgt:
87,50 € – 45,00 € = 42,50 €

x % ≙ 42,50 €
87,50 € ≙ 100 %

x = 48,57 %

$$\textbf{Handelsspanne} = \frac{\textbf{(Angebotspreis – Bezugspreis)} \cdot 100}{\textbf{Angebotspreis}}$$

Beispiel 3 **Feststellen der Handelsspanne (Kalkulationsabschlag)**

Die Handelsspanne lässt sich auch aus Kalkulationszuschlag und Kalkulationsfaktor errechnen:

Der Kalkulationszuschlag beträgt 94,44 %. Wie hoch ist die Handelsspanne?

Lösung Der Kalkulationsfaktor beträgt bei einem Zuschlag von 94,44 % = 1,9444.
x = 94,44 : 1,9444 = 48,57 %

$$\textbf{Handelsspanne} = \frac{\textbf{Kalkulationszuschlag}}{\textbf{Kalkulationsfaktor}}$$

Beispiel 4 **Bezugspreisermittlung mit Handelsspanne/Kalkulationsabschlag**

Ein Unternehmen kalkuliert mit einer Handelsspanne von 48,57 %. Aus Konkurrenzgründen kann ein Artikel an den Facheinzelhandel höchstens zu 60,61 € angeboten werden. Errechnen Sie den höchstmöglichen Bezugspreis, bei dem das Unternehmen volle Kosten- und Gewinndeckung erreicht.

Lösung

	Listenverkaufspreis	= 60,61 €
–	48,57 % Handelsspanne/Kalkulationsabschlag	= 29,44 €
	Bezugspreis	= 31,17 €

Angebotspreis – Handelsspanne = Bezugspreis

1 Errechnen Sie Handelsspanne, Kalkulationszuschlag und Kalkulationsfaktor.

Handlungskosten	Gewinn	Vertreterprov.	Skonto	Rabatt
a) $8\frac{1}{3}$ %	10 %	–	2 %	25 %
b) $16\frac{2}{3}$ %	20 %	–	2 %	$33\frac{1}{3}$ %
c) 15 %	5 %	3 %	3 %	20 %
d) 10 %	$16\frac{2}{3}$ %	5 %	–	8 %

2 Mit welchen Handelsspannen rechnet das Unternehmen?

Listenverkaufspreis	Bezugspreis	Listenverkaufspreis	Bezugspreis
a) 640,20	414,52	d) 1.240,90	580,00
b) 8.255,00	4.626,40	e) 88,00	52,80
c) 2,50	1,87	f) 276,40	120,60

3 Ermitteln Sie die Handelsspanne, den Kalkulationszuschlag und den Kalkulationsfaktor.

	Zielverkaufspreis	Geschäftskosten	Gewinn	Vertreterprovision	Skonto
a)	288,00	$12\frac{1}{2}$ %	8 %	–	3 %
b)	5.112,00	14 %	12 %	–	2 %
c)	14,00	10 %	$16\frac{2}{3}$ %	8 %	2 %
d)	960,00	$16\frac{2}{3}$ %	5 %	$2\frac{1}{2}$ %	3 %

4 Wie hoch sind Handelsspanne, Kalkulationszuschlag und Kalkulationsfaktor?

	a)	b)	c)	d)	e)	f)	g)
Kalkulationszuschlag	100 %	?	$33\frac{1}{3}$ %	?	?	?	$14\frac{2}{7}$ %
Handelsspanne	?	$33\frac{1}{3}$ %	?	20 %	?	$14\frac{2}{7}$ %	?
Kalkulationsfaktor	?	?	?	?	1,2	?	?

5 Errechnen Sie für die Inventur die Bezugspreise.

	Listenverkaufspreis	Handelsspanne		Listenverkaufspreis	Handelsspanne
a)	6.800,00	32,75 %	e)	250,00	25,00 %
b)	25,40	44,23 %	f)	4.456,20	16,67 %
c)	18.998,50	25,94 %	g)	872,96	20,30 %
d)	6,88	14,06 %	h)	0,66	23,72 %

6 Ein Unternehmer arbeitet mit einer Handelsspanne von 28,37 %. DVD-CDR-Kassetten im 10er-Pack zur Aufzeichnung von Fernsehsendungen werden aus Konkurrenzgründen zu 24,00 € angeboten. Wie hoch darf der Bezugspreis sein, wenn das Unternehmen seine Kosten decken und den vorgesehenen Gewinn erzielen will?

7 Wie hoch darf der Bezugspreis sein, wenn der Listenverkaufspreis je Packung 1,95 € beträgt?

a) Handelsspanne: 24 %

b) Kalkulationszuschlag: 25 %

8 Der Bezugspreis für ein Mountainbike beträgt 1.050,50 €. Die Fahrradhandlung kalkuliert mit einer Handelsspanne von 22,24 %. Wie hoch ist der Listenverkaufspreis?

9 Ein Unternehmen ermittelt für die Jahresbilanz die Einstandspreise des Lagers 3 für Geschirrspüler. Die Verkaufspreise der Warengruppe I (Haushaltsgeschirrspüler) sind Richtpreise. Die Handelsspanne ist von den Lieferern festgesetzt. Die Verkaufspreise der Warengruppe II (Geschirrspüler für Großküchen) sind selbst kalkuliert: Für Lieferer A beträgt der Kalkulationszuschlag $33\frac{1}{3}$ %, für Lieferer D 42 %. Ermitteln Sie hierzu die Handelsspannen.

Wie hoch ist der Inventurwert des Lagers 3?

Inventurliste Lager 3

Warengruppe	Hersteller	Modell	Menge	Angebotspreise	Handelsspanne	Einstandspreise je Modell	Einstandspreise je Warengruppe
I	A	L	6	1.580,00	45 %	? €	
		N	5	1.240,00	40 %	? €	
		S	8	960,00	$33\frac{1}{3}$ %	? €	
	B	01	3	1.250,00	42 %	? €	
	C	X–1	2	1.200,00	38 %	? €	
		X–2	4	1.420,00	46 %	? €	? €
II	A	GK 402	1	12.640,00	? %	? €	
		GK 507	2	8.420,00	? %	? €	
	D	2000 S	3	10.400,00	? %	? €	? €
Inventurwert Lager 3							? €

10.2.6 Gewinnkalkulation (Differenzkalkulation)

Durch die Gewinnkalkulation wird bei **gegebenem Einkaufspreis** und **feststehendem Verkaufspreis** (z. B. Richtpreise, Preise der Konkurrenz, staatliche Festpreise) der Gewinn oder Verlust unter Berücksichtigung der Kosten ermittelt. Es wird festgestellt, ob bei den gegebenen Einkaufs- und Verkaufsbedingungen und der Kostenstruktur des eigenen Betriebes ein angemessener Gewinn erzielt werden kann, ob ein Geschäft zu diesen Bedingungen lohnend ist.

Der Gewinn (oder der mögliche Verlust) ergibt sich als Differenz zwischen den Selbstkosten und dem Barverkaufspreis, ausgedrückt als Prozentsatz der Selbstkosten.

Beispiel 1 **Feststellen der Differenz (Gewinn/Verlust)**

Eine Radio-, Fernseh- und Musikalienhandlung kauft Radiowecker zum Listenpreis von 15,88 € ein. Aus Konkurrenzgründen wird zum Listenverkaufspreis von 33,00 € angeboten.

Konditionen: 10 % Einkaufsrabatt, 2 % Einkaufsskonto, Bezugskosten 1,00 €, Handlungsgemeinkosten 20 %, Verkaufsskonto 3 %, Verkaufsrabatt $33\frac{1}{3}$ %.

Wie hoch ist der Gewinn in Euro und Prozent?

Lösung ①

	Listeneinkaufspreis	15,88 €
–	10 % Rabatt	1,59 €
	Zieleinkaufspreis	14,29 €
–	2 % Skonto	0,29 €
	Bareinkaufspreis	14,00 €
+	Bezugskosten	1,00 €
	Bezugspreis/Wareneinsatz	15,00 €
+	20 % Handlungskosten	3,00 €
	Selbstkosten	18,00 €
	Gewinn = 18,6 % ⟵ ⑤ ⟶	**3,34 €** ④
	Barverkaufspreis	21,34 €
+	3 % Skonto	0,66 €
	Zielverkaufspreis	22,00 €
+	$33\frac{1}{3}$ % Rabatt	11,00 €
	Listenverkaufspreis	33,00 €

② (Richtung: Listeneinkaufspreis ↓ Selbstkosten) ③ (Richtung: Listenverkaufspreis ↑ Barverkaufspreis)

Lösungsweg

① Kalkulationsschema aufstellen.

② Errechnen der Selbstkosten (ausgehen vom Listen**einkaufs**preis).

③ Errechnen des Barverkaufspreises (ausgehen vom Listen**verkaufs**preis).

④ Feststellen der Differenz zwischen Selbstkosten (hier: 18,00 €) und dem Barverkaufspreis (hier: 21,34 €) = Gewinn (hier: 3,34 €).

⑤ Errechnen des Gewinnprozentsatzes, die Selbstkosten = 100 %.

x % ≙ 3,34 €
18,00 € ≙ 100 % x = 18,6 %

1 Wie hoch sind Gewinn oder Verlust in Euro und Prozent?

	Listeneinkaufspreis in €	Einkaufsrabatt	Einkaufsskonto	Bezugskosten
a)	40,00	5 %	3 %	1,20 €
b)	2.400,00	20 %	1 %	31,20 €
c)	0,95	–	2 %	0,40 €
d)	8,00	10 %	–	15 %
e)	150,00	3,00 €	3 %	–
f)	3.000,00	15 %	–	250,00 €

	Handlungskosten	Verkaufsskonto	Verkaufsrabatt	Listenverkaufspreis in €
a)	25 %	2 %	40 %	120,00
b)	$16\frac{2}{3}$ %	3 %	25 %	2.800,00
c)	$33\frac{1}{3}$ %	–	50 %	4,20
d)	20 %	3 %	–	10,50
e)	$16\frac{2}{3}$ %	–	–	180,00
f)	13,1 %	$2\frac{1}{2}$ %	9 %	3.300,00

2 Die Selbstkosten für 60 000 Flaschen Möbelpolitur betragen 62.400,00 €. Wie hoch ist der Gewinn in Euro und Prozent insgesamt und je Flasche, wenn die Politur zu 2,80 € angeboten wird? (Skonto 2 %, Rabatt 50 %)

3 Eine Großhandlung bezieht Stahlbestecke. Das vierteilige Besteck „Orion" kostet frei Lager 30,20 €.

Kosten: Handlungsgemeinkosten 18 %, Verkaufsskonto 2 %, Verkaufsrabatt 30 %.

Wie hoch ist der Gewinn in Euro und Prozent, wenn der empfohlene Endpreis auf 60,00 € festgesetzt ist?

4 Wie hoch ist der Gewinn in Euro und Prozent?

Listenangebotspreis 52,50 € (Listeneinkaufspreis 30,50 €, Einkaufsrabatt 10 %, Einkaufsskonto 3 %, Bezugskosten 4,10 €, Handlungsgemeinkosten 16 %, Verkaufsskonto 2 %, Verkaufsrabatt 27 %.

5 Die Autoersatzteil- und -zubehörhandlung Federmann kauft 1 000 3-Punkt-Haltegurte zum Listeneinkaufspreis von 53,20 € je Stück. Einkaufsbedingungen: 40 % Rabatt, 3 % Skonto, Bezugskosten 2,25 € je Stück, Handlungsgemeinkosten 28 %. Der Listenverkaufspreis der Gurte beträgt 92,60 € je Stück. Der branchenübliche Verkaufsskonto beträgt 3 %. Wie hoch ist der Gewinn in Euro und Prozent

a) bei Verkauf von 20 Gurten (Wiederverkäuferrabatt 40 %),

b) bei Verkauf von 50 Gurten (Wiederverkäuferrabatt 45 %),

c) bei Verkauf von 75 Gurten (Wiederverkäuferrabatt 50 %)?

6 Ein Baustoffhändler bezieht 35 200 m Kunststofffallrohre, säure- und hitzebeständig, zu 108.504,00 € frei Haus. Die Kunststoffröhren werden kalkuliert mit $33\frac{1}{3}$ % Handlungsgemeinkosten, $8\frac{1}{3}$ % Gewinn, 2 % Verkaufsskonto und 10 % Verkaufsrabatt.

a) Wie hoch ist der Listenverkaufspreis für 1 m?

b) Der Listenverkaufspreis wird aus Konkurrenzgründen auf
   - 5,00 € und
   - 4,85 € je m gesenkt.

   Wie hoch ist der Gewinn oder Verlust in Euro und Prozent je m?

c) Für einen Kunden muss der Rabatt von 10 % auf 12,5 % und der Skonto von 2 % auf 3 % erhöht werden. Lohnt sich das Geschäft für den Großhändler? (Angebotspreis: 4,85 € je m)

d) Wie hoch sind Kalkulationszuschlag, Kalkulationsfaktor und Handelsspanne bei a)?

10.2.7 Nachkalkulation (Ergebnisrechnung)

Aufgabe der Nachkalkulation ist es, den Gesamterfolg des Betriebes bzw. den Beitrag einer Artikelgruppe, eines Artikels oder einer einzelnen geschäftlichen Aktion am Gesamterfolg festzustellen.

Ausgangspunkt für die Ermittlung des Ergebnisses sind der Wareneinsatz, die Einzelkosten und die allgemeinen Geschäftskosten (Gemeinkosten), die tatsächlich angefallen sind. Die Zurechnung der Gemeinkosten erfolgt nach dem **Verursacherprinzip:** Die Kosten werden dem Kostenträger zugerechnet, der sie auch verursacht hat. Aus dem Vergleich der Gesamtkosten mit den Verkaufserlösen ergibt sich das Ergebnis des Gesamtbetriebes, der Artikelgruppe, der einzelnen geschäftlichen Aktion.

Die tatsächlich angefallenen Kosten, die tatsächlichen Verkaufserlöse und die tatsächlich erwirtschafteten Gewinne werden mit den kalkulierten Kosten, den kalkulierten Angebotspreisen und den kalkulierten Gewinnen verglichen.

Aus der Nachkalkulation ergeben sich Erkenntnisse, die für zukünftige unternehmerische Entscheidungen von Bedeutung sind.

Beispiel 1 **Jahresnachkalkulation insgesamt**

Ein Handelsbetrieb hatte im vergangenen Geschäftsjahr Gesamtkosten in Höhe von 3.626.200,00 €, davon entfallen auf den Wareneinsatz 3.271.800,00 € und die Geschäftskosten 354.400,00 €. Das Verkaufskonto weist – nach Abzug der Erlösschmälerungen – Verkaufserlöse in Höhe von 3.725.200,00 € aus.

Wie hoch ist das Jahresergebnis in Euro?

Lösung

Wareneinsatz	3.271.800,00 €
Geschäftskosten	354.400,00 €
Gesamtkosten	3.626.200,00 €
Verkaufserlöse netto	3.725.200,00 €
Jahresergebnis/-gewinn	99.000,00 €

Werden mehrere Artikel oder Artikelgruppen geführt, lässt die Gesamtrechnung nicht erkennen, wie hoch der Beitrag der einzelnen Warengruppe bzw. des einzelnen Artikels am Jahresergebnis ist.

Beispiel 2 **Jahresnachkalkulation nach Warengruppen**

Ein Handelsbetrieb führt 4 Warengruppen, für die er die Kosten und Verkaufserlöse getrennt erfasst:

Beispiel 2

Warengruppe	Wareneinsatz	Geschäftskosten	Erlöse
I	290.500,00	35.300,00	315.200,00
II	830.700,00	94.700,00	978.100,00
III	1.510.400,00	160.900,00	1.722.300,00
IV	640.200,00	63.500,00	709.600,00

Wie hoch sind die Ergebnisse je Warengruppe und das Gesamtergebnis?

Lösung

	insgesamt	Gruppe I	Gruppe II	Gruppe III	Gruppe IV
Wareneinsatz	3.271.800	290.500	830.700	1.510.400	640.200
Geschäftskost.	354.400	35.300	94.700	160.900	63.500
Gesamtkosten	3.626.200	325.800	925.400	1.671.300	703.700
Erlöse	3.725.200	315.200	978.100	1.722.300	709.600
Ergebnis	+ 99.000	– 10.600	+ 52.700	+ 51.000	+ 5.900

Diese Nachkalkulation lässt den Beitrag der einzelnen Warengruppe am Gesamterfolg des Unternehmens erkennen. Diese Erkenntnisse sind Grundlage für Entscheidungen der Unternehmensführung, z. B. Umsatzförderung der Gewinn bringenden Artikelgruppen II und III. Außerdem ist zu überlegen, ob Artikelgruppe I mit 10.600,00 € Verlust aufzugeben ist. Es scheint, als wenn sich in diesem Falle der Gewinn des Unternehmens um den wegfallenden Verlust von 10.600,00 € auf 109.600,00 € erhöhen würde. Das wäre allerdings nur dann der Fall, wenn die von Artikelgruppe I getragenen Geschäftskosten in Höhe von 35.300,00 € durch Mehrumsätze bei den anderen Artikelgruppen voll gedeckt werden könnten.*

Beispiel 3 **Nachkalkulation einer einzelnen geschäftlichen Aktion**

Ein Textilhändler kauft 400 italienische Blusen, Modell Riva, zu 53,00 € je Stück Bezugspreis ein. Modische Damenoberbekleidung wird mit 25 % allgemeinen Geschäftskosten kalkuliert. Die Vertreterprovision beträgt 15 % vom Verkaufspreis. Verkauft wurden die Blusen wie folgt: 300 Stück zu 90,00 € je Stück, 100 Stück zu 50,00 € je Stück im Saisonschlussverkauf.

Wie hoch ist der Erfolg dieser einzelnen geschäftlichen Aktion?

Lösung

Wareneinsatz (400 · 53,00 €)	21.200,00 €
Geschäftskosten 25 %	5.300,00 €
Selbstkosten	26.500,00 €
Vertreterprovision 15 % von 32.000,00 €	4.800,00 €
Gesamtkosten	31.300,00 €
Gesamterlös (300 · 90,00 €; 100 · 50,00 €)	32.000,00 €
Gewinn insgesamt	700,00 €

Der niedrige Gewinn ergibt sich aus dem Sonderverkauf von 100 Blusen unter dem Einstandspreis.

* Vergleiche Kap. 11.2.3 Programm- und Sortimentssteuerung, S. 280 ff.

Beispiel 4 **Vergleich von Vor- und Nachkalkulation**

Ein Handelsbetrieb kalkuliert mit 20 % allgemeinen Geschäftskosten, 5 % Gewinn, 10 % Vertreterprovision. Der Wareneinsatz des letzten Geschäftsjahres beträgt 855.000,00 €. Die Jahreserfolgsrechnung ergibt Nettoerlöse von 1.189.000,00 € und Gesamtkosten von 1.160.900,00 € (Selbstkosten 1.042.000,00 €, Vertreterprovision 118.900,00 €).

a) Wie hoch sind Gewinn, Gesamtkosten und Gesamtangebotspreis der Vorkalkulation?

b) Wie hoch sind die tatsächlichen Gesamtkosten, Verkaufserlöse und der tatsächliche Gewinn aufgrund der Jahreserfolgsrechnung?

c) Wie hoch sind die Kosten- und Gewinnabweichungen?

d) Mit welchem Zuschlagssatz für allgemeine Geschäftskosten hätte das Unternehmen tatsächlich kalkulieren müssen, um eine volle Kostendeckung zu erreichen?

Lösung zu a)

Wareneinsatz	855.000,00 €
kalkulierte allgemeine Geschäftskosten 20 %	171.000,00 €
kalkulierte Selbstkosten	1.026.000,00 €
kalkulierter Gewinn 5 %	51.300,00 €
kalkulierter Angebotspreis ohne V-Provision	1.077.300,00 €
kalkulierte Vertreterprovision 10 %	119.700,00 €
kalkulierter Angebotspreis mit V-Provision	1.197.000,00 €

Gesamtkosten:	Selbstkosten	1.026.000,00 €
	Provision	119.700,00 €
	Gesamtkosten	1.145.700,00 €

zu b)

Nettoerlöse		1.189.000,00 €
Gesamtkosten:		
Selbstkosten	1.042.000,00 €	
Vertreterprovision	118.900,00 €	1.160.900,00 €
Jahresergebnis/-gewinn		28.100,00 €

zu c)

kalkulierte allgemeine Geschäftskosten		171.000,00 €
tatsächliche Geschäftskosten (Selbstkosten – WE)		187.000,00 €
Kostenabweichung/Kostenunterdeckung	–	16.000,00 €

kalkulierter Gewinn		51.300,00 €
tatsächlicher Gewinn		28.100,00 €
Gewinnabweichung – minus	–	23.200,00 €

zu d)

Wareneinsatz	855.000,00 €
tatsächliche allgemeine Geschäftskosten = **21,9 %**	187.000,00 €

tatsächlicher Kostensatz:

x % ≙ 187.000,00 €

855.000,00 € ≙ 100 %   x = 21,9 %

Diese Vergleiche lassen die Abweichungen der tatsächlichen Werte von den kalkulierten Werten erkennen. Die Abweichungen sind gleichzeitig Ausgangspunkt für die Feststellung ihrer Ursachen (hier: Kostensteigerung, Senkung des Verkaufspreises).

Beispiel 3 **Vergleich von Vor- und Nachkalkulation**

Ein Unternehmen hat für die beiden letzten Geschäftsjahre folgende Kosten- und Erlösaufstellung:

Jahr	Wareneinsatz	allgemeine Geschäftskosten	Erlöse
1.	2.000.000,00	200.000,00 (= 10 %)**	2.280.000,00**
2.	1.600.000,00	10 % = 160.000,00* 195.000,00**	1.760.000,00* 1.765.000,00**

Der Kostensatz von 10 % wird im 2. Geschäftsjahr der Kalkulation zugrunde gelegt.

a) Wie hoch ist der tatsächliche Kostensatz für das 2. Geschäftsjahr?

b) Warum sind die allgemeinen Geschäftskosten nicht im Umfang der verminderten Umsätze (zum Wareneinsatz) gesunken?

c) Welche Möglichkeiten der Kostendeckung gibt es bei Verringerung der Umsätze?

Lösung **zu a)**

Wareneinsatz im 2. Geschäftsjahr	1.600.000,00 €
tatsächliche Kosten im 2. Geschäftsjahr	195.000,00 €

tatsächlicher Kostensatz:

$$\begin{aligned} x\,\% &\mathrel{\hat=} 195.000{,}00\ € \\ 1.600.000{,}00\ € &\mathrel{\hat=} 100\ \% \end{aligned} \qquad \underline{\underline{x = 12{,}2\ \%}}$$

zu b)

Die Geschäftskosten des Unternehmens sind überwiegend fixe Kosten, die sich aus dem Bereithalten der Handelsleistung ergeben (Bereitschaftskosten), wie Fuhrpark, Büro- und Lagerräume, Abschreibungen, Personal. Die fixen Kosten verringern sich infolge geringerer Umsatztätigkeit grundsätzlich nicht.

zu c)

1. Abbau der fixen Kosten: so weit möglich, Verringerung der Lagerfläche, des Fuhrparks, des Personalbestandes u. a.
2. Bemühen um Erhöhung des Umsatzes: Die fixen Kosten verteilen sich auf eine größere Umsatzmenge, sodass die Kosten je umgesetzten Euro geringer werden.
3. Verzicht auf Gewinn: Höhere als kalkulierte Kosten gehen zulasten des Gewinnes.
4. Erhöhung des Angebotspreises: Der Preis wird entsprechend der Kostensteigerung (von 10 auf 12,2 %) erhöht. Das ist nur dann möglich, wenn der Markt die höheren Preise akzeptiert.

* vorkalkulierte Geschäftskosten/Erlöse ** tatsächliche Geschäftskosten/Erlöse

1 Für folgende Unternehmungen sind festzustellen:

a) der Gesamterfolg,

b) der Erfolg je Warengruppe (in € und in % vom Nettoverkaufserlös).

c) Stellen Sie Überlegungen hinsichtlich der Umsatzförderung und der Aufgabe von Artikelgruppen an.

Kosten und Erlöse	Unternehmen A	Unternehmen B	Unternehmen C
Warengruppe I			
Wareneinsatz	420.000,00	104.962,00	1.159.412,00
allg. Geschäftskosten	35.000,00	21.685,00	57.391,00
Provision	72.000,00	34.181,00	36.264,20
Erlöse	598.000,00	193.038,00	–
Erlösschmälerung	7.000,00	5.064,00	–
Nettoerlöse	–	–	1.287.031,70
Warengruppe II			
Wareneinsatz	910.000,00	211.618,00	108.987,30
allg. Geschäftskosten	92.000,00	33.173,50	9.879,00
Provision	104.000,00	29.207,50	5.002,10
Erlöse	1.176.000,00	289.895,00	–
Erlösschmälerung	34.000,00	3.612,00	–
Nettoerlöse	–	–	127.929,60
Warengruppe III			
Wareneinsatz	740.000,00	61.519,00	80.123,40
allg. Geschäftskosten	88.000,00	14.110,50	6.207,00
Provision	94.000,00	13.080,00	4.610,70
Erlöse	935.000,00	91.612,00	–
Erlösschmälerung	11.000,00	8.906,50	–
Nettoerlöse	–	–	94.978,15
Warengruppe IV			
Wareneinsatz	1.070.000,00	49.215,50	41.748,10
allg. Geschäftskosten	62.000,00	8.408,00	8.813,00
Provision	59.000,00	12.015,00	5.126,30
Erlöse	1.241.000,00	72.189,00	–
Erlösschmälerung	4.000,00	2.373,50	–
Nettoerlöse	–	–	62.461,60

2 Ein Lebensmittelhändler kauft im Bayerischen Wald Heidelbeeren auf, um sie auf dem nächsten Fruchthof zu verkaufen. Es wird eine Sammelstelle errichtet, die die Beeren annimmt, bezahlt und in Spankörbe abpackt. Die Saison ergab folgende Ergebnisse:

Gesamtlieferung: 8 112 kg

Sammlerabnahmepreis: 1,10 € je kg

Kosten für Spankörbe: 3 500 Stück zu 0,60 € je Stück. Der nicht verbrauchte Rest wurde am Sammelort zu 0,20 € je Stück verkauft. Kosten der Sammelstelle: 598,40 €.

Kosten für Transport zum Fruchthof: 3 Fahrten zu je 326,40 €.

Verkaufsprovision: 4 % vom Verkaufserlös (nicht auf Verkauf der Restkörbe).

Verkaufserlöse: 1. Fahrt 960 Körbe zu 4,95 € je Korb
2. Fahrt 1 480 Körbe zu 4,70 € je Korb
3. Fahrt 800 Körbe zu 4,55 € je Korb

Wie viel Euro Gewinn hat der Händler bei dieser Aktion erzielt?

3 Stellen Sie für folgende geschäftliche Aktionen fest:

a) den kalkulierten Angebotspreis;

b) den tatsächlichen Erfolg der einzelnen geschäftlichen Aktion in Euro (Provision vom tatsächlichen Verkaufserlös);

c) die Erfolgsabweichungen in Euro;

d) den tatsächlichen Gewinn in Prozent von den Selbstkosten und dem Nettoerlös.

Nr.	Wareneinsatz €	Zuschlagss. allgemeine Geschäftsk.	Gewinnzuschlag	Provision	tatsächlicher Erlös €
15	2.080,00	20 %	10,0 %	5 %	2.895,00
33	350,50	8 %	1,5 %	8 %	422,00
61	9.665,10	5 %	0,8 %	3,5 %	10.381,50

4 Stellen Sie für folgende Handelsbetriebe fest:

a) die allgemeinen Geschäftskosten, den Gewinn und den Angebotspreis der Vorkalkulation;

b) die tatsächlichen Kosten, die Nettoverkaufserlöse und den tatsächlichen Gewinn der Nachkalkulation;

c) die Kosten- (allgemeine Geschäftskosten) und Gewinnabweichungen in Euro;

d) den tatsächlichen Kostensatz für allgemeine Geschäftskosten.

e) Worauf können die Kosten- und Gewinnabweichungen zurückgeführt werden?

Kosten und Erlöse	Betrieb A	Betrieb B	Betrieb C
Wareneinsatz	15.400.000,00	6.350.945,00	475.318,30
allg. Geschäftskosten	8 %	14 %	18 %
Gewinn	1,2 %	0,8 %	5 %
Provision	4 %	–	10 %
tatsächlich angefallene Geschäftskosten	1.211.700,00	890.552,50	104.500,80
Nettoerlöse	17.571.300,00	7.299.164,20	551.640,10

Programmierte Übungen

Die Lösungen bitte nur dann ankreuzen, wenn das Buch Ihr Eigentum ist. Im Leihverfahren überlassene Bücher dürfen nicht beschrieben werden.

1 Von einer Fotohandlung werden 1 500 japanische Kameras in das Sortiment genommen.

Kalkulationsbedingungen: Listeneinkaufspreis 45,90 € je Stück, Einkaufsrabatt 12,5 %, Einkaufsskonto 2 %, Bezugskosten 8,5 %, Handlungsgemeinkosten 20 %, Gewinn 5 %, Verkaufsskonto 3 %, Verkaufsrabatt 6 %, Umsatzsteuer 16 %.

a) Errechnen Sie den Angebotspreis für die ganze Partie.

b) Ermitteln Sie den Ladenverkaufspreis für eine Kamera.

c) Wie hoch ist der Kalkulationszuschlag der Fotohandlung?

a)
- a 80.711,70 €
- b 77.896,79 €
- c 83.207,94 €
- d 88.519,45 €
- e anderes Ergebnis, welches?

b)
- a 57,64 €
- b 61,57 €
- c 67,86 €
- d 68,45 €
- e anderes Ergebnis, welches?

c)
- a 38,19 %
- b 27,63 %
- c 1,3819
- d 1,2763
- e anderes Ergebnis, welches?

2 Der Barverkaufspreis eines Artikels, der durch Reisende direkt an Endverbraucher verkauft wird, ist mit 58,25 € errechnet.

Für Provision werden 15 %, als Skonto 2 % kalkuliert, USt 16 %.

a) Wie hoch ist der Endverbraucherpreis?

b) Ermitteln Sie den gemeinsamen Zuschlagssatz einschließlich Umsatzsteuer.

a) ☐☐,☐☐ €

b) ☐☐,☐ %

3 a) Stellen Sie den höchstmöglichen Bezugspreis für einen Artikel fest, der aus Konkurrenzgründen zu einem Listenverkaufspreis von 4,40 € angeboten wird.

Handlungskosten 10 %, Gewinnsatz 4,5 %, Verkaufsskonto 1 %, Verkaufsrabatt 5 %.

b) Ermitteln Sie den Kalkulationsfaktor.

c) Wie hoch ist die Handelsspanne?

a)
- a 3,50 €
- b 3,96 €
- c 4,14 €
- d 4,18 €
- e anderes Ergebnis, welches?

b)
- a 12,22 %
- b 1,2222
- c 18,22 %
- d 1,1822
- e anderes Ergebnis, welches?

c)
- a 10,10 %
- b 12,12 %
- c 18,18 %
- d 22,22 %
- e anderes Ergebnis, welches?

4 Wie hoch sind Gewinn oder Verlust in Euro und Prozent?

Listeneinkaufspreis 6.375,00 €, Listenverkaufspreis 9.472,16 €. Einkaufsrabatt 12 %, Verkaufsrabatt 15 %, Einkaufsskonto 3 %, Verkaufsskonto 2 %, Bezugskosten 635,00 €, Handlungsgemeinkosten 16 %.

a	V 969,81 € ≙ 13,8 %
b	G 969,81 € ≙ 13,8 %
c	V 859,16 € ≙ 12,22 %
d	G 859,16 € ≙ 12,22 %
e	anderes Ergebnis, welches?

5 Eine Fotohandlung bezieht 2 000 Amateurfilmleuchten zu 65,20 € je Stück. Der Einkaufsrabatt beträgt 8 %, Einkaufsskonto 1,5 %, Bezugskosten 6.200,00 €.

Wie hoch ist der Angebotspreis je Stück, wenn mit einem Kalkulationsfaktor von 1,4832 gearbeitet wird?

☐☐,☐☐ €

6 Der Listeneinkaufspreis für einen Artikel beträgt 490,00 €. Es wird mit 12,5 % Einkaufsrabatt, 3 % Einkaufsskonto und 22,50 € Bezugskosten gerechnet.

Wie hoch ist der Angebotspreis bei einem Kalkulationszuschlagssatz von 44,35 %?

☐☐☐,☐☐ €

7 Ein Handelsbetrieb kalkuliert mit einer Handelsspanne von 28,75 %. Aus Konkurrenzgründen kann ein Erzeugnis dem Einzelhandel zu höchstens 32,40 € angeboten werden.

Ermitteln Sie den höchstmöglichen Bezugspreis, bei dem der Handelsbetrieb volle Kosten- und Gewinndeckung erzielt.

☐☐,☐☐ €

10.3 Kalkulation in industriellen und handwerklichen Fertigungsbetrieben – Kostenträgerstückrechnung

Die Kostenträgerstückrechnung hat die Aufgabe, die Kosten je Stück bzw. je Gruppe des Kostenträgers zu erfassen.

Die Methode der Erfassung der Kosten richtet sich in erster Linie nach den Fertigungsverfahren.

Fertigungsverfahren		Kalkulationsmethoden
● **Mehrfachfertigung**	=	**Divisionskalkulation**
Einfache Massenfertigung (ein einheitliches Produkt)	=	**Einfache Divisionskalkulation**
a) einstufige Massenfertigung	=	a) einstufige Divisionskalkulation
b) mehrstufige Massenfertigung (Zwischenerzeugn. verkaufsf.)	=	b) mehrstufige Divisionskalkulation
Mehrfache Massenfertigung	=	**Verfeinerte Divisionskalkulation**
a) Sortenfertigung (ein- oder mehrstufig)	=	a) Divisionskalkulation mit Äquivalenzziffern ein- oder mehrstufig
b) Serienfertigung (ein- oder mehrstufig)	=	b) Divisionskalkulation mit Äquivalenzziffern
● **Einzelfertigung**	=	**Zuschlagskalkulation**

Bei der mehrstufigen Mehrfachfertigung werden die einzelnen Produktionsstufen als Kostenstellen behandelt, sodass eine Kostenerfassung je Stufe möglich ist.

10.3.1 Divisionskalkulation

Die Gesamtkosten eines Rechnungszeitraumes werden bei Massenfertigung durch die Leistungen dieser Zeit **dividiert**. Das Ergebnis sind die Selbstkosten des einzelnen Kostenträgers. Angewandt wird diese Methode bei der industriellen Massenfertigung gleicher Erzeugnisse (z. B. Bier, Elektrizität, Koks, Wasser) und in Handwerksbetrieben.

Die Kosten werden dem Kosten-Leistungs-Bereich des Rechnungskreises II entnommen. Grundlage für die Kalkulation können auch die auf Kostenstellen verrechneten Kosten sein: Material, Fertigung, Verwaltung, Vertrieb.

Bestandsveränderungen sind bei der Feststellung der Gesamtkosten zu berücksichtigen.

10.3.1.1 Einstufige Divisionskalkulation

Ermitteln der Kosten

Die Selbstkosten je Leistungseinheit werden ermittelt:

$$\textbf{Selbstkosten je Einheit} = \frac{\textbf{Kosten des Rechnungszeitraumes}}{\textbf{Leistungen des Rechnungszeitraumes}}$$

Beispiel 1 **Kostenerfassung nach Kostenarten**

Ein Betrieb stellt eine Sorte Kunstharzfolie her. Im vergangenen Rechnungszeitraum wurden 200 000 m² Folie zu den angegebenen Kosten hergestellt.

Wie hoch sind die Selbstkosten für 1 m² Folie?

Lösung

	€	in % (gerundet)	je m²
Materialkosten	140.000,000	38,9	0,70 €
Personalkosten	120.000,000	33,3	0,60 €
Instandhaltung und Instandsetzung	8.000,000	2,2	0,04 €
Abschreibungen	20.000,000	5,6	0,10 €
Steuern, Versicherungen	18.000,000	5,0	0,09 €
Sonstige Kosten	54.000,000	15,0	0,27 €
Gesamtkosten/Selbstkosten 200 000 m² ..	360.000,000	100	1,80 €
Selbstkosten für 1 m²	1,80		

Die gesamten Selbstkosten werden durch die Herstellungsmenge **dividiert**.

Beispiel 2 **Kostenerfassung nach Kostenstellen**

Wie hoch sind die Kosten für 1 kg Dünger bei einer Produktion von 800 000 kg?

Lösung

	€	in % (gerundet)	je kg
Kostenstelle Material	600.000,00	60,6	0,75 €
Kostenstelle Fertigung	200.000,00	20,2	0,25 €
Herstellungskosten	800.000,00	80,8	1,00 €
Kostenstelle Verwaltung	80.000,00	8,1	0,10 €
Kostenstelle Vertrieb	110.000,00	11,1	0,14 €
Selbstkosten für 800 000 kg	990.000,00	100	1,24 €
Selbstkosten für 1 kg	1,24		

Beispiel 3 **Kostenerfassung unter Berücksichtigung von Bestandsveränderungen**

Selbstkosten des Rechnungszeitraumes 360.000,00 €, Bestandsminderung an unfertigen Erzeugnissen 20.000,00 €, Herstellmenge 200 000 m².

Bei Bestandsveränderungen an unfertigen Erzeugnissen müssen die Selbstkosten des Rechnungszeitraumes entsprechend korrigiert werden.

Bestandsminderungen bei unfertigen Erzeugnissen sind den Selbstkosten der Fertigerzeugnisse zuzurechnen.

Bestandsmehrungen bei unfertigen Erzeugnissen sind von den Selbstkosten der Fertigerzeugnisse abzuziehen.

Lösung

	Selbstkosten des Rechnungszeitraumes	360.000,00 €
+	Bestandsminderung	20.000,00 €
	Selbstkosten der Fertigerzeugnisse dieses Rechnungszeitraumes 200 000 m²	380.000,00 €
	(380.000,00 € : 200 000 m²) 1 m²	1,90 €

Beispiel 4 **Kostenerfassung je Leistungsstunde**

Ein Handwerksbetrieb hat Selbstkosten in Höhe von 539.000,00 € bei 15 680 Fertigungsstunden. Wie hoch ist der Stundensatz zu Selbstkosten?

Lösung

$$\text{Stundensatz: } \frac{\text{Selbstkosten/Periode}}{\text{Fertigungsstunden/Periode}} = \frac{539.000,00}{15\,680} = \underline{\underline{34,38\ €/\text{Std.}}}$$

Ermitteln des Angebotspreises/Verkaufspreises

Neben den Selbstkosten enthält der Verkaufspreis Gewinn, Verkaufsskonto, Provision und Verkaufsrabatt.

Die Umsatzsteuer (USt) ist kein Kostenbestandteil. Sie wird daher in der Kalkulation grundsätzlich **nicht** berücksichtigt.

Beim Verkauf wird die USt in der Rechnung gesondert als Zuschlag auf den Angebotspreis (Verkaufspreis) ausgewiesen.

Beispiel **Kalkulationsschema**

	Summe der Kostenarten bzw. Summe der Kostenstellen	//// €
	Selbstkosten des Rechnungszeitraumes	//// €
–	Bestandsmehrungen an unfertigen Erzeugnissen	//// €
+	Bestandsminderungen an unfertigen Erzeugnissen	//// €
	Selbstkosten der im Rechnungszeitraum fertigen Erzeugnisse	
+	Gewinn (v. H.)	//// €
	Barverkaufspreis/Barangebotspreis	
+	Skonto (i. H.)	//// €
+	Provision (i. H.)	//// €
	Zielverkaufspreis/Zielangebotspreis	
+	Rabatt (i. H.)	//// €
	Listenverkaufspreis/Listenangebotspreis	//// €

Je nach Angebotspreis wird die USt vom Barverkaufspreis, Zielverkaufspreis oder Listenverkaufspreis berechnet.

Beispiel 5 **Ermitteln des Angebotspreises**

Die Selbstkosten für die Kunstharzfolie R8 betragen 360.000,00 €. Für die Kalkulation sind zu berücksichtigen: 10 % Gewinn, 2 % Verkaufsskonto, 5 % Provision, 12½ % Verkaufsrabatt. Produktion: 200 000 m Folie.

a) Wie hoch ist der Angebotspreis insgesamt und für 1 m Folie?

b) Über welchen Betrag lautet die Rechnung bei 16 % USt? Lieferung 1 000 m.

Lösung zu a) **Listenangebotspreis insgesamt und für 1 m**

		Betrag		
	Selbstkosten	360.000,00 €	100 %	
+	Gewinn 10 % (v. H.)	36.000,00 €	10 %	
	Barangebotspreis/Barverkaufspreis	396.000,00 €	110 % →	93 %
+	Skonto 2 % (i. H.)	8.516,13 €		2 %
+	Provision 5 % (i. H.)	21.290,32 €		5 %
	Zielangebotspreis/Zielverkaufspreis	425.806,45 €	87½ % ←	100 %
+	Rabatt 12½ %	60.829,49 €	12½ %	
	Listenangebotspreis/Listenverkaufspreis	486.635,94 €	100 %	
	Verkaufspreis für 1 m Folie	2,43 €		

zu b) **Brutto-Rechnungsbetrag**

Rechnung

Anzahl	Artikel	Preise je m	Preise insgesamt
1 000 m	Kunstharzfolie R 8	2,43	2.430,00
	Rabatt 12½ %		303,75
	Netto-Rechnungspreis		2.126,25
	USt 16 %		340,20
	Brutto-Rechnungspreis		2.466,45

1

	Selbstkosten	Gewinn	Skonto	Provision	Rabatt	USt	Produktion
a)	903.684,25 €	8 %	2 %	8 %	5 %	16 %	33 510 St.
b)	71.033,40 €	4,5 %	3 %	2 %	–	16 %	6 095 l
c)	691.111,91 €	12½ %	1 %	5 %	25 %	7 %	927 t
d)	108.457,28 €	9,25 %	3 %	10 %	30 %	16 %	105 270 m
e)	44.860,09 €	16⅔ %	2 %	–	–	7 %	6 255 kg

Bestandsveränderungen: c) 21.000,00 € Minderbestand
d) 4.650,00 € Mehrbestand
e) 6.890,00 € Minderbestand

1. Wie hoch ist der Angebotspreis insgesamt und für 1 Einheit?
2. Über welchen Betrag lautet die Rechnung bei Lieferung von 50 Einheiten?

2 Bei der Herstellung einer Kunststoffplatte sind als Kosten im vergangenen Rechnungszeitraum angefallen:

Material	308.988,70 €	Verwaltung	39.084,60 €
Fertigung	94.107,10 €	Vertrieb	81.305,20 €

Hergestellt wurden 49 750 m^2.

a) Wie hoch sind die Herstellungskosten insgesamt und je m^2?

b) Wie hoch sind die Selbstkosten insgesamt und je m^2?

c) Wie hoch ist der prozentuale Anteil der einzelnen Kostenstellen an den Gesamtkosten?

d) Wie hoch ist der Zielangebotspreis insgesamt und je m^2? Gewinn $12\frac{1}{2}$ %, Skonto 2 %.

e) Wie hoch sind die Selbstkosten der fertigen Produktion, wenn eine Bestandsminderung an unfertigen Erzeugnissen von 40.500,00 € zu berücksichtigen ist (insgesamt und je m^2)?

3 Ein Steinbruch gewinnt 7 980 m^3 Schottersteine zu folgenden Kosten:

Personalkosten	178.000,00 €	Abschreibungen	13.100,00 €
Hilfs- und Betriebsstoffe	18.200,00 €	Pacht	10.000,00 €
Energiekosten	11.600,00 €	Steuer und Versicherung	12.300,00 €
Instandhaltung und Instandsetzung	7.500,00 €	Sonstige Kosten	25.200,00 €

Gewinn $8\frac{1}{3}$ %, Skonto 3 %, Provision 7 %.

a) Wie hoch sind die Selbstkosten insgesamt und je m^3?

b) Wie hoch ist der Zielangebotspreis insgesamt und je m^3?

4 Eine Zementfabrik stellte im letzten Monat 6 230 t Zement zu folgenden Kosten her:

Steinbruch	124.000,00 €	Lager und Versand	98.200,00 €
Bahnanlage	36.400,00 €	Energiekosten	188.600,00 €
Rohmühle	165.700,00 €	Sonstige Betriebskosten	31.500,00 €
Presse	142.100,00 €	Verwaltungs- und Vertriebskosten	107.900,00 €
Zementöfen	316.500,00 €		
Zementmühle	152.400,00 €		

Gewinn 8 %, Skonto 2 %.

Wie hoch ist der Verkaufspreis je t?

5 Bei der Herstellung eines Spezialriegels für Feuersicherungstüren (Produktionsmenge 4 650 Stück) fielen folgende Kosten an:

Materialkosten: Flach- und Stabeisen, Federn u. a. 148.625,00 €.

Fertigungskosten: Fertigungslöhne 131.921,00 €, Hilfslöhne 21.318,00 €, Meistergehalt 15.667,00 €, Sozialkosten 48.926,00 €, Hilfs- und Betriebsstoffe 6.230,00 €, Strom, Gas, Wasser 11.063,00 €, kalk. Abschreibungen 12.980,00 €, Instandhaltung und -setzung 3.525,00 €, sonstige Kosten 13.114,00 €.

Verwaltungskosten: Gehälter 23.723,00 €, Sozialkosten 6.150,00 €, Büromaterial 1.682,00 €, kalk. Abschreibungen 700,00 €, sonstige Kosten 3.810,00 €.

Vertriebskosten: Werbung 1.690,00 €, Steuern, Beiträge, Versicherung 23.480,00 €, kalk. Abschreibungen 1.915,00 €, Fracht und Verpackung 6.309,00 €, sonstige Kosten 4.100,00 €.

An Gewinn sind 52.800,00 € einzurechnen.

a) Wie hoch sind die Selbstkosten insgesamt und je Stück?

b) Wie hoch ist der endgültige Verkaufspreis insgesamt und je Stück?

c) Wie hoch sind die Anteile der Material-, Fertigungs-, Verwaltungs- und Vertriebskosten und des Gewinnes in Prozent des Verkaufspreises?

6 Eine Kfz-Werkstatt hatte im Rechnungszeitraum – ohne Einzelmaterial – bei 5 630 Arbeitsstunden 355.600,00 € Selbstkosten.

a) Wie hoch sind die Selbstkosten je Arbeitsstunde?

b) Wie hoch wird eine Reparaturstunde berechnet?
Gewinn und Wagniszuschlag 15 %.

c) Auf welchen Betrag lautet die Reparaturrechnung?
Einzelmaterial 315,10 €, $12\frac{1}{2}$ Arbeitsstunden, USt 16 %.

7 Eine Kelterei hat folgende Kosten:

Mostobst	150.000,00 €	Fertigungsgemeinkosten	43.000,00 €
Materialgemeinkosten .	12.600,00 €	Verwaltungs- und	
Fertigungslöhne	52.000,00 €	Vertriebsgemeinkosten	120.000,00 €

a) Ermitteln Sie die Herstell- und Selbstkosten je l Fruchtsaftschorle.
Ausbeute: 1 Mio. l.

b) Wie viel Euro beträgt der Angebotspreis?
Gewinn 10 %, Provision 15 %, Skonto 3 %.

8 Eine Näherei für Lohnaufträge hat Selbstkosten in Höhe von 1.117.950,00 € bei 20 338 Nähstunden.

a) Ermitteln Sie die Selbstkosten je Nähstunde.

b) Ermitteln Sie die Selbstkosten je Nähminute.

c) Ermitteln Sie den Angebotspreis je Nähminute einschließlich 4,2 % für Gewinn und Wagnis.

10.3.1.2 Mehrstufige Divisionskalkulation

Die mehrstufige Divisionskalkulation wird dort angewandt, wo unfertige Erzeugnisse auf Zwischenlager genommen werden oder verkaufsfähige Zwischenerzeugnisse den Produktionsprozess an irgendeiner Stelle verlassen oder zugekaufte Einzelteile in den Produktionsprozess einfließen. Der Produktionsgang wird in Produktionsstufen und diesen entsprechend in Kostenstufen (Kostenstellen) eingeteilt. Die Stufenkosten werden durch die Stufenleistung dividiert.

$$\textbf{Selbstkosten je Einheit} = \frac{\textbf{Gesamtkosten je Produktionsstufe}}{\textbf{Gesamtleistung je Produktionsstufe}}$$

Beispiel Kosten der Produktionsstufe I 360.000,00 €, II 150.000,00 €. Die Leistung der Produktionsstufe I beträgt 3 000 t. Davon werden als Zwischenprodukt 1 000 t verkauft; der Rest geht zur Weiterverarbeitung in Produktionsstufe II ein.

Wie hoch sind die Selbstkosten je t Zwischen- und Endprodukt?

Lösung

	Kosten Stufe I	Kosten Stufe II	Selbstkosten insgesamt	Selbstkosten je t
Endprodukt 2 000 t	240.000,00	150.000,00	390.000,00	195,00
Zwischenprodukt 1 000 t	120.000,00		120.000,00	120,00
	360.000,00	150.000,00	510.000,00	

1 Wie hoch sind die Selbstkosten des Fertig- und Zwischenproduktes?

Fertigprodukt 34 000 Stück, Zwischenprodukt 6 000 Stück. Kosten der Produktionsstufe I 226.840,00 €, II 795.200,00 €.

2 Eine Weberei verkauft Rohgewebe, halb und voll ausgerüstetes Gewebe. Kosten der Produktionsstufen: I 990.000,00 €, II 90.000,00 €, III 52.700,00 €. Leistungen der Produktionsstufen: I 66 000 m, Verkauf von 36 000 m Rohgewebe; Stufe II Verkauf von 18 000 m halb ausgerüstetem Gewebe; Stufe III Verkauf von 12 000 m Fertigprodukt.

a) Wie hoch sind die Selbstkosten je Gewebe insgesamt und je Meter?

b) Wie hoch sind die Verkaufspreise insgesamt und je m?

Rohgewebe:	Gewinn $2\frac{1}{2}$ %,	Skonto 3 %
Halbgewebe:	Gewinn $8\frac{1}{3}$ %,	Skonto 3 %
Fertiggewebe:	Gewinn 25 %,	Skonto 3 %

3 Ein Werk stellt elektronische Schaltungen her. Eine Kapazitätsausweitung in Produktionsstufe I ist vorerst nicht möglich; deshalb werden Einzelteile zugekauft und in Produktionsstufe II fertig gestellt.

Kosten:	Stufe I 241.400,00 €,	II 108.500,00 €;
Leistung:	Stufe I 12 300 Stück,	II Zukauf von 3 200 Stück zu 20,50 €.

a) Wie hoch sind die Selbstkosten insgesamt und je Stück ohne und mit Zukauf?

b) Wie hoch sind die durchschnittlichen Selbstkosten je Stück?

4 Bei der Herstellung eines Fensterventilators sind folgende Kosten zu berücksichtigen:

Gehäusebau 80.600,00 € bei 4 500 Stück
Motorenbau 220.000,00 € bei 5 500 Stück
(von den 220.000,00 € entfallen 180.000,00 € auf Ventilatormotoren und 40.000,00 € auf Verkaufsmotoren)

1 000 Motoren werden nach Stufe I verkauft.

a) Wie hoch sind die Selbstkosten je Ventilator?
b) Wie hoch sind die Selbstkosten für einen verkauften Motor?
c) Wie hoch sind die Verkaufspreise je Stück?
Ventilator: Gewinn 12½ %, Skonto 2½ %; Motor: Gewinn 1½ %.
d) Wie hoch ist der Gesamtgewinn in Euro?
e) Warum werden mehr Motoren hergestellt als benötigt werden?

10.3.1.3 Divisionskalkulation mit Äquivalenzziffern

Die Divisionskalkulation mit Äquivalenzziffern wird angewandt bei Massenfertigung nicht einheitlicher, aber ähnlicher Leistungen, z. B. mehrerer Sorten Bier, Ziegelsteine, Bleche, wenn in einem Abrechnungszeitraum mehrere Sorten hergestellt wurden und die insgesamt angefallenen Selbstkosten den einzelnen Sorten und der einzelnen Mengeneinheit nicht direkt zugerechnet werden. Durch die Unterschiede zwischen den Sorten (z. B. verschiedenes Gewicht, unterschiedliche Brenndauer, unterschiedliche Materialstärke der Erzeugnisse) haben die hergestellten verschiedenen Sorten unterschiedlich hohe Stückkosten verursacht. – Die gesamten Selbstkosten dürfen deshalb nicht nach der einfachen Divisionskalkulation auf die Gesamt- und Stückleistung verteilt werden. – Um die angefallenen Selbstkosten den einzelnen Sorten verursachungsgetreu zurechnen zu können, werden **Wertungsziffern = Äquivalenzziffern** verwandt, die das Stückkostenverhältnis der einzelnen Sorten zueinander widerspiegeln. Die Äquivalenzziffern werden von Zeit zu Zeit überprüft.

Beispiel 1 **Ermitteln der Äquivalenzziffern aus Maßen**

Ein Spanplattenbetrieb stellte in einem Abrechnungszeitraum auf der gleichen Anlage drei Sorten Spanplatten her, die sich lediglich durch die Plattenstärke voneinander unterscheiden:

Sorte I – 6 mm Plattenstärke	= Äquivalenzziffer 1
Sorte II – 12 mm Plattenstärke	= Äquivalenzziffer 2
Sorte III – 24 mm Plattenstärke	= Äquivalenzziffer 4

Da wir annehmen können, dass die Stückkosten hier überwiegend von der Menge des eingesetzten Materials und damit von der Plattenstärke abhängen, gehen wir von einer Sorte als Basis aus (hier Sorte I) und drücken die Kostenabweichungen der anderen Sorten zu dieser Grundsorte im Verhältnis der Plattenstärken aus = **Äquivalenzziffern.** Das heißt, dass die Kosten unter Berücksichtigung der hergestellten Mengen je Sorte im Verhältnis 1 : 2 : 4 zu verteilen sind. **Um zum richtigen Kostenverhältnis der Sorten zu kommen, werden die Produktionsmengen mit den Äquivalenzziffern multipliziert = rechnerische Einheiten (RE).**

Beispiel 2 **Ermitteln der Äquivalenzziffern nach Stückkosten**

Ein Werk stellt drei Sorten Mosaikfliesen her. Aufgrund einer Kostenanalyse wurden für die einzelnen Sorten festgestellt:

Kosten	Sorte I	für 1 Stück:	2,40 € →	1 Äquivalenzziffer
Kosten	Sorte II	für 1 Stück:	3,00 € →	1,25 Äquivalenzziffer
Kosten	Sorte III	für 1 Stück:	4,20 € →	1,75 Äquivalenzziffer

Wie in Beispiel 1 wird auch hier von einer Sorte als Grundsorte (hier Sorte I) ausgegangen. Im Gegensatz zu Beispiel 1 werden hier die bereits ermittelten Kosten der anderen Sorten ins Verhältnis zu den Kosten der Grundsorte gebracht und die Unterschiede in Äquivalenzziffern ausgedrückt: Sorte I 1, Sorte II 1,25, Sorte III 1,75. Die Produktionsmengen werden mit den Äquivalenzziffern multipliziert und danach die Selbstkosten auf die Sorten verteilt.

Beispiel 3 **Kostenverteilung mit Äquivalenzziffern** (Beispiel 1)

Ein Spanplattenbetrieb stellte im Abrechnungszeitraum 2 500 Platten der Sorte I her, 6 000 Platten der Sorte II, 4 000 Platten der Sorte III. Äquivalenzziffern: Sorte I: 1, Sorte II: 2, Sorte III: 4. Die Selbstkosten betrugen 335.500,00 € und sollen entsprechend den Äquivalenzziffern verteilt werden.

Wie hoch sind die Selbstkosten je Sorte und je Stück?

Lösung

	Äquivalenzziffer	RE	Selbstkosten je Sorte	Selbstkosten je Stück
Sorte I 2 500 Stück	1	2 500	27.500,00 €	11,00 €
Sorte II 6 000 Stück	2	12 000	132.000,00 €	22,00 €
Sorte III 4 000 Stück	4	16 000	176.000,00 €	44,00 €
		30 500 ≙	335.500,00 €	
		1 ≙	11,00 €	

Lösungsweg

① RE (rechnerische Einheiten) = hergestellte Menge · Äquivalenzziffer.

② Die Summe der rechnerischen Einheiten entspricht den Gesamtselbstkosten. Über die Selbstkosten für eine Rechnungseinheit kommen wir zu den Selbstkostenanteilen der beteiligten Sorten: **z. B. Sorte II**: Selbstkosten je Rechnungseinheit = 11,00 €; Sorte II = 12 000 RE : Selbstkostenanteil Sorte II = 12 000 · 11,00 € = 132.000,00 €.

③ Von den Selbstkosten je Sorte lässt sich auf die Selbstkosten je Stück der verschiedenen Sorten schließen, z. B. Sorte III:
Selbstkosten Sorte III = 176.000,00 € bei einer Menge von 4 000 Stück; Selbstkosten je Stück der Sorte III: 176.000,00 € : 4 000 = 44,00 €.

④ Sollen lediglich die Selbstkosten je Stück ermittelt werden, so kann dies direkt mithilfe der Äquivalenzziffern geschehen:

Selbstkosten je RE	Sorte	Äquivalenzziffer	Selbstkosten je St.
11,00 €	I	1	11,00 € (1 · 11,00 €)
11,00 €	II	2	22,00 € (2 · 11,00 €)
11,00 €	III	4	44,00 € (4 · 11,00 €)

Beispiel 4 **Ermitteln des Verkaufspreises** (Werte aus Beispiel 3)

Wie hoch ist der Verkaufspreis je Stück? Gewinn 10 %, Verkaufskonto 2 %.

Lösung

	Sorte I	Sorte II	Sorte III
Selbstkosten je Stück	11,00 €	22,00 €	44,00 €
Gewinn 10 %	1,10 €	2,20 €	4,40 €
Barverkaufspreis	12,10 €	24,20 €	48,40 €
Skonto 2 %	0,25 €	0,49 €	0,99 €
Zielverkaufspreis	12,35 €	24,69 €	49,39 €

1 Ermitteln Sie die Äquivalenzziffern.

a)	Sorte I	Materialeinsatz für 1 Stück	60 kg
	Sorte II	Materialeinsatz für 1 Stück	72 kg
	Sorte III	Materialeinsatz für 1 Stück	90 kg
b)	Sorte I	Kosten für 1 000 Stück	800,00 €
	Sorte II	Kosten für 1 000 Stück	960,00 €
	Sorte III	Kosten für 1 000 Stück	1.040,00 €
	Sorte IV	Kosten für 1 000 Stück	1.520,00 €
c)	Sorte I	Arbeitsstunden 210 000 für	700 t
	Sorte II	Arbeitsstunden 184 500 für	410 t
	Sorte III	Arbeitsstunden 117 000 für	195 t

Vergleich auf der Basis von 1 t.

2 Ein Werk stellte drei Sorten Kaminfliesen zu 3.060.000,00 € Selbstkosten her: Sorte I 600 000 Stück, II 400 000 Stück, III 100 000 Stück. Die Kosten sind entsprechend den Wertungsziffern zu verteilen: Sorte I 1,0; II 1,25; III 1,75.
Wie hoch sind die Selbstkosten je Sorte und für 1 Stück?

3 Eine Brauerei stellte im Monat drei Sorten Bier zu 10.086.000,00 € Selbstkosten her:

Light	20 000 hl	Äquivalenzziffer 1,2
Pilsener	50 000 hl	Äquivalenzziffer 1,0
alkoholfrei	10 000 hl	Äquivalenzziffer 0,8

Wie hoch sind die Selbstkosten je Sorte und hl?

4 Ein Walzwerk walzte vier Profile mit 4.380.000,00 € Selbstkosten aus:

		Äquivalenzziffer			Äquivalenzziffer
Profil A	4 000 t	0,9	Profil C	1 000 t	1,1
Profil B	2 000 t	1,0	Profil D	500 t	1,2

Stellen Sie die Selbstkosten je Profil und t fest.

5 Ein Steinbruch gewinnt zu 780.000,00 € Selbstkosten folgende Steinsorten: I Randsteine 800 m^3, II Pflastersteine 2 000 m^3, III Splitt 1 000 m^3. Die Selbstkosten sind nach der aufgewandten Arbeitszeit je m^3 zu verteilen.

a) Stellen Sie die Äquivalenzziffern fest.

Sorte I	Arbeitszeit je m^3	10 Stunden
Sorte II	Arbeitszeit je m^3	8 Stunden
Sorte III	Arbeitszeit je m^3	2 Stunden

b) Wie hoch sind die Selbstkosten je Sorte und je m^3?

c) Wie hoch ist der Verkaufspreis je Sorte und je m^3?
Zu berücksichtigen sind: Gewinn $12\frac{1}{2}$ %, Skonto 2 %.

6 Ein Unternehmen verkauft ein Gerät in Standard- und Luxusausführung. An Selbstkosten sind 76.500 000,00 € angefallen. Hergestellt wurden:

Standard 1 000 Stück Äquivalenzziffer 3
Luxus 3 500 Stück Äquivalenzziffer 4

a) Wie hoch sind die Selbstkosten je Modell und je Stück?

b) Wie hoch ist der jeweilige Verkaufspreis?
Gewinn: Luxus 10 %, Standard: 5 %; Skonto $2\frac{1}{2}$ %.

7 Eine Weberei stellte 40 000 m Jersey in drei Qualitäten zu 510.420,00 € Selbstkosten her. Auf Qualität S entfallen 60 %, M 25 %, G der Rest. Äquivalenzziffern: S 1, M 0,8, G 0,7.

a) Wie hoch sind die Selbstkosten je Qualität und m?

b) Wie hoch sind die Verkaufspreise je m?
Gewinn: Qualität S $16\frac{2}{3}$ %, M $8\frac{1}{3}$ %, G ohne Gewinn; Skonto 3 %.

8 Eine Suppenwürze wird in Normal- und Großflasche angeboten. Die Material- und Fertigungskosten sind zu verteilen: 20 000 Großflaschen mit Äquivalenzziffer 24, 40 000 Normalflaschen mit Äquivalenzziffer 1. Die Kosten der Packerei, der Verwaltung und des Vertriebs sind zu verteilen: Großflasche Äquivalenzziffer 3, Normalflasche Äquivalenzziffer 1; Material- und Fertigungskosten 156.000,00 €, Packerei, Verwaltung und Vertrieb 50.000,00 €.

a) Wie hoch sind die Selbstkosten je Flasche?

b) Wie hoch ist der Gewinn je Flasche in € und Prozent?

Großflasche:	Listenpreis 15,00 €,	Rabatt $33\frac{1}{3}$ %,	Skonto 3 %
Kleinflasche:	Listenpreis 1,20 €,	Rabatt 20 %,	Skonto $2\frac{1}{2}$ %

9 Ein Werk stellt drei Herdtypen her. An Einzelkosten sind angefallen:

Type I: 180.000,00 € bei 1 200 Stück
Type II: 201.000,00 € bei 600 Stück
Type III: 80.000,00 € bei 400 Stück

Die Gemeinkosten in Höhe von 588.000,00 € sind entsprechend den Wertungsziffern zu verteilen:

Type I: Äquivalenzziffer 10
Type II: Äquivalenzziffer 8
Type III: Äquivalenzziffer 7

a) Wie hoch sind die Selbstkosten je Type und je Stück?

b) Wie hoch ist der Verkaufspreis je Type?

	Gewinn	Skonto
I:	$6\frac{2}{3}$ %	3 %
II:	$8\frac{1}{3}$ %	3 %
III:	$12\frac{1}{2}$ %	3 %

Programmierte Übungen

Die Lösungen bitte nur dann ankreuzen, wenn das Buch Ihr Eigentum ist. Im Leihverfahren überlassene Bücher dürfen nicht beschrieben werden.

1 Aus dem KLR ergeben sich folgende Kosten: Stoffkosten 220.000,00 €, Personalkosten 260.000,00 €, kalk. Abschreibungen 60.000,00 €, Betriebssteuern, Versicherungen 30.000,00 €, sonstige Kosten 70.000,00 €. Kalkuliert werden 5 % Gewinn, 2 % Skonto und 4 % Mengenrabatt.

Wie hoch ist der Listenangebotspreis für eine 10er-Packung Sägeblätter? Produktion 250 000 Stück.

- a 28,57 €
- b 285,71 €
- c 2,86 €
- d 274,29 €
- e anderes Ergebnis, welches?

2 Ein Werk, das Türblätter herstellt, hat folgende Herstellungskosten: Kostenstelle Material 540.000,00 €, Fertigung 430.000,00 €. In den Kostenstellen Verwaltung sind 125.000,00 € und Vertrieb 165.000,00 € entstanden. Der Bestand an unfertigen Türblättern hat sich von 50.000,00 € auf 70.000,00 € erhöht. Kalkuliert werden 4,5 % Gewinn, 1 % Skonto.

Wie hoch ist der Angebotspreis für 1 Türblatt? Monatsproduktion 9 500 Stück.

☐☐☐,☐☐ €

3 Wie hoch sind die Selbstkosten je laufendem m der eloxierten Aluminium-Abdeckleisten?

Selbstkosten 392.000,00 €; Produktion: nicht eloxierte Leisten 12 500 m, eloxierte Leisten 2 500 m; Äquivalenzziffern: nicht eloxierte Leisten 1,0, eloxierte Leisten 1,4.

- a 26,13 €
- b 24,50 €
- c 36,59 €
- d 34,30 €
- e anderes Ergebnis, welches?

4 Für einen Reparaturauftrag werden berechnet:

Ersatzteile		318,75 €
Technikerstunden	3,25 Std. zu 72,50 €/Std.	
Wegezeit	0,50 Std. zu 72,50 €/Std.	

Skonto 2 %, USt 16 %.
Wie hoch ist der Betrag der Rechnung?

☐☐☐,☐☐ €

5 Eine Töpferei erhält von einer Kaffeerösterei die Anfrage, ob sie 200 000 Keramikleuchter für ein Vorspannangebot zu 4,45 € je Stück liefern kann. Kalkulation für 1 000 Stück: Material 550,00 €, Fertigungslohn 1.650,00 €; Gemeinkosten 101 % auf Einzelkosten.

Wie hoch ist der Gewinn des Gesamtauftrages in Euro und Prozent? (2 Dezimalstellen)

- a 5.600,00 € ≙ 6,33 %
- b 5.600,00 € ≙ 0,63 %
- c 560,00 € ≙ 6,33 %
- d 560,00 € ≙ 0,63 %
- e anderes Ergebnis, welches?

10.3.2 Zuschlagskalkulation

Die Zuschlagskalkulation wird von Betrieben angewandt, die verschiedene, kostenmäßig voneinander abweichende Erzeugnisse (Einzel- und Serienfertigung) herstellen. Wegen der verschieden hohen Kostenanteile der Aufträge reicht die Divisionskalkulation nicht mehr aus, um die Selbstkosten je Auftrag festzustellen.

Die **Einzelkosten** sind exakt erfassbar und können dem jeweiligen Auftrag direkt zugerechnet werden.

Einzelkosten = direkt zurechenbare Kosten

- **Materialkosten(verbrauch)**

  Der Verbrauch an Einzelteilen und Rohstoffen wird im Rahmen der Auftragsvorbereitung ermittelt und für den Einzelauftrag erfasst (Materialentnahmeschein).

- **Fertigungslöhne**

  Grundlage ist die erforderliche Arbeitszeit je Auftrag oder Arbeitsgang, die gleichfalls von der Arbeitsvorbereitung festgestellt wird.

- **Vertriebskosten**

  Skonto, Provision sowie Fracht und Verpackung sind für jeden einzelnen Auftrag erfassbar und können ihm jeweils zugerechnet werden (Sondereinzelkosten des Vertriebs).

Neben den Einzelkosten entstehen Kosten, die für alle Aufträge gemeinsam anfallen = **Gemeinkosten.** Gemeinkosten können dem Einzelauftrag nicht direkt zugerechnet werden. Sie werden vielmehr auf die einzelnen Kostenstellen verteilt (aufgeschlüsselt), durch die sie verursacht werden.

Gemeinkosten = nicht direkt zurechenbare Kosten

- **Materialgemeinkosten**

  entstehen z. B. für Lagerräume, Lagerverwaltung, Versicherung und Einkauf.

- **Fertigungsgemeinkosten**

  entstehen z. B. als Stromkosten einer Werkstatt, Hilfsarbeiterlöhne, Hilfs- und Betriebsstoffe.

- **Verwaltungsgemeinkosten**

  entstehen als Kosten der Verwaltung für alle Aufträge eines Rechnungszeitraumes.

- **Vertriebsgemeinkosten**

  entstehen z. B. als Kosten für Werbung, Fuhrpark, Versand usw.

Je nach Inanspruchnahme der einzelnen Kostenstellen durch den einzelnen Auftrag werden die Gemeinkosten anteilig dem Einzelauftrag in einem Zuschlagssatz zugerechnet. In kleineren Betrieben genügt häufig der Zuschlag der Gemeinkosten in **einem** Zuschlagssatz auf die Einzelkosten.

10.3.2.1 Vorkalkulation – Angebotskalkulation

Mithilfe der Vorkalkulation werden die Selbstkosten und der Angebotspreis ermittelt, zu dem die Leistung angeboten werden kann. Der Angebotspreis wird festgestellt aufgrund der durch die Auftrags- und Arbeitsvorbereitung ermittelten Einzelkosten (Materialverbrauch und Fertigungslöhne) und der Gemeinkostenzuschläge. Ganz genau lässt sich die Vorkalkulation nicht durchführen; sie arbeitet mit Normalkosten. Erst nach Abrechnung des Auftrages aufgrund der tatsächlich angefallenen Kosten stellt man fest, ob zu viel oder zu wenig Kosten berechnet wurden (Nachkalkulation).

10.3.2.1.1 Summarische Zuschlagskalkulation

Die summarische Zuschlagskalkulation wird in Betrieben eingesetzt, die mit **einem** Gemeinkostenzuschlag auskommen: Handwerks- und Industriebetriebe bis zu mittlerer Größe mit einheitlicher Rohstoffbasis wie Gießereien u. Ä. Zuschlagsgrundlage für die Gemeinkosten können sein:

- die **Werkstoffkosten allein,**
- die **Fertigungslöhne allein** (evtl. getrennt in Zuschlag für Hand- und Maschinenarbeit),
- die **Werkstoff- und Fertigungslöhne gemeinsam,**
- die **Werkstoff- und Fertigungslöhne mit getrenntem Zuschlag.**

Zuschlagsgrundlage für die Gemeinkosten ist die Kostenart, von der die Gemeinkosten überwiegend abhängig sind.

Beispiel 1 **Errechnen des Zuschlagssatzes**

Wie hoch sind der Gemeinkostenzuschlagssatz und die Selbstkosten?

Werkstoffkosten 24.000,00 €, Fertigungslöhne 62.000,00 €, Gemeinkosten 93.000,00 €, Bezugsbasis für den Gemeinkostenzuschlag sind die Fertigungslöhne.

Lösung

Werkstoffkosten	24.000,00 €
Fertigungslöhne	62.000,00 €
Einzelkosten	86.000,00 €
Gemeinkosten	93.000,00 €
Selbstkosten	179.000,00 €

Zuschlagssatz:

$$x\,\% \mathrel{\hat{=}} 93.000{,}00\,€ \qquad \text{oder} \qquad 62.000{,}00\,€ \mathrel{\hat{=}} 100\,\%$$

$$62.000{,}00\,€ \mathrel{\hat{=}} 100\,\% \qquad\qquad 93.000{,}00\,€ \mathrel{\hat{=}} x\,\%$$

$$x = \frac{93.000 \cdot 100}{62.000} = \underline{\underline{150\,\%\ \text{Gemeinkostenzuschlag}}}$$

Beispiel 2 **Kalkulation mit Zuschlagssatz**

Für eine Elektroinstallation sind erforderlich: 36,25 Arbeitsstunden zu 19,20 € je Stunde, Material 320,00 €.

a) Wie hoch sind die Selbstkosten für diesen Auftrag? Gemeinkostenzuschlagssatz 150 % auf die Fertigungslöhne.

b) Wie hoch ist der Angebotspreis? 12½ % Gewinn, 2 % Skonto.

Lösung

zu a)		zu b)	
Materialkosten	320,00 €	Selbstkosten	2.060,00 €
Fertigungslöhne	696,00 €	Gewinn 12,5 %	257,50 €
Einzelkosten	1.016,00 €	Barangebotspreis	2.317,50 €
Gemeink. 150 % a. Lohn	1.044,00 €	Skonto 2 %	47,30 €
Selbstkosten	2.060,00 €	Zielangebotspreis	2.364,80 €

Es ist möglich, dass Gemeinkosten, Gewinn und Skonto in einem Satz zugeschlagen werden, einschließlich Provision.

Beispiel 3 **Getrennte Zuschlagssätze**

Ein Betrieb, der medizinische Instrumente herstellt, hat folgende Kosten: Fertigungslöhne: Maschinenlöhne 90.000,00 €, Handarbeitslöhne 130.000,00 €; von den Gemeinkosten entfallen auf Maschinenlöhne 252.000,00 €, auf Handarbeitslöhne 156.000,00 €.

a) Wie hoch sind die Gemeinkostenzuschlagssätze für Maschinen- und Handarbeit?

b) Wie hoch sind die Selbstkosten für einen Auftrag über 200 Feststellklammern? Materialkosten 240,00 €, Maschinenlöhne 190,00 €, Handarbeitslöhne 310,00 €.

Lösung zu a)

Maschinen-Gemeinkostenzuschlag 280 % $\left(\frac{252.000 \cdot 100}{130.000}\right)$

Handarbeits-Gemeinkostenzuschlag 120 % $\left(\frac{156.000 \cdot 100}{130.000}\right)$

zu b)

Materialkosten		240,00 €
Fertigungskosten		
a) Maschinenkosten		
Maschinenarbeitslohn	190,00 €	
Maschinengemeinkosten 280 %	532,00 €	722,00 €
b) Handarbeitskosten		
Handarbeitslohn	310,00 €	
Handarbeitsgemeinkosten 120 %	372,00 €	682,00 €
Selbstkosten für 200 Stück		1.644,00 €

1 Wie hoch sind die Gemeinkostenzuschlagssätze (eine Dezimale)?

Materialkosten	Fertigungslohn	Gemeinkosten	bezogen auf
a) 80.200,00 €	120.600,00 €	72.360,00 €	Fertiglohn
b) 173.800,00 €	105.100,00 €	147.730,00 €	Material
c) 92.200,00 €	78.700,00 €	95.704,00 €	Material und Lohn
d) 65.400,00 €	91.600,00 €	4.578,00 €	Material
		84.272,00 €	Lohn
e) 56.000,00 €	Masch. 80.000,00 €	120.000,00 €	Maschinenlohn
	Hand 120.000,00 €	60.000,00 €	Handarbeitslohn

2 Wie hoch sind die Selbstkosten und die Angebotspreise?

	Materialkosten	Fertigungslohn	Gemeinkosten	Gewinn	Prov.	Skonto
a)	420,00 €	910,00 €	185 % auf Lohn	$8\frac{1}{3}$ %	12 %	3 %
b)	710,00 €	340,00 €	135 % auf Material	25 %	4 %	2 %
c)	1.780,00 €	1.550,00 €	92 % auf Mat. u. Lohn	$6\frac{2}{3}$ %	8 %	1 %
d)	830,00 €	1.260,00 €	8 % auf Material 120 % auf Lohn	$16\frac{2}{3}$ % –	– –	– –
e)	18,60 €	33,10 €	147 % auf Mat. u. Lohn (einschl. Gew. u. Skonto)	–	–	–

3 Die Monatszahlen aus der KLR ergeben:

Fertigungsmaterial	25.600,00 €
Fertigungslöhne	31.000,00 €
Hilfslöhne	3.300,00 €
Gehälter	8.000,00 €
Sozialkosten	15.900,00 €
Instandhaltung und Instandsetzung	3.900,00 €
Werkzeugverbrauch	1.100,00 €
Energiekosten	2.800,00 €
Steuern, Versicherung, Gebühren	4.200,00 €
Verschiedene Kosten	3.900,00 €
kalk. Abschreibungen	3.800,00 €
Sondereinzelkosten des Vertriebs (Provision u. a.)	14.600,00 €

a) Wie hoch ist der Gemeinkostenzuschlagssatz (ohne Sondereinzelkosten des Vertriebs)? Zuschlagsgrundlage: Material und Fertigungslöhne.

b) Wie hoch ist der Gewinnzuschlagssatz? Gewinn 6.210,00 €.

c) Wie hoch ist der Zuschlagssatz, wenn die Sondereinzelkosten des Vertriebs und der Gewinn mit zu berücksichtigen sind?

4 In einer Maschinenfabrik entstehen folgende Kosten:

Material 72.000,00 €, Maschinenlöhne 270.000,00 €, Handarbeitslöhne 380.000,00 €. Von den Gemeinkosten entfallen auf Material 6.000,00 €, auf Maschinenlöhne 320.000,00 € und auf Handarbeitslöhne 230.000,00 €. Wie hoch sind die Gemeinkostenzuschlagssätze?

5 Eine Gießerei erhält eine Anfrage, zu welchem Preis sie 2 800 Stück Flanschen-Durchgangsventile NW 100 aus Rotguss liefern kann. Wie hoch ist der Angebotspreis?

Ventilgewicht 3,5 kg, Materialkosten für 1 kg 0,36 €, Fertigungslohn für 100 Stück 395,00 €, Gemeinkostenzuschlag 141 % auf Material und Fertigungslohn; Gewinn 10 %, Skonto 2 %.

6 Wie viel Euro kostet die Ausstellungsvitrine?

Holzverbrauch 1.770,00 €, sonstiges Material 468,00 €, Fertigungslöhne 1.640,00 €, Gemeinkostenzuschlag aufgrund der Zahlen der Vorperiode: Materialverbrauch 359.600,00 €, Fertigungslohn 520.000,00 €, Gemeinkosten (lohnabhängig) 364.000,00 € (1 Dezimale); Gewinn $6\frac{2}{3}$ %.

7 Die vereinfachte KLR eines Unternehmens enthält folgende Posten:

Kosten	KLR	Leistungen
Materialkosten	50.000,00 €	Verkaufserlöse ...... 1.080.000,00 €
Fertigungslöhne	350.000,00 €	
Gemeinkosten	420.000,00 €	
Sondereinzelkosten des Vertriebs	182.000,00 €	
Gewinn	78.000,00 €	
	1.080.000,00 €	1.080.000,00 €

Wie hoch sind

a) der Gemeinkostenzuschlag, bezogen auf die Fertigungslöhne?
b) der Gemeinkostenzuschlag, bezogen auf Material und Fertigungslöhne?
c) die Selbstkosten (ohne Sondereinzelkosten des Vertriebs)?
d) der Zuschlagssatz des Gewinns auf die Selbstkosten?
e) der Zuschlagssatz für die Sondereinzelkosten des Vertriebs auf den Barangebotspreis?
f) der Zuschlagssatz der Gemeinkosten einschließlich Gewinn und Sondereinzelkosten des Vertriebs (auf Einzelkosten)?

8 Wie hoch sind die Selbstkosten einer Eisenvergitterung?

Material: Stabeisen 2.100,00 €, Profileisen 1.540,00 €, sonstiges Material 1.260,00 €, Farben 220,00 €; Fertigungslöhne: Sägerei 650,00 €, Schlosserei 1.240,00 €, Dreherei 980,00 €, Montage 1.010,00 €, Sonstiges 640,00 €; Gemeinkostenzuschlag auf Materialverbrauch und Fertigungslöhne aufgrund der Zahlen des Vorjahres.

Zahlen des Vorjahres: Materialverbrauch 400.000,00 €, Fertigungslöhne 500.000,00 €, Gemeinkosten 918.000,00 €.

9 Wie viel Euro beträgt der Stundensatz je Fertigungsstunde?

Fertigungslöhne 427.935,00 € bei 18 210 Fertigungsstunden.
Gemeinkosten 702.418,00 € (GK-Zuschlagssatz: 1. Dezimalstelle).
Wagnis und Gewinn 5 %.

10 In einem Unternehmen werden als Stundensatz 92,00 € verrechnet. Darin sind enthalten: 15 % Wagnis und Gewinn; 120 % Personalnebenkosten und 100 % sonstige Gemeinkosten, beide bezogen auf den Stundenlohn.

Wie viel Euro betragen

a) der Stundenlohn als Kalkulationsgrundlage und
b) der Zuschlag für Gemeinkosten?

10.3.2.1.2 Ein- und mehrstufige differenzierte Zuschlagskalkulation

Zuschläge nach Kostenstellen

Sie wird bei Betrieben mit differenzierter Herstellung angewandt. Die einzelnen Aufträge durchlaufen unterschiedlich den Betrieb und belasten verschieden stark die Betriebsbereiche mit Gemeinkosten. Deshalb bildet man für die Hauptbetriebsbereiche, entsprechend der betrieblichen Funktionen, Kostenstellen: **Material – Herstellung – Verwaltung – Vertrieb.** Die Gemeinkosten werden auf die einzelnen Kostenstellen verteilt und für jede Kostenstelle wird ein Gemeinkostenzuschlagssatz ermittelt (siehe Kostenstellenrechnung).

Einstufige differenzierte Zuschlagskalkulation

Bei der einstufigen Zuschlagskalkulation begnügt man sich mit der Verteilung der Gemeinkosten auf die vier Hauptkostenstellen Material, Fertigung, Verwaltung, Vertrieb. Für diese vier Kostenstellen werden mithilfe des BAB gesondert Gemeinkostenzuschlagssätze ermittelt.

Für die Kalkulation bedeutet die Gemeinkostenaufteilung, dass neben den Einzelkosten die entsprechenden Gemeinkosten erscheinen. Dadurch entsteht folgendes

Kalkulationsschema:

Materialkosten		
1. Materialverbrauch	////€	
2. Materialgemeinkosten (MGK) ... %	////€	////€
Fertigungskosten		
1. Fertigungslohn	////€	
2. Fertigungsgemeinkosten (FGK) ... %	////€	
3. Sondereinzelkosten der Fertigung	////€	////€
Herstellkosten		////€
Verwaltungsgemeinkosten (VwGK) ... %		////€
Vertriebskosten		
1. Vertriebsgemeinkosten (VtGK) ... %	////€	
2. Sondereinzelkosten des Vertriebs	////€	////€
Selbstkosten		////€
Gewinn (auf Selbstkosten)		////€
Barangebotspreis		////€
Skonto		////€
Provision		////€
Zielangebotspreis		////€
Rabatt		////€
Listenangebotspreis		////€

Beispiel

Angebotskalkulation

Auf eine Anfrage machen wir ein Angebot. An Kosten sind für den Auftrag zu berechnen: Materialverbrauch 1.000,00 €, Fertigungslöhne 3.200,00 €, Sondereinzelkosten der Fertigung 320,00 €; Gemeinkosten (aus BAB) MGK 12,5 %, FGK 140 %, VwGK 8,8 %, VtGK 6,9 %; außerdem sind zu berücksichtigen: Sondereinzelkosten des Vertriebs 164,00 €, Gewinn 10 %, Skonto 2 %, Provision 8 %, Rabatt 10 %. Wie hoch ist der Angebotspreis?

Lösung

Materialkosten		
1. Materialverbrauch	1.000,00	
2. MGK 12,5 % (auf Materialverbrauch)	125,00	1.125,00
Fertigungskosten		
1. Fertigungslöhne	3.200,00	
2. FGK 140 % (auf Fertigungslöhne)	4.480,00	
3. Sondereinzelkosten	320,00	8.000,00
Herstellkosten		9.125,00
VwGK 8,8 % (auf Herstellkosten)		803,00
Vertriebskosten		
VtGK 6,9 % (auf Herstellkosten)	629,63	
Sondereinzelkosten	164,00	793,63
Selbstkosten		10.721,63
Gewinn 10 % (auf Selbstkosten)		1.072,16
Barangebotspreis		11.793,79
Skonto 2 % (i. H.)		262,08
Provision 8 % (i. H.)		1.048,34
Zielangebotspreis		13.104,21
Rabatt 10 % (i. H.)		1.456,02
Listenangebotspreis		14.560,23

Wegen derselben Zuschlagsgrundlage können VwGK und VtGK auch in einem Satz zugeschlagen werden.

1 Stellen Sie den Angebotspreis fest.

	Material	Fertig.lohn	MGK	FGK	VwGK	VtGK	Gew.	Skonto	Prov.	Rabatt
a)	6.850,00	10.215,00	5 %	125 %	7 %	$12\frac{1}{2}$ %	$8\frac{1}{3}$ %	1 %	5 %	10 %
b)	910,00	824,00	7 %	160 %	9 %	11 %	5 %	3 %	10 %	–
c)	1.370,00	1.076,00	8 %	210 %	6 %	18 %	$16\frac{2}{3}$ %	2 %	–	25 %
d)	39,15	104,20	4 %	95 %	5 %	8 %	10 %	2 %	4 %	–

2 Wir sollen ein Angebot für die Erstellung einer Saugheberanlage (ohne Motor) abgeben. Die Arbeitsvorbereitung hat an Einzelkosten errechnet: Materialverbrauch 2.660,00 €, Fertigungslöhne 3.650,00 €. An Gemeinkosten werden berechnet: MGK 10 %, FGK 140 %, VwGK 8 %, VtGK 15 %. Außerdem sind zu berücksichtigen: Gewinn $12\frac{1}{2}$ %, Skonto 2 %.

Wie hoch ist der Angebotspreis?

3 Stellen Sie die Selbstkosten für folgenden Auftrag fest.
Materialverbrauch 640,00 €, Fertigungslöhne 814,00 €.
Gemeinkosten des letzten Rechnungszeitraumes (Zuschlagssätze 1. Dezim.):

Material	57.400,00 €	Verwaltung	510.000,00 €
Fertigung	1.920.000,00 €	Vertrieb	720.000,00 €

Einzelkosten des letzten Rechnungszeitraumes:

Material	820.000,00 €	Fertigungslohn	1.200.000,00 €

Bestandsveränderungen:

Unfertige Erzeugnisse	+ 110.000,00 €	Fertige Erzeugnisse	+ 20.000,00 €

4 Wie hoch ist der Angebotspreis für ein Ventil?

Materialeinsatz 35,00 €, MGK 3,5 %; Fertigungslöhne 161,00 €, FGK 180 %, Sondereinzelkosten der Fertigung 9,10 €; VwGK und VtGK 21 %; Gewinn $12\frac{1}{2}$ %, Skonto 3 %.

5 Wie lautet der Angebotspreis?

Für eine Krananlage werden folgende Kosten berechnet: Fertigungsmaterial 8.200,00 €, MGK 5 %; Erlös aus Verkauf von Materialabfällen 140,00 €; Fertigungslöhne 10.600,00 €, FGK 110 %; VwGK und VtGK zusammen 13 %; Gewinn 9 %, Skonto 2 %.

6 Wie hoch ist der Angebotspreis für eine Wasseraufbereitungsanlage?

Materialkosten: Bleche 934,10 €, Stabeisen 190,40 €, Röhren 381,50 €, sonstiges Material 205,70 €; Fertigungslöhne 4.311,90 €. Gemeinkosten: MGK 7,5 %, FGK 131 %, VwGK 13 %, VtGK 9 %. Wagnis und Gewinn 7 %, Skonto 3 %.

7 Eine Spinnerei fragt an, zu welchem Preis die Spule SK/4 geliefert werden kann. Die Kalkulation für 100 Spulen ergibt: Material 264,10 €, Fertigungslöhne 198,60 €, MGK 6 %, FGK 152 %, VwGK und VtGK 22 %, Gewinn 12 %, Skonto 3 %.

a) Wie hoch ist der Angebotspreis für 100 Stück?
b) Wie hoch ist der Angebotspreis für 5 000 Stück, wenn sich durch diese Auftragsgröße die Selbstkosten um 5 % verringern?
c) Wie hoch ist der Mengenrabatt in Prozent (auf volle Prozent aufrunden), wenn 5 000 Stück bestellt werden und der alte Angebotspreis für 100 Stück zugrunde gelegt wurde? (vgl. a)
d) Wie hoch ist die unterste Grenze des Angebotspreises für 100 Stück, wenn auf den Gewinn verzichtet werden soll? (Der Auftrag soll wegen Auftragsmangels auch zu einem niedrigeren Preis hereingenommen werden.)

8 Wie hoch ist der Angebotspreis für eine Filteranlage?

Material 1.315,00 €, Erlös aus Abfallverwertung 80,75 €, Fertigungslöhne 1.798,40 €, Sondereinzelkosten der Fertigung 230,68 €, Gewinn 5 %, Skonto 3 %.

Die Gemeinkostenzuschlagssätze sind aus den Zahlen der Buchführung des 1. Vierteljahres zu ermitteln: Materialverbrauch 800.000,00 €, Fertigungslöhne 1.200.000,00 €, MGK 40.000,00 €, FGK 1.560.000,00 €, VwGK 320.000,00 €, VtGK 400.000,00 €, keine Bestandsveränderungen, Prozentsätze auf volle Prozent aufrunden.

9 Eine Schreinerei bietet einem Versandhaus eine Garderobe an. Wie hoch ist der Angebotspreis, wenn folgende Kosten entstehen?

Material: 2 Latten 220 x 10 cm, 14 Latten 100 x 9 cm aus Pressspanplatte zu 8,30 € je m^2, Verschnitt 10 % vom Nettomaterialeinsatz, Furnier 2,25 m^2 zu 12,10 € je m^2, 4 Mantel- und Huthaken zu 1,95 € je Stück, Schirmhalterung 2,65 €, Leim 1,35 €, $\frac{1}{2}$ kg Mattierung zu 1,65 €, MGK 5 %; Fertigungskosten: Fertigungslohn: Maschinenraum $\frac{3}{4}$ Std. zu 20,80 € je Std., Bankraum 16,80 €, Furnierraum $1\frac{1}{4}$ Std. zu 19,20 € je Std., Zusammenbau 1,80 €, FGK 160 %; VwGK und VtGK 11 %, Gewinn 9 %, Skonto 1 %.

10 Zur Bearbeitung eines Pumpengehäuse-Gussrohlings sind von der Arbeitsvorbereitung folgende Arbeitsgänge festgesetzt worden:

a) komplett drehen einschließlich Futter egalisieren, Rüstzeit 40 Minuten, Stückzeit 83 Minuten;
b) Druckflansch fräsen, Rüstzeit 15 Minuten, Stückzeit 12,5 Minuten;
c) Bohren, Anflächen und Gewindeschneiden, Rüstzeit 15 Minuten, Stückzeit 62 Minuten;
d) Putzen und Entgraten, Stückzeit 5,4 Minuten;
e) mit Saugdeckel zusammenschrauben und fertigen zum Abpressen, Stückzeit 15 Minuten;
f) Abpressen (in den Gemeinkosten abgegolten);
g) nach Druckprobe auseinander bauen, reinigen und konservieren, Stückzeit 6 Minuten.

Lohnsätze: a), b) und c): 22,80 € je Std.; d), e) und g): 21,00 € je Std. Gemeinkostenzuschlag 192,5 %.

Wie hoch sind die Fertigungskosten dieser Kostenstelle für die Bearbeitung eines Pumpengehäuses?

11 Für die Reparaturabteilung (allgemeine Kostenstelle) ergaben sich folgende Kosten: 5 Reparaturschlosser und -elektriker (insgesamt) im Monat mit 176 Arbeitszeitstunden je Arbeiter zu 21,20 € je Stunde. Aus dem BAB ergibt sich ein Gemeinkostenanteil von 14.589,00 €.

a) Wie hoch ist der Gemeinkostenzuschlag für die Kostenstelle?
b) Wie hoch ist der innerbetriebliche Verrechnungspreis für eine Reparaturstunde (ohne Einzelmaterial)? Durchschnittliche Reparaturleistung 125 Stunden je Beschäftigter.
c) Wie hoch ist der Umlageanteil dieses Monats für die Kostenstelle Vertrieb? Es wurden 67,5 Reparaturstunden in Anspruch genommen.

12 Der Betrieb will eine Feuersicherungstür von der eigenen Reparaturabteilung anfertigen lassen, weil das Angebot für diese Tür der Betriebsleitung zu hoch erscheint. Angebotspreis 2.100,00 €.
Die Reparaturabteilung ist jedoch ausgelastet, sodass Überstunden gemacht werden müssten: Eigene Kosten: Material 253,00 €, 34,25 Arbeitsstunden zu 21,20 € je Std., 25 % Überstundenzuschlag, Gemeinkostenzuschlag 143,5 % (einschl. Überstundenzuschlag). – Beim Angebot sind 164,00 € an Bezugskosten zu berücksichtigen.

a) Wie hoch ist der Bezugspreis?
b) Wie hoch sind die Herstellungskosten bei Eigenherstellung?
c) Wie hoch wären die Herstellungskosten ohne Überstunden gewesen?
d) Wie wird die Betriebsleitung entscheiden?

Mehrstufige differenzierte Zuschlagskalkulation

BAB mit mehreren Fertigungsstellen. Bei differenzierten Leistungen eines Betriebes genügt die Einrichtung von nur **einer** Fertigungskostenstelle nicht. Aufträge, die die Leistungen der Kostenstelle Fertigung unterschiedlich in Anspruch nehmen, würden mit gleich hohen Fertigungsgemeinkosten belastet werden. Deshalb teilt man die Fertigungskostenstelle auf, z. B. in Materialzurichtung, Dreherei, Bohrerei, Schleiferei, Schlosserei, Zusammenbau. Die Fertigungsgemeinkosten werden diesen Fertigungskostenstellen getrennt zugeschlagen, sodass für sie eigene Gemeinkostenzuschlagssätze aufgrund der ermittelten Fertigungslöhne je Kostenstelle errechnet werden können.

Fertigungshilfskostenstellen. Es handelt sich um Kostenstellen, die Hilfsleistungen für die Hauptkostenstellen der Fertigung erbringen. Zu ihnen gehören z. B. das Konstruktionsbüro, die Arbeitsvorbereitung, der Modell- und Werkzeugbau u. Ä. Zunächst werden die anteiligen Gemeinkosten auf den Hilfskostenstellen gesammelt, dann aber **auf die Kostenstellen der Fertigung anteilmäßig umgelegt.** Dadurch erhöht sich der Gemeinkostenanteil der Fertigungskostenstellen.

Allgemeine Kostenstellen. Sie gehören zu den Kostenstellen, die nicht direkt an der betrieblichen Leistungserstellung beteiligt sind, sondern für andere Kostenstellen Leistungen erbringen. Sie werden als allgemeine Kostenstellen geführt. Dazu gehören z. B. Reparaturwerkstatt, Kantine, Kraftanlage, Gesundheitsdienst. Diese allgemeinen Kostenstellen werden im BAB gesondert geführt und erhalten ihren Gemeinkostenanteil wie die übrigen Kostenstellen. Da die Aufträge diese Kostenstellen nicht durchlaufen, können die Gemeinkosten der Betriebsleitung nicht direkt zugeschlagen werden. Deshalb werden die Gemeinkosten zunächst auf den allgemeinen Kostenstellen gesammelt, um dann auf alle anderen Kostenstellen umgelegt zu werden (aufschlüsseln). So werden sie Bestandteil der Gemeinkostenzuschläge.

Beispiel Für die Herstellung eines Schaltgehäuses werden berechnet: Materialverbrauch 480,00 €, MGK 15 %; Fertigungskosten: Vorrichterei Löhne 100,00 €, FGK 200 %; Formerei Löhne 40,00 €, FGK 170 %; Schlosserei Löhne 340,00 €, FGK 120 %; Zusammenbau Löhne 220,00 €, FGK 100 %; Sondereinzelkosten der Fertigung 70,00 €; VwGK und VtGK 18,5 %, Sondereinzelkosten des Vertriebs 120,00 €; Gewinn 12 %, Skonto 2 %. Wie hoch ist der Angebotspreis?

Lösung

Materialkosten			
1. Materialverbrauch		480,00	
2. MGK 15 %		72,00	552,00
Fertigungskosten			
1. Fertigungslohn Vorrichterei	100,00		
FGK 200 %	200,00	300,00	
2. Fertigungslohn Formerei	40,00		
FGK 170 %	68,00	108,00	
3. Fertigungslohn Schlosserei	340,00		
FGK 120 %	408,00	748,00	
4. Fertigungslohn Zusammenbau	220,00		
FGK 100 %	220,00	440,00	
5. Sondereinzelkosten der Fertigung		70,00	1.666,00
Herstellkosten			2.218,00
Verwaltungs- und Vertriebskosten			
1. VwGK und VtGK 18,5 %		410,33	
2. Sondereinzelkosten des Vertriebs		120,00	530,33
Selbstkosten			2.748,33
Gewinn 12 %			329,80
Barverkaufspreis			3.078,13
Skonto 2 %			62,82
Angebotspreis/Zielverkaufspreis			3.140,95

1 Stellen Sie die Selbstkosten fest.

	Material	MGK	Fertigungsstellen I Fertig.-lohn	I FGK	II Fertig.-lohn	II FGK	III Fertig.-lohn	III FGK	Sondereinzelkosten der Fertig.	VwGK	VtGK	Sondereinzelkosten des Vertriebs
a)	600,00	4 %	380,00	190 %	510,00	140 %	270,00	210 %	110,00	8 %	12 %	27,00
b)	1.830,00	3 %	530,00	170 %	2.600,00	190 %	–	–	27,60	12 %	8 %	–
c)	4.690,00	5 %	812,00	180 %	3.920,00	165 %	810,00	170 %	102,10	10 %	15 %	60,00
d)	2.065,00	6 %	340,00	135 %	987,00	220 %	365,00	105 %	–	9 %	7 %	61,10
e)	91,50	7 %	46,20	247,5 %	83,10	182,7 %	28,30	268 %	–	11 %	15 %	–

2 Berechnung für eine Unfallverhütungsvorrichtung: Material und Einzelteile 835,40 €, MGK 3,5 %, Gutschrift für Abfallverwertung 16,00 €; Fertigungskosten: Kostenstelle I Fertigungslohn 110,00 €, FGK 181 %; II Fertigungslohn 180,00 €, FGK 158 %; III Fertigungslohn 70,00 €, FGK 390 %; IV Fertigungslohn 220,00 €, FGK 195,5 %; VwGK 14,4 %, VtGK 9,5 %; Gewinn 11 %; Skonto 3 %; Fracht bis Empfangsstation 74,50 €.

Wie lautet der Angebotspreis frei Station dort?

3 Eine Gießerei erhält eine Anfrage, zu welchem Preis 2 600 Wellen geliefert werden können. Kalkulation: je Welle 15 kg zu 0,28 € je kg, 35 % Zuschlag auf Nettogewicht für Gussabfälle, MGK 2 % auf Bruttoeinsatz, Gutschrift für Schrottverwendung 32 % vom Bruttoeinsatz einschl. MGK; Fertigungskosten: Kostenstelle A Fertigungslohn 1.110,00 €, FGK 47 %; B Fertigungslohn 8.020,00 €, FGK 168 %; C FGK 180 % auf Bruttomaterialeinsatz; D Fertigungslohn 402,00 €, FGK 140 %; VwGK und VtGK $16\frac{2}{3}$ %; Gewinn $8\frac{1}{3}$ %; Skonto 1 %.

a) Wie hoch ist der Angebotspreis für die Gesamtlieferung?

b) Wie hoch ist der Verkaufspreis für 1 kg Fertigguss?

4

	Einzelkosten	Gemeinkosten
Materialkosten	700,00 €	5 %
Fertigungskosten		
Kostenstelle I Fertigungslohn	1.000,00 €	139 % auf Lohn
Kostenstelle II Fertigungslohn	300,00 €	80 % auf Material 35 % auf Lohn
Kostenstelle III Fertigungslohn	260,00 €	1,05 € je kg für 250 kg
Kostenstelle IV Fertigungslohn	790,00 €	12,5 Maschinenstunden zu 108,40 € je Std.
Kostenstelle V Fertigungslohn	320,00 €	30 Handarbeitsstunden zu 25,50 € je Std.
Sondereinzelkosten	130,00 €	

VwGK 15 % auf Fertigungskosten, VtGK 5 % auf Herstellkosten, Gewinn 5,5 %, Skonto 2 %. Wie hoch ist der Angebotspreis?

5 Prüfen Sie das Angebot für ein Brückengeländer auf rechnerische Richtigkeit.

Materialkosten			
Materialbedarf lt. Materialkarte	420,00		
Verschnitt 10 %	42,00	462,00	
MGK 15 %		69,30	531,30
Fertigungskosten			
Kostenstelle Werkstatt			
Fertigungslohn 75 Std. zu 24,00 €/Std.	1.800,00		
FGK 240 %	4.320,00	6.120,00	
Kostenstelle Bau			
Fertigungslohn 15 Std. zu 20,00 €/Std.	300,00		
FGK 130 %	390,00	690,00	6.810,00
Herstellkosten			7.341,30
Vw-/VtGK 25 %			1.835,33
Selbstkosten			9.176,63
Wagnis und Gewinn 4 %			367,07
Angebotspreis			9.543,70

6 Für die Herstellung von 6 Stützvorrichtungen werden vorkalkuliert:

Material: 52 kg zu 4,10 €/kg, MGK 11 %

Fertigung (Arbeitszeiten mit Minutenfaktor):
FL Schlosserwerkstatt 42 Min. zu 0,42 €/Min., GK 180 %
FL Mechan. Werkstatt 204 Min. zu 0,42 €/Min., GK 195 %
FL Schweißwerkstatt 148 Min. zu 0,42 €/Min., GK 230 %
Verwaltung und Vertrieb: 19 %
Gewinn und Wagnis: 7 %
Skonto: 2 %
Wie viel Euro beträgt der Angebotspreis für die 6 Stützvorrichtungen?

10.3.2.1.3 Zuschlagskalkulation mit Maschinenstundensätzen (Platzkostenrechnung)

Bei anlageintensiver Fertigung ist der Fertigungslohn im Verhältnis zu den Gemeinkosten sehr gering. Die Folge davon sind sehr hohe Zuschlagssätze für Gemeinkosten. Bei geringen Änderungen der Zuschlagsgrundlage (z. B. Lohnerhöhungen) ergeben sich starke Gemeinkostenverzerrungen. Große Kostenverzerrungen treten auch ein, wenn die Arbeitsplätze einer Kostenstelle unterschiedlich hohe Gemeinkosten verursachen und wenn diese Arbeitsplätze von den Kostenträgern nicht gleichmäßig in Anspruch genommen werden. Diese Nachteile werden durch die Kalkulation mit Maschinenstundensätzen vermieden. Außerdem bieten die Maschinenstundensätze eine Grundlage für die Kontrolle der maschinenabhängigen Kosten.

Grundlagen für die Kalkulation mit Maschinenstundensätzen:

① **Aufteilung der Fertigungsgemeinkosten** in

maschinenabhängige Fertigungsgemeinkosten	**maschinenunabhängige Fertigungsgemeinkosten**
• kalk. Abschreibungen	• Hilfs- und Betriebsstoffe
• kalk. Zinsen	• Heiz- und Beleuchtungskosten
• Raumkosten	• Hilfslöhne
• Instandhaltung	• Gehälter
• Instandsetzung	• Sozialkosten
• Energiekosten	• sonst. Instandhaltung
• evtl. Werkzeugkosten	• Betriebssteuern
• Gemeinkostenmaterial	• sonst. Raumkosten
	• sonst. Abschreibungen

Die **maschinenabhängigen Fertigungsgemeinkosten** werden mit einem **Maschinenstundensatz** in Euro verrechnet. Die **maschinenunabhängigen Fertigungsgemeinkosten** bzw. **Restgemeinkosten** werden grundsätzlich wie bisher über einen Zuschlagssatz auf die Fertigungslöhne oder auch über einen Gemeinkosten-Stundensatz wie die maschinenabhängigen Gemeinkosten verrechnet.

② Soll-Laufstunden je Maschine bzw. Maschinengruppe

Als **Soll-Laufstunden** je Jahr wird die optimal erreichbare Laufstundenzahl nach Abzug der Zeiten für Pflege, Wartung, Instandhaltung und -setzung, Stromausfall, ebenso Ausfälle des Bedienenden (durch Krankheit, Urlaub) angenommen. Beim Einschichtbetrieb ergeben sich rund 1 800 Stunden im Jahr (Stück- und Rüstzeiten). Werden mehrere kostenähnliche Maschinen zu einer Kostengruppe zusammengefasst, so ergeben die Soll-Laufstunden aller Maschinen die Gesamtlaufstunden der Maschinengruppe.

Beispiel 1 **Feststellung des Maschinenstundensatzes**

Ermittlung der maschinenabhängigen Fertigungsgemeinkosten auf einer Maschinenstundensatzkarte (nach VDMA) für eine Kegelradhobelmaschine, Nutzung eineinhalbschichtig: 240 Nutzungstage im Jahr, Schichtdauer 8 Std., Ausfallzeiten für Reparaturen und Wartung 180 Std.

Kostenfaktoren/Kosten	Berechnungsgrundlagen		Berechnung	€/Std.
Wiederbeschaffungswert (WBW)	€	260.000,00		
Nutzungsdauer	Jahre	5		
Raumanteil	m^2/Mon.	15 zu je 36,00 €		
Soll-Laufstunden	Jahr	2 700	(240 · 12) – 180	
Antriebsleistung	kWh	22		
kalk. Abschreibungen	Jahresrate	Wiederbeschaffungswert / Nutzungsdauer · 2 700 Std.	260 000 / 5 · 2 700	19,30
kalk. Zinsen*	6 %	6 % v. ½ WBW / 2 700 Std.	130 000 · 6 / 100 · 2 700	2,89
Instandhaltung**	Plansatz v. WBW	2,5 % v. WBW / 2 700 Std.	260 000 · 2,5 / 100 · 2 700	2,41
Raumkosten***	m^2-Satz	Raumanteil · Jahressatz / 2 700 Std.	15 · 36 · 12 / 2 700	2,40
Energiekosten	kWh-Satz	Verbrauch in kWh/€	22 · 0,07	1,54
Werkzeugkosten		nach Berechnung		3,90
Maschinenstundensatz (maschinenabhängige Gemeinkosten je Stunde)				32,44

* **Zinsen:** Sie können jährlich vom Restbuchwert der Maschine errechnet werden, der sich von Jahr zu Jahr um die Abschreibung verringert. Zur Vereinfachung wird der durchschnittliche Restbuchwert der Abschreibungsjahre (= ½ Anschaffungswert bzw. Wiederbeschaffungswert) der Berechnung der kalkulatorischen Zinsen zugrunde gelegt.

** **Instandhaltung:** Sie kann auch mit einem Instandhaltungsfaktor errechnet werden, der sich auf die Abschreibung bezieht, hier: 0,025 = 2,5 % von der Jahresabschreibung.

*** **Raumkosten:** Die Jahreskosten der Kostenstelle (BAB) werden auf 1 m^2 der Kostenstelle bezogen, hier 36,00 €/Monat.

Beispiel 2 **Maschinenstundensätze und Restgemeinkosten**

BAB (Ausschnitt) mit Maschinengruppenaufteilung und Restgemeinkosten für die Dreherei im April:

Gemeinkostenart	€	Kleinautomat.	Großautomat.	Restgem.-Kost.
Gemeinkostenmaterial	4.800,00	1.800,00	2.200,00	800,00
Energiekosten	22.300,00	5.000,00	16.000,00	1.300,00
Gemeinkostenlöhne	14.000,00			14.000,00
Sozialkosten	45.000,00			45.000,00
Instandhaltung	4.300,00	1.500,00	2.500,00	300,00
Steuern, Vers., Beitr.	2.700,00			2.700,00
versch. Kosten	5.900,00			5.900,00
Abschreibungen	8.000,00	1.500,00	4.500,00	2.000,00
kalk. Raumkosten	2.100,00	400,00	1.100,00	600,00
kalk. Zinsen	3.000,00	700,00	1.800,00	500,00
Werkzeugverbrauch	3.500,00	1.000,00	2.500,00	–
Gemeinkosten	115.600,00	11.900,00	30.600,00	73.100,00
Laufstunden		740	512	
Maschinenstundensatz		16,08	59,77	
Fertigungslohn				31.300,00
Restgemeinkostensatz je Fertigungsstunde auf Maschinenfertigungslohn (234 % von 25,00 €)		58,50	58,50	$\frac{73.100 \cdot 100}{31.300}$ = 234 %
Gemeinkosten je Maschinenstunde		74,58	118,27	
Fertigungslohn je Maschinenstunde		25,00	25,00	
Fertigungskosten je Maschinenstunde		99,58	143,27	

Vorher wurde ein gemeinsamer Durchschnittssatz von 33,95 € je Drehstunde für Klein- und Großautomaten verrechnet ([11.900 + 30.600] : 1 252). Dadurch wurden für Dreharbeiten auf Kleinautomaten zu hohe Kosten (jetzt 16,08 €), für Dreharbeiten auf Großautomaten zu geringe Kosten (jetzt 59,77 €) verrechnet.*

1 Stellen Sie für die Maschinen A, B und C fest: a) die maschinenabhängigen Kosten, b) die maschinenabhängigen Gemeinkostenstundensätze, c) die Fertigungskosten je Maschinenstunde. (Lohn 24,00 € je Std., Restgemeinkosten 150 %)

Berechnungsdaten		Maschinen		
	Einheit	A	B	C
Wiederbeschaffungswert	€	36.000,00	82.000,00	198.000,00
Nutzungsdauer	Jahre	12	10	10
kalk. Zinssatz	% v. $\frac{1}{2}$ WBW	7	7	7
Instandhaltungsfaktor	v. Abschr.	0,5	0,5	0,5
Platzbedarf	m^2	10	14	25
Raumkosten	€/m^2/Jahr	78,00	78,00	78,00
Energieverbrauch	kWh/Jahr	16 000	40 000	80 000
Strompreis	€/kWh	0,11	0,11	0,11
Soll-Laufstunden je Jahr	h	1 800	1 800	1 800

* Unberücksichtigt bleibt hier die Produktionsleistung der Automaten je Stunde.

2 Für die Werkstatt Spritzgießerei soll der Maschinenstundensatz festgestellt werden.

Die 6 Maschinen wurden zu einem Gesamtpreis von 480.000,00 € angeschafft. Der Wiederbeschaffungspreis wird mit 95.000,00 € je Maschine angenommen. Die Nutzungsdauer wird auf 10 Jahre geschätzt; wegen der Nutzung in 2 Schichten ist die Nutzungsdauer um 30 % zu kürzen. Die kalkulatorischen Zinsen betragen 8 % vom halben Wiederbeschaffungswert. Als Kosten für Instandhaltung werden 40 % der kalk. Abschreibungen angesetzt. Der Raumanteil beträgt insgesamt 120 m^2, der Raumkostensatz 4,50 € je m^2 und Monat. Die mittlere Leistung je Maschine wird mit 24 kWh angenommen. Der Strompreis wurde mit 0,06 € je kWh vereinbart. Die jährliche Nutzungszeit beträgt 240 Nutzungstage, die tägliche Arbeitszeit 8 Std. je Schicht. Die Ausfallzeit wird auf jährlich insgesamt 350 Arbeitsstunden je Schicht geschätzt.

3 Stellen Sie fest:

a) die maschinenabhängigen Gemeinkostenstundensätze;

b) die Zuschlagssätze für die Restgemeinkosten,
   - bezogen auf den Fertigungslohn in Prozent,
   - bezogen auf die Maschinenstunden in Euro;

c) die Fertigungskosten je Maschinenstunde (Maschinenstundensatz).

Kostenart	Fertigungskostenstellen/Kosten 1. Quartal				
	Maschinengruppe A		**Maschinen** B I und B II		
	maschinen-abhängige GK	Rest-gemein-kosten	B I masch'ab. Gk	B II masch'ab. Gk	Rest-gemein-kosten
Hilfsstoffe		3.000,00			700,00
Betriebsstoffe	700,00	400,00	100,00	110,00	
Energiekosten	3.600,00	900,00	600,00	820,00	300,00
Hilfslöhne		2.200,00			1.500,00
Gehälter		2.400,00			900,00
Sozialkosten		6.300,00			4.900,00
Instandhaltung	2.400,00	600,00	1.400,00	1.630,00	700,00
Betriebssteuern		1.800,00			1.400,00
Raumkosten	2.500,00	2.700,00	500,00	950,00	400,00
Abschreibungen	12.600,00	1.100,00	2.000,00	4.060,00	700,00
kalk. Zinsen	6.300,00	700,00	1.100,00	2.030,00	300,00
sonstige Kosten		3.500,00			1.100,00
Maschinenstunden	1 350		450	450	
Maschinenstundenlohn	20,00 €		24,00 €	24,00 €	

4 Berechnen Sie für eine Laser-Schweißanlage die Maschinenkosten je Stunde.

Wiederbeschaffungswert der Anlage 320.000,00 €,
betriebsgewöhnliche Nutzungsdauer 8 Jahre, Abschreibung linear,
durchschnittliche Laufzeit je Jahr: 1 800 Stunden.

$$\text{kalk. Abschreibung je Maschinenstunde} = \frac{\text{jährliche Abschreibung}}{\text{Maschinenstunden je Jahr}}$$

$$\text{kalk. Zinsen (8 \%) je Maschinenstunde} = \frac{\tfrac{1}{2}\ \text{Wiederb'wert} \cdot \text{Zinssatz}}{100 \cdot \text{Masch'laufst. je Jahr}}$$

Instandhaltungskosten je Jahr: 4.800,00 €
Raumkosten: Raumbedarf 30 m^2, Raumkostensatz je Monat 20,00 €/m^2
Stromkosten: 20 kWh zu 0,07 €

Beispiel 3 **Kalkulation mit Maschinenstundensätzen**

Für einen Rollenförderer werden folgende Kosten berechnet:
Materialkosten: Materialverbrauch 840,00 €, MGK 5 %;
Fertigungskosten:
Maschinenabhängige Kosten je Maschinenstunde:

Stanzen:	7,5 Std. zu 16,00 €	Schweißen:	5 Std. zu 26,00 €
Formen	6 Std. zu 20,00 €	Putzen:	2,5 Std. zu 34,00 €

Maschinenlöhne: 21 Std. zu 25,00 € je Lohnstunde
Restgemeinkosten: 180 % auf Fertigungslohn
Montagekosten: 4 Montagestunden zu 23,00 € je Stunde
Gemeinkosten je Montagestunde: 27,00 €
Verwaltungs- und Vertriebsgemeinkosten: 15 %
Wie hoch sind die Selbstkosten für diesen Auftrag?

Lösung

Materialkosten				
Materialverbrauch			840,00	
MGK 5 %			42,00	882,00
Fertigungskosten				
Maschinenarbeiten				
Maschinengemeinkosten:				
Stanzen	120,00			
Formen	120,00			
Schweißen	130,00			
Putzen	85,00	455,00		
Fertigungslohn		525,00		
Restgemeinkosten 180 % a. Lohn		945,00	1.925,00	
Montagekosten				
Fertigungslohn		92,00		
FGK 27,00 €/Std.		108,00	200,00	2.125,00
Herstellkosten				3.007,00
Vw- und VtGK 15 %				451,05
Selbstkosten				3.458,05

5 Stellen Sie die Herstell- bzw. Selbstkosten fest.

	a)	b)	c)
Materialverbrauch MGK	4.500,00 € 8 %	160,00 € 5,5 %	10,35 € 12 %
Fertigungslöhne je Std. FGK	138 Std./24,00 € 140 %	15 Std./25,00 € 160 %	28 Min./26,00 € 180 %
Maschine A	32 Std./36,00 €	4 Std./15,50 €	4 Min./36,00 €
Maschine B	84 Std./21,00 €	1,5 Std./12,60 €	7 Min./30,60 €
Maschine C	15 Std./12,00 €	6,25 Std./18,40 €	12 Min./25,20 €
Maschine D	7 Std./55,00 €	2,10 Std./21,50 €	5 Min./44,40 €
Montage			
Löhne	6 Std./23,00 €	0,75 Std./29,60 €	
Rest-FGK auf Lohn	110 %	125 %	
Vw- und VtGK	20 %	18 %	

6 Ermitteln Sie die Herstellkosten eines Ersatzteils.

Materialkosten: Verbrauch an Rohstoffen und fertigen Teilen 510,00 €, MGK 10 %

Fertigungskosten: Fertigungslöhne 15,5 Std. zu 24,00 €/Std.
Rest-FGK 140 %

Maschinenkosten:

Maschine A 4,5 Std. zu 34,20 €/Std.
Maschine B 6,0 Std. zu 27,75 €/Std.
Maschine C 5,0 Std. zu 37,10 €/Std.
Montage 0,5 Std. zu 24,00 €/Std. FGK auf Montage 220 %

7 Ein Meister erhält die Kostenaufstellung zur Kontrolle der Kostenstundensätze. Wie hoch sind die Abweichungen in Euro und Prozent der tatsächlichen Stundensätze von den Normalstundensätzen?

Kosten	gesamt	Arbeitsgänge			
		Nr. 1		Nr. 2	
		fix	variabel	fix	variabel
direkte Personalkosten	777.300,00	92.300,00	420.000,00	45.000,00	220.000,00
kalkulatorische Abschreibungen	344.000,00	54.000,00	186.000,00	26.000,00	78.000,00
kalkulatorische Zinsen	112.000,00	76.000,00	–	36.000,00	–
fremde Arbeitsmittel	129.000,00	–	82.000,00	–	47.000,00
Verkehrsmittel	34.000,00	25.000,00	–	9.000,00	–
sonstige Kosten	27.000,00	20.000,00	–	7.000,00	–
Versicherg., Beiträge, Steuern	59.000,00	45.000,00	–	14.000,00	–
Summe direkte Kosten	1.482.300,00	312.300,00	688.000,00	137.000,00	345.000,00
Kostenumlage	1.001.400,00	497.600,00	217.000,00	169.800,00	117.000,00
Gesamtkosten	2.483.700,00	809.900,00	905.000,00	306.800,00	462.000,00
Nutzungsstunden a) Bearbeitung		5.200		2.930	
b) Rüsten		320		150	
Summe der Nutzungsstunden		?		?	
Kosten je Nutzungsstunde		?	?	?	?
kalkulierter Stundensatz (Normalstundensatz)		150,00	165,00	100,00	150,00
Abweichung in €		?	?	?	?
Abweichung in % (vom Normalkostensatz)		?	?	?	?

8 Stellen Sie die Selbstkosten für einen Lohnauftrag fest.
Materialkosten 282,60 €
Fertigungskosten: 5,75 Maschinenstunden zu je 80,20 €/Std.
Verwaltungs- und Vertriebsgemeinkosten: 18,5 %.

10.3.2.1.4 Kalkulation mit Unternehmenszuschlagssätzen

Die Gemeinkosten können verteilt werden auf:

- **Fertigungsmaterial**
- **Fertigungsstellen,** z. B. Kostenstellen Werkstatt, Arbeit auf der Baustelle
- **Arbeitswertigkeit,** z. B. einfache Arbeiten, höherwertige Arbeiten, Maschinenarbeiten
- **Art der Maschinen/Geräte,** z. B. Kräne, Bagger, Rüttler, Transporter

Die Gemeinkosten werden über den ermittelten Zuschlagssatz verrechnet. Zusätzlich wird in den **gemeinsamen Zuschlagssatz = Unternehmenszuschlagssatz** Gewinn und Wagnis eingerechnet, evtl. auch Skonto. Angewandt wird dieses Verfahren z. B. in Handwerks- und Bauunternehmen.

Um den Zuschlagssatz zu ermitteln, wird von 100,00 € ausgegangen.

Beispiel 1 **Materialpreis**
Fertigungsmaterial 100,00 €, MGK 15 %, Gewinn und Wagnis 8 %

Lösung

Fertigungsmaterial	100,00 €
MGK 15 %	15,00 €
Selbstkosten	115,00 €
Gewinn und Wagnis 8 %	9,20 €
Angebotspreis	124,20 €
Unternehmenszuschlagssatz	24,20 %

Beispiel 2 **Stundenpreis**
Fertigungslohn Baustelle, FGK Baustelle 160 %, Gewinn und Wagnis 4 %, Skonto 3 %

Lösung

Fertigungslohn	100,00 €
FGK Baustelle 160 %	160,00 €
Selbstkosten	260,00 €
Gewinn und Wagnis 4 %	10,40 €
Barangebotspreis	270,40 €
Skonto 3 %	8,36 €
Zielangebotspreis	278,76 €
Unternehmenszuschlagssatz	178,76 %

1 Stellen Sie die Unternehmenszuschlagssätze fest.

	a) GK	GuW	b) GK	GuW	Skonto
Material	21 %	3 %	25 %	4 %	2 %
Fertigungslohn	240 %	10 %	190 %	12 %	2 %

2 Stellen Sie die Angebotspreise je Einheit fest.

a) Fertigungslohn einfache Arbeit
Std.-Lohn 25,00 € Unternehmenszuschlagssatz 125 %

b) Fertigungslohn höherwertige Arbeit
Std.-Lohn 30,00 € Unternehmenszuschlagssatz 140 %

c) Fertigungslohn Werkstatt
Std.-Lohn 26,00 € Unternehmenszuschlagssatz 210 %

d) Material
Bezugspreis 18,00 €/lfd. m Unternehmenszuschlagssatz 24 %

e) Maschine (ohne Bedienung)
Kosten je Std. 57,50 € Unternehmenszuschlagssatz 8 %

3 Prüfen Sie das Angebot für die Herstellung der Pflasterfläche für eine Ladebox.

Position	Menge	Art	EP	GP
001	80 Std.	Vorarbeiter	59,15	4.732,00
002	80 Std.	Fachwerker	49,50	3.960,00
003	3 Std.	Bodenverdichter, Stampfer ohne Bedienung	22,50	67,50
004	4 Std.	Bodenverdichter, Rüttelplatte ohne Bedienung	18,50	74,00
005	30 lfd. m	Beischneidearbeiten mit Vidia-Tisch-Nassschneidegerät ohne Bedienung .	9,15	274,50
006	11 t	Basaltschotter 0/32 mm Frostschutzschicht	27,50	302,50
007	3 t	Pflasterbettung, Flusskies, Feinkorn .	62,70	188,10
008	0,5 m^3	Alzenauer Sand, Fugenfüllmaterial .	62,00	31,00
009	2 Std.	Transporter, ohne Bedienung	30,00	60,00
		Angebotspreis		9.689,60

10.3.2.2 Nachkalkulation

Durch die Nachkalkulation werden die tatsächlichen Kosten eines Auftrages ermittelt. Der Vergleich der Ergebnisse der Vor- und Nachkalkulation lässt die Kostenabweichungen und ihre Ursachen erkennen. Sind die tatsächlichen Kosten höher als die vorkalkulierten, wird der Gewinn gemindert oder es treten Verluste auf.

Beim freibleibenden Angebotspreis führt die Nachkalkulation zum tatsächlichen Verkaufspreis; beim verbindlichen Angebotspreis wird der tatsächliche Gewinn aufgrund der Kostenänderung festgestellt. Kostenänderungen können eintreten im Materialverbrauch, bei den Fertigungslöhnen und den Sondereinzelkosten der Fertigung und des Vertriebs. Ändern sich die Einzelkosten, so ändern sich zwangsläufig die anteiligen Gemeinkosten.

Die Erkenntnisse aus der Nachkalkulation dienen der Korrektur der Grundlagen für die Vor-/Angebotskalkulation.

Beispiel 1 **Nachkalkulation bei freibleibendem Preis**

Der Angebotspreis für eine Signalanlage wurde von der Vorkalkulation aufgrund folgender Kosten ermittelt: Materialverbrauch 400,00 €, MGK 15 %, Fertigungslöhne 1.200,00 €, FGK 150 %, Vw- und VtGK 20 %, Gewinn 10 %, Skonto 2 %. Nachdem die Anlage fertig ist, wird beim Abrechnen (Nachkalkulation) festgestellt, dass für 20,00 € Material weniger verbraucht wurde, die Fertigungslöhne dagegen um 60,00 € höher lagen.

a) Wie hoch war der freibleibende Angebotspreis?

b) Wie hoch ist der tatsächliche Verkaufspreis?

Lösung

zu a) Vorkalkulation			zu b) Nachkalkulation	
Materialkosten	€	€	€	€
Materialverbrauch	400,00		380,00	
MGK 15 %	60,00	460,00	57,00	437,00
Fertigungskosten				
Fertigungslöhne	1.200,00		1.260,00	
FGK 150 %	1.800,00	3.000,00	1.890,00	3.150,00
Herstellkosten		3.460,00		3.587,00
VwGK und VtGK 20 %		692,00		717,40
Selbstkosten		4.152,00		4.304,40
Gewinn 10 %		415,20		430,44
Barverkaufspreis		4.567,20		4.734,84
Skonto 2 %		93,21		96,63
freibleibender Angebotspreis		4.660,41	**tatsächl. Verkaufspr.**	4.831,47

Beispiel 2 **Nachkalkulation bei verbindlichem Preis**

Angaben wie Beispiel 1. Der Angebotspreis von 4.660,41 € ist einzuhalten. Die Kostenveränderung wirkt sich auf die Höhe des Gewinns aus.

Lösung **Nachkalkulation**

	Materialkosten				
① ↓	Materialverbrauch	380,00 €			
	MGK 15 %	57,00 €	437,00 €		
	Fertigungskosten				
	Fertigungslohn	1.260,00 €			
	FGK 150 %	1.890,00 €	3.150,00 €		
	Herstellkosten		3.587,00 €		
	VwGK und VtGK 20 %		717,40 €		
↓	**Selbstkosten**		4.304,40 €	100 %	
	Gewinn 6,1 %		**262,80** €	x %	⑤
② ↓	**Barverkaufspreis**		4.567,20 €	↑	
	Skonto 2 %		93,21 €	↑	④
↓	**verbindlicher Angebotspreis**	③	4.660,41 €	100 %	

Lösungsweg

① Entwickeln der Kalkulation bis zu den Selbstkosten mit den neuen Werten (Vorwärtskalkulation).

② Entwickeln des Kalkulationsschemas bis zum Angebotspreis.

③ Einsetzen des verbindlichen Angebotspreises.

④ Rechnen vom Angebotspreis (= 100 %) bis zum Barverkaufspreis (rückwärts).

⑤ Feststellen des tatsächlichen **Gewinns** (bzw. des Verlustes) in € und % als **Differenz** zwischen Selbstkosten und Barverkaufspreis:

x % ≙ 262,80 €
4.304,40 € ≙ 100 %

oder

4.304,40 € ≙ 100 %
262,80 € ≙ x %

$$x = \frac{\text{tatsächlicher Gewinn} \cdot 100}{\text{Selbstkosten}} = \frac{262,80 \cdot 100}{4.304,40} = 6,1\,\%$$

Der tatsächliche Gewinn beträgt nur 262,80 € = 6,1 %.

1 Stellen Sie die verbindlichen Angebotspreise und aufgrund der Angaben der Nachkalkulation den tatsächlichen Gewinn je Auftrag fest.

	Material	MGK	F.-Lohn	FGK	VwGK	VtGK	Gew.	Skonto
a) Vorkalkulation	220,00	10 %	650,00	180 %	8 %	9 %	15 %	3 %
Nachkalkulation	250,00	10 %	630,00	180 %	8 %	9 %	?	3 %
b) Vorkalkulation	1.410,00	6 %	3.680,00	125 %	9 %	6 %	14 %	2 %
Nachkalkulation	1.380,00	6 %	3.620,00	125 %	9 %	6 %	?	3 %
c) Vorkalkulation	6.250,00	5 %	4.170,00	220 %	12 %	8 %	6 %	2 %
Nachkalkulation	5.900,00	5 %	4.240,00	220 %	12 %	8 %	?	3 %
d) Vorkalkulation	495,00	8 %	732,00	163 %	7 %	5 %	2 %	–
Nachkalkulation	510,00	8 %	748,00	163 %	7 %	5 %	?	–
e) Vorkalkulation	2.400,00	4 %	1.980,00	195 %	10 %	6 %	7 %	2 %
Nachkalkulation	2.400,00	4 %	1.980,00	195 %	10 %	6 %	?	3 %

2 Wie hoch ist der tatsächliche Gewinn bei dem verbindlichen Angebotspreis von 3.450,00 €? Die Nachkalkulation ergibt folgende Werte: Materialverbrauch 204,00 €, MGK 9 %; Fertigungslöhne 780,00 €, FGK 156 %; VwGK und VtGK 16 %, Skonto 3 %.

3 Die Verhandlungen mit einem Großabnehmer ergaben eine Erhöhung des Rabattes um $4\frac{1}{3}$ %. Wie hoch ist der tatsächliche Gewinn? Selbstkosten je Gerät 300,00 €, Listenpreis 522,00 €, Skonto 3 %, (alter) Rabatt 29 %.

4 Die Nachkalkulation einer Schüttelrutsche mit Sortiervorrichtungen ergab folgende Werte: Materialverbrauch 490,00 €, MGK 4,5 %; Fertigungskosten: Fertigungsstelle I Fertigungslöhne 124,00 €, FGK 150 %; II Fertigungslöhne 55,00 €, FGK 180 %; III Fertigungslöhne 320,00 €, FGK 120 %; IV Fertigungslöhne 190,00 €, FGK 262 %; VwGK und VtGK 22 %, Sondereinzelkosten des Vertriebs 120,00 €; Skonto 3 %. Verbindlicher Angebotspreis 3.325,00 €.

Gewinnsatz der Vorkalkulation 20 %.

Auf wie viel Prozent hat sich der Gewinn erhöht bzw. vermindert?

5 Eine Spritzgussform für Kunststoff wurde vorkalkuliert: Material 460,00 €, MGK 3,5 %; Fertigungslöhne 3.515,00 €, FGK 162 %, Sondereinzelkosten der Fertigung 604,00 €; VwGK und VtGK 21 %; Gewinn 7,5 %; Skonto 3 %.

a) Wie hoch ist der verbindliche Angebotspreis?

b) Wegen Überbeschäftigung wird die Herstellung eines Einzelteiles vergeben, sodass die Sondereinzelkosten der Fertigung um 86,00 € steigen. Wie hoch ist der tatsächliche Gewinn in Euro und Prozent?

6 Auf wie viel Prozent kann ein Unternehmen den Rabatt bei gleich bleibendem Listenpreis erhöhen, wenn es seinen Gewinn von 46,10 € auf 20,03 € ermäßigt? Kosten: Selbstkosten 345,00 €, Skonto 3 %, alter Rabatt 25 %.

7 Für die Herstellung einer Kühlhalle kalkulierte ein Bauunternehmer: Materialkosten laut Masseberechnungen frei Baustelle 64.100,00 €, Fertigungslöhne 53.100,00 €, Gemeinkostenzuschlag 81 % auf Löhne, Gewinn 8.600,00 €, Wagniszuschlag auf Selbstkosten 3 % (für Schäden innerhalb der Garantiezeit).

a) Wie hoch war der Angebotspreis?

b) Innerhalb der Gewährleistungszeit ist ein Schaden über 7.150,00 € entstanden, der kostenlos behoben werden musste. Wie hoch ist der tatsächliche Gewinn in Euro und Prozent?

c) Wie viel Prozent beträgt das eingetretene Wagnis von den Selbstkosten?

8 Der Nettoerlös eines Auftrages beträgt 4.970,00 €, der Anteil des Materialeinsatzes 910,00 €.

a) Wie viel Euro beträgt der erzielte Stundensatz? Bearbeitungszeit 65 Std.

b) Wie viel Euro beträgt der zusätzliche Gewinn bzw. die Unterdeckung je Stunde, wenn mit 63,00 €/Std. vorkalkuliert wurde?

c) Wie hoch ist der zusätzliche Gewinn bzw. die Unterdeckung bei diesem Auftrag?

d) Wie viel Stunden beträgt die Abweichung?

9 Die Serviceabteilung eines Unternehmens rechnet die Personalleistungen nach 5-Minuten-Sätzen mit den Kunden ab; Ersatzteile bzw. Material werden gesondert berechnet.

a) Wie viel Euro beträgt der 5-Minuten-Satz?
Vorkalkuliert werden:
Personalkosten 54.000,00 €, Sachkosten 15.000,00 €, Gewinn 10 %.
Personalleistung: 1 100 Stunden einschließlich Wegezeiten.

b) Im Berichtsmonat sind 13 000 5-Minuten-Sätze mit den Kunden abgerechnet worden. Wie hoch sind das tatsächliche Ergebnis der Abteilung und die Abweichung zur Vorkalkulation?

Programmierte Übungen

Die Lösungen bitte nur dann ankreuzen, wenn das Buch Ihr Eigentum ist. Im Leihverfahren überlassene Bücher dürfen nicht beschrieben werden.

1 Die KLR enthält folgende Posten:

Kosten		Leistungen	
Stoffkosten	260.000,00	Erlöse	1.107.000,00
Fertig.-Löhne	190.000,00		
Hilfslöhne	30.000,00		
Gehälter	80.000,00		
Sozialkosten	110.000,00		
Instandhaltg.	20.000,00		
Energie	30.000,00		
kalk. Abschr.	40.000,00		
sonst. Kosten	130.000,00		

a) Wie hoch ist der Gemeinkostenzuschlagssatz? Zuschlag auf Einzelkosten, 1 Dezimale.

b) Wie hoch sind die Selbstkosten für folgenden Auftrag?
Materialkosten .... 650,00 €
Fertigungslöhne .... 520,00 €

a) ☐☐,☐ %

b)
- a 2.456,68 €
- b 2.395,25 €
- c 2.314,26 €
- d 2.455,13 €
- e anderes Ergebnis, welches?

2 Stellen Sie aufgrund folgender Kalkulationsunterlagen den Angebotspreis fest.

Material 2.000,00 €, Fertigungslöhne 6.400,00 €; Gemeinkosten: MGK 8 %, FGK 185 %, VwGK 17,5 %, VtGK 14 %. Gewinn 12,5 %, Provision 2 %.

☐☐☐☐☐,☐☐ €

3 Wie hoch sind die Selbstkosten für folgenden Ersatzteil-Auftrag?

Materialkosten: Verbrauch 600,00 €, MGK 4 %;

Fertigungskosten: Maschinenkosten, Drehen 3,5 Std. zu 32,60 €, Fräsen 1 Std. zu 34,00 €, Bohren 0,5 Std. zu 35,00 €, Fertigungslöhne 5 Std. zu 25,00 €, Restgemeinkosten auf Fertigungslohn 210 %, Montagekosten 1,5 Std. zu 24,00 €, GK auf Montage 140 %, Vw- und VtGK 18 %.

- a 819,22 €
- b 1.222,90 €
- c 1.443,02 €
- d 1.490,93 €
- e anderes Ergebnis, welches?

4 Wie viel Euro beträgt der Materialeinsatz?
Fertigungsmaterial
Materialgemeinkosten 25 %
Materialkosten
Fertigungslöhne 60.000,00 €
Fertigungsgemeinkosten 150 %
Herstellkosten 200.000,00 €

☐☐☐☐☐,☐☐ €

5

Vorkalkulation			Nachkalkulation
Materialkosten			
Materialverbrauch	400,00		450,00
MGK 15 %	60,00	460,00	
Fertigungskosten			
Fertigungslöhne	1.200,00		1.100,00
FGK 150 %	1.800,00	3.000,00	
Herstellkosten		3.460,00	
VwGK und VtGK 20 %		692,00	
Selbstkosten		4.152,00	
Gewinn 10 %		415,20	
Barverkaufspreis		4.567,20	
Skonto 2 %		93,21	3 %
verbindlicher Angebotspreis ..		4.660,41	

Wie hoch ist der tatsächliche Erfolg
a) in Euro, b) in Prozent?

a)
- a 415,20 € G
- b 415,20 € V
- c 599,60 € G
- d 599,60 € V
- e anderes Ergebnis, welches?

b) [,] % G/V

6 Zu welchem Preis wird das Karosseriewerk einen Transporter umbauen?

Materialverbrauch 1.420,00 €; MGK 9 %; Fertigungslöhne 3.195,00 €; FGK 175 %; Verwaltungs- und Vertriebsgemeinkosten 14 %, Gewinn 8 %, Skonto 4 %.

[,] €

7 Stellen Sie den Maschinenstundensatz für den Schleifautomaten fest.

Anschaffungswert 180.000,00 €, kalk. Abschreibungen 10 %, Zinsen 8 % vom halben Anschaffungswert, Raumkosten 2.880,00 €, Instandhaltung und Instandsetzung 40 % der kalk. Abschreibungen, Fertigungsstunden 1 500 im Jahr, Werkzeugkosten 1.400,00 € im Jahr, Energiekosten 2.020,00 € im Jahr.

- a 38.700,00 €
- b 83.700,00 €
- c 13,96 €
- d 25,80 €
- e anderes Ergebnis, welches?

8 Ein Auftrag wurde zu folgenden Konditionen kalkuliert:

Materialverbrauch 5.200,00 €, MGK 10 %, Fertigungslöhne 6.400,00 €, FGK 160 %, Verwaltungsgemeinkosten 7 %, Vertriebsgemeinkosten 12 %, Gewinn 4 %, Skonto 1 %, Rabatt 6 %.

Die Nachkalkulation ergab folgende Abweichungen:

Materialverbrauch 5.000,00 €, Fertigungslöhne 7.000,00 €, Skonto 2,5 %, Rabatt 10 %.

a) Wie hoch war der verbindliche Angebotspreis?

b) Stellen Sie den tatsächlichen Erfolg des Auftrags in Euro und Prozent fest.

a)
- a 27.952,26 €
- b 26.762,80 €
- c 29.736,45 €
- d 28.203,00 €
- e anderes Ergebnis, welches?

b)
- a Gew. 1.064,34 ≙ 4 %
- b Verl. 1.064,34 ≙ 4 %
- c Gew. 2.109,27 ≙ 7,48 %
- d Verl. 2.109,27 ≙ 7,48 %
- e anderes Ergebnis, welches?

10.4 Kostenträgerzeitrechnung

Die Kostenträgerzeitrechnung ist eine Rechnung zur Verteilung der Kostenarten eines Zeitraumes auf die Kostenträger. **Die Selbstkosten werden den Erlösen gegenübergestellt.** Die Rechnung erfolgt in einem **Kostenträgerblatt.** Die Kosten können ermittelt werden als:

- **Istkosten,**
- **Normalkosten** und im
- **Vergleich von Ist- und Normalkosten.**

In der Kostenträgerzeitrechnung werden Umsatzergebnis bzw. Betriebsergebnis des Rechnungszeitraumes ermittelt. Wird die Rechnung in kürzeren Abständen als 1 Jahr erstellt (z. B. monatlich bzw. vierteljährlich), spricht man von **kurzfristiger Erfolgsrechnung (KER).** Mit diesem Verfahren wird der Erfolg des einzelnen Kostenträgers am Gesamterfolg des Unternehmens festgestellt und kontrolliert.

Kostenträgerzeitrechnung

mit Istkosten	**mit Normalkosten**
1. Materialeinsatzkosten	1. Materialeinzelkosten
2. Materialgemeinkosten	2. Materialgemeinkosten
3. Fertigungseinzelkosten	3. Fertigungseinzelkosten
4. Fertigungsgemeinkosten	4. Fertigungsgemeinkosten
5. Herstellkosten	5. Herstellkosten
6. Verwaltungsgemeinkosten	6. Verwaltungsgemeinkosten
7. Vertriebsgemeinkosten	7. Vertriebsgemeinkosten
8. Vertriebseinzelkosten	8. Vertriebseinzelkosten
9. Selbstkosten der Herstellung	9. Selbstkosten der Herstellung
10. +/– Bestandsveränderung	10. +/– Bestandsveränderungen
11. Selbstkosten des Umsatzes	11. Selbstkosten des Umsatzes
12. Verkaufserlöse netto	12. Verkaufserlöse netto
13. Betriebsergebnis	13. Umsatzergebnis
	14. +/– Kostenüber-/-unterdeckung
	15. Betriebsergebnis

Für die Erfolgsrechnung können eingesetzt werden:

- das **Gesamtkostenverfahren** oder
- das **Umsatzkostenverfahren**

10.4.1 Gesamtkosten- und Umsatzkostenverfahren

Verfahren zur Ermittlung des Betriebsergebnisses

Gesamtkostenverfahren

Erfassen der Material- und Fertigungskosten für die **hergestellten Erzeugnisse.** Die Selbstkosten der Fertigung werden berechnet durch

Addition der Bestandsminderungen bzw. **Subtraktion der Bestandsmehrungen.**

Umsatzkostenverfahren

Erfassen der Material- und Fertigungskosten für die **verkauften Erzeugnisse.**

Bestandsveränderungen werden **nicht** berücksichtigt.

Beispiel Ermitteln Sie das Betriebsergebnis für den Monat Januar

a) mit dem Gesamtkostenverfahren. b) mit dem Umsatzkostenverfahren.

	Kostenträgergruppe I	Kostenträgergruppe II
Produktion des Rechnungszeitraums in Stück	200	400
Verkäufe im Rechnungszeitraum in Stück	190	380
Nettoverkaufspreis je Stück/€	180,00	450,00
Materialeinzelkosten je Stück/€	50,00	100,00
Fertigungslöhne je Stück/€	30,00	80,00
Istgemeinkosten		
– Materialgemeinkosten	10 %	
– Fertigungsgemeinkosten	200 %	
– Verwaltungs- und Vertriebsgemeinkosten	15 %	
Die Bestandsveränderungen werden mit den Herstellkosten bewertet.		

Lösung a) **Gesamtkostenverfahren**

Kostenträgerblatt

Zeile	Kosten/Erlöse	GKZ in %	Istkosten BAB	Kostenträger I	Kostenträger II
1	Materialeinzelkosten		50.000,00	10.000,00	40.000,00
2	Materialgemeinkosten	10	5.000,00	1.000,00	4.000,00
3	Fertigungseinzelkosten		38.000,00	6.000,00	32.000,00
4	Fertigungsgemeinkosten	200	76.000,00	12.000,00	64.000,00
5	Herstellk. d. Fertigung		169.000,00	29.000,00	140.000,00
6	Bestandsvermehrungen		– 8.450,00	– 1.450,00	– 7.000,00
7	Herstellk. d. Umsatzes		160.550,00	27.550,00	133.000,00
8	Vw- u. Vt-Gemeinkosten	15	24.082,50	4.132,50	19.950,00
9	Selbstk. d. Umsatzes		184.632,50	31.682,50	152.950,00
10	Nettoumsatz		205.200,00	34.200,00	171.000,00
11	Betriebsergebnis		+ 20.567,50	+ 2.517,50	+ 18.050,00

Lösung b)

Umsatzkostenverfahren
Kostenträgerblatt

Zeile	Kosten/Erlöse	GKZ in %	Istkosten BAB	Kostenträger I	Kostenträger II
1	Materialeinzelkosten ...		47.500,00	9.500,00	38.000,00
2	Materialgemeinkosten ..	10	4.750,00	950,00	3.800,00
3	Fertigungseinzelkosten .		36.100,00	5.700,00	30.400,00
4	Fertigungsgemeinkosten	200	72.200,00	11.400,00	60.800,00
5	Herstellk. d. Umsatzes ...		160.550,00	27.550,00	133.000,00
6	Vw- u. Vt-Gemeinkosten	15	24.082,50	4.132,50	19.950,00
7	Selbstkosten d. Umsatzes		184.632,50	31.682,50	152.950,00
8	Nettoumsatz		205.200,00	34.200,00	171.000,00
9	Betriebsergebnis		20.567,50	+ 2.517,50	+ 18.050,00

1 Stellen Sie das Betriebsergebnis für das 2. Quartal fest
a) mit dem Gesamtkostenverfahren. b) mit dem Umsatzkostenverfahren.

	Kostenträger A	Kostenträger B
Fertigung in t	100	200
Absatz in t	90	220
Nettoverkaufspreis je t/€	175,00	300,00
Materialeinzelkosten je t/€	40,00	60,00
Fertigungslohn je t/€	20,00	50,00
Istgemeinkosten		
– Materialgemeinkosten	20 %	
– Fertigungsgemeinkosten	250 %	
– Vw- u. Vt-Gemeinkosten	25 %	
Bestandsveränderungen		
– Bestandsmehrung	1.180,00	
– Bestandsminderung		4.940,00

2 Nennen Sie Merkmale der Betriebe, für die das Umsatzkostenverfahren infrage kommt.

3 Ermitteln Sie das Betriebsergebnis des Unternehmens mit dem Gesamt- und dem Umsatzkostenverfahren.
Umsatzerlöse 300.300,00 €, betriebsfremde Erträge 15.000,00 €; Kosten für Roh-, Hilfs- und Betriebsstoffe 50.000,00 €, Fertigungslöhne 95.000,00 €, Verwaltungs- und Vertriebskosten 120.000,00 €, Bestandsmehrung bei Fertigerzeugnissen 10.000,00 €. Die Herstellkosten für die verkauften Erzeugnisse betragen für Material 48.000,00 € und Fertigungskosten 87.000,00 €.

10.4.2 Kostenträgerzeitrechnung mit Istkosten

Einzel- und Gemeinkosten eines Rechnungszeitraumes werden auf die einzelnen Kostenträger bzw. Kostenträgergruppen verteilt, den Verkaufserlösen gegenübergestellt und das Umsatzergebnis festgestellt. Dabei wird gleichzeitig der Anteil der einzelnen Kostenträger am Umsatzergebnis untersucht.

Beispiel **Kostenträgerblatt mit Istkosten**

Zeile	Kosten/Erlöse	Istkosten BAB	Kostenträgergruppen	
			Personenwaagen	Küchenwaagen
1	Materialeinzelkosten	152.500,00	112.500,00	40.000,00
2	Materialgemeinkosten	15.000,00	10.000,00	5.000,00
3	Fertigungseinzelkosten	137.500,00	87.500,00	50.000,00
4	Fertigungsgemeinkosten	255.000,00	170.000,00	85.000,00
5	Herstellkosten	560.000,00	380.000,00	180.000,00
6	Verwaltungsgemeinkosten	90.000,00	60.000,00	30.000,00
7	Vertriebsgemeinkosten	40.000,00	30.000,00	10.000,00
8	Vertriebseinzelkosten	20.000,00	12.000,00	8.000,00
9	Selbstkost. d. Herstellung	710.000,00	482.000,00	228.000,00
10	Bestandsveränderungen	+10.000,00	+18.000,00	– 8.000,00
11	Selbstkosten d. Umsatzes	720.000,00	500.000,00	220.000,00
12	Verkaufserlöse netto	790.500,00	540.500,00	250.000,00
13	Umsatzergebnis in €	70.500,00	40.500,00	30.000,00
14	Umsatzergebnis in % v. 12	8,9 %	7,5 %	12 %

Verkaufserlöse netto: Verkaufserlöse abzüglich Erlösschmälerungen.

1 Stellen Sie das Betriebsergebnis in Euro und in Prozent je Artikelgruppe und insgesamt fest.

Kostenträgerblatt (Monat Oktober)

Zeile	Kosten/Erlöse	Istkosten BAB	Kostenträger	
			Teppiche	Auslegeware
1	Materialeinzelkosten	800.000,00	200.000,00	600.000,00
2	Materialgemeinkosten	100.000,00	30.000,00	70.000,00
3	Fertigungseinzelkosten	600.000,00	300.000,00	300.000,00
4	Fertigungsgemeinkosten	1.500.000,00	600.000,00	900.000,00
5	Herstellkost. d. Fertigung	?	?	?
6	Bestandsveränderungen	?	– 100.000,00	– 30.000,00
7	Herstellkost. d. Umsatzes	?	?	?
8	Verwaltungs- u. Vertriebsgemeinkosten	400.000,00	150.000,00	250.000,00
9	Vertriebseinzelkosten	90.000,00	40.000,00	50.000,00
10	Selbstkosten d. Umsatzes	?	?	?
11	Verkaufserlöse netto	3.550.000,00	1.450.000,00	2.100.000,00
12	Betriebsergebnis in €	?	?	?
13	Betriebsergebnis in % von 11	?	?	?

2 Eine Kaffeerösterei rechnet ihren Kostenträger nach Vertriebswegen ab: Versand an private Verbraucher, Absatz über eigene Verkaufsfilialen, Verkauf an Händler und Großverbraucher. – Stellen Sie die Umsatzergebnisse in Euro und Prozent fest. Deuten Sie die prozentualen Ergebnisse der einzelnen Vertriebswege.

Kostenträgerblatt

Zeile	Kosten/Erlöse	Istkosten	Kostenträger		
			Versand an private Verbr.	Verkaufs-filialen	Händler und Großverbr.
1	Herstellkosten des Umsatzes	18.000 000,00	7.000 000,00	2.000 000,00	9.000 000,00
2	Verwaltungsgemeinkosten	1.300 000,00	700 000,00	100 000,00	500 000,00
3	Vertriebskosten	4.700 000,00	2.100 000,00	800 000,00	1.800 000,00
4	Selbstkosten des Umsatzes	?	?	?	?
5	Verkaufserlöse netto	25.450 000,00	10.700 000,00	2.850 000,00	11.900 000,00
6	Betriebsergebnis in €	?	?	?	?
7	Betriebsergebnis in % von 5	?	?	?	?

3

Kostenträgerblatt

Zeile	Kosten/Erlöse	KLR insgesamt	Kostenträger		
			I	II	III
1	Fertigungsmaterial	220.000,00	60.000,00	90.000,00	70.000,00
2	MGK 10 %	22.000,00	6.000,00	9.000,00	7.000,00
3	Fertigungslöhne	190.000,00	50.000,00	85.000,00	55.000,00
4	FGK 200 %	380.000,00	100.000,00	170.000,00	110.000,00
5	Herstellkosten (Zeit)	?	?	?	?
	Bestandsveränderungen				
6	fertige Erzeugnisse	?	+ 10.000,00	– 2.000,00	—
7	unfertige Erzeugnisse	?	– 5.000,00	+ 9.000,00	– 1.000,00
8	Herstellkosten (Umsatz)	?	?	?	?
9	VwGK 15 %	?	?	?	?
10	VtGK 6 %	?	?	?	?
11	Selbstkosten	?	?	?	?
12	Verkaufserlöse netto	?	230.000,00	473.500,00	348.100,00
13	Ergebnis Kostenträger		?	?	?
14	Ergebnis Betrieb	?			

a) Vervollständigen Sie das Kostenträgerblatt.
b) Ermitteln Sie das Betriebsergebnis und das Ergebnis je Kostenträger in Euro.
c) Ermitteln Sie das Betriebsergebnis und das Ergebnis je Kostenträger in Prozent der Selbstkosten.

10.4.3 Kostenträgerzeitrechnung mit Ist- und Normalkosten

Im Kostenträgerblatt werden die Kostenträger mit ihren

- **Normalkosten** – verrechneten, kalkulierten Kosten,
- **Istkosten** – tatsächlich entstandenen Kosten

des Rechnungszeitraumes gegenübergestellt. Dabei lassen sich außer den Umsatzergebnissen die **Kostenüber-** bzw. **Kostenunterdeckung** (Kostenabweichungen) je Kostenträger und das Betriebsergebnis des Rechnungszeitraumes feststellen.

1

Kostenträgerblatt

Zeile	Kosten/Erlöse	Produkte insgesamt			Produkt I			Produkt II		
		Ist-kosten	Normal-kosten	Kosten-über-/-unter-deckung	Ist-kosten	Normal-kosten	Kosten-über-/-unter-deckung	Ist-kosten	Normal-kosten	Kosten-über-/-unter-deckung
1	Fertigungsmaterial	200.000	200.000		120.000	120.000		80.000	80.000	
2	Materialgemeinkosten	30.000	20.000	– 10.000	20.000	16.000	– 4.000	10.000	4.000	– 6.000
3	Materialkosten	230.000	220.000	– 10.000	140.000	136.000	– 4.000	90.000	84.000	– 6.000
4	Fertigungslöhne	300.000	300.000		200.000	200.000		100.000	100.000	
5	Fertigungsgemeinkosten	450.000	525.000	+ 75.000	300.000	350.000	+ 50.000	150.000	175.000	+ 25.000
6	Fertigungskosten	750.000	825.000	+ 75.000	500.000	550.000	+ 50.000	250.000	275.000	+ 25.000
7	Herstellk. der Erzeugung (3 + 6)	980.000	1.045.000	+ 65.000	640.000	686.000	+ 46.000	340.000	359.000	+ 19.000
8	Mehr-/Minderbest. Unfert. Erz.*	+ 60.000	+ 60.000		+ 70.000	+ 70.000		– 10.000	– 10.000	
9	Minder-/Mehrbest. Fert. Erz.*	– 40.000	– 40.000		– 35.000	– 35.000		– 5.000	– 5.000	
10	Herstellkosten des Umsatzes	1.000.000	1.065.000	+ 65.000	675.000	721.000	+ 46.000	325.000	344.000	+ 19.000
11	Verwaltungsgemeinkosten	50.000	53.250	+ 3.250	33.750	36.050	+ 2.300	16.250	17.200	+ 950
12	Vertriebsgemeinkosten	10.000	10.650	+ 650	6.750	7.210	+ 460	3.250	3.440	+ 190
13	Selbstkosten (des Umsatzes)	1.060.000	1.128.900	+ 68.900	715.500	764.260	+ 48.760	344.500	364.640	+ 20.140
14	Nettoverkaufserlöse	1.200.000	1.200.000		770.000	770.000		430.000	430.000	
15	Umsatzergebnis	140.000	71.100		54.500	5.740		85.500	65.360	
16	Kostenüberdeckung		+ 68.900	←		+ 48.760	←		+ 20.140	←
17	Betriebsergebnis**		140.000			54.500			85.500	

* Mehrbestand: – Minderbestand: +

** Betriebsergebnis = Umsatzergebnis (Normalkosten) + Kostenüberdeckung

a) Ermitteln Sie die Zuschlagssätze für die Gemeinkosten für Ist- und Normalkosten insgesamt und je Erzeugnis.

b) Wie hoch ist der tatsächliche (Istgewinn) und der kalkulierte (Normalgewinn) Gewinn in Prozent insgesamt und je Erzeugnis bezogen auf die Selbstkosten?

c) Mit wie viel Prozent sind die Erzeugnisse I und II am Betriebsergebnis beteiligt?

2

Kostenträgerblatt

Zeile	Kosten/Erlöse	Produkte insgesamt			Produkt I			Produkt II		
		Ist-kosten	Normal-kosten	Kosten-abweichung	Ist-kosten	Normal-kosten	Kosten-abweichung	Ist-kosten	Normal-kosten	Kosten-abweichung
1	Fertigungsmaterial	400.000	400.000		100.000	100.000		300.000	300.000	
2	Materialgemeinkosten	50.000	10 %	?	15.000	10 %	?	35.000	10 %	?
3	Materialkosten	?	?	?	?	?	?	?	?	?
4	Fertigungslöhne	300.000	280.000	?	150.000	130.000	?	150.000	150.000	?
5	Fertigungsgemeinkosten	750.000	250 %	?	300.000	250 %	?	450.000	250 %	?
6	Fertigungskosten	?	?	?	?	?	?	?	?	?
7	Herstellkosten der Erzeugung	?	?	?	?	?	?	?	?	?
8	Mehr-/Minderbest. Unfert. Erz.*	– 10.000	– 10.000		– 40.000	– 40.000		+ 30.000	+ 30.000	
9	Minder-/Mehrbest. Fert. Erz.*	– 70.000	– 70.000		– 60.000	– 60.000		– 10.000	– 10.000	
10	Herstellkosten des Umsatzes	?	?	?	?	?	?	?	?	?
11	Verwaltungsgemeinkosten	200.000	15 %	?	75.000	15 %	?	125.000	15 %	?
12	Vertriebsgemeinkosten	45.000	5 %	?	20.000	5 %	?	25.000	5 %	?
13	Selbstkosten (des Umsatzes)	?	?	?	?	?	?	?	?	?
14	Nettoverkaufserlöse	1.800.000	1.800.000		630.000	630.000	?	1.170.000	1.170.000	
15	Umsatzergebnis	?	?		?	?		?	?	
16	Kostenunter-/-überdeckung		?			?			?	
17	Betriebsergebnis		?			?			?	

* Mehrbestand: – Minderbestand: +

a) Stellen Sie das Betriebsergebnis insgesamt und je Produktgruppe fest.

b) Errechnen Sie die Zuschlagssätze für Gemeinkosten der tatsächlichen Kosten. Vergleichen Sie die Ist- mit den Normalkostenzuschlagssätzen. Welche Folgerungen ziehen Sie für die Bildung neuer Normalkostenzuschlagssätze?

c) Mit wie viel Prozent sind die Gruppen I und II am Gesamtergebnis des Betriebes beteiligt?

d) Nennen Sie Gründe für die Kostenabweichungen.

10.5 Kalkulation und Beschäftigungsgrad

Kapazität und Beschäftigungsgrad

Grundlage für die Ermittlung der Kapazität ist die **betriebliche Arbeitszeit eines Jahres.** Sie ergibt sich aus der Multiplikation:

betriebliche Arbeitszeit = Arbeitstage des Jahres • Schichten je Arbeitstag • Arbeitsstunden je Schicht

Diese Jahresarbeitszeit kann nicht voll genutzt werden, weil Ausfallzeiten entstehen z. B. durch

- geplante Wartungs-, Überhol- und Reparaturzeiten,
- Brachzeiten wegen Ausfalls der Energieversorgung und von vor- und nachgeschalteten Anlagen,
- Brachzeiten wegen ungenügender Kapazität vor- und nachgeschalteter Anlagen,
- Brachzeiten wegen Fehlens des Bedienungspersonals,
- Rüstzeiten – Umstellung auf ein anderes Produkt.

Beispiel 1 **Ermitteln von Nutzungszeit und Nutzungsgrad**

Eine Anlage wird an 240 Tagen des Jahres in 2 Schichten mit je 8 Std. genutzt. An Ausfall- und Rüstzeiten werden 750 Stunden kalkuliert. Wie hoch sind die erreichbare Nutzungszeit und der erreichbare Nutzungsgrad?

Lösung

Nutzungszeit:	Betriebsarbeitszeit (240 · 2 · 8)	3 840 Std.
	Ausfall- und Rüstzeiten	750 Std.
	erreichbare Nutzungszeit	3 090 Std.

Nutzungsgrad: $\frac{\text{Nutzungszeit im Jahr}}{\text{Jahresarbeitszeit}} \quad \frac{3\,090\ (\cdot\ 100)}{3\,840} = \underline{\underline{0{,}8 \text{ bzw. } 80\ \%}}$

1 Stellen Sie die erreichbare Jahresnutzungszeit und den Nutzungsgrad bei folgenden vorgegebenen Ausfall- und Brachzeiten fest.

	a)	b)	c)		d)
Arbeitstage im Jahr	250	251		230	184/46*
Schichten je Tag	1	3		1	2/1
Stunden je Tag/Schicht	8	8		8	8/9
Wartungszeiten Std.	110	312	Warum	–	180
Überholzeiten Std.	64	400	keine?	–	–
Reparaturzeit Std.	40	100		50	70
Energieausfall Std.	20	50		30	10
Ausfall anderer Anlagen Std.	90	120		70	50
ungenügende Kapazität anderer Anlagen Std.	30	340		–	60

* Aufgabe 1 d): 184 Tage mit je 2 Schichten und 8 Stunden je Schicht, 46 Tage mit je 1 Schicht und 9 Stunden je Schicht.

Von der erreichbaren Nutzungszeit hängt die **Kapazität** eines Betriebes bzw. einer Anlage ab. Sie wird in Mengeneinheiten gemessen (z. B.: t, hl, m, Stück, Std.). Der Grad der Kapazitätsnutzung, **der Beschäftigungsgrad,** hängt von der Auftragslage des Unternehmens bzw. der Anlage ab. Die Kapazität stellt die mögliche Nutzung der Anlage dar (100 % oder 1,0).

$$\textbf{Beschäftigungsgrad/Kapazitätsnutzungsgrad} = \frac{\text{genutzte Kapazität } (\cdot\ 100)}{\text{normale Kapazität}}$$

Beispiel 3 **Ermitteln des Beschäftigungsgrades/Kapazitätsnutzungsgrades**

Die erreichbare Nutzungszeit einer Maschinengruppe beträgt 4 500 Arbeitsstunden im Vierteljahr (normale Kapazität). Aufgrund der Marktlage wird eine Nutzung von 3 650 Stunden eingeplant. Wie hoch ist der Beschäftigungsgrad?

Lösung **Beschäftigungsgrad**

$$= \frac{\text{genutzte Kapazität } (\cdot\ 100)}{\text{normale Kapazität}} = \frac{3\,650\ (\cdot\ 100)}{4\,500} = \underline{\underline{0{,}81 \text{ bzw. } 81\ \%}}$$

2 Stellen Sie den Beschäftigungsgrad fest.

Kapazität	a)	b)	c)	d)
normale Kapazität	1 920 Std.	4,8 Mio. t	15,6 Mrd. kW	630 Stück
genutzte Kapazität	1 830 Std.	3,1 Mio. t	15,2 Mrd. kW	650 Stück

Kosten und Beschäftigungsgrad

Die Kosten werden nach ihrer Reaktion auf Veränderungen des Beschäftigungsgrades eingeteilt:

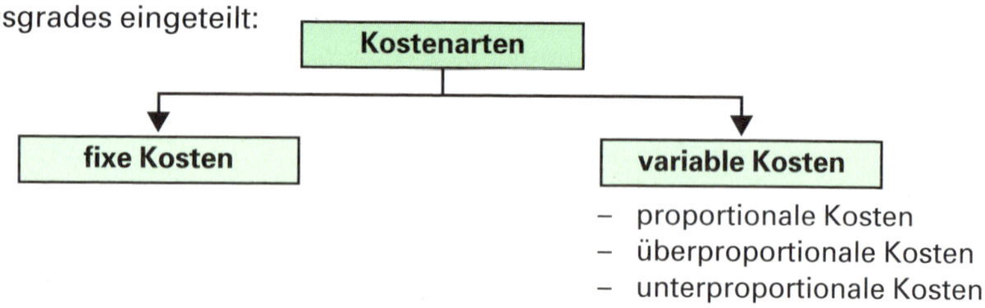

Fixe Kosten bleiben trotz unterschiedlichen Beschäftigungsgrades gleich (z. B. Zinsen, Zeitabschreibungen).

Variable Kosten verändern sich mit dem Beschäftigungsgrad; sie sind mengenabhängig. Sie können verlaufen als:

- **Proportionale Kosten** ändern sich im gleichen Verhältnis wie der Beschäftigungsgrad (z. B. Stoffverbrauch).
- **Überproportionale Kosten** steigen oder sinken stärker als der Beschäftigungsgrad (z. B. Überstundenlöhne).
- **Unterproportionale Kosten** steigen oder sinken schwächer als der Beschäftigungsgrad (z. B. Wartungskosten).

Das Verhalten der Kosten bei Veränderungen des Beschäftigungsgrades wird aus der Sicht der **Gesamtkosten** und der **Stückkosten** untersucht:

Beispiele Kostendiagramme

Gesamtkosten (K) | Stückkosten (k)

Produktion t	Gesamtkosten fix	Stückkosten degressiv
1	300,00 €	300,00 €
2	300,00 €	150,00 €
3	300,00 €	100,00 €
4	300,00 €	75,00 €
5	300,00 €	60,00 €
6	300,00 €	50,00 €
7	300,00 €	42,86 €
8	300,00 €	37,50 €
9	300,00 €	33,33 €
10	300,00 €	30,00 €

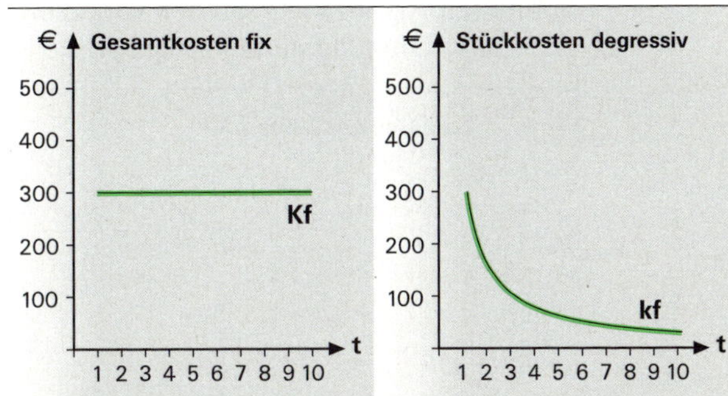

Produktion t	Gesamtkosten proportional	Stückkosten konstant
1	50,00 €	50,00 €
2	100,00 €	50,00 €
3	150,00 €	50,00 €
4	200,00 €	50,00 €
5	250,00 €	50,00 €
6	300,00 €	50,00 €
7	350,00 €	50,00 €
8	400,00 €	50,00 €
9	450,00 €	50,00 €
10	500,00 €	50,00 €

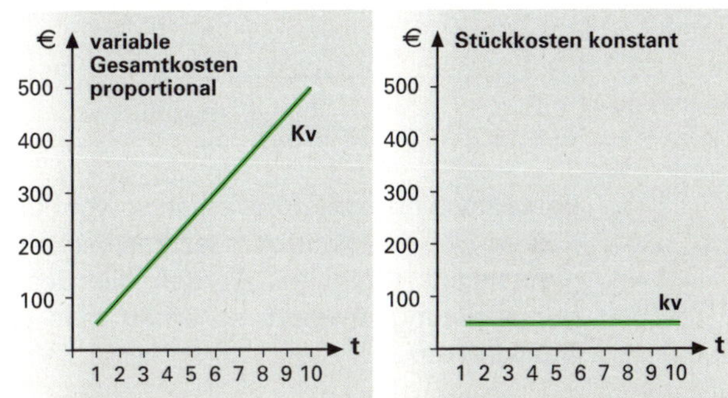

Produktion t	Gesamtkosten überproportional	Stückkosten progressiv
1	5,00 €	5,00 €
2	12,00 €	6,00 €
3	21,00 €	7,00 €
4	32,00 €	8,00 €
5	45,00 €	9,00 €
6	60,00 €	10,00 €
7	77,00 €	11,00 €
8	96,00 €	12,00 €
9	117,00 €	13,00 €
10	140,00 €	14,00 €

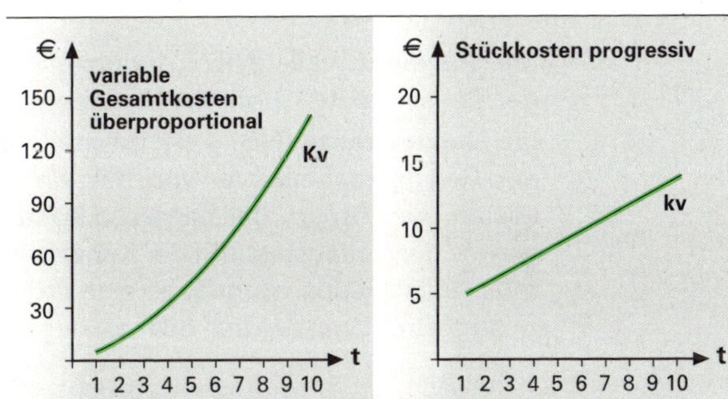

Produktion t	Gesamtkosten unterproportional	Stückkosten degressiv
1	14,00 €	14,00 €
2	27,00 €	13,50 €
3	39,00 €	13,00 €
4	50,00 €	12,50 €
5	60,00 €	12,00 €
6	69,00 €	11,50 €
7	77,00 €	11,00 €
8	84,00 €	10,50 €
9	90,00 €	10,00 €
10	95,00 €	9,50 €

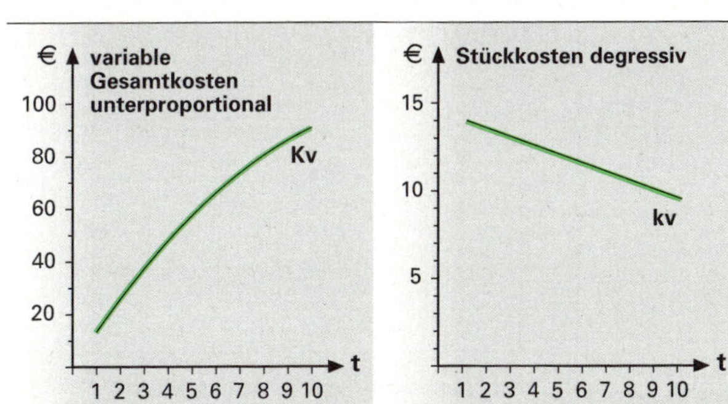

Je nach Anteil der verschiedenen variablen Kosten (proportionale, über- und unterproportionale) an den variablen Gesamtkosten bei unterschiedlichen Beschäftigungsgraden ergeben sich folgende **Gesamtkostenverläufe:**

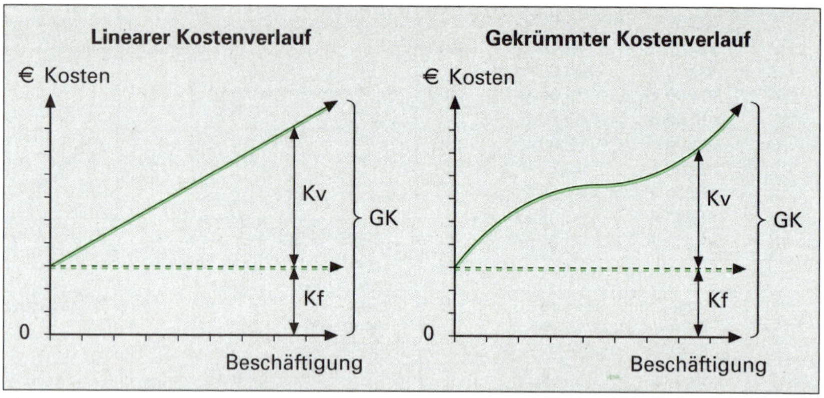

Beide Kostendiagramme lassen sowohl die fixen Kosten (Kf) und variablen Kosten (Kv) als auch die Gesamtkosten (GK) in den einzelnen Beschäftigungslagen erkennen. Werden die Gesamtkosten durch die Beschäftigungsleistung dividiert, so erhält man die Kosten je Leistungseinheit – **Stückkosten.**

Werden in die Kostendiagramme die Erlöse eingetragen, so werden weitere Aussagen möglich:

- **die Nutzenschwelle (NS)** = der erste Schnittpunkt der Erlösgeraden und der Gesamtkosten. Von hier ab übersteigen die Erträge die Kosten.
- **die Nutzengrenze (NG)** = der zweite Schnittpunkt der Erlösgeraden und der Gesamtkostenkurve. Von hier ab übersteigen wieder die Gesamtkosten die Erträge. **Bei linearem Kostenverlauf entspricht die Nutzengrenze der Vollauslastung der Kapazität.** Bei **gekrümmten Kostenverlauf** muss entschieden werden, ob eine Produktion bis an die Kapazitätsgrenze angestrebt werden soll oder an der Nutzengrenze beendet wird.

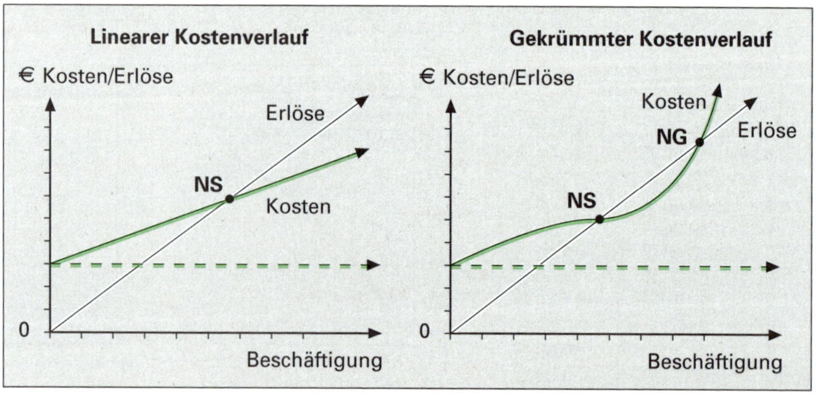

Beispiel 3 **Kosten und Betriebsergebnis bei unterschiedlichem Beschäftigungsgrad (linearer Kostenverlauf).**

Die fixen Kosten eines Betriebes betragen monatlich 80.000,00 €; die variablen Kosten 60,00 € je Stück.

a) Wie hoch sind die Gesamt- und Stückkosten bei Beschäftigungsanlagen von 0 bis 6 000 m³ (= 100 %) in 1 000 m³?

b) Wie hoch sind die Gesamterlöse bei einem Preis von 80,00 € je m³?

c) Wie hoch ist das Betriebsergebnis bei den einzelnen Beschäftigungslagen?

d) Das Kosten- und Erlösdiagramm ist aufzustellen. Bestimmen Sie die NS grafisch und rechnerisch.

Lösung **zu a), b) und c)**

Produkt in m³	Gesamtkosten	Stückkosten fix*	Stückkosten variabel**	Stückkosten insges.	Erlöse Stück	Erlöse insges.	Betriebsergebnis
0	80.000,00	–	–	–	–	–	–80.000,00
1 000	140.000,00	80,00	60,00	140,00	80,00	80.000,00	–60.000,00
2 000	200.000,00	40,00	60,00	100,00	80,00	160.000,00	–40.000,00
3 000	260.000,00	26,67	60,00	86,67	80,00	240.000,00	–20.000,00
4 000	320.000,00	20,00	60,00	80,00	80,00	320.000,00	+/– NS 0,00
5 000	380.000,00	16,00	60,00	76,00	80,00	400.000,00	+ 20.000,00
6 000	440.000,00	13,33	60,00	73,33	80,00	480.000,00	+ 40.000,00

zu d)

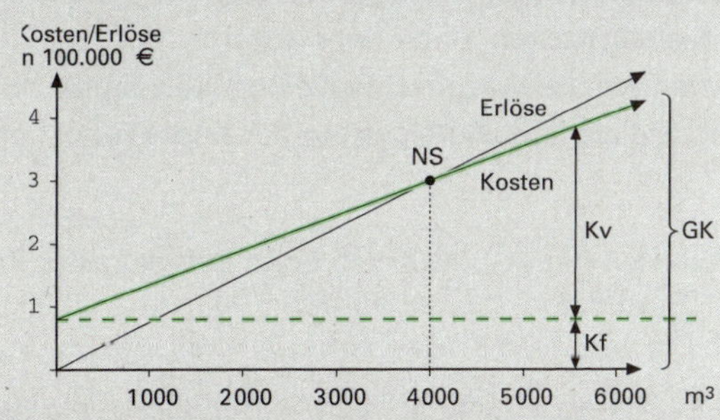

Formel zur Errechnung der Nutzenschwelle

$$NS = \frac{\text{fixe Gesamtkoste}}{\text{Stückerlös – var. Stückkosten}} = \frac{\text{Kf}}{\text{Stückerlös – kv}} = \frac{80.000}{(80 - 60)} = 4\,000\text{m}^3$$

Die Darstellung lässt erkennen, dass die Stückkosten aufgrund der Kostendegression bei den Fixkosten mit zunehmender Beschäftigung sinken. Bei einem Stückerlös von 80,00 € entwickelt sich entsprechend das Betriebsergebnis. Unternehmerische Aufgabe ist Produktion und Umsatz über die Beschäftigung von 4 000 m³ zu steuern; von der Nutzenschwelle an wird das Betriebsergebnis positiv. Bei höheren Stückerlösen würde die Nutzenschwelle schon früher, bei niedrigeren Stückerlösen später erreicht werden. Das gilt auch für höhere bzw. niedrigere Gesamtkosten.***

* degressiver Stückkostenverlauf

** konstanter Stückkostenverlauf

*** Unberücksichtigt bleiben Sprünge in den Fixkosten, wie sie sich bei Ausweitung der Kapazität ergeben (sprungfixe Kosten).

3 Stellen Sie für die einzelnen Beschäftigungslagen die Gesamtkosten, die Stückkosten (fix, variabel und insgesamt), den Stück- und Gesamterlös sowie das Betriebsergebnis fest. Erstellen Sie das Kosten- und Erlösdiagramm und bestimmen Sie die Nutzenschwelle.

a) Produktion: 500 000 t, 600 000 t, 700 000 t, 800 000 t, 900 000 t und 1 000 000 t. Kosten: fix 120.000.000,00 €, variabel 50,00 € je t (proportional). Erlös: 250,00 € je t.

b) Produktion: 100, 200, 300, 400, 500, 600, 700, 800, 900 und 1 000 Stück. Kosten: fix 24.000,00 €, variabel 32,00 € je Stück bis 800 Stück, ab 900 Stück 35,00 € je Stück (Warum?); Erlös: 75,00 € je Stück.

4 Ein Betrieb für Autoersatzteile hat folgende Leistungsgrößen und Kosten: Produktion: 200, 400, 600, 800, 1 000 und 1 200 Stück (optimale Losgröße 200 Stück); Kosten: fix 10.000,00 € bis 1 000 Stück, über 1 000 Stück 18.000,00 € (Warum?); variable Kosten 25,00 € je Stück. Verkaufserlös je Stück 39,30 €.

a) Stellen Sie die Gesamtkosten, die fixen und variablen sowie gesamten Stückkosten, den Erlös je Stück und insgesamt und das Betriebsergebnis je Beschäftigungslage fest (200, 400 usw. bis 1 200 Stück).

b) Stellen Sie das Kosten- und Erlösdiagramm auf.

c) Bestimmen Sie die Nutzenschwelle und Nutzengrenze.

d) Erläutern Sie die Kostensteigerung bei einer Produktion über 1 000 Stück.

5 Ein Unternehmen hat 40.000,00 € fixe Kosten bei einer Kapazität von 20 000 Stück. Im 1. Produktionsmonat wurden 5 000, im 2. 10 000, im 3. 20 000 Stück hergestellt. Die variablen Kosten betragen 4,35 € je Stück.

a) Wie hoch waren in den einzelnen Monaten die fixen Kosten und die Gesamtkosten je Stück und für die gesamte Leistung?

b) Wie hoch war der monatliche Gesamtgewinn bzw. -verlust, wenn die Erzeugnisse zum Nettopreis von 9,90 € abgesetzt werden konnten?

c) Wie hoch war der Beschäftigungsgrad der einzelnen Produktionsmonate? Kapazität 22 000 Stück.

6 Das Leistungs- und Kostenbild eines Unternehmens sieht wie folgt aus:

Produktion	Gesamtkosten	Produktion	Gesamtkosten
0	275.000,00 €	300	453.000,00 €
100	365.000,00 €	400	480.000,00 €
200	412.000,00 €	500	700.000,00 €

a) Um ins Geschäft zu kommen, wurde auf der Basis von 300 Stück je Monat kalkuliert. Wie hoch ist der Angebotspreis? 190,00 € Gewinn je Stück.

b) Wie hoch sind die Stückkosten, der Gesamterlös und das Betriebsergebnis bei jeder Produktionshöhe?

c) Wie hoch ist der Jahreserfolg des Unternehmens für dieses Erzeugnis? (Absatz entspricht der Produktion, Produktionsaufnahme im Mai.)

5. Monat	100 Stück abgesetzt	9. Monat	300 Stück abgesetzt
6. Monat	100 Stück abgesetzt	10. Monat	300 Stück abgesetzt
7. Monat	200 Stück abgesetzt	11. Monat	300 Stück abgesetzt
8. Monat	200 Stück abgesetzt	12. Monat	400 Stück abgesetzt

7 Für die Reparaturabteilung (allgemeine Kostenstelle) ergaben sich im Rechnungszeitraum folgende Kosten: 434 Arbeitszeitstunden zu 15,20 € je Stunde. Aus dem BAB ergibt sich ein Anteil fixer Gemeinkosten von 12.268,00 €.

a) Wie hoch ist der Gemeinkostenzuschlag für die Kostenstelle Reparatur (bezogen auf Löhne)?

b) Wie hoch sind die zu verrechnenden Kosten je Reparaturstunde für die innerbetrieblichen Leistungen der Reparaturabteilung bei 434, 350, 250 Reparaturstunden reiner Reparaturzeit (ohne Bereitschaftszeit)?

8 Für eine Betriebsabteilung sollen die Stundenkostensätze bei den Beschäftigungsgraden 100 %, 80 % und 50 % ermittelt werden. Die Abteilung weist folgende Kosten bei Vollbeschäftigung auf:

Kostenart	fix	variabel	insgesamt
kalkulatorische Abschreibungen	1.400,00 €	–	1.400,00 €
kalkulatorische Zinsen	560,00 €	–	560,00 €
Raumkosten	850,00 €	650,00 €	1.500,00 €
Energie	80,00 €	500,00 €	580,00 €
Instandhaltung	150,00 €	1.900,00 €	2.050,00 €
sonstige Gemeinkosten	350,00 €	4.000,00 €	4.350,00 €
Summe der Kosten	?	?	?
Beschäftigungsgrad	100 %	80 %	50 %
Laufstunden	150	?	?
Gesamtkosten bei	100 %	80 %	50 %
fixe Kosten	?	?	?
variable Kosten	?	?	?
Summe der Kosten	?	?	?
Kosten je Stunde bei	100 %	80 %	50 %
fixe Kosten	?	?	?
variable Kosten	?	?	?
Summe der Kosten je Stunde	?	?	?

a) Stellen Sie die Kosten je Arbeitsstunde bei den einzelnen Beschäftigungsgraden fest.

b) Stellen Sie für diese Abteilung das Kostendiagramm für 150 bis 100 Std. (in 10-Stunden-Abständen) auf.

c) Bestimmen Sie dabei die Nutzenschwelle. Normalkostensatz je Arbeitsstunde 72,00 € (angenommene Erlöse).

d) Auf wie viel Euro müsste der angenommene Erlös je Std. erhöht werden, wenn die Stundenkosten bereits bei 80 % Beschäftigungsgrad gedeckt werden sollen?

9 Für eine Kostenstelle ergeben sich bei voller Kapazitätsnutzung folgende Kosten:

Kosten	fix	variabel	insgesamt
direkte Kosten	312.300,00 €	688.000,00 €	?
Kostenumlage	497.600,00 €	217.000,00 €	?

a) Wie hoch sind die gesamten fixen und variablen Kosten und die Gesamtkosten der Kostenstelle?

b) Wie hoch ist der Kostensatz der Arbeitsstunde bei einem Beschäftigungsgrad von 100 % (Normalkostensatz)? 25 000 Leistungsstunden im Jahr. Kostensatz: fixe, variable und Kosten insgesamt und je Stunde.

c) Wie hoch sind die Istkostensätze bei 90-, 80- und 70%iger Beschäftigung der Kostenstelle (fix, variabel und Kosten insgesamt)?

d) Wie hoch ist die Fixkostenunterdeckung je Leistungsstunde und insgesamt, wenn die Kostenstelle zu 80 % ausgelastet ist und mit dem Normalkostensatz (bei 100 %) abrechnet?

e) Stellen Sie das Kosten- und Erlösdiagramm für die einzelnen Leistungsstufen (in 5 000 Std.) bis 55 000 Leistungsstunden auf
1. bei einem Normalkostensatz v. 100 % Auslastung (= angenom. Erlös),
2. bei einem Normalkostensatz v. 80 % Auslastung (= angenom. Erlös),
und ermitteln Sie die jeweilige Nutzenschwelle rechnerisch und grafisch.

f) Welche Folgen (Kosten und Preis) hat die Kalkulation mit einem Stundenkostensatz bei 80 % Auslastung?

10 Ein Betrieb hat bei unterschiedlicher Beschäftigung folgende Kosten und Ergebnisse:

Produkt. in t	Gesamtkosten	**Stückkosten** fix	variabel	insges.	Stückerlös	Gesamterlös	Betriebsergebnis
0	1.400,00	—	—	—	—	—	–1.400,00
1	2.600,00	1.400,00	1.200,00	2.600,00	1.200,00	1.200,00	–1.400,00
2	3.600,00	?	?	?	1.200,00	?	?
3	4.500,00	?	?	?	1.200,00	?	?
4	4.800,00	?	?	?	1.200,00	?	?
5	5.200,00	?	?	?	1.200,00	?	?
6	5.800,00	?	?	?	1.200,00	?	?
7	6.800,00	?	?	?	1.200,00	?	?
8	8.600,00	?	?	?	1.200,00	?	?
9	10.800,00	?	?	?	1.200,00	?	?
10	14.000,00	?	?	?	1.200,00	?	?

Der Verkaufspreis ist durch die Marktverhältnisse bedingt.

a) Wie hoch sind die Stückkosten, der Gesamterlös und das Betriebsergebnis bei jeder Produktionshöhe?

b) Bei welcher Produktion entstehen die niedrigsten Stückkosten?

c) Bei welcher Produktion entsteht der höchste Stück- und Gesamtgewinn?

d) Worauf sind Sinken und Steigen der Stückkosten zurückzuführen?

e) Stellen Sie das Kosten- und Erlösdiagramm auf und bestimmen Sie die Nutzenschwelle und Nutzengrenze.

11 Kostenträgerrechnung auf Teilkostenbasis – Deckungsbeitragsrechnung

11.1 Einführung

11.1.1 Kostenaufteilung in variable und fixe Kosten

In der **Vollkostenrechnung** werden die gesamten Kosten nach ihrer kalkulatorischen Zurechenbarkeit in Einzel- und Gemeinkosten unterteilt und den Kostenträgern als Herstell- und Selbstkosten zugerechnet.

In der **Teilkostenrechnung als Deckungsbeitragsrechnung** werden die Gesamtkosten in variable und fixe Kosten aufgeteilt. Die variablen Kosten werden – als Teil der Gesamtkosten – den Kostenträgern **direkt** zugerechnet. Der Überschuss (Verkaufserlös minus variable Kosten) ist der **Deckungsbeitrag.** Er dient zunächst der Deckung der fixen Kosten. Danach ergibt sich das Betriebsergebnis: Gewinn bzw. Verlust.

Schema

	Verkaufserlöse (netto)
–	**variable Kosten (Einzelkosten und variable Gemeinkosten)**
	Deckungsbeitrag (Bruttoerfolg)
–	**fixe Kosten**
	Betriebsergebnis: Gewinn/Verlust

In der Deckungsbeitragsrechnung werden die Kosten nach ihrer Reaktion auf Veränderungen des Beschäftigungsgrades* unterschieden.

Variable Kosten sind beschäftigungsabhängige Kosten.

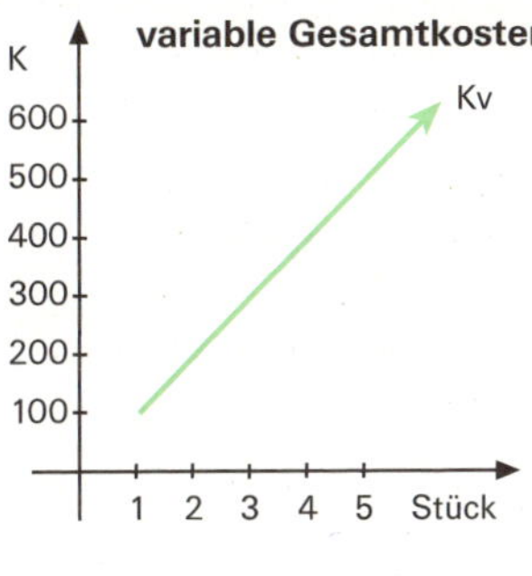

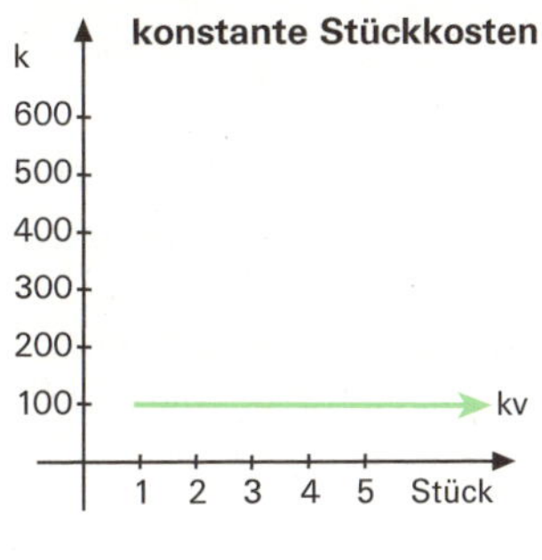

Die variablen Gesamtkosten steigen im gleichen Verhältnis zur Beschäftigung; die variablen Kosten je Stück (Einzelkosten) bleiben gleich.

* Vergleiche Kapitel 10.5 „Kalkulation und Beschäftigungsgrad“, S. 255 ff.

Fixe Kosten sind beschäftigungsunabhängige Kosten.

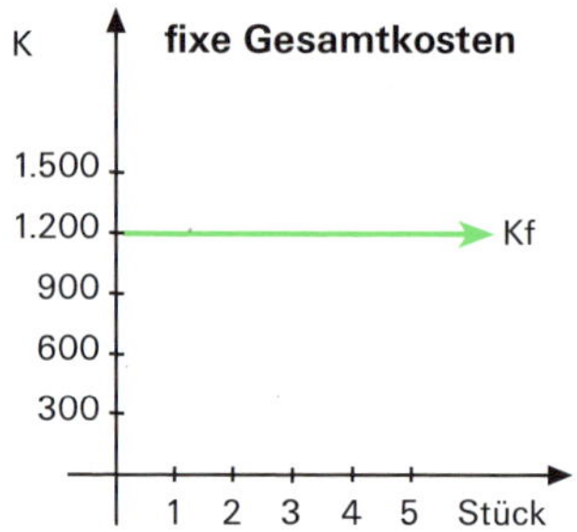

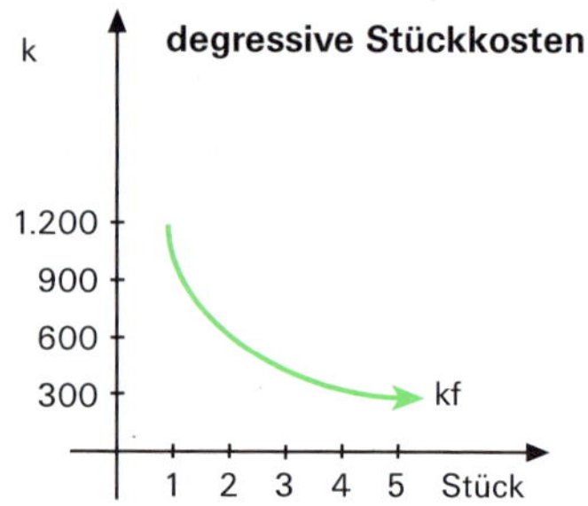

Die fixen Gesamtkosten verändern sich durch Beschäftigungsänderungen nicht. Die fixen Kosten je Stück sinken bei steigender Beschäftigung (Fixkostendegression) und steigen bei rückläufiger Beschäftigung.

Bei der Kalkulation des Angebotspreises strebt ein Unternehmen die volle Deckung der entstehenden Kosten und einen angemessenen Gewinn an. Akzeptiert der Markt diesen kalkulierten Preis nicht, werden unter Umständen die kalkulierten Kosten und der kalkulierte Gewinn nicht oder nur teilweise gedeckt (Kostenunterdeckung durch zu niedrigen Marktpreis). – Eine Kostenunterdeckung kann auch durch einen Beschäftigungsrückgang entstehen. Die tatsächlich entstehenden Stückkosten übersteigen in diesem Fall die kalkulierten Kosten, da die sinkende Beschäftigung zu einem anteilsmäßig höheren Fixkostenanteil je Stück führt. Soll eine volle Kostendeckung erreicht werden, müsste das Unternehmen den Verkaufspreis erhöhen. Das kann zu einer weiteren Verschlechterung der Absatzlage führen. Aus der Sicht der Vollkostenrechnung müsste ein Auftrag abgelehnt werden, bei dem nicht mindestens die Deckung der gesamten kalkulierten Kosten erfolgt. Dies kann – wie die Deckungsbeitragsrechnung zeigt – eine Fehlentscheidung sein.

11.1.2 Ein- und mehrstufige Deckungsbeitragsrechnung

Bei der **einstufigen Deckungsbeitragsrechnung** werden die gesamten fixen Kosten dem Deckungsbeitrag gegenübergestellt.

Bei der **mehrstufigen Deckungsbeitragsrechnung** werden die fixen Kosten gegliedert und stufenweise durch die Deckungsbeiträge gedeckt:

- **erzeugnisfixe Kosten** (z. B. Abschreibungen auf erzeugnisbezogene Anlagen, Kosten für Zolllager, Zeitlizenzen),
- **erzeugnisgruppenfixe Kosten** (z. B. fixe Kosten der Handelsware),
- **unternehmensfixe Kosten** (z. B. Verwaltungskosten).

Eine andere mögliche Gliederung: arbeitsplatzfixe, abteilungsfixe und unternehmensfixe Kosten

Die Deckungsbeitragsrechnung wird aufgestellt als:

- **Stückrechnung** (Beispiel 1),
- **Periodenrechnung**
  - Einproduktunternehmen (Beispiel 2)
  - Mehrproduktunternehmen (Beispiel 3).

Beispiel 1

Stückrechnung	**a) positiver DB**	**b) negativer DB**
Verkaufserlös je Stück	8,20 €	3,60 €
– variable Kosten je Stück	3,90 €	3,90 €
Deckungsbeitrag je Stück (Deckungsspanne)	+ 4,30 €	– 0,30 €

Das Beispiel a) zeigt, dass mit 4,30 € ein Beitrag zur Deckung der fixen Stückkosten und zum Erzielen eines eventuellen Gewinnes geleistet wird **(positiver Deckungsbeitrag*)**. Im Beispiel b) werden nicht einmal die variablen Stückkosten voll gedeckt. Dadurch wird auch kein Beitrag zur Deckung der fixen Kosten geleistet **(negativer Deckungsbeitrag)**.

Beispiel 2

Periodenrechnung – Einproduktunternehmen	
Verkaufserlös der Periode	950.000,00 €
– variable Kosten der Periode......................	610.000,00 €
Deckungsbeitrag der Periode	+ 340.000,00 €

Bei einer verkauften Produktion von 20 000 Stück ergibt sich ein Deckungsbeitrag von 17,00 € je Stück (340 000 : 20 000) in der Abrechnungsperiode.

Beispiel 3

Periodenrechnung Mehrprodukt-unternehmen				
Sorten	insgesamt	Erzeugnisse/Sorten A	B	C
Verkaufserlöse ...	910.000,00	310.000,00	80.000,00	520.000,00
– variable Kosten...	700.000,00	220.000,00	100.000,00	380.000,00
Deckungsbeitrag..	+210.000,00	+90.000,00	–20.000,00	+140.000,00

Das Unternehmen erzielt insgesamt einen Deckungsbeitrag von +210.000,00 €. Die Deckungsbeiträge der Sorten A (+90.000,00 €) und C (+140.000,00 €) tragen zur Deckung der fixen Kosten bei. Von der Sorte B wird ein negativer Deckungsbeitrag (–20.000,00 €) erwirtschaftet. Die Produktion dieser Sorte muss unter sortimentspolitischen Gesichtspunkten überdacht werden. (Vergleiche Kapitel „Programm- und Sortimentssteuerung", S. 280 ff.)

* Deckungsbeitrag = positiver Deckungsbeitrag

Beispiel 4 **Deckungsbeitragsrechnung und Betriebsergebnis**

Ein Unternehmen hat folgende Kosten und Erlöse:
Nettoverkaufserlöse 780.000,00 €; variable Kosten: Einzelkosten 380.000,00 €; variable Gemeinkosten 50.000,00 €, fixe Kosten 280.000,00 €.

a) Wie hoch ist der Deckungsbeitrag?
b) Wie hoch ist das Betriebsergebnis?

Lösung:

a)	Verkaufserlöse		780.000,00 €
–	variable Kosten		
	Einzelkosten	380.000,00 €	
	variable Gemeinkosten	50.000,00 €	430.000,00 €
b)	Deckungsbeitrag		350.000,00 €
–	fixe Kosten		280.000,00 €
	Betriebsergebnis/Gewinn		70.000,00 €

Die Erlöse übersteigen die variablen Kosten um 350.000,00 €. Dieser Betrag deckt die fixen Kosten in Höhe von 280.000,00 €. Der noch verbleibende Betrag von 70.000,00 € ist der Betriebsgewinn.

Übersteigen die Deckungsbeiträge aller Kostenträger die fixen Kosten des Betriebes, ist ein Gewinn erwirtschaftet.

Beispiel 5 **Stufenweise Fixkostendeckung**

Ergebnisrechnung	insgesamt	Erzeugnis A	Erzeugnis B	Erzeugnis C
Verkaufserlöse	740.000,00	140.000,00	290.000,00	310.000,00
– variable Kosten	410.000,00	80.000,00	150.000,00	180.000,00
Deckungsbeitrag I	330.000,00	60.000,00	140.000,00	130.000,00
– fixe Kosten der Erzeugnisse	190.000,00	20.000,00	90.000,00	80.000,00
Deckungsbeitrag II	140.000,00	40.000,00	50.000,00	50.000,00
– fixe Kosten d. Erzeugnisgruppen	30.000,00	30.000,00 (A+B)		
Deckungsbeitrag III	110.000,00	60.000,00 (A+B)		50.000,00
– fixe Kosten des Unternehmens	70.000,00			
Betriebsergebnis/Gewinn	40.000,00			

Die fixen Kosten werden in 3 Stufen gedeckt. Jede Stufe lässt erkennen, wie hoch der Beitrag der Erzeugnisse bzw. der Erzeugnisgruppen zur Deckung weiterer Fixkosten ist.

11.1.3 Übungen

1 Stellen Sie die Deckungsbeiträge je Stück fest.

	a)	b)	c)
Verkaufserlöse	1,10 €	6.217,50 €	4,99 €
variable Kosten	0,43 €	4.029,75 €	5,10 €

2 Ermitteln Sie den Periodendeckungsbeitrag und das Betriebsergebnis.

Verkaufserlöse variable Kosten	a) 6.450.000,00 3.010.000,00	b) 875.400,00 210.200,00	c) 98.350,00 49.810,00
DB fixe Kosten	? 3.110.000,00	? 470.700,00	? 54.140,00
Betriebsergebnis	?	?	?

3 Ein Unternehmen stellt für seine vier Erzeugnisse folgende Vollkosten- und Ergebnisrechnung auf:

Erzeugnisse	I	II	III	IV	insgesamt
variable Kosten	20.000,00	20.000,00	20.000,00	20.000,00	80.000,00
fixe Kosten	12.000,00	30.000,00	40.000,00	4.000,00	86.000,00
Vollkosten/Selbstk.	32.000,00	50.000,00	60.000,00	24.000,00	166.000,00
Verkaufserlöse	37.000,00	54.000,00	57.000,00	30.000,00	178.000,00
Gewinn/Verlust	+ 5.000,00	+ 4.000,00	– 3.000,00	+ 6.000,00	12.000,00

Stellen Sie die Kosten- und Ergebnisrechnung als DB-Rechnung auf.

4 Wie hoch sind die Gesamtdeckungsbeiträge der Artikel und das Betriebsergebnis in diesem Monat?

Artikel/€	A	B
Verkaufserlöse brutto	800.000,00	1.200.000,00
Erlösschmälerungen	50.000,00	30.000,00
Verkaufserlöse netto	?	?
variable Kosten Material	210.000,00	510.000,00
Löhne	190.000,00	290.000,00
sonst. Kosten	40.000,00	70.000,00
Deckungsbeiträge	?	?
Gesamtdeckungsbeitrag	?	
fixe Kosten	585.000,00	
Betriebserfolg	?	

5 Stellen Sie die Stufendeckungsbeitragsrechnung auf und ermitteln Sie das Betriebsergebnis.

	Abteilung A Artikel 1	Artikel 2	Abteilung B Artikel 3	insgesamt
Verkaufserlöse	800.000,00	300.000,00	500.000,00	?
Einzelkosten	300.000,00	100.000,00	200.000,00	?
DB I der Artikel	?	?	?	?
fixe Kosten der Artikel	200.000,00	100.000,00	160.000,00	?
DB II	?	?	?	?
fixe Kosten der Abteilung*	110.000,00		–*	?
DB III	?		?	?
fixe Kosten des Betriebes				250.000,00
Betriebsergebnis	?			

* Abteilung B ist identisch mit Artikel 3.

6 Stellen Sie für die Kettensäge 53e den Deckungsbeitrag fest.

Artikelgruppe 15: Kettensägen Untergruppe: 04		
1504 Kettensäge 53e (Elektromotor)	Bezugspreis Barverkaufspreis variable Kosten	75,00 € 129,00 € 12,50 €

7 Ermitteln Sie die Deckungsbeiträge und das Betriebsergebnis.

Kosten/Erlöse	insgesamt	Artikel		
		A	B	C
a) Fertigungsstoffe	60.000,00	30.000,00	20.000,00	10.000,00
Einzelkost. d. Fertigung	80.000,00	30.000,00	30.000,00	20.000,00
Gemeinkosten der Herst.	180.000,00			
Vw.- und VtGK	70.000,00			
Nettoverkaufserlöse	415.000,00	200.000,00	160.000,00	55.000,00
b) Fertigungsstoffe	400.000,00	120.000,00	90.000,00	190.000,00
Materialgemeinkosten	40.000,00			
Fertigungseinzelkosten	350.000,00	90.000,00	60.000,00	200.000,00
Fertigungsgemeinkosten	700.000,00			
Vw.- und VtGK	130.000,00			
Sondereinzelkosten d. V.	80.000,00	30.000,00	20.000,00	30.000,00
Nettoverkaufserlöse	1.640.000,00	410.000,00	500.000,00	730.000,00

11.2 Anwendung der Deckungsbeitragsrechnung

Die Deckungsbeitragsrechnung unterstützt die unternehmerischen Überlegungen bei der Entscheidung über

- die Annahme und Ablehnung von Aufträgen: **Beschäftigungssteuerung;**
- die Verkaufspreise und die Preispolitik: **Ermitteln der Preisuntergrenze;**
- die Produktions- und Absatzprogrammplanung, die Sortimentspolitik und die Erfolgskontrolle der Produkte (Gewinnoptimierung) unter Berücksichtigung von Kapazitätsengpässen: **Programm-/Sortimentssteuerung.**

Wesentliche Entscheidungskriterien sind der Auslastungsgrad der Kapazität des Betriebes mit der damit verbundenen Entwicklung der Kosten und der auf dem Markt erzielbare Preis.

11.2.1 Beschäftigungssteuerung

Die Deckungsbeitragsrechnung ist für die Geschäftsführung ein Instrument zur Steuerung der Beschäftigung. Sie dient der

- Bestimmung der **Nutzenschwelle (Gewinnschwelle, Break-even-Point, kritische Menge);**
- Entscheidung über **Annahme oder Ablehnung von Aufträgen,** z. B. Zusatzaufträge);
- Entscheidung über **Eigenfertigung oder Fremdbezug.**

11.2.1.1 Beschäftigung, Kosten- und Erlösentwicklung

Die Tabelle zeigt die Entwicklung von Kosten und Erlösen sowie Betriebsergebnis bei unterschiedlicher Auslastung der Kapazität des Betriebes und die Deckungsbeiträge.

Produktion in Stück	Gesamtkosten	Gesamtkosten		Stückkosten		
		fix	variabel	fix	variabel	insgesamt
0	**80.000,00**	**80.000,00**	–	–	–	–
1 000	140.000,00	80.000,00	60.000,00	80,00	60,00	140,00
2 000	200.000,00	80.000,00	120.000,00	40,00	60,00	100,00
3 000	260.000,00	80.000,00	180.000,00	26,67	60,00	86,67
4 000	**320.000,00**	**80.000,00**	**240.000,00**	**20,00**	**60,00**	**80,00**
5 000	380.000,00	80.000,00	300.000,00	16,00	60,00	76,00
6 000	440.000,00	80.000,00	360.000,00	13,33	60,00	73,33

Produktion in Stück	Erlöse		Betriebsergebnis	Deckungsbeitrag	
	Stück	insgesamt		Stück	insgesamt
0	–	–	**– 80.000,00**	–	–
1 000	80,00	80.000,00	– 60.000,00	20,00	20 000,00
2 000	80,00	160.000,00	– 40.000,00	20,00	40 000,00
3 000	80,00	240.000,00	– 20.000,00	20,00	60 000,00
4 000	**80,00**	**320.000,00**	**+/– NS 0,00**	**20,00**	**80 000,00**
5 000	80,00	400.000,00	+ 20.000,00	20,00	100 000,00
6 000	80,00	480.000,00	+ 40.000,00	20,00	120 000,00

Auch wenn nicht produziert wird (Produktion Null), entstehen die fixen Kosten in Höhe von 80.000,00 €. Die Erlöse je Stück (80,00 €) und die variablen Stückkosten (60,00 €) bleiben bei steigender Produktion gleich, während die fixen Stückkosten sinken (Fixkostendegression). Der Deckungsbeitrag je Stück beträgt 20,00 € (80,00 € – 60,00 €). Die Nutzenschwelle liegt bei 4 000 Stück. Hier entspricht die Summe der Deckungsbeiträge je Stück den gesamten Kosten, d. h., dass die Erlöse die gesamten Kosten decken. Das Betriebsergebnis ist 0,00 €. Steigt die Ausbringungsmenge über 4 000 Stück, erwirtschaftet das Unternehmen Gewinn. Die Kapazitätsgrenze liegt bei 6 000 Stück.

Grafisch ergibt sich folgendes Bild:

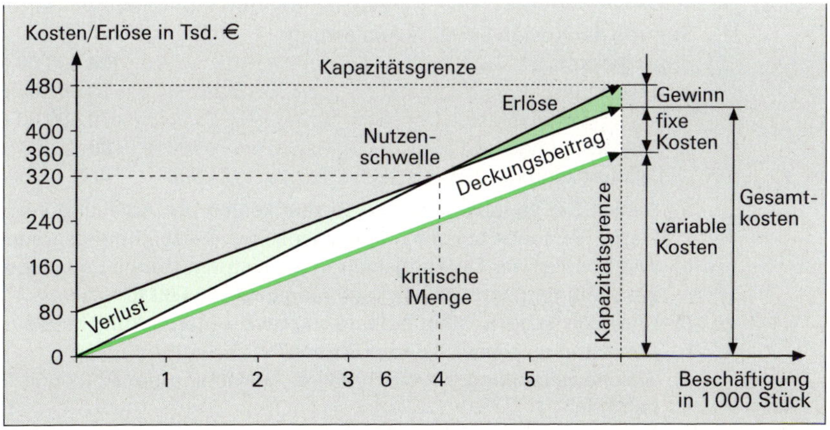

Auswertung der Grafik: Am Schnittpunkt der Gesamtkosten- mit der Erlösfunktion liegt die **Nutzenschwelle** des Betriebes **(Gewinnschwelle, Break-even-Point)**. Bei dieser Beschäftigung **(kritische Menge)** werden die Gesamtkosten (variable und fixe Kosten) von den Erlösen gedeckt; es entstehen weder Gewinn noch Verlust. Der Gewinn erhöht sich mit zunehmender Beschäftigung bis zur **Kapazitätsgrenze.** Das Schema lässt erkennen, dass bei Unterbeschäftigung (bis zur Nutzenschwelle) **jeder zusätzliche Auftrag** mit einem Preis über den variablen Kosten des Auftrages zur Deckung der fixen Kosten beiträgt. Der Erfolg wird positiv beeinflusst. – Aufgabe der Unternehmensleitung ist es, Produktion und Verkaufserlöse über die Nutzenschwelle zu steigern bzw. dort zu halten. Gelingt das nicht, drohen dem Unternehmen Verluste und Illiquidität.

Beispiel

Beschäftigungssteigerung und Kostenentwicklung

Ein Betrieb hat folgende Kostenstruktur: Fix 2.500.000,00 €, variabel 2.000.000,00 € bei einer Ausbringung von 50 000 kg. Der Verkaufspreis beträgt 87,00 € je kg.

a) Stellen Sie fixe, variable und Gesamtkosten für 50 000 und 55 000 kg fest.
b) Berechnen Sie die DB insgesamt und je kg für beide Beschäftigungslagen und das Betriebsergebnis fest.

Lösung

a)

Produktion	bei 50 000 kg insgesamt	je kg	bei 55 000 kg insgesamt	je kg
fixe Kosten	2.500.000,00	50,00	2.500.000,00	45,45
variable Kosten	2.000.000,00	40,00	2.200.000,00	40,00
Gesamtkosten	4.500.000,00	90,00	4.700.000,00	85,45

b)

Produktion	bei 50 000 kg insgesamt	je kg	bei 55 000 kg insgesamt	je kg
Verkaufserlöse	4.350.000,00	87,00	4.785.000,00	87,00
variable Kosten	2.000.000,00	40,00	2.200.000,00	40,00
DB	2.350.000,00	47,00	2.585.000,00	47,00
fixe Kosten	2.500.000,00	50,00	2.500.000,00	45,45
Betriebsergebnis	– 150.000,00	– 3,00	+ 85.000,00	+ 1,55

1 Erläutern Sie anhand der Lösung des Beispiels die Kosten- und Erlösentwicklung bei Steigerung der Beschäftigung von 50 000 kg auf 55 000 kg (Beispiel).

2 Die Kostenanalyse eines Industriebetriebes zeigt folgende Daten:

Summe der Kosten bei 80 % Auslastung:

insgesamt		104.400,00 €	
davon fix		33.900,00 €	
variabel		70.500,00 €	
Beschäftigungsgrad	100 %	80 %	50 %
Leistungsstunden	500	400	250

a) Stellen Sie variable, fixe und Gesamtkosten der Abteilung insgesamt und je Leistungsstunde bei den unterschiedlichen Beschäftigungsgraden fest.
b) Wie hoch ist der Deckungsbeitrag je Leistungsstunde und insgesamt bei den Beschäftigungsgraden? Verrechnungspreis 261,00 €.
c) Wie hoch ist die Kostenüberdeckung bzw. -unterdeckung bei 50- und 100%-iger Auslastung insgesamt und je Stunde?
d) Welche Bedeutung hat die 100%ige Auslastung der Abteilung für das Unternehmen?

11.2.1.2 Kritische Produktionsmenge/Nutzenschwelle/ Break-even-Point

Die Produktionsmenge, bei der die Nutzenschwelle erreicht wird, ist die **kritische Menge.** An der Nutzenschwelle gilt:

Gesamterlös (Stückzahl · Stückpreis) **= Gesamtkosten**

Ziel der Unternehmensleitung ist es, diese Menge zu erreichen und zu übersteigen. Die kritische Produktionsmenge kann mithilfe des Deckungsbeitrages je Stück und der gesamten Fixkosten ermittelt werden.

Beispiel **Feststellung der kritischen Produktionsmenge** (Nutzenschwelle) **mit Deckungsbeiträgen**

Ein Betrieb, der Fertiggaragen herstellt, hat folgende Kosten und Preise: Verkaufspreis 22.400,00 €; variable Kosten je Garage 15.200,00 €, fixe Kosten des Betriebes 17.280.000,00 €. Bei welcher Jahresproduktionsmenge erreicht der Betrieb die Gewinnschwelle?

Lösung

Verkaufspreis je Garage	22.400,00 €
variable Kosten je Garage	15.200,00 €
Deckungsbeitrag je Garage	7.200,00 €

kritische Stückzahl ≙ Nutzenschwelle/Break-even-Point

$$\textbf{kritische Menge/Nutzenschwelle} = \frac{\textbf{fixe Kosten}}{\textbf{Deckungsbeitrag je St.}} = \frac{17.280.000,00}{7.200} = \underline{\underline{2\,400 \text{ St.}}}$$

Für das Unternehmen bedeutet das, dass Produktion und Absatz über 2 400 Stück zu steuern sind, um in die Gewinnzone zu gelangen.

1 Stellen Sie die kritische Stückzahl (Nutzenschwelle) fest.

	Verkaufspreis je Stück	variable Kosten je Stück	fixe Kosten
a)	55,00 €	25,00 €	600.000,00 €
b)	3.800,00 €	1.800,00 €	7.800.000,00 €
c)	2,80 €	1,30 €	1.875.000,00 €

2 Einem Unternehmen ist es nicht möglich, durch Betriebserweiterung die Produktion entsprechend der Nachfrage zu steigern. Es besteht nur die Möglichkeit, auf automatische Fertigung umzustellen, um eine höhere Produktion zu erreichen. Bevor eine Entscheidung getroffen wird, ist festzustellen, wie viel Stück hergestellt werden müssen, um die Gesamtkosten zu decken.

Kosten/Erlöse	maschinelle Fertigung	automatische Fertigung
Fixkosten	640.000,00 €	1.200.000,00 €
Gesamtkosten 100 000 Stück	1.840.000,00 €	2.200.000,00 €
Stückerlös	18,50 €	18,50 €

a) Bei welcher Stückzahl liegt die kritische Menge bei maschineller Fertigung?

b) Um wie viel Stück müsste bei automatischer Fertigung die Produktion gesteigert werden, wenn die höheren fixen Kosten gedeckt werden sollen?

11.2.1.3 Zusatzauftrag

Stehen dem Betrieb freie Kapazitäten zur Verfügung, ist zu prüfen, ob durch einen attraktiven Angebotspreis Zusatzaufträge zu gewinnen sind, auch wenn die Selbstkosten nicht gedeckt werden. Wesentlich ist ein Beitrag zur zusätzlichen Deckung fixer Kosten.

Beispiel **Zusatzauftrag**

Ein Betrieb produziert bei Unterbeschäftigung 5 000 Stück zu 400.000,00 € Gesamtkosten. Mit einem Zusatzauftrag von 500 Stück erhöhen sich die Gesamtkosten auf 430.000,00 €.

a) Wie hoch sind die variablen Kosten insgesamt und je Stück für diesen Auftrag?
b) Wie hoch ist der erzielte Deckungsbeitrag je Stück und insgesamt bei diesem Auftrag? Preisvorstellung des Kunden 65,00 € je Stück.
c) Wie hoch sind die Selbstkosten je Stück bei einer Produktion von 5 000 und 5 500 Stück?
d) Worauf ist die Veränderung der Stückkosten zurückzuführen?
e) Prüfen Sie, ob der Zusatzauftrag angenommen oder abgelehnt werden soll. Begründen Sie Ihre Entscheidung.

Lösung

a) variable Zusatzkosten insgesamt 30.000,00 €
variable Zusatzkosten je Stück 60,00 € (30.000,00 € : 500 St.)
b) DB je Stück .... 5,00 € (65,00 € – 60,00 €)
DB insgesamt .... 2.500,00 € (5,00 € · 500 Stück)
c) Selbstkosten bei 5 000 Stück 80,00 € je Stück (400.000,00 € : 5 000 Stück)
Selbstkosten bei 5 500 Stück 78,18 € je Stück (430.000,00 € : 5 500 Stück)
d) Kostensenkung durch Fixkostendegression (bei gleich bleibenden variablen Stückkosten).
e) Der Zusatzauftrag wird angenommen, weil durch den DB (2.500,00 €) weitere fixe Kosten gedeckt werden bzw. der Gewinn sich erhöht.

1 Entscheiden und begründen Sie die Annahme oder Ablehnung der Zusatzaufträge.

	a)	b)
Produktion	25 000 t	8 000 m³
Gesamtkosten	3.750.000,00 €	240.000,00 €
Zusatzauftrag	5 000 t	1 200 m³
Gesamtkosten	3.950.000,00 €	270.000,00 €
Marktpreis	75,00 €/t	22,50 €/m³

2 Um den Auftrag zu erhalten, müsste der Angebotspreis auf 2.100,00 € gesenkt werden.

a) Wie hoch ist der Gewinn bzw. Verlust dieses Auftrages bei Vollkostenkalkulation? Materialverbrauch 625,00 €, MGK 10 %, Fertigungslöhne 830,00 €, FGK 150 %, Verwaltungs- und Vertriebsgemeinkosten 20 %.
b) Wie hoch ist der Deckungsbeitrag dieses Auftrages? Materialverbrauch 625,00 €, Fertigungslöhne 830,00 €; Zuschlagssatz für sonstige variable Kosten auf Material und Lohn 20 %.

Begründen Sie die Entscheidung, ob dieser Auftrag angenommen oder abgelehnt wird.

3 Ein Betrieb für Stahlkonstruktionen hat zurzeit folgende Kosten- und Ergebnisrechnung:

variable Kosten	210.000,00	Nettoerlöse	315.000,00
fixe Kosten	120.000,00	Monatsleistung zz.	300 t

In Verkaufsverhandlungen nennt ein Kunde einen Preis von 1.020,00 € je t, zu dem er bereit ist einen Vertrag über die Lieferung von 20 t abzuschließen (Zusatzauftrag).

a) Stellen Sie die Kosten- und Ergebnisrechnung auf der Grundlage der Vollkosten und der Deckungsbeitragsrechnung insgesamt und je t bei einer Produktion von 300 t im Monat auf.

b) Stellen Sie die Kosten- und Ergebnisrechnung auf der Grundlage der Vollkosten- und Deckungsbeitragsrechnung insgesamt und je t bei Berücksichtigung des zusätzlichen Auftrages über 20 t auf.

c) Stellen Sie den Deckungsbeitrag des zusätzlichen Auftrages fest.

d) Wie wird die Betriebsleitung entscheiden? (Begründung)

4 Die bisherigen Verhandlungen mit einem Baumarkt führen zur Senkung unseres Preises von 200,00 € je Stück:

bei Lieferung von 2 000 Stück auf 175,00 € je Stück
bei Lieferung von 4 000 Stück auf 130,00 € je Stück
bei Lieferung von 5 000 Stück auf 80,00 € je Stück

An Kosten ergeben sich:

Produktion	Gesamtkosten
20 000 Stück	3.600.000,00 € jetzige Situation
22 000 Stück	3.760.000,00 €
23 000 Stück	3.840.000,00 €
25 000 Stück	4.000.000,00 €

Erstellen Sie für die weiteren Verhandlungen mit dem Baumarkt die Unterlagen für die Entscheidung:

a) Übersicht für die möglichen Zusatzaufträge von 2 000, 3 000 und 5 000 Stück mit Deckungsbeiträgen je Stück und insgesamt.

b) Ermitteln Sie das Betriebsergebnis bei der Produktion von 20 000 Stück und 200,00 € je Stück Verkaufspreis.
Stellen Sie die möglichen Betriebsergebnisse bei einer Produktion von 22 000, 23 000 und 25 000 Stück unter Berücksichtigung der Deckungsbeiträge der einzelnen Zusatzaufträge fest.

c) Wie wird die Geschäftsleitung entscheiden? Begründen Sie die Entscheidung.

d) Welche Erkenntnisse ergeben sich aus dem Stückkostenvergleich bei den Produktionen von 20 000 und 22 000 Stück und dem auf 175,00 € herabgesetzten Preis für die Zusatzproduktion?

11.2.1.4 Fremdbezug oder Eigenfertigung

Bei **Unterbeschäftigung** ergibt sich die Frage, ob der Bezug von Erzeugnissen vom Lieferanten durch eigene Fertigung ersetzt werden kann, wenn die technischen Voraussetzungen im eigenen Betrieb gegeben sind.

Bei Entscheidung dieser Frage mithilfe der Deckungsbeitragsrechnung wird **als fiktiver Erlös der Angebotspreis für den Fremdbezug** eingesetzt.

Beispiel **Fremdbezug oder Eigenfertigung**

Ein Hersteller von Gartengerätehäusern, dessen Produktionskapazität nicht ausgelastet ist, prüft die Eigenfertigung eines Typs in Aluminium. Eine Metallwarenfabrik bietet den vergleichbaren Typ Alustar 8 zu 800,00 € frei Empfänger an.

Der Betrieb kalkuliert:			
	MGK	10 %, davon	2 % variabel
	FGK	160 %, davon	120 % variabel
	Vw/VtGK	40 %, davon	10 % variabel

Kosten: Material und fertige Einzelteile 300,00 €, Fertigungslöhne 150,00 €. Beim Fremdbezug sind 10 % eigene Vw/VtGK (variabel) zu berücksichtigen.

a) Stellen Sie die Kalkulation mit Vollkosten und variablen Kosten auf.

b) Ermitteln Sie den Deckungsbeitrag je Stück bei einer Eigenfertigung von 50 Stück je Monat.

c) Begründen Sie eine mögliche Eigenfertigung.

Lösung a) Kalkulation Vollkostenvariable

				Kosten
MEK		300,00 €		300,00 €
MGK	10 %	30,00 €	2 %	6,00 €
MK		330,00 €		306,00 €
FL		150,00 €		150,00 €
FGK	160 %	240,00 €	120 %	180,00 €
HK		720,00 €		636,00 €
Vw/VtGK	40 %	288,00 €	10 %	63,60 €
Selbstkosten		1.008,00 €		699,60 €

b)

Bezugspreis		800,00 €
variable Vw/VtGK	10 %	80,00 €
Selbstkosten/Fremdbezug		880,00 €
Eigenfertigung zu var. Kosten		699,60 €
DB Stück		180,40 €
DB 50 Stück		9.020,00 €

c) Die Eigenfertigung steigert den Beschäftigungsgrad und trägt damit zur Deckung der fixen Kosten bei (9.020,00 €).
Bei freier Produktionskapazität (Unterbeschäftigung) wird der Betrieb die Eigenfertigung aufnehmen.

1 a) Stellen Sie die Vergleichskalkulation für Fremdbezug und Eigenfertigung auf und stellen Sie die DB fest.

b) Begründen Sie die Kostenabweichung und die (mögliche) Entscheidung des Betriebes.

	a)	b)	c)
Fremdbezug/Angebotspreis	210,00 €	33,40 €	8,10 €
Eigenfertigung			
Einzelkosten	110,00 €	12,00 €	5,00 €
variable GK	50 %	110 %	80 %

2 Für die allgemeine Kostenstelle „Instandsetzung" ergaben sich im letzten Monat folgende Kosten: 880 Arbeitsstunden zu 26,50 € je Stunde. Aus dem BAB ergibt sich ein Gemeinkostenanteil von 44.872,00 €. Die Abteilung ist zurzeit unterbeschäftigt, wird aber aus Sicherheitsgründen und wegen der Arbeitsmarktlage nicht verkleinert.

a) Wie hoch sind die innerbetrieblichen Verrechnungspreise für eine Reparaturstunde,

1. wenn aufgrund der möglichen Nutzungsstunden kalkuliert wird,
2. wenn im letzten Monat nur 515 Reparaturstunden geleistet wurden und die Gesamtkosten verrechnet werden?

Es soll von der Betriebsleitung entschieden werden, ob eine Feuersicherungstür bezogen oder wegen Unterbeschäftigung der Abteilung selbst hergestellt werden soll. Der Angebotspreis frei Haus beträgt 3.550,00 €.

b) Wie hoch sind die Herstellungskosten bei Eigenfertigung? Material 632,50 €; 68,5 Arbeitsstunden zum Stundensatz des Vormonats.

c) Wie hoch sind die Herstellungskosten, wenn nur die Einzelkosten berücksichtigt werden?

d) Wie hoch ist der Deckungsbeitrag bei c)? (Der Bezugspreis der Tür wird als Nettoerlös angesetzt.)

e) Wie wird die Betriebsleitung entscheiden? (Begründung)

11.2.2 Preisbildung/Preisuntergrenze

Eine wichtige Aufgabe der Deckungsbeitragsrechnung liegt in der Unterstützung der Preispolitik. Mithilfe der Deckungsbeitragsrechnung ist es möglich, Preisuntergrenzen für betriebliche Leistungen festzustellen. Zwischen Preisuntergrenze und Marktpreis besteht ein Spielraum für Preisentscheidungen des Unternehmens.

Preisuntergrenzen werden bestimmt durch

- die variablen Kosten,
- die Ausgabewirksamkeit der Kosten nach Zahlungsterminen.

Nach Feststellung der Preisuntergrenze können z. B. Einführungspreise, Sonderangebote und Kampfpreise bestimmt und Preisverhandlungen sicherer geführt werden. Langfristig müssen jedoch die Gesamtkosten durch die Verkaufserlöse gedeckt werden.

11.2.2.1 Variable Kosten als Preisuntergrenze

Bei Einprodukt- und Sortimentsunternehmen werden die variablen Kosten als Preisuntergrenze mit dem erzielbaren Preis verglichen und der Deckungsbeitrag festgestellt:

Einzelkosten + variable Gemeinkosten variable Gesamtkosten **variable Stückkosten = Preisuntergrenze**	Verkaufserlös – variable Kosten Deckungsbeitrag

Die variablen Gemeinkosten werden den Einzelkosten zugerechnet (Zuschlagssatz in Prozent).

Beispiel **Auftragskalkulation mit variablen Kosten/Preisuntergrenze**

Für Preisverhandlungen über einen Auftrag werden die variablen Kosten je Stück kalkuliert:

Materialverbrauch	80,00 €	SEK der Fertigung	15,00 €
MGK variabel	3 %	VwGK variabel	10 %
Fertigungslohn	100,00 €	VtGK variabel	5 %
FGK variabel	90 %	SEK des Vt	14,00 €

a) Bestimmen Sie die Preisuntergrenze.

b) Bestimmen Sie die Deckungsbeiträge bei einem Auftragsvolumen von 500 Stück. Verkaufspreis 430,00 €/Stück.

c) Bestimmen Sie die Deckungsbeiträge bei einem Auftragsvolumen von 1 000 Stück und einem Verkaufspreis von 410,00 € je Stück.

d) Bestimmen Sie die Deckungsbeiträge bei einem Auftrag von 2 000 Stück und einem Verkaufspreis von 325,00 €.

e) Entscheiden Sie über die mögliche Annahme der drei Aufträge.

Lösung **zu a)**

Materialverbrauch	80,00 €	
MGK variabel 3 %	2,40 €	82,40 €
Fertigungslohn	100,00 €	
FGK variabel 90 %	90,00 €	
Sondereinzelkosten	15,00 €	205,00 €
Herstellungskosten variabel		287,40 €
VwGK variabel 10 %		28,74 €
VtGK variabel 5 %		14,37 €
SEK des Vertriebs		14,00 €
Selbstkosten variabel/Preisuntergrenze		344,51 €

Bei einem Verkaufserlös von 344,51 €/Stück werden die variablen Kosten gedeckt. Höhere Verkaufserlöse tragen zur Deckung der fixen Kosten bei. Aus markt- und beschäftigungspolitischen Gründen kann der Angebotspreis bis zu den variablen Kosten gesenkt werden.

zu b)

Verkaufserlös für 500 Stück zu je 430,00 €	215.000,00 €
Selbstkosten variabel 500 Stück	172.255,00 €
DB des Auftrages insgesamt	42.745,00 €
je Stück	85,49 €

zu c)

Verkaufserlös für 1 000 Stück zu je 410,00 €	410.000,00 €
Selbstkosten variabel 1 000 Stück	344.510,00 €
DB des Auftrages insgesamt	65.490,00 €
je Stück	65,49 €

zu d)

Verkaufserlös für 2 000 Stück zu je 325,00 €	650.000,00 €
Selbstkosten variabel 2 000 Stück je 344,51 €	689.020,00 €
DB des Auftrages insgesamt	– 39.020,00 €
je Stück	– 19,51 €

zu e)

Entscheidungen: Die Aufträge b) und c) werden wegen der hohen DB angenommen. Obwohl der Preis von c) niedriger als bei b) ist, wird durch die größere Stückzahl ein höherer Gesamtdeckungsbeitrag erzielt. – Auftrag d) wird nicht angenommen, weil die Preisuntergrenze um 19,51 € je Stück unterschritten wird (negativer DB).

1 Ein Unternehmen produziert bei

800.000,00 € Gesamtkosten	20 000 Stück,
860.000,00 € Gesamtkosten	22 000 Stück.

a) Bis zu welcher Preisuntergrenze können die zusätzlichen 2 000 Stück angeboten werden (je Stück)?
b) Wie viel Euro betragen die fixen Kosten insgesamt und je Stück bei beiden Produktionsmengen?
c) Wie hoch ist der Stück-Deckungsbeitrag? Verkaufserlös je Stück 50,00 €.
d) Bestimmen Sie die Nutzenschwelle.
e) Bei welcher Stückzahl wird die Nutzenschwelle erreicht, wenn der Verkaufspreis auf 45,00 € herabgesetzt wird?

2 Ein Handwerksbetrieb hat folgende Kosten- und Leistungsstruktur (ohne Materialkosten):

Gesamtkosten:	1.850.000,00	Fertigungsstunden:	24 100
davon fixe	1.220.000,00		
variable	630.000,00		

a) Wie hoch ist der Gesamtstundenverrechnungssatz?
b) Wie hoch ist der Fixkosten-Stundenverrechnungssatz?
c) Wie hoch ist der Mindest-Stundenverrechnungssatz?

3 Stellen Sie die Preisuntergrenze je Stück fest und entscheiden Sie über die Annahme der Aufträge.

variable Kosten	a)	b)	c)
Material	5,00 €	20,00 €	300,00 €
MGK variabel	2 %	3 %	1 %
Fertigungslohn	15,50 €	18,00 €	400,00 €
FGK variabel	100 %	110 %	150 %
SEK der Fertigung	0,50 €	—	100,00 €
VwGK variabel	20 %	20 %	15 %
VtGK variabel	10 %	—	8 %
SEK des Vertriebs	5 %	8,00 €	90,00 €
Auftragsgröße	20 000 St.	16 500 St.	800 St.
Verkaufserlös	1.200.000,00 €	1.188.000,00 €	1.520.000,00 €

4 Ein Unternehmen stellt Verkaufsfahrzeuge her. Das Chassis (Fahrgestell) wird vom Kunden direkt beim Automobilwerk bestellt; der Aufbau wird vom Unternehmen geliefert. Es werden 3 Typen angeboten.

Für den Typ A ergibt sich folgendes Kostenbild bei 15 Stück Losgröße:

Kosten	Gesamtkosten	Fixkosten	variable Kosten
Einzelmaterialkosten	650.000,00 €	—	650.000,00 €
MGK-Zuschlagssatz	10 %	7 %	3 %
MGK-Zuschlag	?	?	?
Materialkosten			
verrechnete Stunden	1 600		
Stundensatz	115,00 €	80,00 €	35,00 €
verrechnete Kosten	?	?	?
verrechnete Kosten v. anderen Kostenstellen	390.000,00 €	200.000,00 €	190.000,00 €
Fertigungskosten	?	?	?
Herstellkosten	?	?	?
VwGK-Zuschlagssatz	12 %	10 %	2 %
VwGK-Zuschlag	?	?	?
VtGK-Zuschlagssatz	8 %	6 %	2 %
VtGK-Zuschlag	?	?	?
Selbstkosten	?	?	?
Produktion Stück	15		
Stückkosten	?	?	?

a) Stellen Sie die Selbstkosten als Gesamtkosten, Fixkosten und variable Kosten fest.

b) Wie viel Euro beträgt die Preisuntergrenze je Stück?

c) Wie viel Euro beträgt der Stück-Deckungsbeitrag bei einem Verkaufserlös von 90.000,00 €? (Einführungsangebot)

11.2.2.2 Kosten nach Ausgabewirksamkeit als Preisuntergrenze – Exkurs*

Beim Bestimmen **kurzfristiger Preisuntergrenzen** ist die Aufrechterhaltung der **Liquidität** des Unternehmens zu beachten. Am dringlichsten sind die Kosten über den Verkaufserlös zu decken, die in Kürze zu Ausgaben führen. Dazu gehören z. B. Ausgaben für Personal, Energie, Telefon, Transport, Leasing. Durch die Deckung dieser **ausgabenwirksamen (Teil-)Kosten** wird die Zahlungsfähigkeit des Betriebes auf kurze Zeit gesichert **(Liquiditätsforderung)**. Dagegen führen z. B. Abschreibungen erst bei der Ersatzbeschaffung zu Ausgaben. Deswegen kann auf die Einbeziehung dieser Kosten zeitweilig verzichtet werden. Das gilt auch für kalkulatorische Kosten, wie Verzinsung des Eigenkapitals und Teile des Unternehmerlohns.

Beispiel **DB nach Ausgabewirksamkeit der Kosten**

Ein Unternehmen gliedert die Gemeinkosten der letzten Rechnungsperiode nach Fälligkeit in Ausgabenwirksamkeit auf kurze, mittlere und lange Sicht. Um für künftige Aufträge die Preisuntergrenze festzustellen, werden für die Kostengruppen Zuschlagssätze ermittelt. Bezugsgröße (100 %) sind die Einzelkosten.

a) Errechnen der Zuschlagssätze.
b) Feststellung der Preisuntergrenzen.

Lösung **zu a)**

Kosten der Rechnungsperiode		**Zuschlagssätze**
Einzelkosten	200.000,00 €	= 100 %
GK in Kürze Ausgaben	300.000,00 €	= 150 %
Preisuntergrenze I	500.000,00 €	
GK auf mittlere Sicht Ausgaben	70.000,00 €	= 35 %
Preisuntergrenze II	570.000,00 €	
GK auf lange Sicht Ausgaben	100.000,00 €	= 50 %
Preisuntergrenze III (Selbstkosten)	670.000,00 €	

zu b)

Einzelkosten 820,00 €, erzielbarer Preis 2.250,00 €

Einzelkosten	820,00 €
GK Ausgaben in Kürze 150 %	1.230,00 €
Preisuntergrenze I	2.050,00 €
GK Ausgaben auf mittlere Sicht 35 %	287,00 €
Preisuntergrenze II	2.337,00 €
GK Ausgaben auf lange Sicht 50 %	410,00 €
Preisuntergrenze III (Selbstkosten)	2.747,00 €

Bei einem Marktpreis von 2.250,00 € würden neben den Einzelkosten die GK-Ausgaben auf kurze Sicht und ein Teil der GK-Ausgaben auf mittlere Sicht gedeckt sein. Bei einer Annahme des Auftrages verschafft sich das Unternehmen kurzfristig liquide Mittel. Voraussetzung: Sofortzahlung.

* Bei diesen DB handelt es sich **nicht** um Beiträge zur Deckung fixer Kosten, sondern um Beiträge zur Deckung ausgabenwirksamer Kosten.

11.2.3 Programmsteuerung/Sortimentssteuerung

Die Deckungsbeitragsrechnung eignet sich für die Produktions- und Absatzprogrammplanung und -steuerung und für die Sortimentsgestaltung. Mit ihrer Hilfe wird untersucht, welche Erzeugnisse angeboten und welche Produkte gefördert bzw. aufgegeben werden sollen, um Kostendeckung und den höchstmöglichen Gewinn zu erzielen.

11.2.3.1 Programm- und Sortimentssteuerung mit absoluten Deckungsbeiträgen

Solange die **Fertigungskapazität** des Betriebes ausreicht, können grundsätzlich alle Erzeugnisse, die absetzbar sind, produziert werden. Die Entscheidung über die Aufnahme eines Produkts in das Sortiment lässt sich mit Unterstützung der **absoluten Deckungsbeiträge** fällen.

Der **absolute Deckungsbeitrag** ist der Überschuss der Erlöse über die variablen Kosten einer Rechnungsperiode, mit dem ein Erzeugnis bzw. eine Erzeugnisgruppe, eine Abteilung bzw. eine Kostenstelle oder der gesamte Betrieb zur Deckung der fixen Kosten beiträgt.

Beispiel 1 **Deckungsbeiträge und Betriebsergebnis**

Ein Industriebetrieb prüft bei freier Fertigungskapazität die Aufnahme von 3 Erzeugnissen in das Produktionsprogramm.

Eine Kosten- und Marktanalyse ergibt folgende Entscheidungsdaten:

Erzeugnis	Absatzmenge in Stück	Verkaufspreis je Stück	Variable Kosten je Stück
A	8 000	21,00 €	16,00 €
B	7 500	25,00 €	28,50 €
C	6 000	30,00 €	24,00 €

Die fixen Kosten betragen 45.000,00 €.

a) Stellen Sie die Deckungsbeiträge je Stück der 3 Erzeugnisse fest.
b) Ermitteln Sie mithilfe der Deckungsbeitragsrechnung das Betriebsergebnis:
   1. bei Aufnahme der 3 Erzeugnisse in das Produktionsprogramm,
   2. bei Aufnahme der Erzeugnisse mit positiven Deckungsbeiträgen in das Produktionsprogramm.
c) Schlagen Sie vor, welche Entscheidung die Geschäftsleitung treffen sollte.

Lösung a) **Feststellen der Deckungsbeiträge je Stück**

Erzeugnis	A	B	C
Verkaufserlös	21,00 €	25,00 €	30,00 €
– variable Kosten	16,00 €	28,50 €	24,00 €
DB	5,00 €	– 3,50 €	+ 6,00 €

Die Deckungsbeiträge der Erzeugnisse A (+ 5,00 €) und C (+ 6,00 €) sind positiv, Erzeugnis B hat einen negativen Deckungsbeitrag (–3,50 €).

b) 1. Ermitteln des Betriebsergebnisses bei 3 Produkten

Erzeugnis	A	B	C	insgesamt
Verkaufserlöse – variable Kosten	168.000,00 128.000,00	187.500,00 213.750,00	180.000,00 144.000,00	535.500,00 485.750,00
Deckungsbeitrag – fixe Kosten	+ 40.000,00	– 26.250,00	+ 36.000,00	+ 49.750,00 45.000,00
Betriebsergebnis/ Gewinn				+ 4.750,00

Die Deckungsbeiträge der einzelnen Erzeugnisse und das Betriebsergebnis lassen sich auch mit den Deckungsbeiträgen je Stück (vgl. a) errechnen:

Erzeugnis	Absatz in Stück	DB Stück	DB insgesamt
A	8 000	+ 5,00 €	+ 40.000,00 €
B	7 500	– 3,50 €	– 26.250,00 €
C	6 000	+ 6,00 €	+ 36.000,00 €
Deckungsbeitr. insges. – fixe Kosten			+ 49.750,00 € 45.000,00 €
Betriebsergebn./Gew.			+ 4.750,00 €

2. Ermitteln des Betriebsergebnisses für die Erzeugnisse mit positivem Deckungsbeitrag

Erzeugnis	Absatz in Stück	DB Stück	DB insgesamt
A	8 000	+ 5,00 €	+ 40.000,00 €
C	6 000	+ 6,00 €	+ 36.000,00 €
Deckungsbeitr. insges. – fixe Kosten			+ 76.000,00 € 45.000,00 €
Betriebsergebn./Gew.			+ 31.000,00 €

c) Entscheidung

Die Geschäftsleitung wird nur die Erzeugnisse mit positivem DB (A und C) in das Sortiment aufnehmen. Der Deckungsbeitrag insgesamt steigt dann von 49.750,00 € auf 76.000,00 € und der Betriebsgewinn von 4.750,00 € auf 31.000,00 €. Das Erzeugnis B wird **nicht** produziert, da für jedes Stück eine Unterdeckung der variablen Kosten von 3,50 € entstehen würde. B leistet **keinen** Beitrag zur Deckung der fixen Kosten. Bei einer Aufnahme in das Produktions- und Absatzprogramm würde sich der Betriebsgewinn um 26.250,00 € verringern.

*Grundsätzlich ist ein positiver Deckungsbeitrag Voraussetzung für die Aufnahme eines Erzeugnisses in das Produktions- und Absatzprogramm.**

* Eventuell können dennoch sortimentspolitische Überlegungen zu einer Aufnahme des „Verlustbringers" B in das Produktionsprogramm führen, wenn das Unternehmen seinen Kunden z. B. ein vollständiges Sortiment anbieten will, wenn ein Sinken der variablen Kosten erwartet oder mit einer Erhöhung der Marktpreise gerechnet wird.

Beispiel 2 Rangfolge nach Deckungsbeiträgen

Die durch die Nichtaufnahme des Erzeugnisses B (Beispiel 1) in das Sortiment frei gebliebene Kapazität soll durch die Erzeugnisse A oder C, für die weitere Absatzmöglichkeiten bestehen, genutzt werden. Der Betrieb prüft, welche Fertigung wirtschaftlicher ist. Dazu wird mit den Zahlen der Deckungsbeitragsrechnung eine Rangfolge errechnet. – Das Ergebnis ist an einer angenommenen Umsatzsteigerung von 50.000,00 € je Erzeugnis zu überprüfen.

Lösung Zur Bestimmung der Rangfolge wird der Prozentsatz der Deckungsbeiträge der Erzeugnisse an ihren Verkaufserlösen (= 100 %) berechnet.

Erzeugnis	A	C
Verkaufserlös in € je Stück	21,00	30,00
Deckungsbeitrag	5,00	6,00
Prozentsatz der Deckungsbeiträge vom Verkaufserlös	24 (aufgerundet)	20
Förderungsrangfolge	1	2

Überprüfen des Ergebnisses:

Erzeugnis A:

24 % von 50.000,00 € Umsatzzuwachs = Deckungsbeitrag 12.000,00 €

Erzeugnis C:

20 % von 50.000,00 € Umsatzzuwachs = Deckungsbeitrag 10.000,00 €

Fördermaßnahmen bewirken bei freier Kapazität und vorhandenen Absatzmöglichkeiten bei Erzeugnis A einen höheren Deckungsbeitragszuwachs als bei C. Der Betrieb wird die Produktion von A ausweiten. Der evtl. weitere Einsatz von Fördermitteln (z. B. für Werbemaßnahmen) für Erzeugnis A ist wirtschaftlicher.

1 Ein Industriebetrieb analysiert die Kosten- und Marktsituation für 4 Artikel eines Fertigungsprogramms:

Artikel	Produktion in St.	Verkaufserlöse	variable Kosten
1	3 500	27.300,00 €	17.850,00 €
2	4 200	72.240,00 €	72.240,00 €
3	8 500	102.000,00 €	119.000,00 €
4	6 900	93.840,00 €	67.620,00 €

fixe Kosten: 30.000,00 €

a) Bereiten Sie Unterlagen (Übersichten über Deckungsbeiträge und Betriebsergebnis) für die Entscheidung über das zukünftige Fertigungsprogramm vor. Machen Sie der Geschäftsleitung Vorschläge.

b) Stellen Sie die Rangfolge für die Förderung der Artikel des neuen Fertigungsprogramms durch Werbemaßnahmen fest. Wie würde sich der Deckungsbeitrag der Artikel bei einer angenommenen Umsatzsteigerung von 20.000,00 € je Artikel verändern? Bewerten Sie die Ergebnisse.

Beispiel 3 **Vergleich von Vollkostenrechnung und DB-Rechnung**

Ein Waagenhersteller prüft unter Voll- und Teilkostengesichtspunkten, ob die Produktion von Spezialwaagen aufgegeben oder beibehalten werden soll.

a) Produkterfolgsrechnung mit Vollkosten

Die Gemeinkosten sind fixe Kosten.

Kosten- und Betriebsergebnis	Summe insgesamt	Kosten, Erlöse und Gewinne		
		15 000 Personen-waagen	10 000 Küchen-waagen	500 Spezial-waagen
	€	€	€	€
Fertigungsstoffeinzelkosten	150.000,00	90.000,00	40.000,00	20.000,00
Fertigungslohn und sonstige Fertigungseinzelkosten	180.000,00	70.000,00	50.000,00	60.000,00
Einzelkosten der Herstellung	330.000,00	160.000,00	90.000,00	80.000,00
Herstellungsgemeinkosten **150 %** auf FL u. sonst. FEK (180.000,00)	270.000,00	105.000,00	75.000,00	90.000,00
Herstellungskosten	600.000,00	265.000,00	165.000,00	170.000,00
Verwaltungs- und Vertriebsgemeinkosten **25 %** d. H-Kosten	150.000,00	66.250,00	41.250,00	42.500,00
Selbstkosten	750.000,00	331.250,00	206.250,00	212.500,00
Nettoverkaufspreise	840.000,00	450.000,00	230.000,00	160.000,00
Betriebsgewinn/-verlust	+ 90.000,00	+ 118.750,00	+ 23.750,00	– 52.500,00

Es scheint, als sollte die Produktion von Spezialwaagen mit einem Verlust von 52.500,00 € aufgegeben werden, um den Gewinn des Unternehmens zu erhöhen. Kann jedoch die dadurch frei gewordene Kapazität durch Erhöhung der Produktion bei den anderen Waagen nicht ausgelastet werden, sind die fixen Kosten des Betriebes von den Personen- und Küchenwaagen allein zu tragen.

b) Sortimentseinschränkung und Vollkostenrechnung

Das Unternehmen untersucht, welche kostenmäßigen Folgen sich aus der Aufgabe der Produktion von Spezialwaagen ergeben würden. Aufgrund der Untersuchung soll die Entscheidung getroffen werden. Festgestellt wird folgende Kostenverteilung:

Kosten und Betriebsergebnis	Summe insgesamt	Kosten, Erlöse und Gewinn	
		15 000 Personen-waagen	10 000 Küchen-waagen
	€	€	€
Fertigungsstoffeinzelkosten	130.000,00	90.000,00	40.000,00
Fertigungslohn und sonstige Fertigungseinzelkosten	120.000,00	70.000,00	50.000,00
Einzelkosten der Herstellung	250.000,00	160.000,00	90.000,00
Herstellgemeinkosten **225 %** auf FL u. sonst. FEK (120.000,00)	270.000,00	157.500,00	112.500,00

Kosten und Betriebsergebnis	Summe insgesamt	Kosten, Erlöse und Gewinn	
		15 000 Personen-waagen	10 000 Küchen-waagen
	€	€	€
Herstellungskosten	520.000,00	317.500,00	202.500,00
Verwaltungs- und Vertriebs-gemeinkosten **28,85 %** von d. H.-Kosten	150.020,00	91.598,75	58.421,25
Selbstkosten	670.020,00	409.098,75	260.921,25
Nettoverkaufserlöse	680.000,00	450.000,00	230.000,00
Betriebsgewinn/-verlust	+ 9.980,00	+ 40.901,25	– 30.921,25

Die Kostenaufstellung zeigt, dass die Gemeinkosten Fixkosten sind, die von den verbleibenden Erzeugnissen voll getragen werden müssen. Dementsprechend erhöhen sich auch die Zuschlagssätze für Gemeinkosten (von 150 % auf 225 % bzw. von 25 % auf 28,85 %). Der Betriebsgewinn verringert sich auf 9.980,00 €. Der Gewinn der Personenwaagen sinkt erheblich; die Küchenwaagen werden zum Verlustartikel bei gleich bleibenden Verkaufserlösen. – Ein Aufgeben der Spezialwaagen wäre demnach eine Fehlentscheidung; denn deren Erlöse (Deckungsbeiträge) tragen trotz des Produktverlustes dazu bei, dass ein Teil der fixen Betriebskosten in Höhe von 80.000,00 € gedeckt wird.

c) Produkterfolgsrechnung mit Deckungsbeiträgen

Der Unternehmer stellt als Entscheidungshilfe die Artikelerfolgsrechnung mit Deckungsbeiträgen auf:

Kosten, Deckungsbeitrag und Betriebsergebnis	Gesamt-beträge	Kosten, Erlöse und Deckungsbeiträge		
		15 000 Personen-waagen	10 000 Küchen-waagen	500 Spezial-waagen
	€	€	€	€
Nettoerlöse	840.000,00	450.000,00	230.000,00	160.000,00
Fertigungsstoffeinzelkosten	150.000,00	90.000,00	40.000,00	20.000,00
Fertigungseinzelkosten	180.000,00	70.000,00	50.000,00	60.000,00
Deckungsbeiträge in €	510.000,00	290.000,00	140.000,00	80.000,00
Gemeinkosten				
Herstellung	270.000,00			
Verwaltung und Vertrieb	150.000,00			
Betriebsgewinn	90.000,00			

Die Spezialwaagen tragen mit 80.000,00 € zur Deckung der Gemeinkosten (fixen Kosten) bei. Bei Aufgabe der Spezialwaagen vermindert sich der Betriebsgewinn um diesen Betrag, soweit die frei werdende Kapazität (fixe Kosten) nicht anderweitig genutzt wird.

Besteht die Möglichkeit der Umsatzerhöhung bei den verbleibenden Artikeln, muss geprüft werden, ob die durch die Aufgabe der Spezialwaagen nicht gedeckten Gemeinkosten teilweise oder ganz gedeckt werden können.

Beispiel c) zeigt, dass die Artikelgruppe Personenwaagen den höchsten Beitrag zur Deckung der fixen Kosten leistet. Danach müsste diese Artikelgruppe bei Maßnahmen zur Umsatzsteigerung gefördert werden.

d) Die Geschäftsleitung erwägt die Spezialwaagen aus dem Sortiment zu nehmen. Um wie viel Euro und Stück ist der Umsatz der Personenwaagen zu erhöhen, um den DB der Spezialwaagen in Höhe von 80.000,00 € aufzufangen? Es wird davon ausgegangen, dass der Markt die Mehrproduktion zu gleich bleibenden Bedingungen aufnimmt.

Die Ergebnisse sind auf volle T€ und % zu runden.

Lösung

Personenwaagen	15 000 Stück bisher	%	19 267 Stück neu	↑ **Lösungsweg**
				578.000 : 30
Erlöse	450.000,00	100	578.000,00	$\frac{370.000 \cdot 100}{64}$
variable Kosten	160.000,00	36	208.000,00	$\frac{370.000 \cdot 36}{64}$
DB	290.000,00	64	370.000,00	290.000 + 80.000

Stückpreis 30,00 € je Stück (450.000,00 € : 15 000 Stück)
Steigerung: 4 267 Stück und 128.000,00 €

e) Die Deckungsbeiträge und das Betriebsergebnis sind nach Aufgabe der Spezialwaagen und Erhöhung der Produktion der Personenwaagen festzustellen (Beispiel c und d).

Lösung

Kosten, DB Betriebsergebnis	Gesamtbetrag	Erlöse, Kosten	
		19 267 Personenwaagen	10 000 Küchenwaagen
Nettoerlöse	808.000,00	578.000,00	230.000,00
variable Kosten	298.000,00	208.000,00	90.000,00
DB	510.000,00	370.000,00	140.000,00
fixe Kosten	420.000,00		
Betriebsergebnis	90.000,00		

Die Erhöhung des Umsatzes bei Personenwaagen um 4 267 Stück und 128.000,00 € auf 19 267 Stück und 578.000,00 € führt zu einem zusätzlichen DB von 80.000,00 €, der dem DB der aufgegebenen Spezialwaagen entspricht. Erst weitere Steigerungen führen zu einem höheren Betriebsergebnis.

2 Ein Unternehmen stellt für seine vier Erzeugnisse folgende Vollkosten- und Ergebnisrechnung auf:

Erzeugnisse	I	II	III	IV	insgesamt
variable Kosten	40.000,00	40.000,00	40.000,00	40.000,00	160.000,00
fixe Kosten	24.000,00	60.000,00	80.000,00	8.000,00	172.000,00
Vollkosten/Selbstkosten	64.000,00	100.000,00	120.000,00	48.000,00	332.000,00
Verkaufserlöse	74.000,00	108.000,00	114.000,00	60.000,00	356.000,00
Gewinn/Verlust	+ 10.000,00	+ 8.000,00	+ 6.000,00	+ 12.000,00	+ 24.000,00

a) In welcher Rangfolge sind die Erzeugnisse zu fördern, wenn Grundlage der Förderungswürdigkeit der Gewinn ist?

b) Welche Rangfolge ergibt sich, wenn Grundlage der Förderungswürdigkeit der Deckungsbeitrag ist?

c) Stellen Sie das Betriebsergebnis fest bei Aufgabe des Verlustartikels. Welche Folgen ergeben sich durch die Aufgabe?

d) Welche Möglichkeiten hat das Unternehmen, die Folgen der Aufgabe von Artikel III zu verhindern?

3 a) Stellen Sie die Deckungsbeiträge und das Betriebsergebnis fest. Die Gemeinkosten sind fixe Kosten.

Kosten/Erlöse	insgesamt	Artikel		
		A	B	C
Stoffeinzelkosten	120.000,00	30.000,00	50.000,00	40.000,00
Stoffgemeinkosten	8.000,00	3.000,00	3.000,00	2.000,00
Fertigungseinzelkosten	290.000,00	80.000,00	100.000,00	110.000,00
Fertigungsgemeinkosten	620.000,00	160.000,00	220.000,00	240.000,00
Verwaltungsgemeinkosten	100.000,00	20.000,00	40.000,00	40.000,00
Vertriebsgemeinkosten	80.000,00	20.000,00	30.000,00	30.000,00
Vertriebseinzelkosten	50.000,00	10.000,00	10.000,00	30.000,00
Nettoverkaufserlöse	1 314.000,00	295.000,00	478.000,00	541.000,00

b) Wie hoch ist der Gewinn bzw. der Verlust der Artikel unter Berücksichtigung ihrer fixen Kosten?

c) Stellen Sie die DB und den Betriebserfolg bei Aufgabe von Artikel A fest (bei Nichtnutzung der frei gewordenen Kapazität).

d) Soll das Unternehmen Artikel A aufgeben? Begründen Sie Ihre Entscheidung.

e) Auf wie viel Euro und Prozent müssten Produktion und Absatz von Artikel C erhöht werden, wenn der Verlustartikel A aufgegeben wird und dessen DB von Artikel C getragen werden soll?

f) Stellen Sie die DB und den Betriebserfolg entsprechend Aufgabe e) fest und vergleichen Sie die Ergebnisse mit denen von a).

Lösungshinweise zu e) und f) auf volle T€ und Prozent runden; Erlöse = 100 %.

4 Ein Unternehmen steht vor der Entscheidung, die freie Kapazität für die Produktionssteigerung des Artikels A oder B einzusetzen. Entscheidungsgrundlage soll die Höhe des Gesamtdeckungsbeitrages aus der zusätzlichen Produktion sein. Informationen für die Entscheidung:

	Artikel A	Artikel B
monatliche Fertigungskapazität	6 000 Std.	
monatliche Produktion	1 000 Stück	1 000 Stück
Produktionszeit je Stück	3 Std.	2 Std.
Verkaufserlös je Stück	80,00 €	60,00 €
variable Kosten je Stück	60,00 €	40,00 €

a) Wie viel Stück können aufgrund der freien Kapazität von Artikel A bzw. B zusätzlich hergestellt werden?
b) Wie viel Euro beträgt der Stück- und der Gesamtdeckungsbeitrag beider Artikel?
c) Wie hoch sind die zusätzlichen Deckungsbeiträge, wenn die freie Kapazität für Artikel A bzw. Artikel B eingesetzt wird?
d) Wie wird das Unternehmen entscheiden?

11.2.3.2 Programm- und Sortimentssteuerung mit relativen Deckungsbeiträgen (bei Kapazitätsengpässen)

Übersteigt die Nachfrage nach Erzeugnissen die Produktionskapazität des Industriebetriebes, liegt ein **Kapazitätsengpass** vor. Wenn sich diese Kapazität nicht ausweiten lässt*, muss das Sortiment unter Berücksichtigung der vorhandenen Kapazität optimiert werden, um den größtmöglichen Gewinn zu erzielen. Im Produktions- und Absatzprogramm wird festgelegt, welche Erzeugnisse in welcher Menge hergestellt werden sollen. **Die Menge der absetzbaren Erzeugnisse wird der vorhandenen Produktionskapazität angepasst.** Dazu muss eine **Rangfolge** aufgestellt werden. Für die einzelnen Kostenträger werden **relative Deckungsbeiträge** errechnet, die die von den Erzeugnissen benötigte Produktionskapazität (z. B. Fertigungsstunden, -minuten) in Relation zu ihren absoluten Deckungsbeiträgen setzt:

$$\textbf{relativer DB} = \frac{\textbf{DB je Stück} \cdot \textbf{60 Minuten}}{\textbf{Produktionszeit je Stück in Minuten}}$$

$$\textbf{oder} \quad \textbf{DB je Stück} \cdot \textbf{Stück je Arbeitsstunde}$$

Andere Zeiteinheit Dezimalstunde: $\frac{\text{DB/Stück} \cdot 100}{\text{Produktionszeit/St. in Dezimalminuten}}$

Der relative Deckungsbeitrag gibt an, welcher Deckungsbeitrag je Produktionsstunde von den Erzeugnissen des Sortiments erzielt wird. Erforderlich dafür ist die Feststellung der Fertigungszeit je Stück und Sorte bzw. der Anzahl der hergestellten Stückzahlen je Arbeitsstunde.

* Zum Beispiel durch Überstunden, Einführung einer 2. Schicht, Neueinstellungen, Erweiterungsinvestitionen

Beispiel 1 **Errechnen des relativen Deckungsbeitrages**

Wie hoch sind die relativen DB?

In welcher Rangfolge sollten die Waagen gefördert werden?

Erzeugnis	Personenwaagen	Küchenwaagen	Spezialwaagen
DB Produktion	290.000,00 € 15 000 Stück	140.000,00 € 10 000 Stück	80.000,00 € 500 Stück
Fertigungszeit je St. St. je Arbeitsstunde	20 Minuten 3	12 Minuten 5	120 Minuten 0,5

Lösung

Erzeugnis	Personenwaagen	Küchenwaagen	Spezialwaagen
DB Produktion	290.000,00 € 15 000 Stück	140.000,00 € 10 000 Stück	80.000,00 € 500 Stück
DB je Stück/ **absoluter DB**	19,33 €	14,00 €	160,00 €
Produktion je Arbeitsstunde in Stück	3	5	0,5
DB je Arbeitsstunde/ **relativer DB**	57,99 €	70,00 €	80,00 €
Rangfolge	3	2	1

Die Spezialwaagen erbringen den höchsten DB je Arbeitsstunde. Bei freier Produktionskapazität werden die Erzeugnisse in dieser Reihenfolge gefördert. Damit kann das Sortiment kostenoptimal gesteuert werden, soweit es der Markt zulässt und Kosten- und Erlösverhältnisse gleich bleiben.

1 Stellen Sie den relativen DB und die Förderrangfolge fest.

	Erzeugnis	DB insgesamt	Produktionsmenge	Produktionszeit/St.
a)	A	600.000,00 €	300 Stück	90 Minuten
	B	300.000,00 €	100 Stück	40 Minuten
b)	I	4.500.000,00 €	15 000 Stück	50 Stück je Std.
	II	2.700.000,00 €	18 000 Stück	200 Stück je Std.
	III	1.800.000,00 €	9 000 Stück	200 Stück je Std.

Beispiel 2 **Absoluter und relativer Deckungsbeitrag im Vergleich (Engpasssituation)**

In einem Industriebetrieb soll mit den folgenden Daten und der benötigten Kapazität das optimale Produktionsprogramm erstellt und das mögliche Betriebsergebnis berechnet werden:

Nachfrage und Kostenanalyse

Erzeugnis	A	B	C	D
absoluter DB je Stück	75,00 €	41,25 €	15,50 €	20,00 €
Produktionszeit je Stück	1,5 Std.	0,75 Std.	0,2 Std.	0,5 Std.
absetzbare Menge	5 000 St.	3 000 St.	10 000 St.	8 000 St.

fixe Kosten: 500.000,00 €; vorhandene Fertigungskapazität: 11 000 Stunden

a) Stellen Sie die von jeder Sorte benötigte Produktionszeit fest und prüfen Sie, ob ein Produktionsengpass vorliegt.
b) Legen Sie die Rangfolge der Erzeugnisse für eine Aufnahme in das Produktionsprogramm fest mithilfe der absoluten Deckungsbeiträge und relativen Deckungsbeiträge.
c) Bestimmen Sie das Produktionsprogramm nach den Rangfolgen der absoluten Deckungsbeiträge und relativen Deckungsbeiträge.
d) Errechnen Sie die möglichen Betriebsergebnisse für beide Produktionsprogramme.
e) Vergleichen Sie die Ergebnisse und bestimmen Sie das optimale Produktionsprogramm. Begründen Sie Ihre Entscheidung.

Lösung **a) Feststellen der benötigten Kapazität je Sorte und des Engpasses**

Erzeugnis	A	B	C	D	insges.
benötigte Produktionszeit in Stunden je Stück	1,5	0,75	0,2	0,5	
absetzbare Menge in Stück	5 000	3 000	10 000	8 000	
benötigte Gesamtkapazität in Stunden	7 500	2 250	2 000	4 000	15 750

benötigte Produktionszeit je Sorte = benötigte Produktionszeit · absetzbare Menge je Einheit

Für die Fertigung aller 4 Kostenträger wird eine Produktionskapazität von 15 750 Stunden benötigt. Die vorhandene Fertigungskapazität beträgt jedoch nur 11 000 Stunden. Es besteht ein **Produktionsengpass** von 4 750 Stunden. Das bedeutet, dass nicht die gesamte absetzbare Menge produziert werden kann.

b) Festlegen der Rangfolge der Erzeugnisse mit absoluten und relativen Deckungsbeiträgen

Erzeugnis	A	B	C	D
absoluter DB je Stück in €	75,00	41,25	15,50	20,00
Rangfolge bei absoluten DB	1	2	4	3
benötigte Produktionszeit je Stück in Std.	1,5	0,75	0,2	0,5
relativer DB in € je Stück	50,00	55,00	77,50	40,00
Rangfolge bei relativen DB	3	2	1	4

Rangfolge bei absoluten DB: A/B/D/C; Rangfolge bei relativen DB: C/B/A/D

c) Bestimmen des Produktionsprogramms

Die Erzeugnisse werden nacheinander in der durch die Deckungsbeiträge bestimmten Rangfolge in das Produktionsprogramm aufgenommen. Die jeweils verbleibende *Restkapazität* wird an die „rangniederen" Erzeugnisse weitergegeben.

1. Produktionsprogramm mit absoluten Deckungsbeiträgen:

Rangfolge	absetzbare Menge in Stück	benötigte Produktions-zeit je Stück in Stunden	benötigte Produktionszeit für Produktions-menge in Std.	Restkapazität in Stunden	produzierte Menge in Stück
				11 000	
A	5 000	1,5	7 500	3 500	5 000
B	3 000	0,75	2 250	1 250	3 000
D	8 000	0,5	4 000	0	2 500
C	10 000	0,2	2 000	0	0

Nach diesem Produktionsprogramm könnte die absetzbare Menge der Erzeugnisse (A 5 000) und B (3 000) voll produziert werden. Von Erzeugnis D würden nur 2 500 Stück hergestellt werden können **(1 250 Stunden Restkapazität : 0,5 Stunden benötigte Produktionszeit = 2 500 Stück).** Erzeugnis C könnte nicht produziert werden.

2. Produktionsprogramm mit relativen Deckungsbeiträgen:

Rangfolge	absetzbare Menge in Stück	benötigte Produktions-zeit je Stück	benötigte Produktionszeit für Produktions-menge in Std.	Restkapazität in Stunden	produzierte Menge in Stück
				11 000	
C	10 000	0,2	2 000	9 000	10 000
B	3 000	0,75	2 250	6 750	3 000
A	5 000	1,5	7 500	0	4 500
D	8 000	0,5	4 000	0	0

Die absetzbare Menge der Erzeugnisse C (10 000) und B (3 000) würde voll produziert werden. Von Erzeugnis A können nur 4 500 Stück hergestellt werden **(6 750 Stunden Restkapazität : 1,5 Stunden benötigte Produktionszeit = 4 500 Stück).** Erzeugnis D kann nicht mehr produziert werden.

d) Errechnen der möglichen Betriebsergebnisse für das neue Produktionsprogramm

1. mit absoluten Deckungsbeiträgen

Erzeugnisse	A	B	D	insgesamt
DB je Stück	75,00	41,25	20,00	
produzierte Menge in Stück	5 000	3 000	2 500	
Deckungsbeitrag fixe Kosten	375.000,00	123.750,00	50.000,00	548.750,00 500.000,00
Betriebsergebnis/ Gewinn				48.750,00

2. mit relativen Deckungsbeiträgen

Erzeugnisse	A	B	C	insgesamt
absol. DB je Stück	75,00	41,25	15,50	
produzierte Menge in Stück	4 500	3 000	10 000	
Deckungsbeitrag fixe Kosten	337.500,00	123.750,00	155.000,00	616.250,00 500.000,00
Betriebsergebnis/ Gewinn				116.250,00

e) Auswertung

Der Vergleich der Betriebsergebnisrechnungen zeigt, dass das **optimale Produktionsprogramm bei Kapazitätsengpässen mithilfe von relativen Deckungsbeiträgen bestimmt werden muss** (deutlich besseres Betriebsergebnis).

2 a) Stellen Sie das optimale Waagenprogramm fest.

Es liegen folgende Daten vor:

Erzeugnisse	Nachfrage in Stück	Produktionszeit Stück	Produktionszeit Sorte	Deckungsbeitrag absolut	Deckungsbeitrag relativ	Rangfolge
Personenwaagen	15 000	20 Min.	5 000 Std.	19,33 €	?	?
Küchenwaagen	10 000	12 Min.	2 000 Std.	14,00 €	?	?
Spezialwaagen	500	120 Min.	1 000 Std.	160,00 €	?	?

benötigte Kapazität . . . . 8 000 Std.
Kapazitätsgrenze . . . . 7 000 Std.
Kapazitätsengpass . . . . 1 000 Std.

b) Ermitteln Sie das Betriebsergebnis. (Fixe Kosten: 420.000,00 €)

3 Stellen Sie die Rangfolge der Produkte, deren herzustellende Mengen aufgrund des Kapazitätsengpasses und das Betriebsergebnis fest.

Nachfrage . . . . 10 000 Rollen
Kapazität . . . . 8 000 Rollen
Engpass . . . . 2 000 Rollen

Sorte	Nachfrage	Rolle je Arb.-Std.	Deckungsbeitrag absolut	Deckungsbeitrag relativ	Rangfolge	zu prod. Rollen	DB insgesamt
I	4 000	8	1,20	?	?	?	?
II	3 000	4	1,50	?	?	?	?
III	2 000	2	4,00	?	?	?	?
IV	1 000	1	– 2,50	?	?	?	?

DB insgesamt
fixe Kosten . . . . 8.200,00 €

Betriebsergebnis . . . . ?

4 Stellen Sie aufgrund der Kapazitätsbeschränkung fest:

a) die Produktionsmengen der Sorten (in Tonnen) nach ihrer Rangfolge;

b) das Betriebsergebnis entsprechend der festgelegten Produktionsmengen der Sorten.

Nachfragekapazität .... 58 000 t
vorhandene Kapazität .... 50 000 t
Kapazitätsbeschränkung .... 8 000 t

Sorte	Nachfrage in t	Produktionszeit in Dezistunden je t	insgesamt	Deckungsbeitrag absolut	relativ	Rangfolge	produzierte Menge	DB insgesamt
A	30 000	0,8	24 000 Std.	120,00	?	?	?	?
B	20 000	1,2	24 000 Std.	240,00	?	?	?	?
C	8 000	1,5	12 000 Std.	300,00	?	?	?	?
Gesamt-DB								?
fixe Kosten								9.100.000,00
Betriebsergebnis								?

c) Welche Möglichkeiten bieten sich die Kunden voll zu beliefern?

5 Ein Unternehmen weist bei seinen drei Erzeugnissen folgende Preise und Stückkosten auf:

Produkt	Preis	variable Kosten	Produktionsmenge
1	22,50 €	17,00 €	2 000 Stück
2	13,40 €	5,60 €	5 000 Stück
3	43,00 €	15,00 €	4 000 Stück

a) Wie viel Euro beträgt der Stück-Deckungsbeitrag bei den drei Erzeugnissen?

b) In welcher Rangfolge müssten entsprechend dem (absoluten) jeweiligen Deckungsbeitrag die Umsätze der Erzeugnisse gesteigert werden?

c) Wie hoch ist der Gesamtdeckungsbeitrag der einzelnen Erzeugnisse?

d) Wie viel Euro betragen die (relativen) Deckungsbeiträge der Erzeugnisse, wenn die Grundlage der Berechnung die in 1 Stunde gefertigten Stückzahlen sind? Fertigungszeiten: Erzeugnis 1: 12 Minuten, Erzeugnis 2: 30 Minuten, Erzeugnis 3: 45 Minuten.

e) In welcher Rangfolge müsste entsprechend dem relativen Deckungsbeitrag der Absatz der Erzeugnisse gefördert werden?

12 Plankostenrechnung und Controlling

12.1 Controlling

Das Controlling* ist ein Konzept der Unternehmensführung, das engpass- und zukunftsorientierte Hilfestellung bei der **Unternehmungssteuerung** bietet. Das Management der Unternehmung wird bei der Entscheidungsfindung beraten (Unterstützungsfunktion für das Management/Teil des Führungsprozesses der Unternehmung). Dieses Instrument der Unternehmungssteuerung umfasst die Funktionen:

- **Information**
  Umfassende Versorgung der Unternehmensleitung mit relevanten inner- und außerbetrieblichen Daten
- **Planung**
  Unterstützung der Unternehmensleitung bei der Planung der Zielbestimmung; es werden Anregungen gegeben; Alternativen werden aufgezeigt und bewertet
- **Steuerung**
  Unterstützung bei der Durchführung und Realisierung der festgelegten Unternehmenspläne; Gegensteuern bei Abweichungen von Planungen; Abstimmung und Koordination der Betriebsprozesse auf die geplanten Ziele
- **Prüfung/Analyse/Kontrolle**
  Plan- und Istdaten werden verglichen (Soll-/Istvergleich), Abweichungsursachen analysiert, Wege aufgezeigt zum Beheben von Abweichungen und evtl. Korrektur von Planungen

Dabei findet eine ständige Rückkoppelung mit den Funktionsträgern innerhalb der Unternehmung statt; das Betriebsgeschehen wird dadurch transparent gemacht.

12.2 Kostenrechnungssysteme als Grundlage des Controllings

Das Controlling bezieht Zahleninformationen aus der Kostenrechnung und nutzt sie für das Erfüllen der Aufgabe der Unternehmenssteuerung. Die Daten der Kostenrechnung sind Entscheidungsgrundlage für die Koordination der betrieblichen Maßnahmen. Damit verbindet das Controlling Rechnungswesen und Führungsprozess der Unternehmung.

* engl.: regeln, beherrschen, steuern, prüfen, überwachen, beaufsichtigen

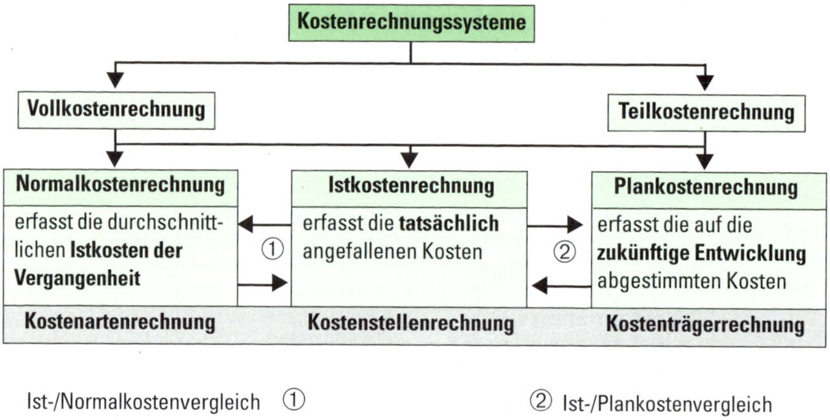

12.3 Plankostenrechnung

12.3.1 Grundlagen der Plankostenrechnung

Die Plankostenrechnung ist ein Verfahren der Kosten- und Leistungsrechnung. In diesem Verfahren werden für Kosten und Leistungen zukunftsbezogene Daten ermittelt (Plandaten).

Die Plankostenrechnung als Instrument des Controllings dient vorwiegend der Kostenkontrolle und der Steuerung des Unternehmens. Mit ihr wird die wirtschaftliche Erstellung von Leistungen in den Kostenstellen des Unternehmens überprüft. Am Ende eines Rechnungszeitraumes (z. B. Monat) werden Kosten- und Leistungsabweichungen zwischen Plan- und Istdaten festgestellt und analysiert. Schwerpunkt der Kostenkontrolle ist die Kostenstellenrechnung.

Stufen der Plankostenrechnung

1. Stufe: **Ermitteln der Plandaten** (z. B. je Kostenstelle)

Plankosten. Die Plankosten (Einzel- und Gemeinkosten) ergeben sich aus der Planbeschäftigung (Planmenge) und dem Planpreis.

Plankosten = Planmenge · Planpreis

Planbeschäftigung. Die Planbeschäftigung wird normalerweise mit 100 % Kapazitätsauslastung* angesetzt. Die Plankosten orientieren sich damit an maximalen Betriebsbedingungen, sowohl hinsichtlich der Beschäftigung als auch des Kosteneinsatzes. Sind die Kapazitäten der einzelnen Produktionsabteilungen nicht aufeinander abgestimmt, richtet sich die Planbeschäftigung nach der Abteilung mit der geringsten Kapazität **(Engpasskapazität)**.

* Durchschnittsbeschäftigung oder Absatzmöglichkeiten der betrieblichen Leistungen sind ebenfalls möglich.

5151294

Planpreis. Für jede Kostenart werden die Verbrauchsmengen festgestellt und zu Festpreisen/Verrechnungspreisen **(Planpreisen)** bewertet. Damit werden Preisabweichungen in der Plankostenrechnung ausgeschaltet.*

Bezugsgrößen für Plandaten. Für die Verrechnung der Kosten werden Bezugsgrößen festgelegt. Bezugsgrößen für die Kosten können sein: Fertigungsstunden, Maschinenstunden, Stück, kg u. a.

Plankosten-Verrechnungssatz. Für jede Einheit der Bezugsgröße wird ein Verrechnungssatz für die anteiligen Kosten ermittelt.

$$\text{Plankosten-Verrechnungssatz} = \frac{\text{Plankosten}}{\text{Planbeschäftigung}}$$

2. Stufe: Ermitteln der Abrechnungsdaten

Istbeschäftigung. Die tatsächliche Ausbringung für den Abrechnungszeitraum wird anhand von Produktionsunterlagen für die Kostenstelle bzw. für den Betrieb festgestellt.

Istkosten. Die angefallenen Kosten des Abrechnungszeitraumes werden über die Kostenstellenrechnung ermittelt (zu Festpreisen).

Verrechnete Plankosten. Die Plankosten-Verrechnungssätze werden mit der Istbeschäftigung zu verrechneten Plankosten multipliziert.

Verrechnete Plankosten = Istbeschäftigung · Plankosten-Verrechnungssatz

3. Stufe: Ermitteln der Abweichungen

Die Abweichung der Istdaten von den Plandaten eines Rechnungszeitraumes ist die Differenz zwischen den verrechneten Plankosten und den Istkosten.

Abweichung:
Verrechnete Plankosten
− Istkosten
= Kostenüber-/Kostenunterdeckung

Die Abweichung ist Gegenstand betrieblicher Untersuchungen **(Controlling)**. Die Gründe für die Abweichungen werden festgestellt. Bei negativen Abweichungen (Kostenunterdeckung) werden Maßnahmen zur Gegensteuerung eingeleitet.

Beispiel **Abrechnung November, Kostenstelle 6072**

Die Planbeschäftigung wird bei voller Auslastung der Kapazität mit 500 Stück angesetzt. Für diese Leistung wurden an Kosten 2.000.000,00 € geplant. Für November ergeben sich folgende Abrechnungsdaten:

Istbeschäftigung 450 Stück Istkosten 1.900.000,00 €

Ermitteln Sie rechnerisch und grafisch den Plankosten-Verrechnungssatz, die verrechneten Plankosten (der Istbeschäftigung) und die Gesamtabweichung.

* Preisabweichungen werden in der Erfolgsrechnung berücksichtigt.

Lösung

Plandaten:

Plankosten	2.000.000,00 €
Planbeschäftigung	500 Stück

Plankosten-Verrechnungssatz:

$$= \frac{\text{Plankosten}}{\text{Planbeschäftigung}} = \frac{2.000.000}{500} = 4.000{,}00\ \text{€/Stück}$$

Abrechnungsdaten:

Istbeschäftigung	450 Stück
Istkosten	1.900.000,00 €

Verrechnete Plankosten:

= Istbeschäftigung · Plankosten-Verrechnungssatz

= 450 · 4 000 1.800.000,00 €

Gesamtabweichung:

	verrechnete Plankosten	1.800.000,00 €
−	Istkosten	1.900.000,00 €
	Kostenunterdeckung	− 100.000,00 €

Lösung grafisch:

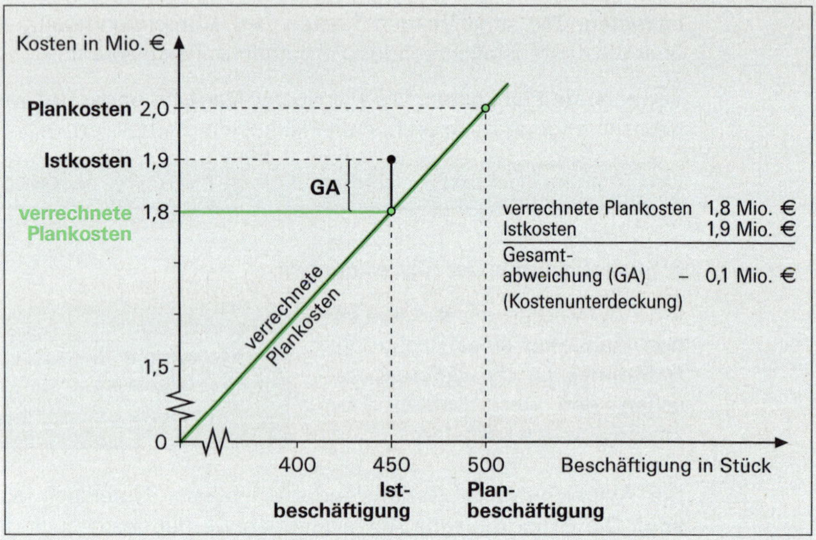

Die Grafik zeigt bei der Planbeschäftigung von 500 Stück die Plankosten (2,0 Mio. €) und bei der Istbeschäftigung von 450 Stück die Istkosten (1,9 Mio. €), die verrechneten Plankosten (1,8 Mio. €) und die Gesamtabweichung (– 0,1 Mio. €).

Anwendungsgebiete der Plankostenrechnung

Die Plankostenrechnung wird angewandt:

- bei Kostenstellen
- bei Kostenarten
- bei Kostenträgern

Hauptanwendungsgebiet ist die Kosten- und Leistungskontrolle der Kostenstellen.

Bedingungen für die Einführung der Plankostenrechnung

- **Gliederung des Betriebes in Kostenstellen und Benennung von Verantwortlichen für die Kostenstellen (bzw. Kostenträger),**
- **Bestimmbarkeit der Planbeschäftigung (Planmenge),**
- **Ermittlung der Verbrauchsmengen und Bewertung der Mengen zu Festpreisen (Eliminierung der Preisschwankungen),**
- **Feststellung der Einzelkosten : Material, Fertigungslöhne, Sondereinzelkosten,**
- **Trennung der Gemeinkosten in ihre fixen und variablen Anteile.***

12.3.2 Verfahren der Plankostenrechnung

Als Verfahren in der Plankostenrechnung sind zu unterscheiden:

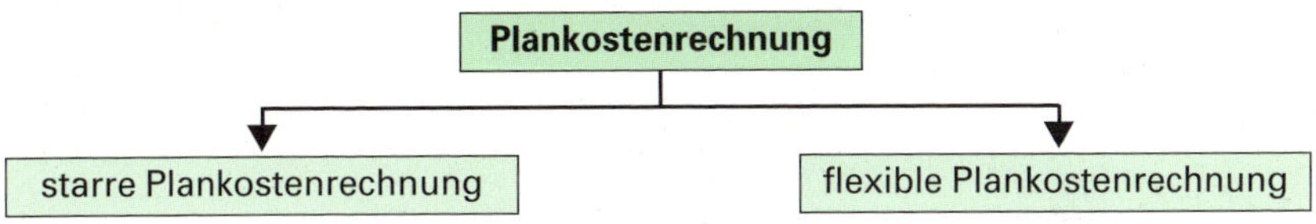

12.3.3 Starre Plankostenrechnung

Bei der starren Plankostenrechnung werden die Kosten für eine konstante Durchschnittsbeschäftigung geplant. Eine Anpassung der Plankosten an Beschäftigungsschwankungen findet nicht statt. Damit entfällt die Notwendigkeit, die Gesamtkosten in fixe (beschäftigungsunabhängige) und variable (beschäftigungsabhängige) Kosten aufzuteilen. Deshalb ist die starre Plankostenrechnung nur für Betriebe mit gleich bleibender Beschäftigung geeignet. Plan- und Istbeschäftigung stimmen weitgehend überein.

Mit der starren Plankostenrechnung kann nur die Gesamtabweichung festgestellt werden. Einzelabweichungen, z. B. Beschäftigung und Verbrauch, lassen sich nicht exakt erfassen, sondern nur vermuten; ebenso ihre Gründe.

Aus dem Vergleich von Plan- und Abrechnungsdaten ergibt sich die Gesamtabweichung als Kostenüber- oder Kostenunterdeckung.

Plandaten:	● **Planbeschäftigung**
	● **Plankosten**
	● **Plankosten-Verrechnungssatz**
Abrechnungsdaten:	● **Istbeschäftigung**
	● **Istkosten**
	● **verrechnete Plankosten**
Gesamtabweichung:	**verrechnete Plankosten**
	– **Istkosten**
	Kostenüber-/Kostenunterdeckung

* bei der flexiblen PKR

Beispiel

	Plan	**Ist**
Beschäftigung	800 t	800 t
Kosten	480.000,00 €	500.000,00 €

a) Ermitteln Sie den Plankosten-Verrechnungssatz und die zu verrechnenden Plankosten.

b) Stellen Sie die Gesamtabweichung fest.

c) Analysieren Sie die Abweichung.

Lösung zu a) **Plankosten-Verrechnungssatz:**

$$\frac{480.000}{800} = \underline{\underline{600{,}00\ €/t}}$$

Verrechnete Plankosten: 800 · 600 = $\underline{\underline{480.000{,}00\ €}}$

zu b) **Gesamtabweichung:**

verrechnete Plankosten	480.000,00 €
– Istkosten	500.000,00 €
Gesamtabweichung Kostenunterdeckung	– 20.000,00 €

zu c) **Abweichungsanalyse:**

Beschäftigungsabweichungen entfallen, sodass die Gesamtabweichung zurückgeführt werden könnte auf eine Erhöhung des Verbrauchs, geringere Arbeitsintensität, andere Arbeitsverfahren u. a.

1 Stellen Sie fest

a) den Plankosten-Verrechnungssatz bzw. die Plankosten,

b) die Gesamtabweichung und

c) deuten Sie die Gesamtabweichung.

	①	②	③
Planbeschäftigung	15 000 m^3	300 Stück	20 000 Std.
Plankosten	1.500.000,00 €	?	2.040.000,00 €
Plankosten-Ver.-Satz	?	6.000,00 €/St.	?
Istbeschäftigung	15 000 m^3	300 Stück	20 000 Std.
Istkosten	1.470.000,00 €	1.850.000,00 €	2.040.000,00 €

12.3.4 Flexible Plankostenrechnung

Aufgabe der flexiblen Plankostenrechnung ist die Gesamtabweichung von der Planung in ihre Bestandteile aufzulösen. Abweichungen von der Kostenplanung können, nachdem die Preisabweichungen durch Festpreise/Verrechnungspreise ausgeschaltet sind, verursacht werden durch Veränderungen:

- in der Beschäftigung ⟶ **Beschäftigungsabweichung**
- beim Verbrauch ⟶ **Verbrauchsabweichung**

Schwerpunkt der Untersuchungen ist die Verbrauchsabweichung. Um sie zu ermitteln, wird die Beschäftigungsabweichung aus der Gesamtabweichung herausgerechnet. Jede Kostenstelle **verantwortet** nur Verbrauchsabweichungen von der Kostenplanung. Über ihre Analyse kann eine wirksame Kostenkontrolle und Kostensteuerung der Kostenstelle erfolgen.

Nach der Festlegung der Planungsgrößen (Beschäftigung, Verbrauch) werden für jede Kostenstelle **Kostenpläne** aufgestellt. Sie enthalten die Kostenvorgaben für die geplante Rechnungsperiode.

Bei der flexiblen Plankostenrechnung werden die geplanten Gemeinkosten in die fixen und variablen Bestandteile aufgeteilt **(Kostenauflösung).** Die Planeinzelkosten sind variable Kosten (Fertigungsmaterial, Fertigungslöhne, Sondereinzelkosten).

Verfahren der flexiblen Plankostenrechnung

- **Planung der Mengen (Beschäftigung und Verbrauch) und Bewertung der Kostenarten (Festpreise) für jede Kostenstelle**
- **Auflösung der Plankosten in variable und fixe Bestandteile**
- **Ermitteln der Sollkosten**
- **Bestimmen der Abweichungen: (Beschäftigungsabweichung, Verbrauchsabweichung, Gesamtabweichung)**

Beschäftigungsabweichung

Bisher wurde bei der Ermittlung der verrechneten Plankosten eine Kostenauflösung nicht vorgenommen, sodass sich auch fixe Kosten proportional zur Beschäftigung veränderten. Um die **Beschäftigungsunabhängigkeit der fixen Kosten** zu berücksichtigen, werden in der flexiblen PKR die **Sollkosten** festgestellt. **Sollkosten sind die Plankosten, die einem bestimmten Beschäftigungsgrad entsprechen.**

Die Sollkosten setzen sich zusammen aus den fixen Plankosten und den variablen, die mit dem Beschäftigungsfaktor multipliziert werden. Der Beschäftigungsfaktor ist das Verhältnis von Ist- zur Planbeschäftigung.

$$\textbf{Sollkosten} = \textbf{fixe Kosten} + \frac{\textbf{variable Kosten} \cdot \textbf{Istbeschäftigung}}{\textbf{Planbeschäftigung}}$$

Werden bei einem bestimmten Beschäftigungsgrad (Istbeschäftigung) die Sollkosten mit den verrechneten Plankosten verglichen, lässt sich die **Kostenabweichung als Folge einer Änderung in der Beschäftigung** feststellen. **Die Beschäftigungsabweichung ist der Unterschied zwischen den verrechneten Plankosten und den Sollkosten bei Istbeschäftigung** (Kostenüber- bzw. Kostenunterdeckung).

Beschäftigungsabweichung :		**verrechnete Plankosten**
	–	**Sollkosten bei Istbeschäftigung**
		Kostenüber-/Kostenunterdeckung

Erkenntnisse

- **Planbeschäftigung ≙ Istbeschäftigung**
  - Sollkosten und verrechnete Plankosten stimmen überein
  - keine Beschäftigungsabweichung
- **Planbeschäftigung > Istbeschäftigung**
  - verrechnete Plankosten sind niedriger als Sollkosten
  - Kostenunterdeckung: zu wenig verrechnete Fixkosten
- **Planbeschäftigung < Istbeschäftigung**
  - verrechnete Plankosten sind höher als Sollkosten
  - Kostenüberdeckung: zu viel verrechnete Fixkosten

Beispiel 1 **Beschäftigungsabweichung**

Kostenplan
Kostenstelle 6013, Monat März, Beschäftigung: Plan 1 600 Std. / Ist 1 200 Std.

Kostenart	Plankosten		
	gesamte	fixe	variable
Fertigungslohn	100.000,00	–	100.000,00
Gehälter	16.000,00	16.000,00	–
Hilfslöhne	12.000,00	3.000,00	9.000,00
soziale Abgaben	30.000,00	5.000,00	25.000,00
Energie	6.000,00	2.000,00	4.000,00
Reparaturen/Instandhaltung	4.000,00	1.000,00	3.000,00
sonstige Kosten	12.000,00	8.000,00	4.000,00
kalkulatorische Kosten	20.000,00	15.000,00	5.000,00
insgesamt	200.000,00	50.000,00	150.000,00

Ermitteln Sie rechnerisch und grafisch die verrechneten Plankosten, die Sollkosten und die Beschäftigungsabweichung.

Lösung **Ermittlung der verrechneten Plankosten**

– Plankosten-Ver.-Satz: $\frac{\text{Plankosten}}{\text{Planbeschäftigung}} = \frac{200.000}{1\,600} =$ 125,00 €/Std.

– verrechnete Plankosten:
Istbeschäftigung · Plankosten-Ver.-Satz = 1 200 · 125 = 150.000,00 €

Bei einer Planbeschäftigung von 1 600 Std.
betragen die verrechneten Plankosten .... 200.000,00 €

Bei Istbeschäftigung von 0 Std.
betragen die verrechneten Plankosten .... 0,00 €

Der Graph der verrechneten Plankosten beginnt im Nullpunkt.

Ermittlung der Sollkosten

$$\text{Sollkosten: fixe Kosten} + \frac{\text{variable Kosten} \cdot \text{Istbeschäftigung}}{\text{Planbeschäftigung}}$$

$$= 50.000 + \frac{150.000 \cdot 1\,200}{1\,600} = \quad 162.500{,}00\ €$$

Bei Planbeschäftigung von 1 600 Std. betragen die Sollkosten (Schnittpunkt mit den verrechneten Plankosten) .... 200.000,00 €

Bei 0 Stunden betragen die Sollkosten (fixe Kosten) .... 50.000,00 €

Der Graph der Sollkosten beginnt auf den Fixkosten.

Ermittlung der Beschäftigungsabweichung

Die Beschäftigungsabweichung ist die Differenz

zwischen den verrechneten Plankosten	150.000,00 €
und den Sollkosten bei Istbeschäftigung	162.500,00 €
Beschäftigungsabweichung/Kostenunterdeckung	– 12.500,00 €

Bei einer Beschäftigung von nur 1 200 Std. werden fixe Kosten in Höhe von 12.500,00 € nicht gedeckt.

Lösung grafisch

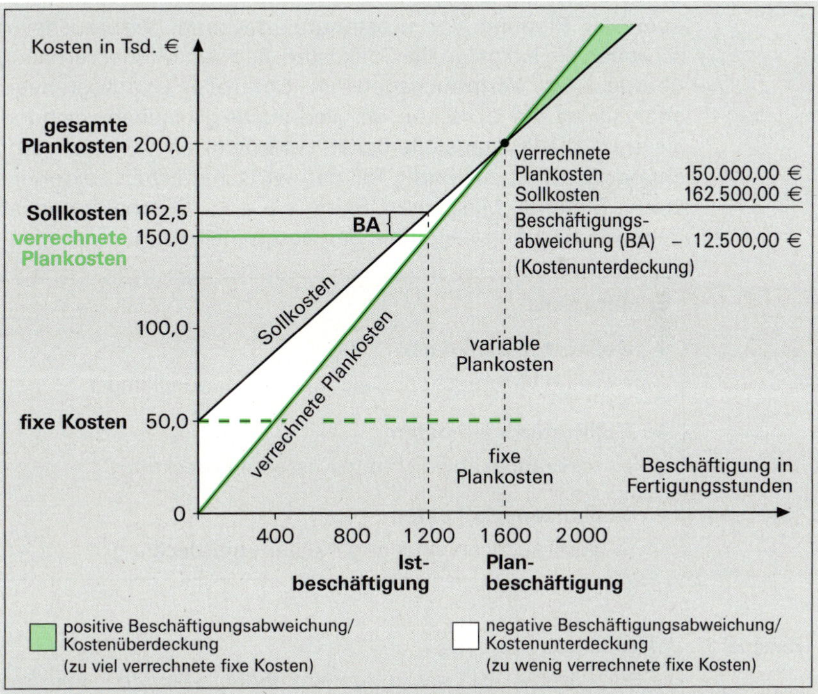

Die Grafik zeigt fixe (50.000,00 €), variable (150.000,00 €) und gesamte Plankosten (200.000,00 €) bei der Planbeschäftigung von 1 600 Std. sowie die Sollkosten (162.500,00 €), die verrechneten Plankosten (150.000,00 €) und die Beschäftigungsabweichung (– 12.500,00 €).

1 Bestimmen Sie die Beschäftigungsabweichung

a) rechnerisch, b) grafisch.

Plan- und Istdaten	1.	2.	3.
gesamte Plankosten	300.000,00	492.000,00	265.000,00
fix	140.000,00	132.000,00	183.000,00
variabel	160.000,00	360.000,00	82.000,00
Planbeschäftigung	1 000 Std.	2 400 Stück	5 000 t
Istbeschäftigung	800 Std.	2 640 Stück	4 500 t

Verbrauchsabweichung

Ziel der flexiblen Plankostenrechnung ist das Ermitteln der Verbrauchsabweichung von den Plandaten des Verbrauchs. **Die Verbrauchsabweichung ist die Differenz zwischen Sollkosten und Istkosten.**

Istkosten	**= Istmenge · Planpreis**
Verbrauchsabweichung	**= Sollkosten – Istkosten**

Übersteigen die Istkosten die Sollkosten, liegt ein Mehrverbrauch gegenüber der Planung vor (Kostenunterdeckung, Verbrauchsverlust). Unterschreiten die Istkosten die Sollkosten, liegt ein Minderverbauch vor (Kostenüberdeckung, Verbrauchsgewinn). Controller und Kostenverantwortlicher analysieren die Ursachen der Verbauchs-/Kostenabweichung und werten sie aus. Die Kostenstellenleiter verantworten nur die Verbrauchsabweichung. Sie sind zuständig für den wirtschaftlichen Faktoreinsatz (Arbeitskräfte, Material, Maschinen, Energie u. a.). – Beschäftigungsabweichungen dagegen sind Angelegenheit der Geschäftsleitung.

Erkenntnisse

- **Sollkosten ≙ Istkosten**
  - keine Verbrauchsabweichung: Kostendeckung
- **Sollkosten > Istkosten**
  - Verbrauchsabweichung: Kostenüberdeckung
- **Sollkosten < Istkosten**
  - Verbrauchsabweichung: Kostenunterdeckung

Beispiel 2 **Verbrauchsabweichung**

Die Kostenstelle 4013 hat im Monat Februar gesamte Plankosten in Höhe von 200.000,00 €, davon 50.000,00 € fixe Kosten. Die Planbeschäftigung beträgt 1 600 Fertigungsstunden, die Istbeschäftigung 1 200 Stunden. Die Istkosten werden mit 170.000,00 € angegeben. Errechnen Sie die Verbrauchsabweichung.

Lösung

Sollkosten bei Istbeschäftigung von 1 200 Std.:	$50.000 + \frac{150.000 \cdot 1\,200}{1\,600} =$	162.500,00 €
– Istkosten		170.000,00 €
Verbrauchsabweichung/Kostenunterdeckung		– 7.500,00 €

2 Wie groß sind die Verbrauchsabweichungen?

Plan- und Istdaten	a)	b)	c)
Plankosten	75.000,00 €	984.000,00 €	530.000,00 €
fixe	35.000,00 €	264.000,00 €	366.000,00 €
variable	40.000,00 €	720.000,00 €	164.000,00 €
Planbeschäftigung	250 Std.	1 200 St.	5 000 m
Istbeschäftigung	200 Std.	1 320 St.	4 500 m
Istkosten	70.000,00 €	1.000.000,00 €	520.000,00 €

Beispiel 3 **Abweichungen: Beschäftigung, Verbrauch, insgesamt**

Kostenplan: Monat September

Kostenstelle 2240, Planbeschäftigung: 800 Stück, Istbeschäftigung: 600 Stück

Kostenarten	Plankosten			Istkosten
	gesamte	fixe	variable	
Fertigungslöhne	200.000,00	–	200.000,00	170.000,00
Gehälter	32.000,00	32.000,00	–	32.000,00
Hilfslöhne	24.000,00	6.000,00	18.000,00	20.000,00
soziale Abgaben	60.000,00	10.000,00	50.000,00	51.000,00
Energie	12.000,00	4.000,00	8.000,00	10.000,00
Reparaturen	8.000,00	2.000,00	6.000,00	12.000,00
sonstige Kosten	24.000,00	16.000,00	8.000,00	24.000,00
kalkulatorische Kosten	40.000,00	30.000,00	10.000,00	36.000,00
insgesamt	400.000,00	100.000,00	300.000,00	355.000,00

a) Stellen Sie fest: ① die Beschäftigungsabweichung
② die Verbrauchsabweichung
③ die Gesamtabweichung

b) Stellen Sie die Abweichungen grafisch dar.

Lösung zu a) **Bestimmen der Beschäftigungsabweichung**

Ermitteln der verrechneten Plankosten:

Plankosten-Ver.-Satz: $\frac{\text{Plankosten}}{\text{Planbeschäftigung}} = \frac{400.000}{800} =$ 500,00 €/Stück

verrechnete Plankosten:

Istbeschäftigung · Plankosten-Verrechnungssatz = 600 · 500 = 300.000,00 €

Sollkosten: fixe Kosten $+ \frac{\text{variable Kosten} \cdot \text{Istbeschäftigung}}{\text{Planbeschäftigung}}$

$100.000 + \frac{300.000 \cdot 600}{800}$ = 325.000,00 €

Beschäftigungsabweichung:

verrechnete Plankosten	300.000,00 €
Sollkosten	325.000,00 €
Beschäftigungsabweichung/Kostenunterdeckung	– 25.000,00 €

Bestimmen der Verbrauchsabweichung

Sollkosten	325.000,00 €
Istkosten	355.000,00 €
Verbrauchsabweichung/Kostenunterdeckung	– 30.000,00 €

Bestimmen der Gesamtabweichung

1. Möglichkeit:

Beschäftigungsabweichung	– 25.000,00 €
+ Verbrauchsabweichung	– 30.000,00 €
Gesamtabweichung	– 55.000,00 €

2. Möglichkeit:

verrechnete Plankosten	300.000,00 €
– Istkosten	355.000,00 €
Gesamtabweichung	– 55.000,00 €

zu b)

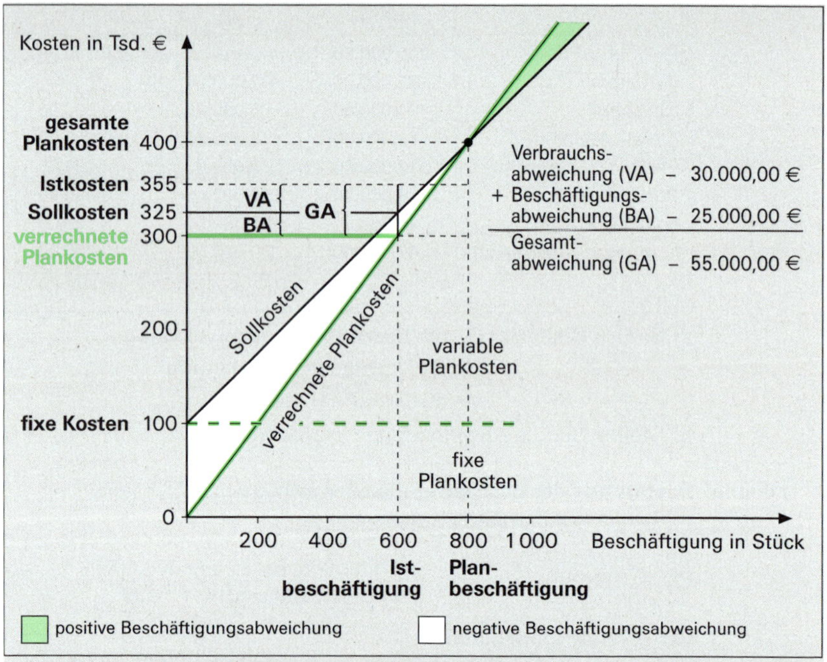

Die Grafik zeigt bei der Planbeschäftigung von 800 Stück fixe (100.000,00 €), variable (300.000,00 €) und gesamte Plankosten (400.000,00 €) sowie bei der Istbeschäftigung von 600 Stück die Istkosten (355.000,00 €), die Sollkosten (325.000,00 €), die verrechneten Plankosten (300.000,00 €), die Gesamtabweichung (– 55.000,00 €), die Beschäftigungsabweichung (– 25.000,00 €) und die Verbrauchsabweichung (– 30.000,00 €).

3 a) Ermitteln Sie die Beschäftigungs-, Verbrauchs- und Gesamtabweichung.
b) Stellen Sie die Abweichungen grafisch dar.

Plan- und Istdaten	1.	2.	3.
Plankosten	80.000,00 €	240.000,00 €	120.000,00 €
fixe	60.000,00 €	80.000,00 €	40.000,00 €
variable	20.000,00 €	160.000,00 €	80.000,00 €
Istkosten	80.000,00 €	260.000,00 €	125.000,00 €
Planbeschäftigung	40 Stück	5 000 Std.	600 dt
Istbeschäftigung	36 Stück	5 500 Std.	600 dt

4

Kostenstelle 1111

Kostenplan: Monat Oktober
Planbeschäftigung: 160 000 elektr. Bauteile
Istbeschäftigung: 128 000 elektr. Bauteile

Kostenarten	Plankosten gesamte	Plankosten fixe	Plankosten variable	Istkosten
Fertigungslöhne	160.000,00	–	160.000,00	134.000,00
Hilfslöhne	100.000,00	40.000,00	60.000,00	96.000,00
Energiekosten	54.000,00	24.000,00	30.000,00	48.000,00
Reparaturen	12.000,00	4.000,00	8.000,00	10.000,00
kalk. Abschreibungen	74.000,00	74.000,00	–	74.000,00
kalk. Zinsen	8.000,00	8.000,00	–	8.000,00
insgesamt	408.000,00	150.000,00	258.000,00	370.000,00

Bestimmen Sie die Beschäftigungsabweichung, Verbrauchsabweichung und die Gesamtabweichung.

5

Kostenstelle 140

Kostenplan: Monat Mai
Planbeschäftigung: 2000 Betriebsstunden
Istbeschäftigung: 1 600 Betriebsstunden

Kostenarten	Plankosten gesamte	Plankosten fixe	Plankosten variable	Istkosten	Sollkosten	Verbrauchs-abweichung
Löhne	160.000,00	40.000,00	120.000,00	144.000,00	?	?
Betriebsstoffe	24.000,00	4.000,00	20.000,00	22.000,00	?	?
Energie	30.000,00	12.000,00	18.000,00	27.000,00	?	?
Reparaturen	10.000,00	2.000,00	8.000,00	9.000,00	?	?
kalk. Abschreibungen	20.000,00	20.000,00	–	20.000,00	?	?
kalk. Zinsen	10.000,00	10.000,00	–	10.000,00	?	?
insgesamt	254.000,00	88.000,00	166.000,00	232.000,00	?	?

a) Bestimmen Sie die Verbrauchsabweichung für jede Kostenart und die Kostenstelle insgesamt.
b) Nennen Sie mögliche Ursachen für die Verbrauchsabweichung der einzelnen Kostenarten.
c) Ermitteln Sie die Beschäftigungs- und Gesamtabweichung für die Kostenstelle.

13 Betriebsstatistik

13.1 Statistische Begriffe

Die Betriebsstatistik ist neben der Buchführung, der Kosten- und Preisrechnung und der Planungsrechnung Teil des betrieblichen Rechnungswesens.

Fakten und Zusammenhänge, die für die Betriebssituation von Bedeutung sind, werden analysiert. Dazu wird **Zahlenmaterial (statistische Massen) gesammelt, erfasst und aufbereitet** sowie **ausgewertet.** Diese Zahlen werden durch den Betrieb selbst **(internes Material)** oder durch Einrichtungen außerhalb des Betriebes **(externes Material)** bereitgestellt.

Die **Bedeutung** der Statistik liegt darin, Kenntnisse von und Erkenntnisse über betriebliche und außerbetriebliche Daten, Ursachen, Zusammenhänge und Folgen, insbesondere in Form **betrieblicher Kennzahlen,** als Hilfe für unternehmerische Entscheidungen bereitzustellen. Gleichzeitig erhält der Betrieb die Möglichkeit, durch die Entwicklung statistischer Daten Abläufe und Strukturen zu kontrollieren und sich mit anderen Unternehmen der Branche zu vergleichen.

Interne Statistik

Für folgende betrieblichen Entscheidungsbereiche können Statistiken geführt werden:

- Beschaffung
- Produktion
- Absatz
- Lager
- Personalwesen
- Anlagenwirtschaft
- Kosten und Erlöse
- Bilanz- und Erfolgsrechnung

Externe Statistiken werden geführt, z. B. für die Bereiche Produktbörsen, Wertpapierbörsen, Devisenbörsen, Bevölkerungsaufbau, Einkommensverteilung und insbesondere für Daten des eigenen Wirtschaftszweiges, soweit sie für die eigene unternehmerische Entscheidung von Bedeutung sind.

Bei der Vorbereitung einer statistischen Untersuchung muss dafür gesorgt werden, dass die richtigen Daten erfasst werden, um Fehler zu vermeiden. Daher ist sorgfältig zu klären:

a) **Die Abgrenzung der statistischen Einheit (Untersuchungsgegenstand, Erhebungsgegenstand, Zähleinheit) nach**
   - **räumlichen Gesichtspunkten:**
     z. B. Betrieb, Abteilung, Branche, Kostenstelle, In-, Ausland
   - **zeitlichen Gesichtspunkten:**
     → **als Bestandsmasse,** z. B. Werte am Bilanzstichtag eines Monats/eines Jahres
     → **als Bewegungsmasse,** z. B. Werte mehrerer Zeiteinheiten, wie Umsätze oder Kosten der Monate im Jahr/mehrerer Jahre
   - **sachlichen Gesichtspunkten:**
     → **artmäßig,** z. B. Erzeugnisse, Kosten, Aufträge, Beschäftigte
     → **zahlenmäßig,** z. B. Menge der Gesamtheit/von Teilen

b) **Der Umfang des Zahlenmaterials:**

Zahlen können gewonnen werden durch

- **Vollerhebung,** d. h., es werden alle Zähleinheiten erfasst (z. B. alle Beschäftigten, alle Kunden)
- **Repräsentativerhebung,** d. h., aus der Gesamtmasse wird ein typischer, repräsentativer Querschnitt ausgewählt, der der Struktur der Gesamtheit entspricht (z. B. Befragung eines Teils der Kunden, der Beschäftigten, der Wähler, Stichproben bei der Qualitätskontrolle). Aus dem Ergebnis wird auf das Ganze geschlossen.
- **Teilerhebung,** d. h., ein Teil eines Ganzen wird Erhebungsprojekt, z. B. nur der Umsatz des Erzeugnisses B, nur die Personalkosten.

c) **Die Herkunft des Zahlenmaterials:**

- **Primäres Zahlenmaterial – Primärstatistik**
  Die Zahlen werden für einen speziellen Zweck erhoben, z. B. durch Befragung, Zählung.
- **Sekundäres Zahlenmaterial – Sekundärstatistik**
  Bereits vorhandene Zahlen werden für die statistische Fragestellung verarbeitet, z. B. Zahlen der Buchhaltung, der Kostenrechnung, Veröffentlichungen der statistischen Ämter, der Verbände, Pressenotizen, Vertreterberichte.

1 Welche statistischen Begriffe sind aus folgenden Beispielen ableitbar?

Begriffe: internes und externes Material, interne und externe Statistik; sachliche, zeitliche und räumliche Merkmale; Voll- und Teilerhebung; Bereiche der Statistik; primäres und sekundäres Zahlenmaterial; Bestands- und Bewegungsmassen.

Erhebung 1

Güterverkehr in Deutschland

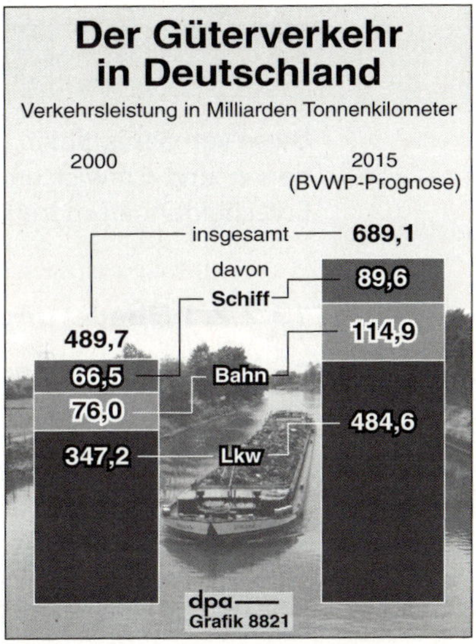

Erhebung 2

Unser werkseigenes Einrichtungsstudio benötigt für die Personalplanung die Zahl der in einer Normalwoche (keine Feiertage, Ferien u. Ä.) bedienten Kunden. Die Erhebung hat folgendes Ergebnis:

Montag	208 Kunden
Dienstag	224 Kunden
Mittwoch	208 Kunden
Donnerstag	272 Kunden
Freitag	368 Kunden
Samstag	320 Kunden

13.2 Statistische Zahlen

13.2.1 Absolute Zahlen

Es sind die tatsächlich festgestellten statistischen Ursprungswerte, wie Zahlen, Daten.

Beispiel Umsätze der Sportartikel GmbH in den letzten 5 Jahren

Geschäftsjahr	Umsatz in €	andere Darstellungsformen in T€	Mio. €
1	1.600.000,00	1.600	1,6
2	1.400.000,00	1.400	1,4
3	1.500.000,00	1.500	1,5
4	1.700.000,00	1.700	1,7
5	2.000.000,00	2.000	2,0

13.2.2 Verhältniszahlen

Durch Verhältniszahlen werden Massen aufgegliedert, verschiedene Massen zueinander in Beziehung gesetzt, Bewegungserscheinungen dargestellt. Dadurch werden zum besseren Erkennen die absoluten Zahlen rechnerisch umgeformt. Es werden zwei absolute Zahlen (in Bruchform) zueinander ins Verhältnis gesetzt. Der Quotient ist die Verhältniszahl. Wird er mit 100 multipliziert, so erhält man Prozentzahlen (häufigste Form).

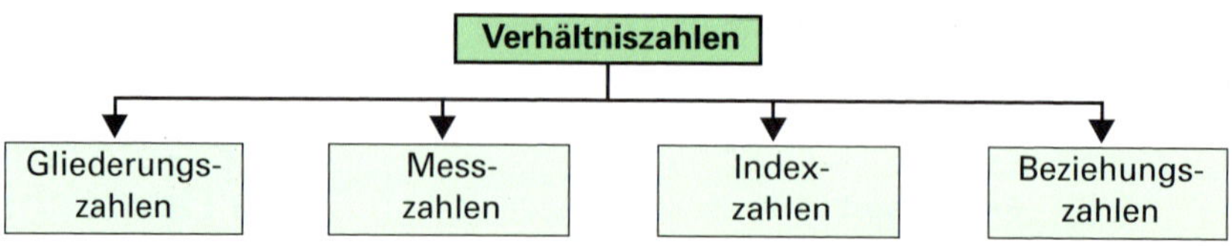

Diese Verhältniszahlen ermöglichen es, aus **betrieblichen Kennziffern** Situationen und Entwicklungen zu erkennen und zu beurteilen sowie daraus Entscheidungen zu treffen.

13.2.2.1 Gliederungszahlen

Sie entstehen, wenn eine **Teilmasse** zu ihrer **Gesamtmasse** ins Verhältnis gesetzt wird **(gleichartige Massen)**. Es wird festgestellt, wie sich die Teilmasse (prozentual) zur Gesamtmasse (100 %) verhält (z. B. Anteil einer Artikelgruppe am Gesamtumsatz, Anteil des Fremdkapitals am Gesamtkapital).

$$\textbf{Gliederungszahl} = \frac{\textbf{Teilmasse}}{\textbf{Gesamtmasse}} \cdot 100$$

Beispiel **Anteil der Artikelgruppen am Gesamtumsatz**

Der Jahresumsatz der Sportartikel GmbH setzt sich im abgelaufenen Geschäftsjahr aus folgenden Artikelgruppen zusammen:

Artikelgruppe A 800.000,00 €
Artikelgruppe B 600.000,00 €
Artikelgruppe C 200.000,00 €
Artikelgruppe D 400.000,00 €

Wie hoch ist der Anteil in Prozent der einzelnen Artikelgruppen am Gesamtumsatz?

Lösung

$$\text{Gliederungszahl Artikelgruppe A} = \frac{800.000}{2.000.000} \cdot 100 = \underline{\underline{40\ \%}}$$

Anteil der Artikelgruppe A
usw.

	Umsatz in €	Umsatz in %
Artikelgruppe A	800.000,00	40 %
Artikelgruppe B	600.000,00	30 %
Artikelgruppe C	200.000,00	10 %
Artikelgruppe D	400.000,00	20 %
alle Artikelgruppen	2.000.000,00	100 %

1 Der Jahresumsatz eines Unternehmens beträgt 24.000.000,00 €. Davon entfallen auf den Export 10.800.000,00 €.

a) Wie hoch ist der Exportanteil in Prozent?

b) Welche betriebswirtschaftlichen Überlegungen ergeben sich aus der Höhe des Exportanteils?

2 Aktiva **Bilanz** Passiva

Anlageverm.	39,04 Mio. €	? %	Eigenkap.	35,20 Mio. €	? %
Umlaufverm.	24,96 Mio. €	? %	Fremdkap.	28,80 Mio. €	? %
Gesamtverm.	64,00 Mio. €	100 %	Gesamtkap.	64,00 Mio. €	100 %

Wie hoch sind die prozentualen Anteile des Anlage- und Umlaufvermögens am Gesamtvermögen und des Eigen- und Fremdkapitals am Gesamtkapital?

3 Wie hoch sind die Kostenanteile der einzelnen Kostenstellen in Prozent an den Gesamtkosten?

Material	400.000,00 €	Verwaltung	100.000,00 €
Fertigung	500.000,00 €	Vertrieb	200.000,00 €

13.2.2.2 Messzahlen

Sie entstehen, wenn sachlich gleiche Massen zueinander ins Verhältnis gesetzt werden, die verschiedene Merkmalswerte aufweisen. Es werden ins Verhältnis gesetzt **Teilmasse zu Teilmasse** (z. B. fehlerhafte zu fehlerfreien Erzeugnissen, Arbeiter zu Angestellten, Fremdkapital zu Eigenkapital) oder **Gesamtmasse zu Gesamtmasse** (Darstellung im Zeitablauf, z. B. Umsätze verschiedener Jahre).

$$\textbf{Messzahl} = \frac{\textbf{Merkmalswert B}}{\textbf{Merkmalswert A (Basis)}} \cdot \textbf{100}$$

Es wird ausgerechnet, wie sich die Masse mit Merkmalswert B (C usw.) zur Masse mit Merkmalswert A (Basis 100 %) prozentual verhält.

Beispiel 1 Die Sportartikel GmbH hatte im 1. Geschäftsjahr einen Umsatz von 1.600.000,00 €, im Jahr danach von 1.400000,00 €.
Wie hoch ist die Umsatzveränderung gegenüber dem Vorjahr in Prozent?

Lösung

$$\text{Umsatzveränderung} = \frac{1.400.000}{1.600.000} \cdot 100 = \underline{\underline{87{,}5\ \%}}$$

Das heißt, dass der Umsatz gegenüber dem Vorjahr von 100 % auf 87,5 % (oder um 12,5 %) gesunken ist.

Beispiel 2 Im Berichtsmonat August waren 620 Lieferungen frei von Reklamationen; 28 Lieferungen wurden beanstandet.
Wie hoch ist der Prozentsatz der Reklamationen?

Lösung

$$\text{Fehleranteil} = \frac{28}{648} \cdot 100 = \underline{\underline{4{,}3\ \%}}$$

Jahresdurchschnitt: 3 %.

4 Wie hoch sind die Veränderungen gegenüber dem Vorjahr?
(in Prozent, 1 Dezimale)

	Vorjahr	Berichtsjahr
a) Gewinn vor Steuern	800.000,00 €	968.000,00 €
b) Ausstoß	1,4 Mio. hl	1,3 Mio. hl
c) Beschäftigte	450	480

5 Stellen Sie die Messzahlen fest. (1 Dezimale)

a) Lagerbestand Vorjahr 800.000,00 €, Berichtsjahr 624.000,00 €

b) Materialeinsatz 480 t, Ausbringung 410 t

13.2.2.3 Indexzahlen

Auch Indexzahlen sind Messzahlen. Aus einer Zahlenreihe wird ein Wert als **Basiszahl** ausgewählt. Die anderen Werte werden auf diese Basiszahl bezogen.

Die Basiszahl wird als 100 (%) gesetzt. Die Abweichungen der übrigen Werte von der Basiszahl ergeben die Indexzahlen. Wird die Abweichung gegenüber dem jeweiligen Vorjahr errechnet, so entsteht ein **Kettenindex**. Basis (100) ist dabei das jeweilige Vorjahr.

$$\textbf{Indexzahl} = \frac{\textbf{Wert jeweiliges Jahr}}{\textbf{Wert Basisjahr}} \cdot \textbf{100}$$

Beispiel Die Preise haben sich wie folgt entwickelt:

1. Jahr	7,00 €	5. Jahr	8,90 €
2. Jahr	7,70 €	6. Jahr	9,26 €
3. Jahr	8,00 €	7. Jahr	9,77 €
4. Jahr	8,48 €	8. Jahr	10,36 €

a) Es sind die Indexzahlen festzustellen. Basisjahr = 3. Jahr.
b) Stellen Sie die Indexkette auf.

Lösung zu a) zu b)

Jahr	Preis in €	Abweichung zum Basisjahr	Index	Steigerung gegenüber Vorjahr (Indexkette)	
1.	7,00	– 1,00 €	87,5	–	–
2.	7,70	– 0,30 €	96,3	0,70 €	110,0
3.	8,00	Basis	100	0,30 €	103,9
4.	8,48	+ 0,48 €	106,0	0,48 €	106,0
5.	8,90	+ 0,90 €	111,3	0,42 €	105,0
6.	9,26	+ 1,26 €	115,8	0,36 €	104,0
7.	9,77	+ 1,77 €	122,1	0,51 €	105,5
8.	10,36	+ 2,36 €	129,5	0,59 €	106,0

$\text{Indexzahl 2. Jahr} = \frac{7{,}70}{8{,}00} \cdot 100 = 96{,}3$ $\text{Indexzahl 4. Jahr} = \frac{8{,}48}{8{,}00} \cdot 100 = 106{,}0$

Der Vergleich zwischen 3. und 8. Jahr zeigt, dass der Preis nominell um 29,5 % oder 29,5 Punkte gestiegen ist.

6 Stellen Sie für folgende Geschäftsjahre die Indexzahlen für die Umsatzentwicklung der Filialen fest. Basisjahr = 1. Jahr (Umsätze der Filialen in Euro).

Jahr	München	Augsburg	Nürnberg
1. Jahr	2.400.000,00	3.200.000,00	900.000,00
2. Jahr	2.600.000,00	2.900.000,00	1.100.000,00
3. Jahr	2.900.000,00	3.000.000,00	1.300.000,00

Welche Filiale hat den höchsten Umsatzzuwachs a) in absoluten Zahlen (Euro), b) in Prozent?

7 Der Anteil der Werbekosten an den Gesamtkosten eines Unternehmens hat sich wie folgt entwickelt:

1. Geschäftsjahr Werbekosten 2,5 % von Gesamtkosten
3. Geschäftsjahr Werbekosten 2,5 % von Gesamtkosten
5. Geschäftsjahr Werbekosten 4,0 % von Gesamtkosten
7. Geschäftsjahr Werbekosten 5,0 % von Gesamtkosten
9. Geschäftsjahr Werbekosten 7,0 % von Gesamtkosten

a) Stellen Sie die Indexzahlen fest. Basisjahr = 1. Geschäftsjahr.

b) Stimmt es, dass sich die Werbekosten des 3. gegenüber dem 1. Jahr nicht verändert haben?

c) Weisen Sie nach, dass die Werbekosten in verschiedener Weise gestiegen sind.

d) Stellen Sie die Steigerung der Werbekosten gegenüber dem jeweiligen Vorjahr fest. (Indexkette)

13.2.2.4 Beziehungszahlen

Sie entstehen, wenn verschiedenartige Massen zueinander ins Verhältnis gesetzt werden, die in einem Zusammenhang stehen (z. B. Umsatz zur Zahl der Aufträge, Umsatz zur Zahl der Beschäftigten).

$$\textbf{Beziehungszahl} = \frac{\textbf{Masse einer Art}}{\textbf{Masse einer anderen Art}}$$

Beispiel Im letzten Geschäftsjahr hatte ein Reisender mit 715 Aufträgen einen Jahresumsatz von 1.823.250,00 € erzielt. Wie hoch war die Verkaufssumme je Auftrag?

Lösung Verkaufssumme je Auftrag: $= \frac{1.823.250}{715} = \underline{\underline{2.550,00\ €}}$

8 Stellen Sie fest:

a) den Jahresumsatz je m^2 Verkaufsfläche. Jahresumsatz 840.000,00 €, Verkaufsfläche 120 m^2;

b) den Kapitalumschlag. Jahresumsatz 1.680.000,00 €, Kapitaleinsatz 672.000,00 €;

c) die Investitionskosten je Arbeitsplatz. Anlagevermögen 42 Mio. €, Beschäftigte 120.

9 Stellen Sie die Anzahl der Betriebsunfälle für je 1 000 Beschäftigte fest. (1 Dezimale)

Jahr	Beschäftigte	Unfälle
1	14 500	290
2	15 100	350
3	14 000	300
4	14 200	270
5	13 600	240

Welche Schlüsse können aus den Beziehungszahlen gezogen werden?

13.2.3 Mittelwerte

Mittelwerte sind Messzahlen, die durch eine einzige Zahl eine statistische Reihe charakterisieren (Durchschnittszahl).

13.2.3.1 Einfaches arithmetisches Mittel

Das arithmetische Mittel ergibt sich aus der Formel:

$$\textbf{einfaches arithmetisches Mittel} = \frac{\textbf{Summe der Reihenglieder}}{\textbf{Zahl der Reihenglieder}}$$

$$x = \frac{a_1 + a_2 + a_3 + \ldots + a_n}{n}$$

Beispiel Die 3 Vorstellungen eines Kinos wurden am Samstag besucht: Mittagsvorstellung 70 Personen, Nachmittagsvorstellung 170 Personen, Abendvorstellung 420 Personen. Wie viel Personen besuchten die Vorstellungen im Durchschnitt?

Lösung

Mittagsvorstellung	70 Personen
Nachmittagsvorstellung	170 Personen
Abendvorstellung	420 Personen
3 Vorstellungen	660 Personen
1 Vorstellung	220 Personen

$$\frac{\text{Summe der Reihenglieder}}{\text{Zahl der Reihenglieder}} = \frac{660}{3} = \underline{\underline{220 \text{ Personen}}}$$

1 Ein Spielwarenhersteller hatte im letzten Geschäftsjahr folgende Monatsumsätze:

Januar	40.000,00 €	Juli	90.000,00 €
Februar	50.000,00 €	August	120.000,00 €
März	70.000,00 €	September	180.000,00 €
April	90.000,00 €	Oktober	350.000,00 €
Mai	70.000,00 €	November	400.000,00 €
Juni	80.000,00 €	Dezember	250.000,00 €

a) Wie hoch ist der durchschnittliche Monatsumsatz?

b) Wie hoch ist der Anteil des Weihnachtsgeschäftes am Jahresumsatz in Prozent? (Monate Oktober, November und Dezember)

2 Um die Normalleistung für Stanzarbeiten festzulegen, werden bei vier Arbeitern die Tagesleistungen festgestellt (8 Arbeitsstunden):

Winger 960, Seifert 890, Wiegand 910, Dahl 880 Stück.

a) Wie viel Stück haben die Arbeiter im Durchschnitt gestanzt?

b) Wie viel Stück wurden im Durchschnitt je Arbeitsstunde gestanzt?

13.2.3.2 Gewogenes arithmetisches Mittel

Das gewogene arithmetische Mittel ergibt sich aus der Formel:

$$\text{gewogenes arithmetisches Mittel} = \frac{\text{gewogene Summe der Reihenglieder}}{\text{gewogene Zahl der Reihenglieder}}$$

$$x = \frac{(a_1 \cdot b_1) + (a_2 \cdot b_2) + \ldots + (a_n \cdot b_n)}{b_1 + b_2 + \ldots + b_n}$$

Beispiel Der Lagerbestand an Kupferbeschlägen beträgt 500 Stück zu 5,00 € je Stück. Für die neue Lieferung von 2 000 Stück werden je Stück 5,40 € gezahlt. Für die Lagerkalkulation soll der Durchschnittspreis zugrunde gelegt werden.

Lösung

Lagerbestand	500 Stück zu 5,00 € je Stück	2.500,00 €
Zugang	2 000 Stück zu 5,40 € je Stück	10.800,00 €
Neubestand	2 500 Stück	13.300,00 €
Durchschnittspreis für 1 Stück		5,32 €

$$\frac{\text{gewogene Summe der Reihenglieder}}{\text{gewogene Zahl der Reihenglieder}} = \frac{13.300}{2\,500} = \underline{\underline{5{,}32\ €}}$$

3 Um den Bereich „Kopieren und Drucken" zu reorganisieren, wurden die Kopiervorgänge nach Häufigkeit und Anzahl der Kopiervorgänge festgstellt:

Kopien / Abteilung	Anzahl der Kopiervorgänge bei 1	2	3	4	5	6	7	8	9	10
I	120	80	50	20	10	3	–	4	–	5
II	40	160	60	10	5	2	–	1	–	–
III	70	50	90	50	15	–	8	5	–	10
Kopiervorgänge insgesamt	230	290	200	80	30	5	8	10	–	15

Wie viel Kopien wurden im Durchschnitt je Kopiervorgang hergestellt im Betrieb insgesamt und in jeder Abteilung?

13.2.4 Statistische Zahlen als betriebliche Kennzahlen

Betriebliche Kennzahlen sind Kontrollinstrumente der Betriebsführung. Sie dienen sowohl dem inner- als auch außerbetrieblichen Vergleich.

wichtige betriebliche Kennzahlen sind

- Rentabilität
- Wirtschaftlichkeit
- Produktivität

13.2.4.1 Rentabilität

Unter Rentabilität versteht man die effektive (tatsächliche) Verzinsung des eingesetzten Kapitals. Bemessungsgrundlagen sind der erwirtschaftete Reingewinn und das eingesetzte Kapital (Gesamtkapital, Eigenkapital). Außerdem kann der Reingewinn zum Umsatz und zu den Gesamtkosten ins Verhältnis gesetzt werden.

Formeln der Kapitalrentabilität

$$\textbf{Rentabilität des Eigenkapitals} = \frac{\textbf{Reingewinn} \cdot \textbf{100}}{\textbf{Eigenkapital}}$$

$$\textbf{Rentabilität des Gesamtkapitals} = \frac{\textbf{(Reingewinn + Zinsaufwand)} \cdot \textbf{100}}{\textbf{Gesamtkapital}}$$

Beispiel 1 Aus der Bilanz und der Erfolgsrechnung eines Unternehmens ergeben sich folgende Zahlen:

Eigenkapital	800.000,00 €
Fremdkapital	700.000,00 €
Gesamtkapital	1.500.000,00 €
Gewinn	68.000,00 €
Zinsaufwand	73.500,00 €

Wie viel Prozent beträgt die Rentabilität des Eigen- und Gesamtkapitals?

Lösungen

$$\text{Rentabilität des Eigenkapitals} = \frac{68.000 \cdot 100}{800.000} = \underline{\underline{8{,}5\,\%}}$$

$$\text{Rentabilität des Gesamtkapitals} = \frac{(68.000 + 73.500) \cdot 100}{1.500.000} = \underline{\underline{9{,}4\,\%}}$$

Formeln der Umsatzrentabilität

$$\textbf{Umsatzrentabilität} = \frac{\textbf{Reingewinn} \cdot \textbf{100}}{\textbf{Verkaufserlöse}}$$

Beispiel 2 Als Verkaufserlöse sind in der Erfolgsrechnung 2.720.000,00 € ausgewiesen (übrige Zahlen vgl. Beispiel 1). Wie viel Prozent beträgt die Umsatzrendite des Unternehmens?

Lösung

$$\text{Rentabilität des Umsatzes} = \frac{68.000 \cdot 100}{2.720.000} = \underline{\underline{2{,}5\,\%}}$$

Formel der Kostenrentabilität

$$\text{Kostenrentabilität} = \frac{\text{Reingewinn} \cdot 100}{\text{Gesamtkosten}}$$

Beispiel 3 Die Gesamtkosten betragen 2.652.000,00 € (übrige Zahlen vgl. Beispiel 1). Wie viel Prozent beträgt die Kostenrentabilität?

Lösung

$$\text{Kostenrentabilität} = \frac{68.000 \cdot 100}{2.652.000} = \underline{\underline{2,56\ \%}}$$

Ermitteln Sie die Rentabilität des Eigen- und Gesamtkapitals, des Umsatzes und der Gesamtkosten. (Zahlen in Mio. Euro; 1 Dezimale)

1	Reingewinn	0,8	Fremdkapital	10,0
	Zinsaufwand	1,2	Gesamtkosten	40,0
	Eigenkapital	8,0	Verkaufserlöse	40,8
2	Reingewinn	0,2	Fremdkapital	2,0
	Zinsaufwand	0,1	Gesamtkosten	5,0
	Eigenkapital	4,0	Verkaufserlöse	5,2
3	Reingewinn	0,0	Fremdkapital	0,8
	Zinsaufwand	0,04	Gesamtkosten	4,0
	Eigenkapital	1,0	Verkaufserlöse	4,0

4 Wie viel Prozent beträgt die Eigenkapitalsrentabilität der Martin Heller OHG? Eigenkapital zu Beginn des Geschäftsjahres: 24 Mio. €, Gewinn: 3,720 Mio. €.

13.2.4.2 Wirtschaftlichkeit

Wirtschaftlichkeit ist das Verhältnis aus Ertrag und Aufwand oder Leistung und Kosten. Messungen der Wirtschaftlichkeit erfolgen für Zeitabschnitte und Leistungseinheiten.

Formeln der Wirtschaftlichkeit

$$\text{Wirtschaftlichkeit} = \frac{\text{Ertrag}}{\text{Aufwand}} \text{ oder } \frac{\text{Leistung}}{\text{Kosten}}$$

$$\text{Wirtschaftlichkeit in Prozent} = \frac{\text{Ertrag} \cdot 100}{\text{Aufwand}} \text{ oder } \frac{\text{Leistung} \cdot 100}{\text{Kosten}}$$

Wirtschaftlichkeitsrechnungen sind häufig Vergleichsrechnungen (z. B. zur Ermittlung des wirtschaftlichen Verfahrens).

Beispiel Bei folgenden Betriebsauslastungen ergeben sich an Aufwendungen und Erträgen:

a) 60%ige Auslastung 113.600,00 € Aufwand, 102.000,00 € Ertrag
b) 100%ige Auslastung 149.700,00 € Aufwand, 170.000,00 € Ertrag

Wie hoch ist die Wirtschaftlichkeit als Koeffizient und in Prozent bei beiden Auslastungen?

Lösung a) 60%ige Auslastung: Wirtschaftlichkeit

$$= \frac{102.000}{113.600} = \underline{\underline{0,898}} = \frac{102.000 \cdot 100}{113.600} = \underline{\underline{89,8\,\%}}$$

b) 100%ige Auslastung: Wirtschaftlichkeit

$$= \frac{107.000}{149.700} = \underline{\underline{1,136}} = \frac{107.000 \cdot 100}{149.700} = \underline{\underline{113,6\,\%}}$$

Die Wirtschaftlichkeit ist umso günstiger, je größer die Kennziffer oder der Prozentsatz ist.

1 Für Normal- und Kleinaufträge ergeben sich folgende Kosten- und Erlösdaten:

	Normalaufträge	Kleinaufträge
Aufwand/Kosten	1.700.000,00 €	1.200.000,00 €
Ertrag/Erlöse	2.000.000,00 €	1.000.000,00 €

a) Stellen Sie die Wirtschaftlichkeit beider Auftragsgruppen und insgesamt fest.

b) Wie wirkt sich eine weitere Erhöhung des Anteils der Kleinaufträge auf die Gesamtwirtschaftlichkeit des Unternehmens aus?

c) Nennen Sie Maßnahmen, die sich zur Senkung des Anteils der Kleinaufträge am Gesamtumsatz eignen.

2 Für das Freimachen der Ausgangspost stehen zwei Verfahren zur Wahl (30 Sendungen je Tag):

ohne Freistempler		mit Freistempler	
Markenkleben	1,8 Min.	Freistempeln	1,5 Min.
Posttagebuch führen (Verwendungsnachweis)	6,0 Min.	–	–
Briefmarkenkauf anteilig	1,2 Min.	Wertvorgabe anteilig	1,2 Min.
Monatsabrechnung	9,0 Min.	Monatsabrechnung	2,0 Min.

a) Ermitteln Sie für beide Verfahren die Wirtschaftlichkeit auf der Basis für 1 Sendung.

b) Ermitteln Sie die Personalkosten für beide Verfahren. Stundensatz 32,00 € (einschließlich Lohnnebenkosten).

c) Welche Kostenersparnis ergibt sich beim Einsatz des wirtschaftlicheren Verfahrens im Jahr? 240 Arbeitstage.

3 Es steht zur Entscheidung, ob der vorhandene Kran auf dem Gelände des Freilagers weiterhin genutzt oder durch einen neuen Kran ersetzt werden soll.

Vergleich/Monat	alter Kran 25 t	neuer Kran 30 t
Abschreibungen	0,00 €	1.200,00 €
Betriebskosten	4.000,00 €	3.500,00 €
Instandhaltung und -setzung	1.800,00 €	200,00 €

Ermitteln und vergleichen Sie die Wirtschaftlichkeit beider Möglichkeiten auf der Basis von 4 000 t Monatsleistung.

4 Zur Auswahl stehen zwei Verfahren:

Kosten	Verfahren A	Verfahren B
fixe Kosten	20.000,00 €	14.000,00 €
variable Kosten je Stück	40,00 €	50,00 €

a) Stellen Sie die Wirtschaftlichkeit beider Verfahren für eine Auftragsgröße von 1 500 Stück fest.

b) Machen Sie eine Aufstellung über den Kostenverlauf beider Verfahren (in 100-Stück-Abständen).

c) Bei welchen Auftragsgrößen können beide Verfahren eingesetzt werden (Wirtschaftlichkeit)?

13.2.4.3 Produktivität

Produktivität ist das Ergebnis aus dem Verhältnis von Ausbringungsmenge zu der entsprechenden Einsatzmenge.

Formel der Produktivität

$$\textbf{Produktivität} = \frac{\textbf{Ausbringung}}{\textbf{Einsatz}}$$

Eine hohe Produktivität muss nicht eine günstige Wirtschaftlichkeit zur Folge haben. Das gilt z. B. dann, wenn für die Ausbringung keine entsprechende wirtschaftliche Verwendung vorhanden ist.

Beispiel Für die Herstellung eines Bauteils wurden bisher 2 000 Arbeitsstunden bei einer Losgröße von 50 Stück vorgegeben. Nach Beseitigung eines fertigungstechnischen Engpasses bei diesem Modell werden bei einer optimalen Losgröße von 40 Stück nun 1 500 Arbeitsstunden benötigt.

Wie hoch ist in beiden Fällen die Produktivität?

Lösung

Losgröße 50 St.: Produktivität $= \frac{50}{2\,000} = \underline{\underline{0{,}025}}$ bzw. $\frac{2\,000}{50} = \underline{\underline{40 \text{ Std.}}}$

Losgröße 40 St.: Produktivität $= \frac{40}{1\,500} = \underline{\underline{0{,}027}}$ bzw. $\frac{1\,500}{40} = \underline{\underline{37{,}5 \text{ Std.}}}$

Der Vergleich lässt erkennen, dass die Produktivität gestiegen ist.

1 Die Kunden eines Absatzgebietes wurden mit 20 Transportern beliefert. Insgesamt wurden durchschnittlich 2 400 km gefahren. Durch eine Änderung der Bestell- und der Fahrtroutenorganisation ist die Zahl der gefahrenen Kilometer (bei gleicher Lieferleistung) auf 2 100 gesunken.

Stellen Sie die Produktivität des Fahrzeugeinsatzes bei alter und neuer Organisation fest.

2 Im Absatzgebiet Nord wurden im vergangenen Geschäftsjahr bei 24 800 Kundenbesuchen 12 300 Aufträge erteilt, im Absatzgebiet Süd bei 30 200 Kundenbesuchen 15 900 Aufträge.

a) Ermitteln Sie für beide Absatzgebiete die Produktivität.
b) Nennen Sie mögliche Ursachen für die höhere Produktivität des einen Absatzgebietes.

3 Für die drei Werksfilialen werden folgende betriebswirtschaftlichen Zahlen gemeldet:

	Umsatz	Beschäftigte	Verkaufsfläche
Filiale München	3.000.000,00 €	15	300 m^2
Düsseldorf	5.000.000,00 €	20	400 m^2
Hamburg	2.000.000,00 €	11	200 m^2

a) Stellen Sie die Produktivität des Personaleinsatzes fest. (Umsatz je Beschäftigter)
b) Stellen Sie die Produktivität der Verkaufsfläche fest. (Umsatz je m^2)
c) Worauf können die unterschiedlichen Produktivitäten der Filialen zurückzuführen sein?

13.3 Darstellungsformen statistischer Zahlen

Statistische Zahlen können dargestellt werden in

- **tabellarischer Form*,**
  die Zahlen werden in ein **Schema** eingetragen;
- **grafischer Form*,**
  die Zahlen werden zeichnerisch als **Diagramm** wiedergegeben.

* Siehe auch Kap. 10.5 Kalkulation und Beschäftigungsgrad, S. 255 ff.
Kap. 12 Plankostenrechnung und Controlling, S. 293 ff.

13.3.1 Tabellen

Tabellen bestehen aus einem Text- und einem Zahlenteil. Angewandt wird folgendes Tabellenschema:

Überschrift

Kopf zur Vorspalte		Tabellenkopf				
		1	2	3	4	←
Vorspalte	1	Tabellenfeld				←
	2					←Zeilen
	3					←
	4					←
		↑	↑	↑	↑	

Spalten

Überschrift, Vorspalte und Tabellenkopf **(Textteil)** müssen alle notwendigen statistischen Merkmale enthalten, um eine sichere Aussage zu ermöglichen. In den Tabellenfeldern **(Zahlenteil)** sind die statistischen Zahlen wiedergegeben.

Beispiel 1 Die Hubert Lang KG hatte folgende Umsatzentwicklung:

	Umsatz insgesamt	davon Export
1. Jahr	8.600.000,00	1.100.000,00
2. Jahr	8.400.000,00	1.300.000,00
3. Jahr	8.900.000,00	1.600.000,00
4. Jahr	9.800.000,00	2.000.000,00

Die Umsatzentwicklung ist für die Geschäftsjahre tabellarisch als Gesamt-, Inlands- und Auslandsumsatz darzustellen.

Lösung **Hubert Lang KG – Umsatzentwicklung:**

Geschäftsjahr	Umsätze €		
	insgesamt	davon Inland	davon Ausland
1.	8.600.000,00	7.500.000,00	1.100.000,00
2.	8.400.000,00	7.100.000,00	1.300.000,00
3.	8.900.000,00	7.300.000,00	1.600.000,00
4.	9.800.000,00	7.800.000,00	2.000.000,00

1 Welche Aussagen (Beispiel 1) lassen sich machen über

a) die Entwicklung des Gesamt-, Inlands- und Auslandsumsatzes;

b) das Verhältnis von Inlands- und Auslandsumsatz zum Gesamtumsatz?

Beispiel 2 Für die Hauptversammlung einer Industrie AG ist die Bilanz des letzten Geschäftsjahres in ihrer Gliederungsstruktur (Anlage- und Umlaufvermögen, Eigen- und Fremdkapital) darzustellen und den Werten des Vorjahres gegenüberzustellen (in Euro und Prozent).

Zahlen Berichtsjahr in €		Zahlen Vorjahr	
Anlagevermögen	2.000.000,00	1,8 Mio. €	41 %
Umlaufvermögen	3.000.000,00	2,6 Mio. €	59 %
Eigenkapital	1.500.000,00	1,3 Mio. €	30 %
Fremdkapital	3.500.000,00	3,1 Mio. €	70 %

Lösung

Industrie AG – Bilanzstruktur Berichts- und Vorjahr

Vermögen	Berichtsjahr		Vorjahr		Kapital	Berichtsjahr		Vorjahr	
	Mio. €	%	Mio. €	%		Mio. €	%	Mio. €	%
Anlageverm.	2,0	40	1,8	41	Eigenkapital	1,5	30	1,3	30
Umlaufverm.	3,0	60	2,6	59	Fremdkapital	3,5	70	3,1	70
insgesamt	5,0	100	4,4	100	insgesamt	5,0	100	4,4	100

2 Welche Aussagen (Beispiel 2) ergeben sich aus dem Zeitvergleich?

3 Für den Geschäftsbericht soll die Struktur der Beschäftigten zum 31. Dezember tabellarisch dargestellt werden. Auszubildende: männl. 2, weibl. 4; Reisende: männl. 21, weibl. 66; Angestellte: männl. 8, weibl. 12. Entwerfen Sie die Tabelle unter Berücksichtigung folgender zusätzlicher Merkmale: Auszubildende, Reisende und Büroangestellte sowie männliche und weibliche Beschäftigte insgesamt.

4 Für das Berichtsjahr hat die Hafengesellschaft eines Nordseehafens folgende Umschlagszahlen (in 1 000 t) festgestellt, die den Zahlen des Vorjahres gegenübergestellt werden:

Güterart	Berichtsjahr	Vorjahr
Erze	1 426	2 590
Mineralöle	5 308	4 668
Melasse	515	615
Getreide	2 508	2 506
Futtermittel	1 649	962
Kohle	2 131	2 231
Stückgut	2 807	3 063
sonstige Güter	741	618

a) Stellen Sie eine Tabelle auf mit den Umschlagszahlen des Berichtsjahres und des Vorjahres sowie mit den Abweichungen bei den einzelnen Güterarten und insgesamt gegenüber dem Vorjahr in t (±) und in % (±).

b) Welche Folgen können diese Veränderungen bei einem Anhalten dieser Entwicklung **(Trend)** für die hafenwirtschaftlichen Einrichtungen haben?

13.3.2 Diagramme*

Schema

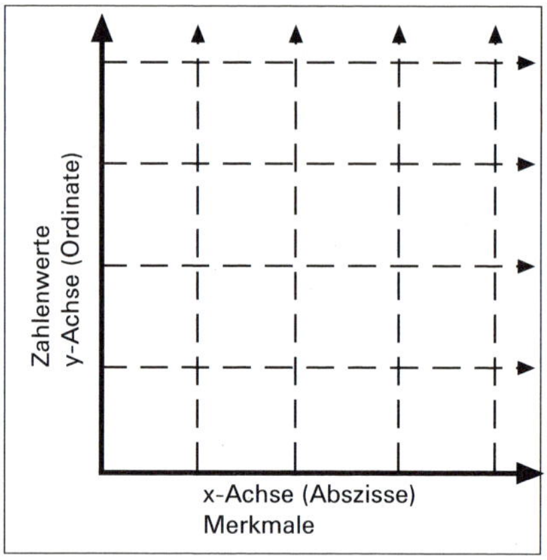

Diagramme haben den Vorteil, dass eine schnelle Information über statistische Sachverhalte, Zusammenhänge und Abhängigkeiten ermöglicht wird.

Erstellen Sie die Diagramme der Aufgaben nach Möglichkeit mit dem PC.

Auf der x-Achse werden statistische Merkmale (wie Zeit), auf der y-Achse die statistischen Zahlenwerte (Häufigkeiten) eingetragen.

13.3.2.1 Liniendiagramm/Kurvendiagramm

Im Koordinatensystem werden die Zahlenwerte der Zeiten zunächst als Punkte eingetragen. Danach werden die Punkte durch Linien verbunden. Bei kombinierten Liniendiagrammen (zwei und mehr Linien) werden die einzelnen Linien farbig oder grafisch unterschiedlich gekennzeichnet: –, ..., –. –. – usw. Aus der Linienführung sind Entwicklungen **(Trend)** sehr gut erkennbar. Liniendiagramme werden bei Zahlenreihen verwandt.

Beispiel 1 Der Absatz eines Haushaltsgerätes hatte bisher folgende Entwicklung:

Jahr	1.	2.	3.	4.	5.	6.
Stück	2 000	5 000	12 000	18 000	10 000	6 000

Die Entwicklung des Absatzes ist in einem Liniendiagramm darzustellen.

Lösung

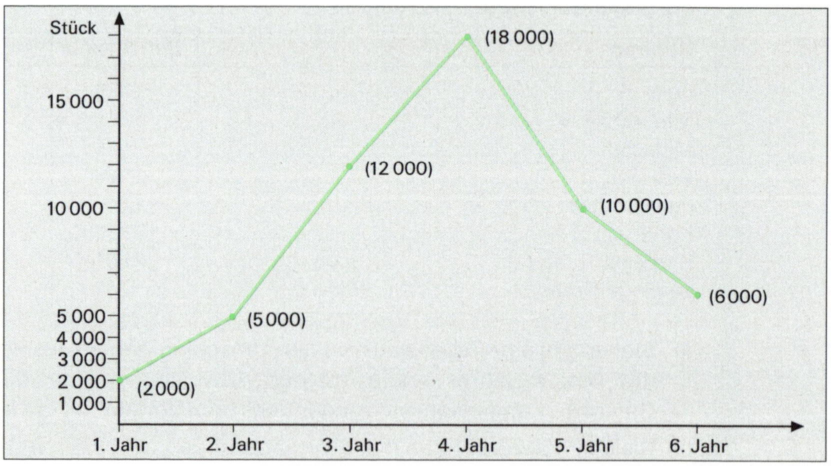

* Diagramme mit einer quantitativen Verteilung werden als Histogramme bezeichnet.

Für eine genaue Zahleninformation können die Zahlenwerte unter den Geschäftsjahren oder neben den Punkten (wie hier) zusätzlich zur Werteskala der y-Achse angegeben werden.

Entscheidend für die Aussage eines Liniendiagramms sind die Maßstäbe der x- und y-Achse zueinander. Infolge der Verkürzung des Maßstabes der x-Achse würde der Absatzverlauf steiler, bei Verlängerung abgeschwächter erscheinen. Das gilt auch für den Maßstab der y-Achse.

1 Fertigen Sie Beispiel 1 mit einem doppelten Maßstab der y-Achse und einem um die Hälfte verkürzten Maßstab der x-Achse an und vergleichen Sie die Wirkungen mit Beispiel 1.

Bewegen sich Zahlenwerte auf einem hohen Niveau oder in einer begrenzten Streuungsbreite (z. B. Börsenpreise), so kann im Diagramm auf den unteren Teil der y-Achse verzichtet werden. Die y-Achse beginnt dann in der Nähe der niedrigsten Zahlenangabe und nicht im Nullpunkt. Das gilt auch für Diagramme mit Indexzahlen. Dadurch füllt die Linie das ganze Koordinatensystem aus.

Beispiel 2 Baumwolle Bremen; ex Lager in US-Cent je lb; USA, Mexiko 1/16

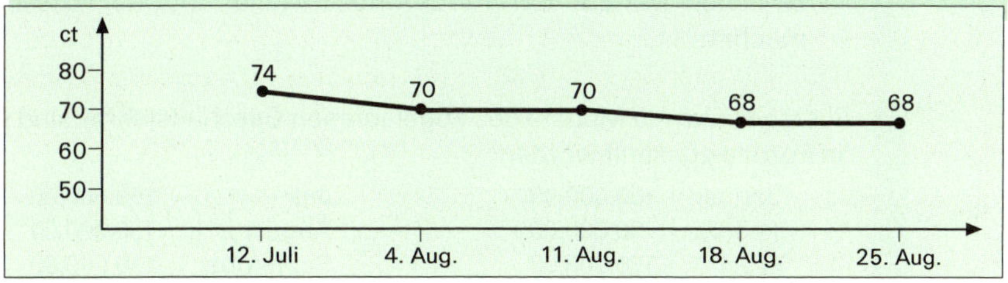

Frühere Zeiträume können zu größeren Zeiteinheiten zusammengefasst werden (Veränderung des Maßstabes). Sie dienen, wie im Beispiel 3, nur der allgemeinen Information. Das besondere Interesse gilt den zeitnahen Zahlen.

Beispiel 3 Umsatzentwicklung; Basis 10. Erhebungsjahr

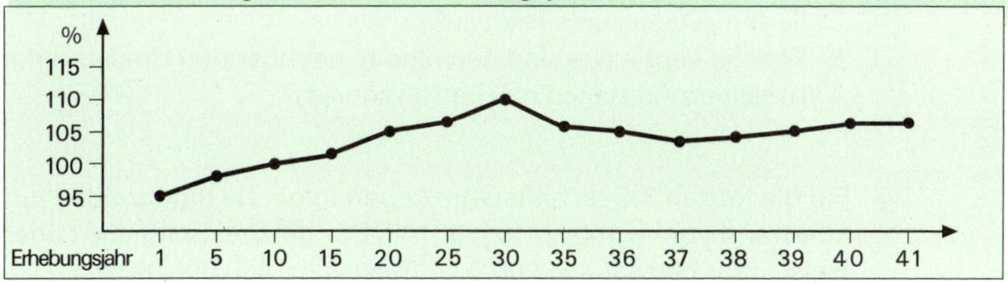

Bei einmaligen extremen Ausschlägen wird die Tabelle unterbrochen, um nicht den Maßstab der y-Achse verändern zu müssen. Entweder wird das Koordinatensystem in der y-Achse unterbrochen, wie bei Beispiel 4, oder die y-Achse wird verkürzt. Für die Verkürzung gibt es ein Zeichen:

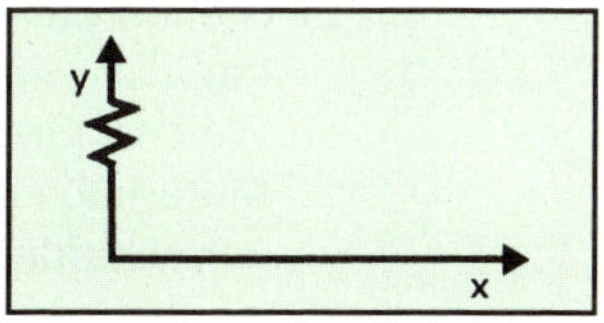

Beispiel 4 **Forderungsausfälle in 1.000 €**

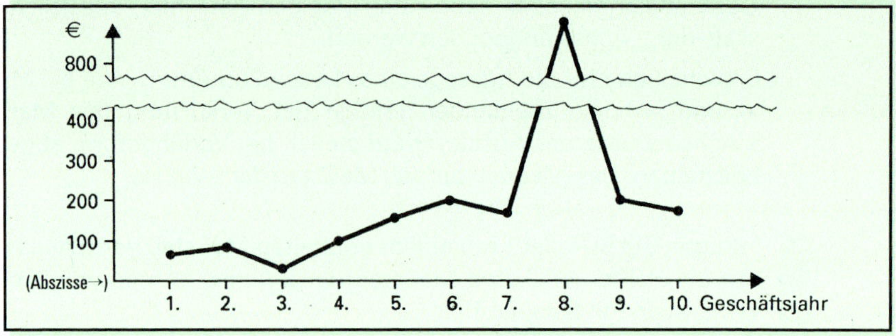

2 a) Worauf können die hohen Forderungsausfälle des 8. Jahres zurückzuführen sein? (Beispiel 4)

b) Welche Entwicklung **(Trend)** lässt sich aus dem Gesamtverlauf der Forderungsausfälle ablesen?

c) Welche Gründe können für diese Entwicklung maßgebend sein?

d) Welche andere Statistik könnte z. B. den Zusammenhang **(Korrelation)** zwischen Verlauf der Forderungsausfälle und der Ursache sichtbar machen?

3 Für die einzelnen Monate des abgelaufenen Geschäftsjahres sind die Umsätze in Euro festgestellt worden:

Januar	100.000,00	Juli	150.000,00
Februar	80.000,00	August	150.000,00
März	120.000,00	September	110.000,00
April	140.000,00	Oktober	90.000,00
Mai	160.000,00	November	70.000,00
Juni	180.000,00	Dezember	80.000,00

a) Stellen Sie ein Liniendiagramm für den monatlichen Umsatzverlauf auf.

b) Stellen Sie ein Liniendiagramm mit den jeweiligen aufgelaufenen (kumulierten) Monatsumsätzen auf.

c) Welche Vergleiche sind notwendig, um über den Umsatzverlauf bei a) und b) sichere Aussagen machen zu können?

4 Für die letzten 3 Geschäftsjahre liegen folgende Indexzahlen für den Materialbestand vor: 1. 100, 2. 104, 3. 108. Der durchschnittliche Lagerbestand für das 4. Jahr beträgt 460.000,00 € (Basisjahr: 400.000,00 €).

a) Wie lautet die Indexzahl für das 4. Geschäftsjahr?

b) Stellen Sie die Entwicklung des Materialbestandes im Liniendiagramm dar.

c) Welche Gründe können für das starke wertmäßige Anwachsen des Materialbestandes im 4. Geschäftsjahr vorliegen und welche betriebswirtschaftlichen Probleme ergeben sich daraus?

13.3.2.2 Säulendiagramm

Im Koordinatensystem werden die statistischen Zahlenwerte durch die Höhe bzw. Länge von Säulen (Rechtecken) dargestellt.

Beispiel 1 Am Messestand eines Industrieunternehmens sind im Laufe der Woche an Kunden beraten worden: Montag 70, Dienstag 49, Mittwoch 75, Donnerstag 70, Freitag 87, Samstag 50.

a) Für den Wochenverlauf ist ein Säulendiagramm aufzustellen.
b) Wie viel Interessenten waren durchschnittlich je Messetag an unserem Stand? Der Durchschnittswert ist als gestrichelte Linie in das Diagramm einzutragen.

Lösung **Anzahl der Kunden je Verkaufstag**

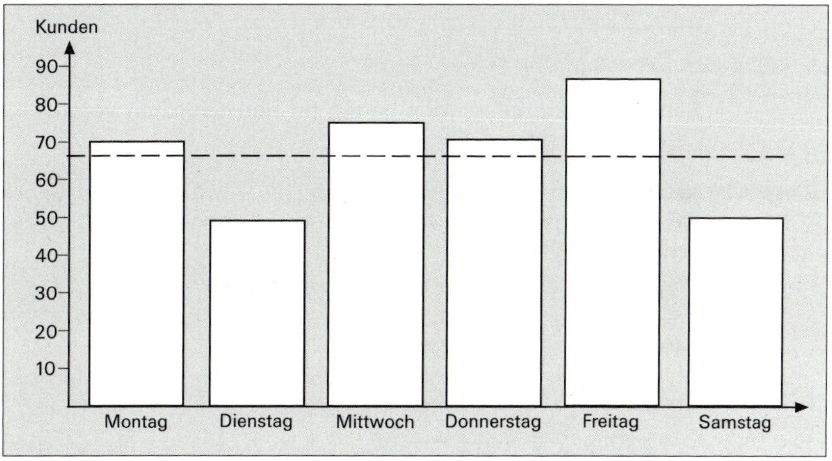

Durchschnitt:

in 6 Tagen 401 Interessenten
an 1 Tag 67 Interessenten

Das Säulendiagramm wird auch für die Darstellung von Gliederungszahlen (%) verwendet. Die Säule ist 100 %. Die Zahlenwerte je Merkmal werden in die Säule eingemessen. Zur besseren Unterscheidung werden die Felder der einzelnen Merkmale unterschiedlich schraffiert.

Beispiel 3 Aufgrund einer Umfrage wurde das Leseverhalten der Empfänger von Werbebriefen festgestellt. So lasen:

22 % der Empfänger den Werbebrief sofort beim Empfang
10 % der Empfänger den Werbebrief am Abend des Empfangstages
52 % der Empfänger den Werbebrief am folgenden Wochenende
15 % der Empfänger den Werbebrief unbestimmt
1 % der Empfänger den Werbebrief überhaupt nicht

a) Stellen Sie das Säulendiagramm auf.
b) Welche Konsequenzen ergeben sich für den Tag der Zustellung der Werbebriefe?

Lösung **a) Lesegewohnheiten der Empfänger von Werbebriefen**

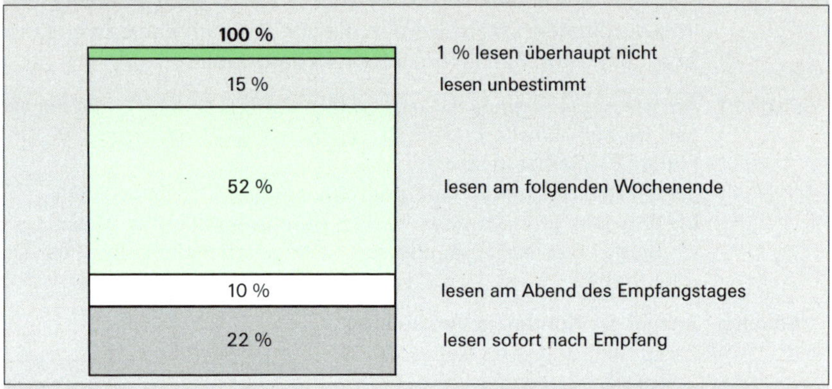

b) Zustellung am Freitag (84 %)

Säulendiagramme werden häufig für den zeitlichen Vergleich statistischer Zahlen eingesetzt.

Beispiel 3 Nach Angaben eines Kosmetikherstellers verwendeten im Berichtsjahr 64 % der Männer (ca. 14 Mio.) Aftershave. Im 1. Geschäftsjahr waren es 67 % und im 5. Geschäftsjahr 70 %.

Die Veränderungen sind im Säulendiagramm darzustellen.

Lösung **Verwender von Aftershave in %**

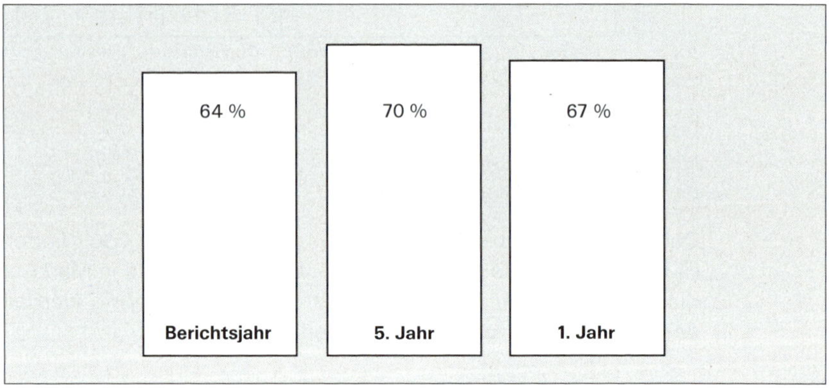

5 Welche Gründe können für den prozentualen Rückgang der Verwender im Berichtsjahr vorliegen? (Beispiel 3)

6 In einem Metallbaubetrieb haben sich die Stundenlöhne einschließlich Personalnebenkosten erhöht:

1980	8,00 €,	1990	13,20 €,	2000	20,10 €,
1985	10,40 €,	1995	15,35 €,	2005	22,00 €.

Stellen Sie die Entwicklung im Säulendiagramm dar.

7 Vergleich des Verkaufs von Sonnenbrillen:

Preislagen	Vergleichsjahr	Berichtsjahr
unter 10,00 €	40 %	15 %
10,00 bis 15,00 €	30 %	35 %
15,00 bis 25,00 €	15 %	40 %
über 25,00 €	15 %	10 %

a) Stellen Sie die beiden Säulendiagramme auf (nebeneinander mit Zwischenraum) und verbinden Sie die Preislagen des Berichtsjahres mit dem Vergleichsjahr mit Linien.

b) Welche Gründe können für die Entwicklung zu den höheren Preisklassen vorliegen?

13.3.2.3 Kreisdiagramm

Das Kreisdiagramm wird zur Darstellung von Gliederungszahlen eingesetzt. Jede Teilmasse wird durch einen Kreissektor (-ausschnitt) dargestellt. Die gesamte Kreisfläche (360°) entspricht der Gesamtmasse. Für die Teilmassen sind die Winkelgrade und Flächen der einzelnen Sektoren festzustellen. Grundsätzlich werden die statistischen Zahlen in die jeweiligen Sektoren eingetragen.

Beispiel Ein Unternehmen hat folgende Kundenstruktur:

Einzelhandel	2 000 Kunden	Großverbraucher	1 000 Kunden
Großhandel.........	600 Kunden	Sonstige	400 Kunden

Stellen Sie das Kreisdiagramm auf.

Lösung **Feststellung der Winkelgrade**

4 000 Kunden entsprechen 360°

1	Kunde entspricht	0,09°	(360 : 4 000)
2 000	Kunden entsprechen	180° oder 50 %	(2 000 · 0,09)
1 000	Kunden entsprechen	90° oder 25 %	(1 000 · 0,09)
600	Kunden entsprechen	54° oder 15 %	(600 · 0,09)
400	Kunden entsprechen	36° oder 10 %	(400 · 0,09)

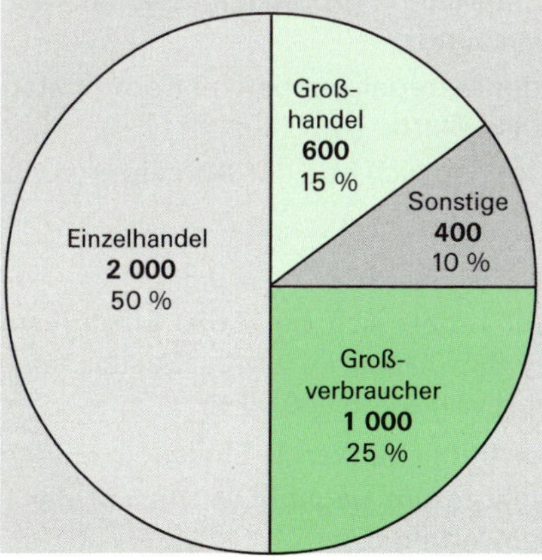

Der Durchmesser des Kreises ist so gewählt, dass die Größe der Sektoren gut sichtbar wird.

8 Von den 800 000 Sparern einer Bausparkasse haben 500 000 Sparer einen Vertrag, 200 000 Sparer zwei und 100 000 Sparer drei und mehr Verträge.

Stellen Sie die Anteile der Sparer nach Anzahl der Sparverträge im Kreisdiagramm dar.

9 Der Gesamtumsatz von 12 Mio. € setzte sich im letzten Geschäftsjahr zusammen:

Artikelgruppe I .... 2 Mio. €
Artikelgruppe II .... 4 Mio. €
Artikelgruppe III .... 3 Mio. €
Artikelgruppe IV .... 3 Mio. €

a) Stellen Sie das Kreisdiagramm auf.

b) Stellen Sie das Kreisdiagramm für das Vorjahr auf:
I 15 %, II 45 %, III 10 %, IV 30 %.

13.4 Anwendung der Statistik in einzelnen Bereichen der Unternehmung

13.4.1 Einkauf und Lager

1 Die Analyse unseres Lagerbestandes hat folgende Mengen-/Wertstruktur ergeben:

Materialgruppe	Mengenanteil	Wertanteil
A	15 %	60 %
B	30 %	25 %
C	55 %	15 %

a) Stellen Sie die Anteile der Materialgruppen im Säulendiagramm dar. (2 Säulen durch Linienverbund)

b) Stellen Sie die Anteile der Materialgruppen im Koordinatensystem dar. (x-Achse: Menge; y-Achse: Wert)

c) Welche Folgerungen ergeben sich aus der Anteilsverteilung für Einkauf und Lagerung?

2 Im vorletzten Geschäftsjahr ergab sich bei 2 620 Einkaufsvorgängen ein Gesamteinkaufswert von 5.895.000,00 €; letztes Geschäftsjahr: 2 140 Einkäufe mit einem Gesamtwert von 6.206.000,00 €.

a) Wie hoch ist der durchschnittliche Wert je Einkauf in beiden Jahren?

b) Stellen Sie im Säulendiagramm gegenüber: Anzahl der Einkäufe und Wert je Einkauf in beiden Jahren.

3 Für die letzten Geschäftsjahre wurden folgende Lagerbestände errechnet:

Jahr	Bestand in Mio. €
1	4,6
2	4,9
3	5,2
4	5,3
5	•

Im 5. Geschäftsjahr betrugen die Lagerbestände (in Mio. €):

Datum	Lagerwert	Datum	Lagerwert
1. Januar	4,6	31. Juli	4,5
31. Januar	4,7	31. August	4,4
28. Februar	4,9	30. September	4,2
31. März	5,0	31. Oktober	4,0
30. April	5,0	30. November	3,6
31. Mai	4,8	31. Dezember	3,5
30. Juni	4,6		

a) Wie hoch ist der durchschnittliche Lagerbestand für das 5. Jahr?

b) Stellen Sie die Entwicklung des Lagerbestandes in den 5 Geschäftsjahren im Säulendiagramm dar.

c) Worauf kann das Sinken des Lagerbestandes zurückzuführen sein?

d) Welche finanziellen Folgen ergeben sich für das Unternehmen?

e) Welche Umschlagshäufigkeit ergibt sich für das 5. Geschäftsjahr (Stoffeinsatz 26,4 Mio. €) und für das 4. Geschäftsjahr (Stoffeinsatz 26,5 Mio. €)?

f) Stellen Sie die Umschlagshäufigkeit beider Jahre im Säulendiagramm dar.

g) Wie hoch ist die durchschnittliche Lagerdauer im 4. und 5. Geschäftsjahr?

(Durchschnittliche Lagerdauer $\hat{=} \frac{360}{\text{Umschlagshäufigkeit}}$)

13.4.2 Produktion

1 Für verschiedene Losgrößen wurden an Selbstkosten je Stück für ein Haushaltsgerät festgestellt:

Losgröße	Selbstkosten	Losgröße	Selbstkosten
100 Stück	430,00 €	1 000 Stück	279,00 €
250 Stück	318,00 €	2 500 Stück	269,00 €
500 Stück	296,00 €	5 000 Stück	265,00 €

a) Stellen Sie die Selbstkosten je Stück für die Losgrößen im Säulendiagramm dar.

b) Worauf ist der degressive Kostenverlauf zurückzuführen?

2 In einer Betriebsabteilung ergeben sich bei der Produktion eines Präzisionsstücks folgende Fehlerhäufigkeit (Angaben in Stück):

	7 – 8	8 – 9	9 – 10	10 – 11	11 – 12	13 – 14	14 – 15	15 – 16 Uhr
Mo.	86	61	49	41	40	51	62	49
Di.	48	39	33	27	33	41	44	38
Mi.	49	38	34	28	35	43	45	40
Do.	50	41	37	30	36	45	47	42
Fr.	57	48	41	35	39	48	56	54

a) Stellen Sie in einem Liniendiagramm die Fehlerhäufigkeit der einzelnen Arbeitszeiten aller Wochentage dar.
b) Stellen Sie innerhalb des Diagramms zusätzlich die durchschnittliche Fehlerhäufigkeit dar.
c) Stellen Sie in einem Säulendiagramm die Fehlerhäufigkeit der Wochentage dar.
d) An welchem Wochentag und zu welcher Arbeitszeit ergeben sich im Durchschnitt die höchsten Fehlerhäufigkeiten? – Nennen Sie dafür Gründe.

3 Ein Versorgungsunternehmen vergleicht den Stromverbrauch im Laufe eines Tages im Sommer und im Winter:

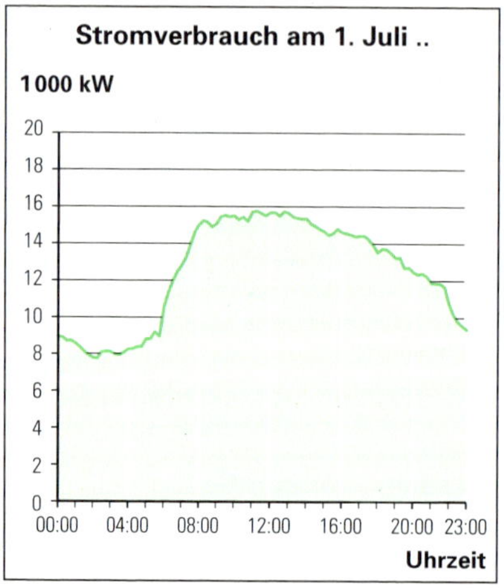

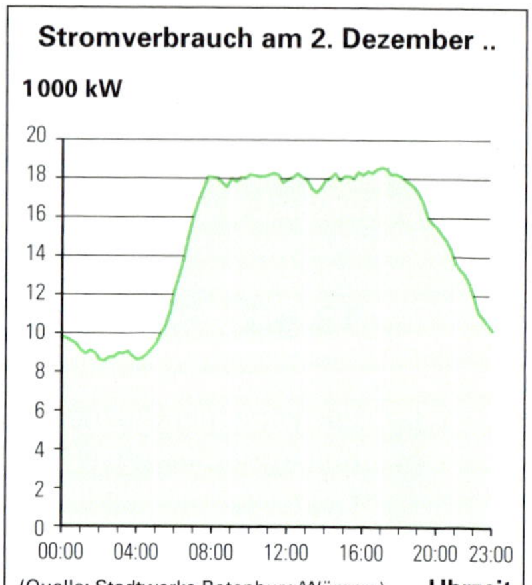

(Quelle: Stadtwerke Rotenburg/Wümme)

a) Welche Probleme ergeben sich aus den Verlaufskurven des Strombedarfs?
b) Nennen Sie Möglichkeiten für den Stromversorger, seine Lieferung dem Stromverbrauch seiner Kunden anzupassen.

4 Eine Gießerei hat eine Monatskapazität von 10 000 t Leichtmetallguss. Im letzten Geschäftsjahr sind produziert worden:

Monat	Jan.	Febr.	März	April	Mai	Juni	Juli	Aug.	Sept.	Okt.	Nov.	Dez.
t	7 900	7 900	8 100	8 300	8 000	7 800	7 400	7 200	8 200	8 400	8 000	7 200

a) Wie hoch ist der monatliche Auslastungsgrad in Prozent?

b) Stellen Sie im Liniendiagramm die Monatskapazität und die monatliche Produktion dar.

c) Welche Wirkung hat die Nichtauslastung der Kapazität auf die Kosten?

13.4.3 Absatz

1 Ein Kosmetikhersteller hatte bei Sonnenschutzmitteln in den letzten 8 Geschäftsjahren folgende Absatzentwicklung:

1. Jahr: 8,1 Mio. €
2. Jahr: 10,4 Mio. €
3. Jahr: 7,6 Mio. €
4. Jahr: 9,2 Mio. €
5. Jahr: 11,0 Mio. €
6. Jahr: 9,7 Mio. €
7. Jahr: 9,5 Mio. €
8. Jahr: 9,3 Mio. €

a) Ermitteln Sie die Umsatzveränderung gegenüber dem Vorjahr in € und Prozent.

b) Ermitteln Sie die Umsatzveränderungen gegenüber dem 1. Geschäftsjahr in € und Prozent. (1. Geschäftsjahr Basisjahr – 100%-Index)

c) Stellen Sie die Indexzahlen als Liniendiagramm dar.

d) Welche Gründe können die Absatzentwicklung beeinflusst haben?

2 Der Unternehmensbericht einer Wirtschaftszeitung über eine Brauerei hat folgenden Wortlaut:

„Mit 2,19 Mio. Hektoliter kam die Brauerei AG beim Ausstoß in ihrem am 30. September zu Ende gegangenen Geschäftsjahr nur auf ein Plus von 1,2 %. Da die Brauer jedoch bei ihrem Premium-Bier höhere Preise durchsetzten, kletterte der Umsatz um 5,8 % auf 253 Mio. €."

a) Stellen Sie Ausstoß und Umsatz des Vorjahres fest.

b) Stellen Sie die beiden Geschäftsjahre mengen- und wertmäßig im Säulendiagramm dar.

c) Nennen Sie andere Gründe, die zu einer überproportionalen Umsatzvermehrung (im Vergleich zum Ausstoß) führen können.

3 Ein Bekleidungswerk bietet Markenjeans in verschiedenen Preislagen an. Der Vergleich der Preisklassen (eigene Verkaufspreise) der Frühjahrs-/Sommersaison des ablaufenden Geschäftsjahres zum Vorjahr ergibt folgende Umsatzanteile in Prozent:

Preislage	laufendes Jahr	Vorjahr
bis 24,00 €	18 %	28 %
25,00 – 49,00 €	23 %	26 %
50,00 – 74,00 €	25 %	20 %
75,00 – 99,00 €	14 %	11 %
100,00 – 124,00 €	9 %	8 %
125,00 – 149,00 €	7 %	5 %
über 150,00 €	4 %	2 %

a) Stellen Sie die Unterschiede der Umsatzanteile der beiden Geschäftsjahre je Preisklasse im Säulendiagramm dar. (Zahlen beider Jahre je Preisklasse direkt nebeneinander; Vorjahr schraffiert darstellen.)

b) Welche Erkenntnisse ergeben sich für die Sortimentsgestaltung?

4 In unseren Werksverkaufsfilialen ergaben sich für die Wochenverkaufstage im Jahresdurchschnitt folgende Umsatzanteile in Prozent.

Tag	Basisjahr	Berichtsjahr
Montag	12 %	13 %
Dienstag	13,1 %	14 %
Mittwoch	12,5 %	13 %
Donnerstag	14,9 %	23 %
Freitag	23,9 %	20 %
Samstag	23,6 %	17 %

a) Stellen Sie die Umsatzverteilung im Liniendiagramm dar. (Zeichen: Basisjahr: ......; Berichtsjahr: _ _ _ _ _ _)

b) Stellen Sie die Umsatzentwicklung im Säulendiagramm dar. (Basisjahr: weiß; Berichtsjahr: schraffiert)

c) Welche Darstellungsform ermöglicht die schnellere Information? Begründen Sie Ihre Ansicht.

d) Worin liegen mögliche Gründe für die Veränderung der Umsatzverteilung auf die einzelnen Wochentage?

e) Welche betrieblichen Maßnahmen ergeben sich aus der Verschiebung der Umsatzverteilung?

5 Bei unseren Reisenden ergibt sich folgende durchschnittliche Verteilung der wöchentlichen Arbeitszeit:

Reisen/Fahrten	30 %
Wartezeiten beim Kunden	25 %
Berichte/Karteien/Führen der Verkaufsunterlagen	25 %
Verkaufsgespräche	15 %
Sonstiges	5 %

Stellen Sie die Arbeitszeitverteilung im Kreisdiagramm dar.

6 In den letzten 10 Geschäftsjahren zeigen die Umsätze je Mitarbeiter folgende Entwicklung:

Jahr	Umsatz in T€
1	120
2	126
3	131
4	129
5	127
6	130
7	131
8	133
9	134
10	•

Für das letzte Geschäftsjahr ergibt sich bei 480 Beschäftigten ein Umsatz von 65.280.000,00 €.

a) Wie hoch ist der Durchschnittsumsatz je Mitarbeiter im letzten Jahr?

b) Stellen Sie die Umsatzentwicklung im Liniendiagramm dar.

13.4.4 Kosten

1 Stellen Sie im Liniendiagramm die Gesamt- und Stückkostenverläufe dar und beschreiben Sie die Kostenverläufe.

a) Produktion	fixe Gesamtkosten	Stückkosten
1 t	300,00 €	300,00 €
2 t	300,00 €	150,00 €
3 t	300,00 €	100,00 €
4 t	300,00 €	75,00 €
5 t	300,00 €	60,00 €
6 t	300,00 €	50,00 €
7 t	300,00 €	42,86 €
8 t	300,00 €	37,50 €
9 t	300,00 €	33,33 €
10 t	300,00 €	30,00 €

b) Produktion	proportional variable Gesamtkosten	Stückkosten
1 t	50,00 €	50,00 €
2 t	100,00 €	50,00 €
3 t	150,00 €	50,00 €
4 t	200,00 €	50,00 €
5 t	250,00 €	50,00 €
6 t	300,00 €	50,00 €
7 t	350,00 €	50,00 €
8 t	400,00 €	50,00 €
9 t	450,00 €	50,00 €
10 t	500,00 €	50,00 €

c) Produktion	überproportional variable Gesamtkosten	Stückkosten
1 t	5,00 €	5,00 €
2 t	12,00 €	6,00 €
3 t	21,00 €	7,00 €
4 t	32,00 €	8,00 €
5 t	45,00 €	9,00 €
6 t	60,00 €	10,00 €
7 t	77,00 €	11,00 €
8 t	96,00 €	12,00 €
9 t	117,00 €	13,00 €
10 t	140,00 €	14,00 €

d) Produktion	unterproportional variable Gesamtkosten	Stückkosten
1 t	14,00 €	14,00 €
2 t	27,00 €	13,50 €
3 t	39,00 €	13,00 €
4 t	50,00 €	12,50 €
5 t	60,00 €	12,00 €
6 t	69,00 €	11,50 €
7 t	77,00 €	11,00 €
8 t	84,00 €	10,50 €
9 t	90,00 €	10,00 €
10 t	95,00 €	9,50 €

2 Bei unterschiedlichen Beschäftigungsgraden sind folgende Kosten, Erlöse und Betriebsergebnisse festgestellt worden:

Produktion in m^3	Gesamtkost.	Stückkosten fix	Stückkosten var.	Stückkosten insges.	Erlöse m^3	Erlöse insges.	Betriebs-ergebnis
0	80.000,00	–	–	–	–	–	– 80.000,00
1 000	140.000,00	80,00	60,00	140,00	80,00	80.000,00	– 60.000,00
2 000	200.000,00	40,00	60,00	100,00	80,00	160.000,00	– 40.000,00
3 000	260.000,00	26,67	60,00	86,67	80,00	240.000,00	– 20.000,00
4 000	320.000,00	20,00	60,00	80,00	80,00	320.000,00	± NS 0,00
5 000	380.000,00	16,00	60,00	76,00	80,00	400.000,00	+ 20.000,00
6 000	440.000,00	13,33	60,00	73,33	80,00	480.000,00	+ 40.000,00

a) Stellen Sie den Kosten- und Erlösverlauf im Koordinatensystem dar.

b) Welche Zielvorstellungen ergeben sich für die Unternehmensleitung?

3 Im letzten Geschäftsjahr betrugen die Anteile der Medien an unseren Werbekosten:

Fernsehen .... 20 %
Rundfunk .... 15 %
Zeitschriften .... 40 %
Displays .... 10 %
Sonstiges .... 15 %

Für das laufende Geschäftsjahr sind im Werbeetat 8,0 Mio. € vorgesehen. Davon entfallen auf Fernsehen 2,0 Mio. €, Rundfunk 1,0 Mio. €, Zeitschriften 4,0 Mio. €, Displays 0,6 Mio. € und andere 0,4 Mio. €.

Stellen Sie die Aufteilung der Werbekosten in vergleichbaren Kreisdiagrammen dar.

4 Für einen Artikel ergaben sich für das abgelaufene Geschäftsjahr folgende monatliche Einzel- und Gemeinkosten sowie Erlöse:

Monat	Einzelkosten in €	Gemeinkosten in €	Erlös in €
Januar	80.000,00	24.200,00	91.000,00
Februar	110.000,00	27.500,00	120.000,00
März	120.000,00	28.600,00	148.000,00
April	140.000,00	30.900,00	180.000,00
Mai	160.000,00	31.800,00	210.000,00
Juni	180.000,00	33.000,00	230.000,00
Juli	120.000,00	28.900,00	148.000,00
August	100.000,00	26.900,00	120.000,00
September	140.000,00	30.800,00	171.000,00
Oktober	180.000,00	32.600,00	230.000,00
November	220.000,00	33.400,00	272.000,00
Dezember	210.000,00	31.900,00	255.000,00
Jahr	?	?	?

Stellen Sie die Entwicklung der Gesamtkosten und Erlöse im Liniendiagramm dar.

5 Für die Herstellung eines Ersatzteils stehen 2 Verfahren zur Auswahl:

	Verfahren A	Verfahren B
fixe Kosten	20.000,00 €	10.000,00 €
variable Kosten je Stück	1.000,00 €	2.000,00 €

a) Stellen Sie den Kostenverlauf beider Verfahren tabellarisch und im Koordinatensystem dar. (Diagramm von 1 bis 12 Stück aufstellen.)

b) Für welches Produktionsverfahren entscheiden Sie sich?

13.4.5 Bilanz und Erfolgsrechnung

1 Die aufbereitete Bilanz einer Unternehmung hat folgende Zahlen: (in Mio. Euro)

Vermögen					**Kapital**
Anlagevermögen		10,0	**Eigenkapital**		8,0
Sachanlagen	9,0		Aktienkapital	6,0	
Finanzanlagen	1,0		Rücklagen	2,0	
Umlaufvermögen		8,0	**Fremdkapital**		10,0
Vorräte	4,5		langfr. Verbindlichkeiten	5,5	
Forderungen	2,5		kurzfr. Verbindlichkeiten	3,5	
liquide Mittel	1,0		Rückstellungen	1,0	

a) Stellen Sie im Säulendiagramm die Vermögens- und Kapitalstruktur der Unternehmung gegenüber.

b) Errechnen Sie die Kennziffer der Vermögensstruktur. (Anlagevermögen und Umlaufvermögen zu Gesamtvermögen)

c) Wie hoch ist die Anlageintensität? (Anlagevermögen : Umlaufvermögen)

d) Ermitteln Sie den Verschuldungsgrad der Unternehmung. (Fremdkapital : Eigenkapital)

e) Wie hoch ist die Anlagendeckung durch Eigenkapital? (Eigenkapital : Anlagevermögen)

f) Errechnen Sie den Liquiditätsgrad 1. Ordnung. (Liquide Mittel : kurzfristige Verbindlichkeiten)

2 Die aufbereitete KL-Rechnung eines Unternehmens enthält folgende Zahlen (in Mio. €):

Kosten		Leistungen	
Material	6,0	Verkaufserlöse	12,0
Personalkosten	3,0	Sonstige Erlöse	1,0
sonstige Kosten	2,0		
kalk. Kosten	1,0		

Ermitteln Sie die prozentualen Anteile der Kostenarten und der Leistungen und stellen Sie sie im Kreisdiagramm dar. (1 Kommastelle)

3 Für die Kosten des Fremdkapitals und die Verzinsung des Eigenkapitals ergeben sich vor Steuerabzug in den letzten Jahren folgende Zinssätze:

Jahr	Eigenkapital	Fremdkapital
1	16	9
2	16	12
3	10	13
4	8	12
5	6	11
6	6	10
7	▪	▪

Im 7. Geschäftsjahr ergeben sich folgende Zahlen:

Eigenkapital: 2,0 Mio. €; Gewinn: 160.000,00 €; Fremdkapitalzinssatz: 9 %.

Stellen Sie im Liniendiagramm die Entwicklung der Zinssätze für Eigen- (Symbol: _ _ _ _ _) und Fremdkapital (Symbol: .....) dar.

4 Für die letzten Geschäftsjahre ergeben sich an Investitionen und Abschreibungen (in Mio. €):

Geschäftsjahr	Investitionen	Abschreibungen
1	8,0	4,0
2	10,0	5,0
3	12,0	6,0
4	10,0	7,0
5	▪	▪

Im laufenden Geschäftsjahr sind aus Liquiditätsgründen nur Investitionen in Höhe der Abschreibungen von 6,0 Mio. € geplant.

a) Stellen Sie für die 5 Geschäftsjahre die Verläufe von Investitionen und Abschreibungen als Finanzierungsmittel im Liniendiagramm dar.

b) Kennzeichnen Sie durch Schraffierung die Finanzierungsteile zwischen jährlichen Abschreibungen und Investitionen.

c) Welche Möglichkeiten hat das Unternehmen, die Finanzierungslücke zu schließen?

5 Ein saisonabhängiges Unternehmen hat im Jahresablauf folgende Einnahmen und Ausgaben (in T€):

Monat	Einnahmen	Ausgaben
November	280	670
Dezember	120	880
Januar	450	540
Februar	260	410
März	310	450
April	250	380
Mai	280	450
Juni	750	440
Juli	1.000	480
August	1.380	820
September	1.610	380
Oktober	1.300	330

a) Stellen Sie mithilfe des Liniendiagramms den Jahresverlauf der Einnahmen (_ _ _) und Ausgaben (.....) dar.

b) Wodurch ergeben sich die Unterschiede in den Verläufen?

c) Wie können die finanzwirtschaftlichen Probleme des Unternehmens gelöst werden?

13.4.6 Personalwesen

1 Zur Planung von Maßnahmen für den Bildungsurlaub wurde die Vorbildung der Beschäftigten festgestellt:

Mitarbeiter / Schulbildung	Verwaltung		Produktion		Auszubildende	
	m.	w.	m.	w.	m.	w.
Hochschulreife	40	20	–	–	6	4
Realschulabschluss	50	60	250	80	30	10
Hauptschulabschluss	70	45	500	150	44	20
ohne Schulabschluss	–	–	50	20	–	6

a) Vervollständigen Sie die Tabelle um eine Spalte mit der Gesamtzahl der Beschäftigten und stellen Sie den prozentualen Anteil nach der Vorbildung fest.

b) Stellen Sie die Anteile im Säulendiagramm dar (Arten der Vorbildung in unterschiedlicher Schraffur).

c) Welche Schlussfolgerungen können für die Planung des Bildungsurlaubs gezogen werden?

2 Im Jahresdurchschnitt sind für die einzelnen Wochentage Arbeitsunfälle festgestellt worden:

Wochentag	Zahl der Unfälle
Montag	208
Dienstag	194
Mittwoch	186
Donnerstag	174
Freitag	191

a) Stellen Sie den Unfallverlauf im Liniendiagramm dar.

b) Welche Erkenntnisse ergeben sich für die Planung von Maßnahmen zur Unfallverhütung?

3 Für die Werkszeitschrift soll eine Statistik über die Vergütung für Verbesserungsvorschläge angefertigt werden. Im letzten Geschäftsjahr wurden honoriert:

150 Vorschläge mit	100,00 € Prämie
120 Vorschläge mit	500,00 € Prämie
90 Vorschläge mit	1.000,00 € Prämie
40 Vorschläge über	1.000,00 € Prämie

a) Stellen Sie den Anteil der Prämiengruppen in Prozent an den Verbesserungsvorschlägen im Kreisdiagramm dar.

b) Nennen Sie Gründe für den hohen Anteil der Prämiengruppe 100,00 €.

13.5 Zeitreihen und Trend

Über längere Zeiträume (Monate, Quartale, Jahre) lassen sich anhand statistischer Zahlen Entwicklungen ablesen. Diese Entwicklungen können saisonaler bzw. konjunktureller Art sein. Saisonale Entwicklungen ergeben sich aus dem branchen- bzw. artikeltypischen Auf und Ab eines Geschäftsjahres (wie z. B. im Baugewerbe, bei Spielwaren, Sonnenschutzmitteln, Sekt). Konjunkturentwicklungen sind langzeitige Veränderungen, die sich in einem Wirtschaftszweig bzw. in der Gesamtwirtschaft ergeben.

Langzeitige Saison- und Konjunkturentwicklungen lassen eine Richtung erkennen: steigend, gleich bleibend, fallend. Diese Richtung heißt **Trend.** Rechnerisch entspricht die Menge über der Trendlinie der Menge unter der Trendlinie. Mit gleitenden Durchschnitten lassen sich ebenfalls Trends ermitteln, z. B. aus den jeweils letzten 12 Monatsergebnissen.

Beispiel 1

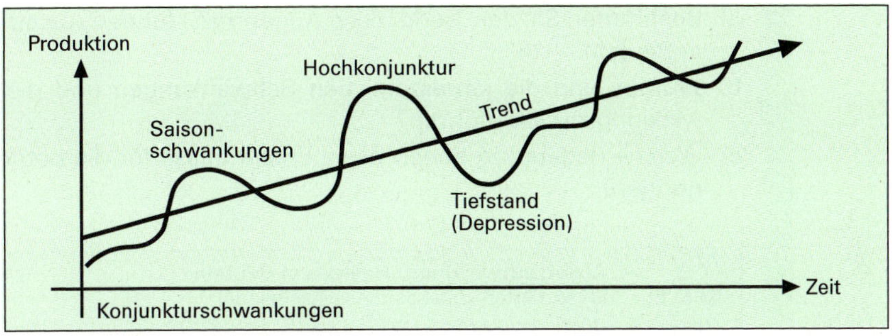

Beispiel 2

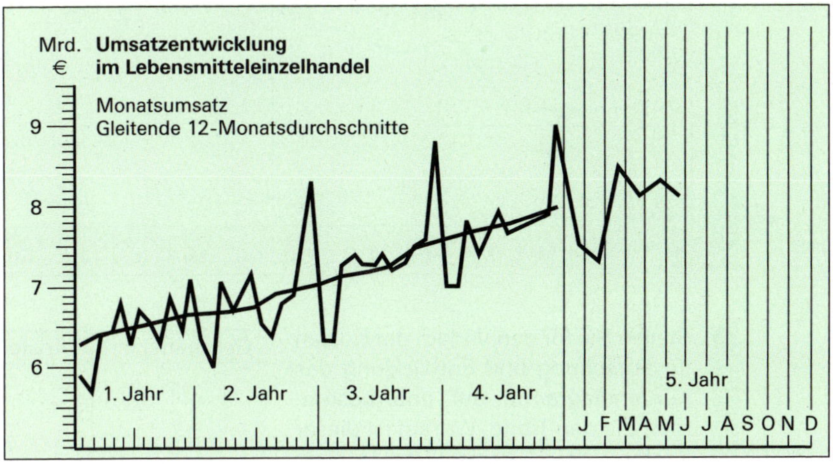

Beide Beispiele lassen einen steigenden Trend erkennen. Für die Unternehmensführung ist das Erkennen von Trends wesentliche Planungsvoraussetzung.

1 Die Verkaufszahlen für ein Haushaltsgerät zeigen folgende Entwicklung:

Geschäftsjahr	Stück	Geschäftsjahr	Stück
1	5 000	7	22 000
2	7 000	8	19 000
3	10 000	9	15 000
4	14 000	10	10 000
5	20 000	11	9 000
6	23 000	12	9 000

a) Stellen Sie die Umsatzstatistik als Kurvendiagramm auf.

b) Nennen Sie mögliche Gründe für diese Entwicklung.

c) Zeichnen Sie die Linie des gleitenden Trends ein.
Lösungshinweis: aufgelaufener Verkauf : Anzahl der Jahre; z. B. 1. Jahr: 5 000 : 1 = 5 000; 2. Jahr: 12 000 : 2 = 6 000 Stück usw.

2 a) Bestimmen Sie den Trend (nach Augenmaß) für den Absatz von Heiltees in Beuteln.

b) Worauf sind die jahreszeitlichen Schwankungen und die Gesamtentwicklung zurückzuführen?

c) Welche Bedeutung haben diese Erkenntnisse für die betrieblichen Planungen?

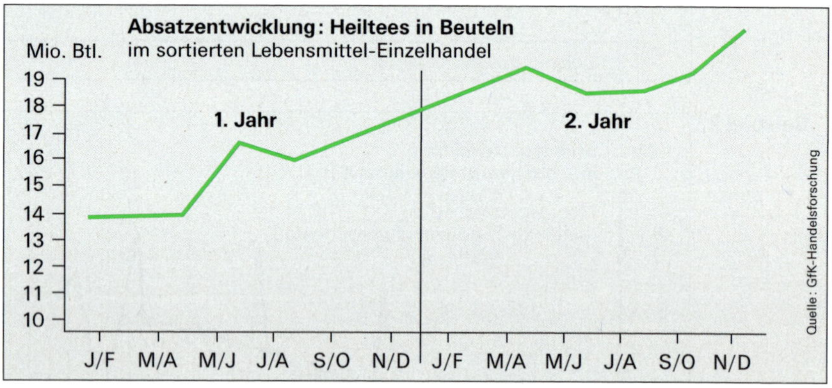

3 Stellen Sie für den Verlauf der Kosten für Forschung und Entwicklung das Kurvendiagramm auf und bestimmen Sie den Trend. Worauf ist dieser Kostenverlauf vermutlich zurückzuführen?

Geschäftsjahr	Kosten in Mio. €
1	2,0
2	1,5
3	2,2
4	1,8
5	2,6
6	2,2
7	3,5
8	3,0
9	5,0
10	6,0

4 Stellen Sie die Umsatzentwicklung im Kurvendiagramm dar und zeichnen Sie den Trend (nach Augenmaß) ein. Umsätze in Mio. Euro.

Geschäftsjahr	1. Quartal	2. Quartal	3. Quartal	4. Quartal
1	2,8	3,5	6,0	4,0
2	3,2	4,0	7,0	4,7
3	3,5	4,5	7,8	5,2
4	3,7	4,7	8,2	5,5
5	3,3	4,2	7,4	5,0
6	3,0	3,8	6,7	4,5
7	2,8	3,6	6,3	4,3
8	2,9	3,8	6,6	4,5
9	3,2	4,2	7,3	5,0
10	3,6	4,8	8,4	5,8

Die Lösungen bitte nur dann ankreuzen, wenn das Buch Ihr Eigentum ist. Im Leihverfahren überlassene Bücher dürfen nicht beschrieben werden.

13.6 Übungen

1 Wie wird die Erkenntnis aus den Verläufen beider Kurven ausgedrückt?

- a Steigender Trend
- b Fallender Trend
- c Beziehungszahlen
- d Korrelation
- e Kurven-/Liniendiagramm

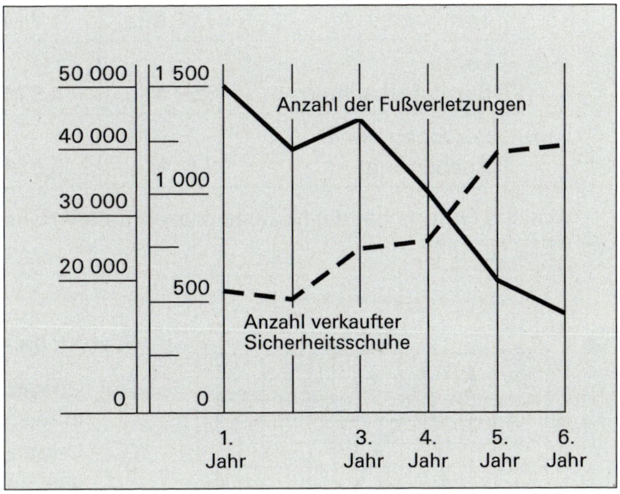

2 Durch welche betrieblichen Maßnahmen könnte die Arbeitszeit gesteigert werden? (mehrere Antworten möglich)

- a Senkung der Zahl der Sonn- und Feiertage
- b Senkung der Zahl der Urlaubstage
- c Verringerung der Zahl der Krankheitstage
- d Einstellung zusätzlicher Arbeitnehmer
- e Einführung von Überstunden/Mehrarbeit

3 Qualifikationsentwicklung 1982 – 2000

		1982	2000	△	Trend
a)	Fachhochschul-/ Hochschulabschluss	2,2 Mio.	3,7 Mio.	+ 1,5 Mio.	⬆
b)	Meister, Techniker u. Ä.	1,68 Mio.	1,7 Mio.	+ 0,02 Mio.	⬆
c)	Lehre, Berufsfachschule	13,5 Mio.	14,8 Mio.	+ 1,3 Mio.	⬆
d)	Personen ohne Ausbildung	8,2 Mio.	5,0 Mio.	–3,2 Mio.	⬇

Welche Gruppe hat die höchste prozentuale Veränderung aufzuweisen?

a | b | c | d

4

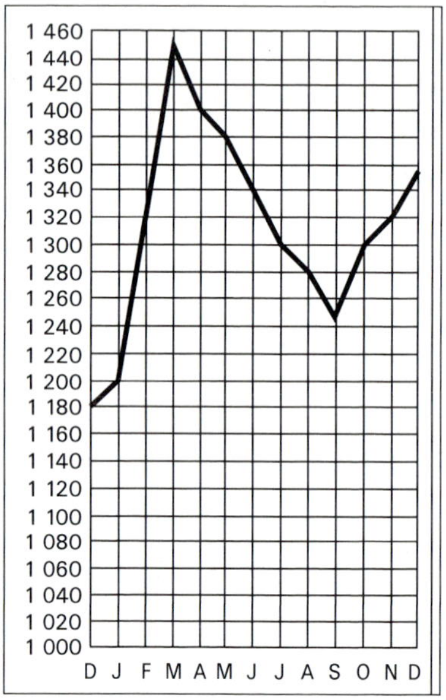

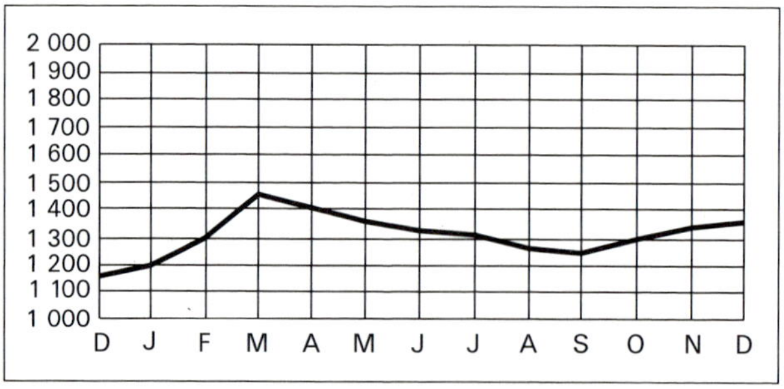

Worum handelt es sich wahrscheinlich?

a Umsatzentwicklung eines Unternehmens in zwei verschiedenen Jahren

b Umsatzentwicklung bei zwei verschiedenen Unternehmen

c Verwendung unterschiedlicher Maßstäbe bei gleichen Werten

5 Welche Auswirkungen hat die Entwicklung der 1-Personen-Haushalte auf den Lebensmittelhandel? (Single-Haushalte: junge und alte Menschen)

- a Der Umsatz steigt insgesamt.
- b Der Umsatz von Großpackungen steigt.
- c Der Umsatz von Kleinpackungen steigt.

Der Single-Haushalt bald ganz vorn

Entwicklung der Zahl der Privathaushalte

Jahr \ Mio.	Haushalte gesamt		1-Personen-Haushalte		2-Personen-Haushalte		Haushalt mit 3 u. mehr P.	
	abs.	%	abs.	%	abs.	%	abs.	%
1950	16,65	100,0	3,23	19,4	4,21	25,3	9,21	55,3
1970	21,99	100,0	5,53	25,1	5,96	27,1	10,50	47,8
1980	24,81	100,0	7,49	30,2	7,12	28,7	10,20	41,1
1990	26,74	100,0	9,18	34,3	7,89	29,5	9,67	36,2
1998	37,5	100,0	13,3	35,5	12,2	32,5	12,0	32,0
2001	38,1	100,0	14,1	37,0	12,95	34,0	11,05	29,0

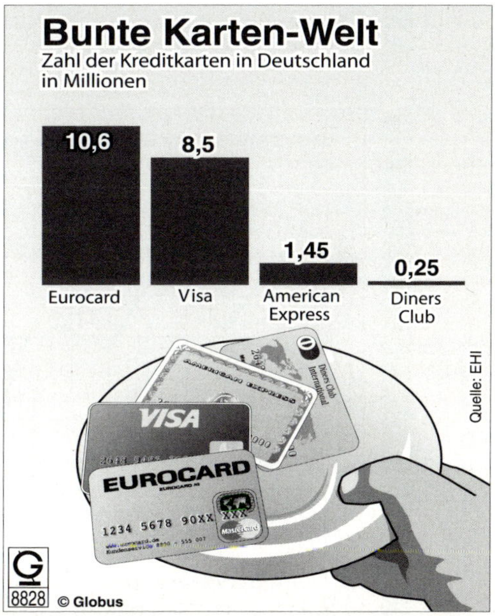

6 a) Errechnen Sie den Anteil von Eurocard, Visa, American Express und Diners Club an der Gesamtzahl der Kreditkarten in Prozent.

b) Stellen Sie die Statistik als Kreisdiagramm dar.
Wie viel Grad des Kreises entfallen auf die Kreditkartenaussteller?

7

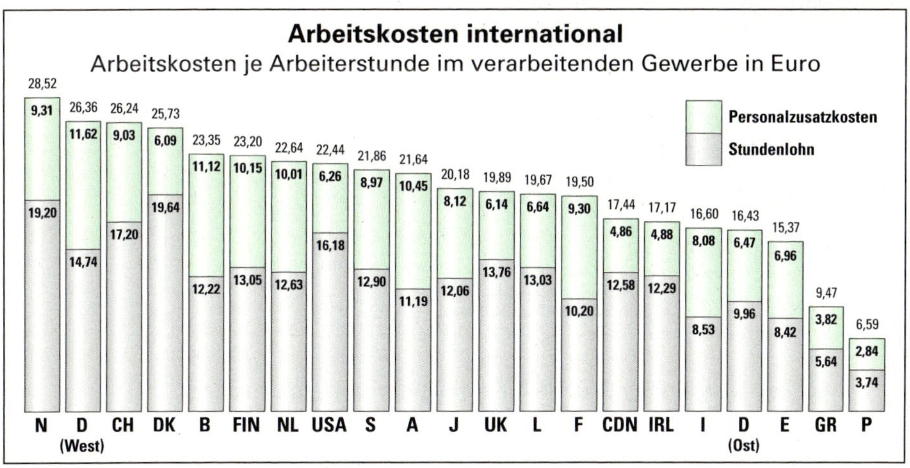

Vergleichen und beschreiben Sie die Arbeitskosten der angeführten Staaten.

8

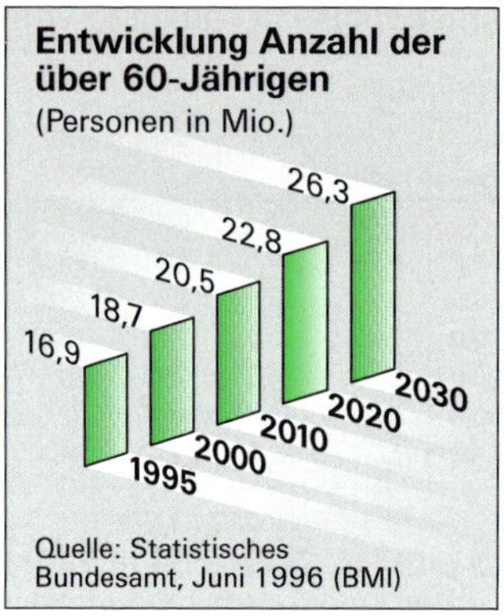

a) Stellen Sie die Indexkette auf. Basis 1995.
b) Stellen Sie den Index auf. Basis 2000.
c) Warum lassen sich die Veränderungen von 1995 auf 2000 nicht mit denen von 2000 auf 2010 direkt vergleichen?
d) Nennen Sie Wirtschaftszweige, die von dieser Entwicklung Vorteile haben werden.

9

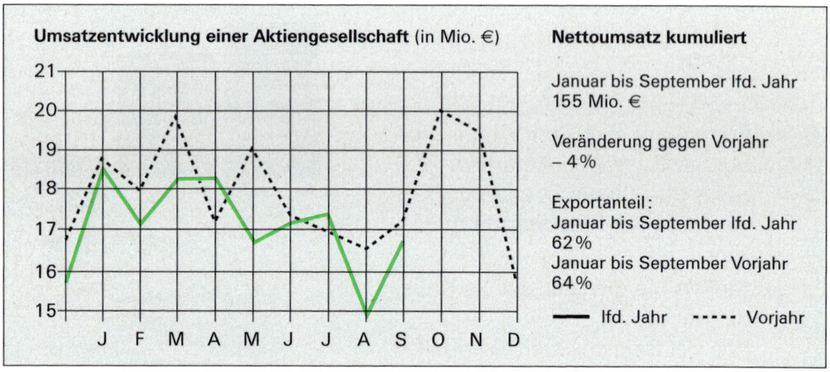

a) Nennen Sie Gründe für die geringeren Nettoumsätze gegenüber dem Vorjahr.
b) Nennen Sie Gründe für die Umsatzlage im August.
c) Erklären Sie den Begriff **kumulierter** Nettoumsatz.

10

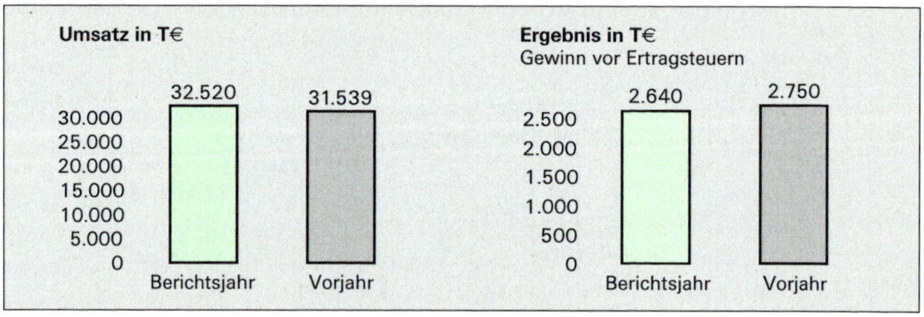

a) Nennen Sie Gründe für die Steigerung des Umsatzes.
b) Nennen Sie Gründe für das Sinken des Gewinns.
c) Welche Gründe können eine Rolle spielen, dass trotz steigenden Umsatzes der Gewinn im Berichtsjahr gesunken ist?

14 Anhang

14.1 Arbeiten mit Rechnern

14.1.1 Einführung in die Arbeit mit elektronischen Taschenrechnern

14.1.1.1 Tastatur und Anzeigenfeld

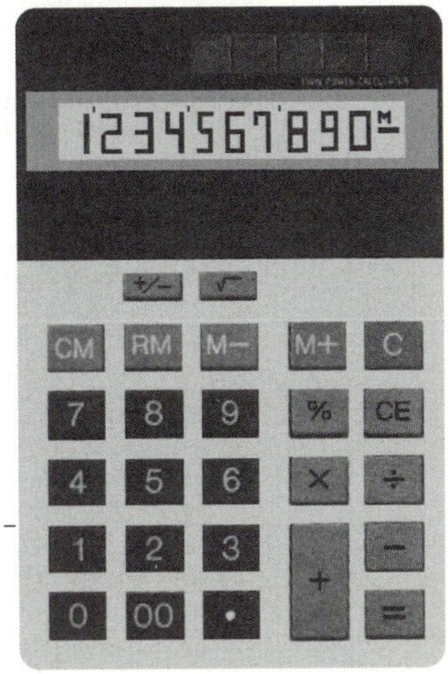

Ziffern- und Kommatasten

[0] – [9] Zehnertastatur
[.] Kommataste

Funktionstasten des Rechenwerks

[÷] Divisionstaste
[x] Multiplikationstaste
[–] Subtraktionstaste
[+] Additionstaste
[=] Ergebnistaste

Funktionstasten des Speicherwerks (M = Memory)

[M+] Speicher-Plus-Taste
[M–] Speicher-Minus-Taste
[RM] Zwischensumme Speicherwerk (Recall Memory)
[CM] Löschung Speicherwerk (Clear Memory)

Sondertasten

[C] Löschung Rechenwerk (Gesamtlöschung) – C = Clear
[CE] Löschen des zuletzt eingegebenen Wertes (Einzellöschung) – alle anderen Werte bleiben erhalten (CE = Clear Entry)
[√] Quadratwurzeltaste
[%] Prozenttaste
[+/–] Vorzeichenwechseltaste

Anzeigenfeld (Display)

[– 1 2 3 4 5 6 7 8 9 0 M]

↑ Vorzeichen negativer Zahlen

↑ Speicherwerk belegt

[E] Error = Fehler, z. B.: Kapazität überschritten/falsche Bedienung

14.1.1.2 Tastenfolge

Vor Eingabe der Rechenzahlen zur Lösung einer Aufgabe müssen evtl. noch im Rechner enthaltene Werte durch Betätigen der Löschtaste [C] gelöscht werden. Die Rechenzahlen werden über die Zehnertastatur in den Taschenrechner eingegeben:

Beispiel 1 5 176,08 **Eingabe:** [5] [1] [7] [6] [.] [0] [8]

Eine Null **vor** dem Komma wird **nicht** eingegeben:

Beispiel 2 0,30 **Eingabe:** [.] [3]

Zahlen **ohne** Dezimalstellen werden **ohne** Komma eingegeben:

Beispiel 3 450 oder 450,00 **Eingabe:** [4] [5] [0]

14.1.1.3 Rechnerprogramme

Im Wirtschaftsrechnen werden Daten (Informationen) der Betriebspraxis als Zahlenwerte verarbeitet. Bei der Arbeit mit Rechnern werden Wege zur Lösung von Aufgaben – wie beim Handrechnen – entwickelt. Dafür werden rechnergerechte Programme aufgestellt, d. h., der Rechengang wird in einzelne Lösungsschritte (Befehle) zerlegt, wie es auch bei der Arbeit mit Computern geschieht. Der in eine Folge von Operationen aufgelöste Lösungsablauf einer Aufgabe kann auf Programmblättern dargestellt werden:

Programmschritt	Rechenzahlen	Funktionen (Taste/Symbol für Maschinenbefehl)	Anmerkungen

14.1.2 Addition, Subtraktion, Multiplikation und Division mit Taschenrechnern

Addition	**Summand** **15**	**+** **+**	**Summand** **4**	**=** **=**	**Summe** **19**
Subtraktion	**Minuend** **15**	**–** **–**	**Subtrahend** **4**	**=** **=**	**Differenz** **11**
Multiplikation	**Multiplikand** **Faktor** **9**	**·** **·** **·**	**Multiplikator** **Faktor** **3**	**=** **=**	**Produkt** **27**
Division	**Dividend** **27**	**:** **:**	**Divisor** **3**	**=** **=**	**Quotient** **9**

Vermeiden und Erkennen falscher Ergebnisse

Bei der Arbeit mit dem Taschenrechner kann es zu Fehlern kommen. Die einzelnen Lösungsschritte lassen sich nach der Rechnung **nicht** mehr kontrollieren (keine Druck- oder Kontrollstreifen). Nur mit **großer Sorgfalt** lassen sich falsche Ergebnisse vermeiden und erkennen.

Vermeiden von Fehlern vor und bei der Eingabe

a) Planen (programmieren) Sie den Rechengang sorgfältig; vermeiden Sie durch genaues Überlegen falsche Lösungswege.

b) Kontrollieren Sie die eingegebenen Zahlen im Display Ihres Taschenrechners auf
   - die richtige Ziffernfolge (Zahlendreher) statt richtig: 279,25 – falsch: 297,25
   - das Vergessen von Ziffern statt richtig: 279,25 – falsch: 29,25
   - richtige Kommastellung statt richtig: 279,25 – falsch: 2792,50 oder 2,7925

c) Betrachten Sie die Zahlen kritisch aus Ihrer allgemeinen und Ihrer Berufserfahrung. **Beispiele:** 500 g Kaffee für das Sekretariat statt 4,50 € für 0,45 €. Verrechnungspreis für eine Kopie statt 0,05 €: 0,50 €.

d) Verwechseln Sie die Funktionstasten nicht. statt richtig: [+] → falsch: [x] ; statt richtig: [+] → falsch: [x]

Schätzen Sie das mögliche Ergebnis v o r der genauen Rechnung; nehmen Sie gegebenenfalls eine Überschlagsrechnung vor (Kopfrechnen!).

Beispiele:

a) 8 Scheren zu 19,75 € je Stück = 158,00 €; vorher Überschlagsrechnung: 8 · 20,00 = 160,00

b) 112,75 € + 294,30 € + 457,33 € = 864,38 €;
vorher Überschlagsrechnung im Kopf: 110 + 300 + 450 = 860,00

Weichen geschätztes und errechnetes Ergebnis stark voneinander ab, muss die Rechnung wiederholt werden.

Überprüfen Sie nach der Rechnung das Ergebnis auf Plausibilität (Logik).
Beispiel: Der Einzelpreis eines Teils kann nicht höher sein als der Gesamtpreis aller gelieferten Teile.

Beispiel 1 **Addition und Subtraktion im Rechenwerk**

Die Kasse eines Großhandelslagers enthält 50,25 € Wechselgeld. Die Tageseinnahmen betragen 3.852,70 €, die Ausgaben 47,93 €. Es ist ein rechnergerechtes Programm zur Ermittlung des Kassenbestandes aufzustellen.

x = 50,25 + 3.852,70 – 47,93 = 3.855,02 €

Programm

#	Rechenzahlen	Funktionen	Anmerkungen
1.		C/M	Löschen
2.	50,25	+	
3.	3.852,7	–	
4.	47,93	=	Ergebnis: 3.855,02

Beispiel 2 **Fehlerkorrektur**

Wie Beispiel 1, aber **Fehler** bei Eingabe: Statt 47,93 wird **74,93** eingegeben.

Programm

#	Rechenzahlen	Funktionen	Anmerkungen
1.		C/M	Löschen
2.	50,25	+	
3.	3.852,7	–	
4.	[74,93]	CE	Löschen der falschen Zahl einschließlich Rechenzeichen (–)
5.		–	{ Eingabe von Rechenzeichen
6.	47,93	=	und korrigiertem Wert

1 Errechnen Sie die neuen Bestände.

	a)	b)	c)	d)
alter Bestand	9 445 Stück	921,20 m	65,30 €	25 632,500 kg
Zugänge	34 500 Stück	3 700,50 m	500,00 €	4 200,875 kg
Abgänge	41 612 Stück	2 988,75 m	532,15 €	18 917,250 kg
neuer Bestand	? Stück	? m	? €	? kg

Beispiel 3 **Addition und Subtraktion im Speicher**

Errechnen Sie die Summe der Einnahmen, der Ausgaben und den Schlussbestand.

Einnahmen:	Ausgaben:
2.515,10 €	573,05 €
75,00 €	81,63 €
0,90 €	713,00 €
347,15 €	0,75 €
2.938,15 €	1.368,43 €
Schlussbestand:	1.569,72 €

Programm

#	Rechenzahlen	Funktionen	Anmerkungen	
1.		C/CM	Löschen	
2.	2 515,1	+		
3.	75	+		
4.	,9	+		
5.	347,15	=	Summe der Einnahmen:	2.938,15
6.		M+		
7.	573,05	+		
8.	81,63	+		
9.	713	+		
10.	,75	=	Summe der Ausgaben:	1.368,43
11.		M–		
12.		RM	Schlussbestand:	1.569,72

2 Errechnen Sie die Summen der Einnahmen, der Ausgaben und den Schlussbestand.

	Einnahmen	Ausgaben		Einnahmen	Ausgaben
a)	365,25 €	0,70 €	b)	200,25 €	1.410,00 €
	1.670,00 €	715,05 €		2.417,03 €	20,67 €
	15,60 €	2,35 €		9,80 €	
c)	1,00 €	119,40 €	d)	621,75 €	30,40 €
	2.075,20 €	420,06 €		0,25 €	7,65 €
	105,05 €	6,00 €		1.775,60 €	115,88 €
	72,50 €				41,52 €
					1.001,05 €

Beispiel 4 **Multiplikation**

75 Stück werden zu 13,25 € je Stück angeboten. Wie hoch ist der Gesamtpreis?

75 Stück zu 13,25 € = 993,75 €

Programm

#	Rechenzahlen	Funktionen	Anmerkungen
1.		C/CM	Löschen
2.	75,25	x	
3.	13,25	=	Ergebnis: 993,75

3 Multiplizieren Sie

a) 1 450 · 6,75
b) 375,33 · 95,71
c) 320,35 · 7,72 · 41,20
d) 2 121,73 · 0,04 · 0,007 · 4,52

Beispiel 5 **Division**

2 500 t kosten 233.275,00 €. Wie viel kostet 1 t?

233.275 : 2 500 = 93,31 €

Programm

#	Rechenzahlen	Funktionen	Anmerkungen
1.		C/CM	Löschen
2.	233 275	÷	
3.	2 500	÷	Ergebnis: 93,31

4 Dividieren Sie

a) 1 250 : 25

b) 25 443,20 : 9,74

c) 0,875 : 0,0125

d) 4 520,70 : 3,5 : 240,75

Beispiel 6 **Multiplikation und Division**

Für folgenden Bruch ist der Lösungsweg zu programmieren:

$$x = \frac{15\,830{,}33 \cdot 0{,}9 \cdot 92}{100 \cdot 360} = \underline{\underline{36{,}41}}$$

Programm

#	Rechenzahlen	Funktionen	Anmerkungen
1.		C/CM	Löschen
2.	158,3033	x	: 100! Kürzen!
3.	,9	x	
4.	92	÷	
5.	360	=	Ergebnis: 36,409 758

Beispiel 7 **Multiplikation und Division**

Überschreiten der Stellenkapazität des Taschenrechners

$$x = \frac{75\,755 \cdot 12\,605 \cdot 33\,214}{60\,722 \cdot 14\,776} = \underline{\underline{35\,348{,}614}}$$

Bei einer **Reihenmultiplikation im Zähler** wird u. U. die Stellenkapazität (z. B. nur 8 Stellen) des Rechners überschritten, ein Weiterrechnen ist **nicht** möglich:

Programm

#	Rechenzahlen	Funktionen	Anmerkungen
1.		C/CM	Löschen
2.	75 755	x	
3.	12 605	x	Anzeige: Ergebnis: 9,5489177

Die Aufgabe wird rechenbar bei folgenden Eingaben der Lösungsschritte:

$$x = \frac{75\,755 \cdot 12\,605 \cdot 33\,214}{60\,722 \cdot 14\,776}$$

Programm

#	Rechenzahlen	Funktionen	Anmerkungen
1.		C/CM	Löschen
2.	75 755	÷	
3.	60 722	x	
4.	12 605	÷	
5.	14 776	x	
6.	33 214	=	Ergebnis: 35.348,614

5 Stellen Sie die Ergebnisse fest (kaufmännische Rundung).

a) $\frac{3 \cdot 4 \cdot 5}{6}$

b) $\frac{25 \cdot 13 \cdot 17}{2 \cdot 7}$

c) $\frac{3 \cdot 6 \cdot 25 \cdot 15}{9 \cdot 8 \cdot 4 \cdot 12}$

d) $\frac{125 \cdot 255 \cdot 9 \cdot 6}{33 \cdot 14 \cdot 31}$

e) $\frac{3{,}5 \cdot 25 \cdot 7{,}125}{12{,}5 \cdot 7{,}1}$

f) $\frac{20{,}31 \cdot 0{,}18 \cdot 1{,}93}{7 \cdot 8{,}175 \cdot 0{,}05}$

g) $\frac{0{,}375 \cdot 0{,}50 \cdot 1{,}12 \cdot 48{,}50}{1{,}15 \cdot 0{,}21 \cdot 2{,}075}$

h) $\frac{12\,493 \cdot 8\,510 \cdot 22\,739}{14\,356 \cdot 820{,}5}$

i) $\frac{62\,931 \cdot 2\,861 \cdot 46{,}75}{41\,299 \cdot 5\,413{,}5}$

Beispiel 8 **Rechnen mit Speicher**

Eine Großhandlung bezieht 2 Waren für eine Mischung.

Ware I: 60 kg zu 3,85 € je kg

Ware II: 140 kg zu 7,15 € je kg

Der Lieferer gewährt 36,96 € Skonto. Es entstehen 300,00 € Frachtkosten.
Wie hoch ist der Bezugspreis insgesamt und für 1 kg?

Lösung

Ware I: 60 kg zu 3,85 €		231,00 €	
Ware II: 140 kg zu 7,15 €		1.001,00 €	
	Zieleinkaufspreis		1.232,00 €
–	Skonto		36,96 €
	Bareinkaufspreis		1.195,04 €
+	Frachtkosten		300,00 €
	Bezugspreis insgesamt		1.495,04 €
	Bezugspreis für 1 kg		7,48 €

Programm

#	Rechenzahlen	Funktionen	Anmerkungen
1.		C/CM	Löschen
2.	60	x	
3.	3,85	=	Ware I Einzelpreis
4.		M+	Wert speichern
5.	140	x	
6.	7,15	=	Ware II Einzelpreis
7.		M+	Addition im Speicher
8.		RM	Zieleinkaufspreis (Abruf aus Speicher)
9.	36,96	M–	Subtraktion im Speicher
10.		RM	Bareinkaufspreis (Abruf aus Speicher)
11.	300	M+	Addition im Speicher
12.		RM	Bezugspreis insgesamt (Abruf aus Speicher)
13.		÷	
14.	200	=	Bezugspreis 1 kg: 7,48

6 Errechnen Sie die Bezugspreise insgesamt und für 1 kg.

Einkaufspreis	a)	b)
Ware I	520 kg zu 2,75 € je kg	85 t zu 1.742,00 € je t
Ware II	165 kg zu 1,90 € je kg	140 t zu 3.967,00 € je t
Skonto	34,87 €	6.554,50 €
Fracht	174,35 €	4.369,65 €

Beispiel 9 **Addition mit Konstanten**

25,50 € + 0,50 € 25,50 € + 1,50 € 25,50 € + 63,27 €

Programm

#	Rechenzahlen	Funktionen	Anmerkungen
1.		C/CM	Löschen
2.	,5	+	konstanter Faktor
3.	25,5	=	Anzeige: 26
4.	1,5	=	Anzeige: 27
5.	63,27	=	Anzeige: 88,77

Beispiel 10 **Subtraktion mit Konstanten**

100,60 € – 70,75 € = 29,85 € 81,50 € – 70,75 € = 10,75 € 150,25 € – 70,75 € = 79,50 €

Programm

#	Rechenzahlen	Funktionen	Anmerkungen
1.		C/CM	Löschen
2.	100,6	–	
3.	70,75	=	konstanter Faktor; Ergebnis: 29,85
4.	81,5	=	Ergebnis: 10,75
5.	150,25	=	Ergebnis: 79,5

Beispiel 11 **Multiplikation mit konstantem Faktor**

Errechnen Sie die Angebotspreise bei Abnahme von:

250,00 m zu 45,85 € = 11.462,50 €
0,75 m zu 45,85 € = 34,39 €
38,50 m zu 45,85 € = 1.765,23 €

Programm

#	Rechenzahlen	Funktionen	Anmerkungen
1.		C/CM	Löschen
2.	45,85	x	konstanter Faktor
3.	250	=	Ergebnis: 11.4625
4.	,75	=	Ergebnis: 34,3875
5.	38,5	=	Ergebnis: 1.765,225

Beispiel 12 **Division mit konstantem Divisor**

7 520 : 15 = 501,33 7,5 : 15 = 0,5 377,25 : 15 = 25,15

Programm

#	Rechenzahlen	Funktionen	Anmerkungen
1.		C/CM	Löschen
2.	7 520	÷	
3.	15	=	konstanter Divisor, Ergebnis: 501,33
4.	7,5	=	Ergebnis: 0,5
5.	377,25	=	Ergebnis: 25,15

7 Ermitteln Sie die Ergebnisse.

a) 163,84 € + 24,73 €
163,84 € + 2,40 €
163,84 € + 425,00 €

b) 380,50 € – 15,25 €
580,55 € – 15,25 €
24,19 € – 15,25 €

c) 550 kg zu 94,20 € je kg
9,375 kg zu 94,20 € je kg
66,125 kg zu 94,20 € je kg

d) 11 662,50 : 18,75
128,4375 : 18,75
286,875 : 18,75

Beispiel 13 **Rechnen mit der Prozenttaste**

a) 5 % von 6.500,00 € = 325,00 €
b) 6.500,00 € +5 % = 6.825,00 €
c) 6.500,00 € – 5 % = 6.175,00 €
d) 6.500,00 € – 5 % + 16 % = 7.163,00 €

Programm

	#	Rechenzahlen	Funktionen	Anmerkungen
a)	1.		C/CM	Löschen
	2.	6 500	x	
	3.	5	%	325
b)	1.		C/CM	Löschen
	2.	6 500	x	
	3.	5	%	325
	4.		+	6 825
c)	1.		C/CM	Löschen
	2.	6 500	x	
	3.	5	%	325
	4.		–	6 175
d)	1.		C/CM	
	2.	6 500	x	
	3.	5	%	325
	4.		–	6 175
	5.		x	
	6.	16	%	988
	7.		+	7 163

8 Berechnen Sie

a) 3 % von 25.400,00 €
b) 15 % von 7.200,00 €
c) 250,00 € + 20 %
d) 1.820,00 € – 2,5 %
e) 800,00 € + 12,5 % – 3 %
f) 1.200,00 € – 8,5 % – 2 % + 16 %

Beispiel 14 **Verbindung von Punkt- und Strichrechnung:** a) $x = 5 + (3 \cdot 4) = \underline{\underline{17}}$ b) $x = 25 - (12 : 4) = \underline{\underline{22}}$

Programm

	#	Rechenzahlen	Funktionen	Anmerkungen
a)	1.		C/CM	Löschen
	2.	3	x	Rechnen im Rechenwerk:
	3.	4	+	Punktrechnung geht vor
	4.	5	=	Strichrechnung! Ergebnis: 17
oder	1.		C/CM	Löschen
	2.	5	M+	Rechnen mit Speicher
	3.	3	x	
	4.	4	M+	
	5.		RM	Ergebnis: 17
b)	1.		C/CM	Löschen
	2.	25	M+	
	3.	12	÷	
	4.	4	M–	
	5.		RM	Ergebnis: 22

9 Berechnen Sie

a) $155 + (5 \cdot 9{,}5)$
b) $3\,720 - (16 \cdot 9{,}35)$
c) $87{,}75 - (20{,}5 : 4{,}1)$
d) $300 + (13 \cdot 17) + 450 + (18 : 15)$
e) $520 - (16 : 2{,}5) + 200 - (3{,}7 \cdot 17{,}5)$
f) $800 - (1{,}2 \cdot 30) - 300 - (20 : 0{,}8)$

14.2 Bruchrechnen

Ein Bruch teilt ein Ganzes (1) in eine Anzahl gleicher Teile (z. B. $1 = 5/5$ oder $3/3$). Dabei unterscheiden wir:

$\frac{3 \leftarrow \text{Zähler}}{5 \leftarrow \text{Nenner}} = \frac{\text{echter}}{\text{Bruch}}$	$\frac{5}{3} = \frac{\text{unechter}}{\text{Bruch}}$	$1\frac{2}{3}$ = gemischte Zahl

Echte und unechte Brüche. Wenn der Zähler kleiner ist als der Nenner, haben wir einen echten Bruch (z. B. $3/5$), im anderen Fall einen unechten Bruch (z. B. $5/3$).
Gleichnamige und ungleichnamige Brüche. Gleichnamige Brüche haben den gleichen Nenner (z. B. $2/5$, $1/5$, $4/5$), ungleichnamige haben verschiedene Nenner (z. B. $2/5$, $3/7$, $8/13$, $13/25$).

Kürzen und Erweitern. Beim **Kürzen** werden Zähler und Nenner durch die gleiche Zahl geteilt (z. B. $24/40 = 12/20 = 6/10 = 3/5$), beim **Erweitern** Zähler und Nenner mit der gleichen Zahl multipliziert (z. B. $3/5 = 6/10 = 12/20 = 36/60$). Der Wert des Bruches bleibt beim Kürzen und Erweitern erhalten.

Teilbarkeitsregeln. Eine Zahl ist teilbar durch

- **2,** wenn sie gerade ist;
- **3,** wenn die Quersumme durch 3 teilbar ist (z. B. 3 507 = Quersumme 3 + 5 + 0 + 7 = 15; 15 : 3 = 5);
- **4,** wenn die letzten zwei Ziffern durch 4 teilbar sind (z. B. 67 936; 36 ist durch 4 teilbar);
- **5,** wenn am Ende eine 5 oder 0 steht (z. B. 3 225, 9 920);
- **6,** wenn sie durch 2 und durch 3 teilbar ist (z. B. 14 532);
- **8,** wenn die letzten drei Ziffern durch 8 teilbar sind (z. B. 65 168);
- **9,** wenn die Quersumme durch 9 teilbar ist (z. B. 372 645, Quersumme 3 + 7 + 2 + 6 + 4 + 5 = 27).

Endliche Dezimalbrüche = 0,125; 0,237; 0,875

Periodische Dezimalbrüche

- **mit reiner Periode**
  $= 0,\overline{6}...$; $0,\overline{23}...$; $0,\overline{123}...$
- **mit nicht reiner Periode**
  $= 0,57\overline{6}...$; $0,2\overline{3}...$; $0,375\overline{1}...$

Addieren von Brüchen

Bei gleichnamigen Brüchen werden die Zähler addiert.
Der Nenner bleibt unverändert.
Ungleichnamige Brüche müssen gleichnamig gemacht werden (gesucht wird der kleinste gemeinsame Nenner = Hauptnenner).

Beispiele

gleiche Nenner:

a) $3/8 + 1/8 + 3/8 = \underline{\underline{7/8}}$

b) $2/15 + 11/15 + 12/15 = 25/15 = 1\,10/15 = \underline{\underline{1\,2/3}}$

c) $12\,1/9 + 23\,7/9 + 18\,5/9 = 53\,13/9 = \underline{\underline{54\,4/9}}$

ungleiche Nenner:

Der größte Nenner ist der Hauptnenner:

$$\frac{1}{2} + \frac{3}{4} + \frac{5}{8} = \frac{4+6+5}{8} = \frac{15}{8} = \underline{\underline{1\tfrac{7}{8}}}$$

Lösung Suchen des Hauptnenners:

	Primfaktoren*	Hauptnenner 360 ③
$2\,2/6$	① 2 · 3	120
+ $17\,1/9$	3 · 3	40
+ $4\,1/4$	2 · 2	90
+ $12\,2/10$	2 · 5	72
+ $9\,7/8$	2 · 2 · 2	315
44	② 2 · 2 · 2 · 3 · 3 · 5	$\frac{637}{360} = 1\,\frac{277}{360}$
+ $1\,277/360$		
$45\,277/360$		

Lösungsweg

① Jeder Nenner wird in seine Primfaktoren zerlegt;

② die Primfaktoren werden nach ihrer Häufigkeit gesammelt und miteinander multipliziert (2 · 2 · 2 · 3 · 3 · 5 = 360 = Hauptnenner);

③ die Brüche werden auf den Hauptnenner 360 gebracht (6 ist 60-mal in 360 enthalten: $2/6 = 120/360$ usw.).

Subtrahieren von Brüchen

Bei gleichnamigen Brüchen werden nur die Zähler subtrahiert; der Nenner bleibt unverändert. Ungleichnamige Brüche müssen erst gleichnamig gemacht werden (kleinster gemeinsamer Nenner = Hauptnenner).

Beispiele

a) $\frac{3}{8} - \frac{1}{8} = \frac{2}{8} = \underline{\underline{\frac{1}{4}}}$

b) $25\frac{9}{13} - 10\frac{4}{13} = \underline{\underline{15\frac{5}{13}}}$

c) $13\frac{2}{9} - 5\frac{7}{9} = 12\frac{11}{9} - 5\frac{7}{9} = \underline{\underline{7\frac{4}{9}}}$

d) $30 - 5\frac{2}{3} = 29\frac{3}{3} - 5\frac{2}{3} = \underline{\underline{24\frac{1}{3}}}$

e) $\frac{7}{8} - \frac{5}{24} = \frac{21-5}{24} = \frac{16}{24} = \underline{\underline{\frac{2}{3}}}$

Multiplizieren von Brüchen

Brüche werden miteinander multipliziert, indem man Zähler mit Zähler und Nenner mit Nenner multipliziert.
Vor dem Ausrechnen wird nach Möglichkeit gekürzt.

$$\frac{\text{Zähler} \cdot \text{Zähler}}{\text{Nenner} \cdot \text{Nenner}}$$

Beispiele

a) $\frac{2}{3} \cdot \frac{3}{5} = \frac{2 \cdot \cancel{3}}{\cancel{3} \cdot 5} = \underline{\underline{\frac{2}{5}}}$

b) $2 \cdot \frac{2}{3} = \frac{2 \cdot 2}{1 \cdot 3} = \frac{4}{3} = \underline{\underline{1\frac{1}{3}}}$

c) $2\frac{2}{3} \cdot 3\frac{2}{5} = \frac{8 \cdot 17}{3 \cdot 5} = \frac{136}{15} = \underline{\underline{9\frac{1}{15}}}$

d) $\frac{3}{5} \cdot 6{,}9 = \frac{3 \cdot 6{,}9}{5} = \underline{\underline{4{,}14}}$

Dividieren von Brüchen

Brüche werden dividiert, indem der erste Bruch mit dem Kehrwert des zweiten Bruches multipliziert wird.

$$\frac{\text{Zähler des 1. Bruches} \cdot \text{Nenner des 2. Bruches}}{\text{Nenner des 1. Bruches} \cdot \text{Zähler des 2. Bruches}}$$

Vor dem Ausrechnen wird nach Möglichkeit gekürzt.

Beispiele

a) $\frac{2}{3} : \frac{3}{5} \quad \frac{2 \cdot 5}{3 \cdot 3} = \frac{10}{9} \quad \underline{\underline{1\frac{1}{9}}}$

b) $2 : \frac{2}{3} = \frac{\cancel{2} \cdot 3}{1 \cdot \cancel{2}} = \frac{3}{1} = \underline{\underline{3}}$

c) $5 : 2\frac{1}{4} = \frac{5 \cdot 4}{1 \cdot 9} = \frac{20}{9} = \underline{\underline{2\frac{2}{9}}}$

d) $\frac{3}{5} : 3 = \frac{\cancel{3} \cdot 1}{5 \cdot \cancel{3}} = \underline{\underline{\frac{1}{5}}}$

e) $3\frac{2}{3} : 2\frac{3}{5} = \frac{11 \cdot 5}{3 \cdot 13} = \frac{55}{39} = \underline{\underline{1\frac{16}{39}}}$

Verwandeln gemeiner Brüche in Dezimalbrüche und umgekehrt

Beispiele

a) $\frac{3}{4} = 3 : 4 = \underline{\underline{0{,}75}}$

b) $1\frac{1}{3} = \frac{4}{3} = \underline{\underline{1{,}\overline{3}\ldots}}$

c) $15\frac{7}{12} = \frac{187}{12} = \underline{\underline{15{,}58\overline{3}\ldots}}$

In einem Dezimalbruch, z. B. 0,7853, sind die Stellen nach dem Komma:
7 = Zehntel; 8 = Hundertstel; 5 = Tausendstel; 3 = Zehntausendstel

Beispiele

a) $0{,}3 = \underline{\underline{\frac{3}{10}}}$

b) $0{,}\overline{3}\ldots = \frac{3}{9} = \underline{\underline{\frac{1}{3}}}$

c) $7{,}25 = 7\frac{25}{100} = \underline{\underline{7\frac{1}{4}}}$

d) $7{,}\overline{76}\ldots = \underline{\underline{7\frac{76}{99}}}$

e) $0{,}371 = \underline{\underline{\frac{371}{1000}}}$

f) $26{,}\overline{314}\ldots = \underline{\underline{26\frac{314}{999}}}$

Bei Dezimalbrüchen mit nicht reiner Periode muss zum Verwandeln in einen gemeinen Bruch die Periode entfallen. Hierzu wird der Dezimalbruch mit 100, 1 000, 10 000 usw. malgenommen und das 10-, 100-, 1 000fache wieder abgezogen, sodass die Periode verschwindet.
Ganze bleiben unverändert.

g) $0{,}2\overline{4}\ldots$

$24{,}\overline{4}\ldots$	=	100fach
$-\ 2{,}\overline{4}\ldots$	=	10fach
22	=	90fach
$\frac{22}{90} = \frac{11}{45}$	=	1fach

h) $0{,}25\overline{7}\ldots$

$257{,}\overline{7}\ldots$	=	1 000fach
$-\ 25{,}\overline{7}\ldots$	=	100fach
232	=	900fach
$\frac{232}{900} = \frac{58}{225}$	=	1fach